KB251268

창업 천재의 스타트업 운영 매뉴얼

90%가 망하는 스타트업, 10%는 무엇이 달랐나
: 5M 프레임워크

구자룡/김동섭

창업 천재의 스타트업 운영 매뉴얼

5M 프레임워크

| 구자룡·김동섭 공저 |

지식공감

추천사

"스타트업의 성장은 운이 아니라 구조의 결과다."

혁신의숲을 통해 수만 개 기업의 데이터를 분석하며 반복적으로 확인한 사실은 단 하나였다. 지속적으로 성장하는 기업은 예외 없이 명확한 지표 설계를 갖추고 있다는 점이다. CAC와 LTV의 균형, 안정적인 리텐션, 반복 매출로 이어지는 선순환 구조가 정교하게 작동하고 있었다.

이 책은 바로 그 성장 구조를 체계적으로 설명한다. 션 엘리스 테스트를 통한 PMF 검증, LTV·CAC 분석, 플라이휠 설계, 5M 프레임워크는 단순한 이론이 아니라 기업의 내구성과 확장성을 판단하는 실제 기준과 맞닿아 있다. 외형적 지표에 머무르지 않고 '본질적 성장'을 정의하는 관점이 특히 인상적이다. 데이터 기반 시대에 설득이 아닌 검증으로 성장하고자 하는 팀이라면, 이 책은 가장 현실적인 실행 지침이 될 것이다.

– 혁신의숲 홍경표 대표

"기업은 사람으로 시작되지만, 시스템으로 성장한다."

　오케스트로는 지난 7년간 '개인의 성장이 곧 기업의 성장'이라는 원칙을 가장 중요한 기준으로 삼아왔다. 하지만 조직이 커질수록 철학만으로는 부족하다는 것을 여러 번 경험했다. 좋은 사람을 뽑는 것만으로는 충분하지 않고, 그 역량이 조직 전체의 실행력으로 이어지도록 만드는 기준과 구조가 필요하다. 평가, 역할, 책임, 학습이 체계적으로 연결될 때 비로소 개인의 성장이 기업의 성장으로 확장된다. 이 책은 그 과정을 현실적인 언어로 잘 풀어낸다. 창업 초기부터 이런 관점을 갖고 있다면 더 빠르고 단단하게 성장할 수 있을 것이다.

– 오케스트로 김민준 총괄대표

"대한민국 스타트업의 글로벌 스탠다드를 제시하다"

한국 스타트업이 내수 시장을 넘어 유니콘으로 가기 위해선 체계화
된 운영 시스템이 필수적이다. 이 책은 이스라엘과 미국의 성공 공식
을 한국적 맥락에 맞게 재해석하여 제시한다. 특히 딥테크 창업자들
이 겪는 구조적 한계와 그 해법인 '비즈니스 전담팀' 운영에 대한 통찰
은 매우 실무적이다. K-스타트업의 글로벌 경쟁력을 한 단계 높여줄
필독서다.

– 경기창조경제혁신센터 김원경 대표

90% 실패율, 어떻게 살아남을까?

우주에서 보이는 단 두 개의 국경선이 알려주는 운영의 비밀

현대판 칼 세이건이라 불리는 천체물리학자 닐 디그래스 타이슨(Neil deGrasse Tyson)이 공개한 영상 하나가 내 머릿속을 떠나지 않는다. 우주에서 지구를 내려다보면 국경선은 대부분 사라진다. 하지만 오직 두 곳의 경계만은 뚜렷하게 보인다는 이야기였다.

첫 번째는 이스라엘과 주변 사막 지역의 경계다. 낮에 우주에서 내려다보면 똑같은 사막 지역임에도 한쪽은 푸르고, 한쪽은 갈색이다. 이스라엘이 체계적인 관개 시설을 통해 사막을 녹색으로 바꾸었기 때문이다.

두 번째는 남한과 북한의 경계다. 밤에 인공위성이 포착한 한반도 사진을 보면, 남쪽은 불빛으로 빛나고 북쪽은 칠흑 같은 어둠에 잠겨 있다. 같은 민족, 같은 땅에서 시작했지만 경제 활동의 결과는 우주에서도 보일 만큼 극명하다.

왜 이 두 경계만 우주에서 보일까? 답은 간단하다. 경제적 격차가 압도적이기 때문이다. 같은 조건에서 출발했지만, 다른 방식으로 운영했을 때 나타나는 결과의 차이. 이것은 인류가 수행한 거대한 실험의 결과물이다.

이 이야기를 처음 접했을 때, 나는 창업천재단에서 함께하고 있는 창업자들의 얼굴이 떠올랐다. 비슷한 시기에 창업하고, 비슷한 자본으로 시작했지만, 어떤 팀은 유니콘으로 성장하고 어떤 팀은 멈춰 섰다. 그 차이는 무엇이었을까?

창업 천재들도 운영 방법을 모른다

창업에 필요한 핵심 역량들(리더십, 투자 유치, 제품 개발 등)에 대해 남들과는 다른 재능과 학습 능력을 보이면서도, 실패와 어려움을 마주해도 포기하지 않고 반복적으로 시도하는 끈기(Grit)를 동시에 갖춘 사람들을 '창업 천재'라 한다.

창업 천재들과 함께하면서 놀라운 사실을 발견했다. 아니, 놀랍지도 않은 당연한 사실이었는지도 모르겠다. 천재적인 아이디어와 뛰어난 실행력을 가진 이들조차 정작 회사를 어떻게 운영해야 하는지는 모른다는 것이다. 어찌 보면 당연한 일이다. 배운 적이 없으니까.

제품을 만드는 법, 고객을 찾는 법, 투자받는 법은 그래도 배울 곳이 있다. 하지만 '10명이던 조직이 100명으로 커질 때 무엇이 달라져야

하는지', '시리즈 A를 받은 후 어떤 지표를 가장 먼저 설계해야 하는지', '창업 멤버들이 하나둘 번아웃을 겪을 때 리더는 무엇을 해야 하는지'와 같은 질문에 대한 답은 어디에도 없다. 그래서 모두가 시행착오를 겪는다. 마치 같은 사막에서 시작했지만, 한쪽은 녹색 오아시스를, 한쪽은 여전히 갈색 사막을 유지하는 것처럼.

4년간의 동행이 보여준 것들

창업천재단은 독특한 곳이다. 일반적인 액셀러레이터처럼 '배치별 3개월' 프로그램을 단기 운영하고 헤어지지 않는다. 벤처캐피털처럼 투자만 하고 멀리서 지켜보지도 않는다. 우리는 엄선된 소수의 창업 천재들과 공동창업자의 자세로 최소 4년 이상 함께 성장한다.

구분	창업천재단	액셀러레이터	벤처캐피털
부육 기간	최소 4년	3~6개월	없음
주요 역할	공동창업자	보육자	투자자
방식	집중 보육	배치별 단기 육성	자본투자

생물학적으로 보면 창업천재단은 '산란형'이 아닌 '포유류형' 육성을 한다. 물고기처럼 수천 개의 알을 낳아 자연에 맡기는 대신, 인간이나

코끼리처럼 오랜 임신 기간과 집중적인 보육을 통해 최상위 포식자를 키워내는 방식이다.

이 방식 덕분에 우리는 특별한 것들을 볼 수 있었다. 초기 스타트업이 제품을 처음 출시하던 날의 떨림, 첫 유료 고객을 만났을 때 사무실 전체에 퍼지던 환호, PMF를 찾았다고 확신하던 순간의 전율, 그리고 시리즈 A, B, C를 거치며 조직이 변화하는 과정에서 겪는 고통스러운 성장통들.

무엇보다 중요했던 것은, 그 모든 시행착오 속에서 '아, 이때 이걸 미리 해뒀더라면 성공 확률을 훨씬 더 높일 수 있었을 텐데!' 하고 뒤늦게 깨달았던 수많은 순간을 기록할 수 있었다는 점이다.

경험은 미화되고, 진실은 흐려진다

권도균 대표는 프라이머를 2010년부터 15년간 경영하며 약 300개 이상의 팀에 투자하고 멘토링해 온 대한민국 1세대 액셀러레이터다. 그가 쓴 《스타트업 경영 수업》에는 흥미로운 표현이 등장한다. "후배들에게 배워서 정리했다"라는 말이다.

권도균 대표는 자신의 창업 경험을 돌아보며 이렇게 말한다. 창업 당시의 기억은 시간이 지나면서 자연스럽게 미화되거나 신화화되어,

결국 성공 스토리라는 영웅담만 남게 된다고. 그는 이를 수영에 비유했다. 수영을 못하는 사람이 물에 빠져 죽을 위기에서 허우적거리다 간신히 수영을 익혔다고 치자. 그에게 "처음 물에 들어가서 수영을 배우기까지 구체적으로 무엇을 했느냐"고 묻는다면? 정작 기억나는 것이 거의 없다. 생존 본능으로 절박하게 몸부림쳤던 그 순간들은 너무나 압도적이어서, 나중에 체계적으로 복기하고 전수할 만한 명확한 지식으로 정리되지 않는다.

나는 이 말에 전적으로 동의한다. 그리고 한 가지를 더하고 싶다.

창업자가 직접 겪는 경험은 미화되지만, 그 옆에서 함께 뛰는 공동창업자의 시선은 다르다. 당사자만큼 절박하지 않기에 조금 더 객관적으로 볼 수 있고, 외부 관찰자보다는 훨씬 깊이 그 맥락을 이해할 수 있다. 창업천재단은 바로 그 위치에 있었다.

유니콘으로 성장해 가는 창업 천재들과 동고동락하며, 때로는 그들의 등 뒤를 든든히 받쳐주는 공동창입사로서 함께 성장하는 과정을 지켜봤다. 그 과정은 기존의 창업 이론으로는 설명할 수 없는 날것 그대로의 진짜 현실이었다. 예상치 못한 문제에 부딪혀 밤잠 설쳤던 순간들, 작은 성취에 온 팀이 환호했던 경험들, 그리고 뒤늦게 깨달은 수많은 회한까지.

우주에서 보일 만큼 압도적인 차이를 만드는 법

이스라엘이 사막을 녹색으로 바꾸고, 대한민국이 밤에 빛나는 것처럼, 성공하는 창업 천재들에게는 우주에서도 보이는 차별화된 운영 방식이 있다. 그것은 단순한 노하우가 아니라 시스템이고, 단발성 전략이 아니라 지속 가능한 원칙이다.

이스라엘은 체계적 관개를 통해 사막을 오아시스로 만들었다. 성공하는 창업 천재들도 비슷하다. 그들은 인재를 체계적으로 키우는 시스템을 구축하고, 실패를 투명하게 공유하여 조직 전체가 학습하게 만들고, 성장한 팀원이 새로운 팀원을 가르치는 선순환 구조를 만든다. 매일 팀원들이 무엇을 배웠는지 확인하는 일상적 루틴이 있다.

대한민국이 밤에 빛나는 것처럼, 성공하는 창업 천재들은 모든 성과를 즉시 가시화한다. 핵심 지표를 실시간 대시보드로 누구나 볼 수 있게 공개하고, 작은 성취도 즉시 인정하고 공유한다. 개인과 팀의 목표를 명확히 하여 누구나 자신이 어디로 가고 있는지 안다.

우주에서 보일 만큼 뚜렷한 경계를 만드는 창업 천재들에게는 또 하나의 공통점이 있다. 그들은 '10배의 법칙'을 실천한다는 것이다. 경쟁사보다 조금 나은 것이 아니라 최소 10배 이상의 압도적 차이를 만든

다. 그리고 그 우위를 기술뿐만 아니라 시스템과 문화로 지속 가능하게 만든다.

회사의 방향을 올바르게 설정하는 것도 중요하다. 조직 전체가 향해야 할 하나의 명확한 '북극성 지표'를 설정하고, 장기 비전을 3개월 스프린트로 분해하여 실행한다. 그리고 언제, 어떻게 방향을 바꿀지에 대한 명확한 기준을 갖고 있다.

확률을 내 편으로 만드는 법

스타트업은 본질적으로 확률 게임이다. 일반적으로 90%의 스타트업이 실패하며, 이 중 10%는 첫해에, 70%는 2~5년 차에 무너진다. 냉혹한 숫자다.

하지만 이것이 모든 것을 운에 맡겨야 한다는 의미는 아니다.

글로벌 스타트업 생태계를 분석하는 대표 연구 기관인 스타트업 게놈(Startup Genome)은 수민 개의 스타트업을 추적 조사하여 흥미로운 사실을 밝혀냈다. 특정 요소들이 스타트업의 성공 가능성을 통계적으로 유의미하게 높여준다는 것이다.

몇 가지 예를 들어보자. 모든 임직원에게 스톡옵션 부여 시 성장성과 생존율이 2배로 증가한다. 지분을 가진 3명 이상의 어드바이저가 있으면 성공 확률이 15배 증가한다. 시리얼 창업자는 첫 창업자 대비 성공 확률이 4~6배 높다. 2명의 공동 창업자로 시작하면 30% 더 많은 투자를 받고 3배 빠르게 성장한다. 팀에 여성 창업자가 포함되면 남성만으로 구성된 팀보다 63% 높은 수익률을 기록한다.

이런 통계는 단순한 숫자가 아니다. 즉시 실행할 수 있는 실행 아이템이다. 전 임직원에게 스톡옵션을 도입하라. 지분을 가진 어드바이저를 3명 이상 확보하라. 검증된 실력을 갖춘 연쇄 창업가나 엑시트 경험자를 영입하라. 2인 이상의 공동 창업자와 다양한 역량을 갖춘 팀을 구성하라. 실리콘밸리 등 주요 생태계와의 연결을 강화하라.

이 모든 검증된 확률 아이템을 당신의 성공 곡선을 위로 끌어올리는 데 적용해야 한다.

이 책을 쓰는 이유

나는 이 책을 한 번 읽고 버리는 창업 조언서로 만들고 싶지 않다. 창업천재단의 공동대표로서 유니콘 기업을 키워내는 현장에서 직접 경험하고 체득한, 피와 땀으로 얼룩진 현실 창업 서사 속의 통찰을 꼼꼼히 풀어내고자 한다.

이 책은 살아있는 운영 매뉴얼이다. 단순한 이론이 아닌, 실제로 5배, 10배, 20배의 차이를 만들어 낸 검증된 방법들을 담았다. 성공

확률을 통계적으로 유의미하게 높이는 전략들이다.

그리고 이 모든 통찰을 하나의 프레임워크로 정리했다. 바로 '5M 프레임워크'다.

- Mindset : 압도적 성장을 만드는 창업자 코드
- Market : 고객이 열광하는 진짜 문제를 찾는 법
- Man : 10명이 100명처럼 일하는 고효율 조직
- Model : 감이 아닌 시스템으로 승부하는 성장 공식
- Money : 자본을 성장의 연료로 바꾸는 전략

이 다섯 가지 핵심 요소가 맞물려 돌아갈 때, 스타트업은 비로소 우주에서도 보일 만큼 압도적인 성장을 만들어 낸다.

창업 천재라는 재능을 가졌다면, 이제 그 재능을 올바른 방향으로 이끌어갈 운영의 기술을 배워야 할 때다.

앞으로 펼쳐질 이야기들은 모두 실전에서 검승된 것들이다. 어떤 것은 당장 내일부터 적용할 수 있을 만큼 구체적이고, 어떤 것은 회사의 DNA를 바꿀 만큼 근본적이다.

우주에서 보일 만큼 압도적인 차이를 만드는 5M 운영 시스템.

그 첫 번째 M, Mindset부터 시작해 보자.

CONTENTS

4 Model 감이 아닌 시스템으로 승부하는 성장 공식

5 Money 자본을 성장의 연료로 바꾸는 전략

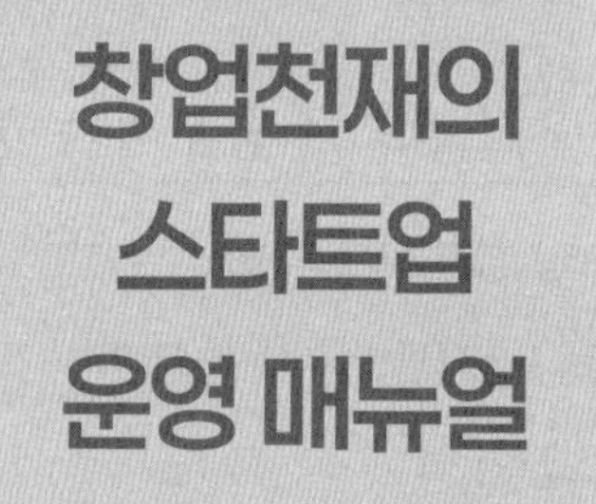

창업천재의
스타트업
운영 매뉴얼

Part 1
Mindset

압도적 성장을 만드는
창업자 코드

Chapter 1

젊다는 것의 압도적 우위

창업의 세계에는 오래된 논쟁이 존재한다. 대학을 중퇴하고 곧바로 창업에 나서는 것이 옳은지, 아니면 충분한 경험을 쌓은 뒤 창업하는 것이 더 유리한지에 대한 논쟁이다. 통계를 보면 경험이 유리하다는 결론이다.

MIT 연구에 따르면 성공한 창업자의 평균 연령은 45세이며, 40대 창업자는 20대보다 성공 확률이 약 2.8배 높다. 시리얼 창업자는 두 번째 창업에서 성공률이 약 30% 상승하고, 대기업에서 10년 이상 근무한 뒤 창업한 사람들의 생존율도 더 높게 나타난다. 이러한 수치들은 경험이 창업 성공에 중요한 요소임을 보여준다.

그러나 이 통계들에는 분명한 한계가 있다. 이는 이미 안정된 산업과 기존 시장 구조를 전제로 한 평균값일 뿐, 혁신이 시작되는 순간을 충분히 설명하지는 못한다.

웹의 등장, 모바일의 확산, 그리고 지금처럼 인공지능이 새로운 패러다임으로 부상하는 시기에는 전혀 다른 규칙이 작동한다. 기술 혁명의 초입에서는 축적된 경험보다 변화에 대한 적응 속도와 감각이 더 중요한 변수가 된다.

이 지점에서 젊은 창업자는 강점을 갖는다. 이들은 기존 성공 모델에 덜 얽매이고, 새로운 기술과 문화에 빠르게 반응하며, 실패의 비용이 상대적으로 낮은 상태에서 반복적인 시도를 할 수 있다. 결국 기술 혁명의 초기 국면에서는 연륜보다 민첩성과 실행력이 더 큰 힘을 발휘하게 된다.

▌19세 소년이 세계를 바꾼 방법

2004년, 하버드 기숙사의 작은 방에서 마크 저커버그는 '페이스북'이라는 웹사이트를 만들었다. 친구들과 더 쉽게 연결되고 싶다는 단순한 동기에서 출발한 이 프로젝트는 당시 19세였던 한 학생의 개인적 실험에 불과했지만, 그 작은 웹사이트는 오늘날 전 세계 30억 명이 사용하는 메타로 성장했다.

이 사례를 단순한 우연으로 치부하기는 어렵다. 자수성가한 글로벌 억만장자들의 창업 시점을 살펴보면 분명한 패턴이 드러나기 때문이다. 마크 저커버그는 19세에 친구들과의 연결을 목표로 창업했고, 빌 게이츠는 20세에 컴퓨터가 모든 가정에 보급될 미래를 내다보았다. 스티브 잡스는 21세에 개인용 컴퓨터로 세상을 바꾸겠다는 비전을 품었으며, 래리 페이지와 세르게이 브린은 20대 초반에 모든 정보를 하나의 검색으로 연결하겠다는 목표를 세웠다. 일론 머스크는 20대 후반에 인터넷이 세상을 근본적으로 바꿀 것이라 확신했고, 제프 베이조스는 30세에 책을 시작으로 모든 것을 파는 플랫폼을 구상했다. 이들의 평균 창업 나이는 24.3세에 불과하다.

이들이 20대에 세계를 뒤흔들 수 있었던 비밀은 무엇일까?

첫째, 모두가 초보자인 혁신의 파도에서

혁신의 파도가 처음 밀려오는 순간에는 나이의 의미가 크게 희미해진다. 웹이 처음 등장했을 때와 모바일 혁명이 시작되었을 때, 그리고 지금처럼 인공지능이 부상하는 시기에는 모두가 같은 출발선에 서게된다. 이 시기에는 기존의 경험이 축적된 자산으로 작동하지 않는다.

30년 경력의 베테랑이 새로운 기술을 일시적인 유행으로 판단하며 거리를 둘 때, 20세의 젊은 창업자는 그 변화에 강한 흥분과 호기심을 느끼며 밤새 논문을 읽고 직접 구현을 시도한다. 이 차이는 단순한 태도의 차이가 아니라 행동의 속도와 몰입도의 차이로 이어진다. 기성세대가 기존 방식을 유지해야 할 이유를 찾는다면, 젊은 세대는 왜 이 불편한 방식이 계속 유지되어야 하는지를 묻는다. 이 질문의 방향 차이가 혁신의 성패를 가른다.

둘째, 참지 않는 타고난 반항아 기질

젊음의 본질에는 기존 질서에 대한 반항이 자리 잡고 있으며, 스타트업의 DNA 역시 이 반항에서 출발한다. 택시는 길에서 잡는다는 통념을 우버가 뒤집었고, 숙박은 호텔에서 한다는 상식을 에어비앤비가 깨뜨렸으며, 복잡한 송금 방식에 대한 불만은 토스의 혁신으로 이어졌다.

젊은 창업자의 사고방식에는 '원래 그런 것'이라는 전제가 존재하지 않는다. 기존 질서에 대한 의문과 일상의 불편함에 대한 거부감, 그리고 더 나은 방식이 가능하다는 확신이 자연스럽게 결합된다. 나이가 들수록 사람은 세상의 규칙을 받아들이는 법을 배우게 되지만, 젊은 창업자들은 아직 그 규칙을 내면화하지 않았기에 판을 뒤집는 선택을 할 수 있다.

셋째, 친구가 곧 공동창업자

"야, 같이 해볼래?"

젊은 창업자에게 친구는 곧 잠재적인 공동창업자다. 30대 중반의 직장인들은 대부분 안정적인 직장에 정착해 있으며, 주택 마련과 가족 부양, 매달 고정적으로 지출해야 할 비용을 안고 살아간다. 이런 상황에서 새로운 창업 제안에 선뜻 응답하기는 쉽지 않다.

반면 20대 중반의 청년들은 아직 자신의 방향을 찾는 과정에 있다. 월급은 적고 현재의 일에 만족하지 못하는 경우가 많으며, 지금과는 다른 삶의 가능성을 탐색하고자 하는 욕구가 강하다. 이들에게 창업은 부담스러운 위험이기보다 새로운 기회로 인식되기 쉽다.

젊은 창업자들은 월급 대신 꿈과 비전으로 팀을 구성한다. 비슷한 문제의식과 열망을 가진 동료들을 모아 함께 도전하며, 이 과정에서 훗날 각자의 분야에서 전문가로 성장할 인적 네트워크를 형성한다. 초기에는 불안정하지만, 함께 고생하며 축적한 경험과 신뢰는 시간이 지날수록 강력한 자산으로 전환된다.

실제로 여러 글로벌 테크 기업의 초기 멤버들은 이후 각자의 영역에서 중요한 영향력을 발휘하고 있다. 이는 우연이 아니라, 20대 초반에 공동의 목표를 향해 몰입하며 실패와 성공을 함께 경험한 결과다. 젊은 시절에 형성된 이러한 유대감은 단기간의 협업을 넘어 평생 지속되는 동반자 관계로 이어진다.

넷째, 가벼운 배낭의 힘

젊은 창업자가 가진 중요한 강점은 잃을 것이 적다는 점이다. 이로 인해 번레이트는 구조적으로 낮게 형성된다. 원룸 공유와 간소한 식사, 최소한의 소비로 생활이 가능하며, 이동 역시 대중교통이나 자전거로 충분해 고정비 부담이 크지 않다.

그 결과 젊은 창업자는 월 100만 원 수준의 생활비로도 생존할 수 있는 반면, 기성 창업자는 가족 부양과 대출, 보험료, 교육비 등으로 월 500만 원 이상의 고정 지출을 감당해야 하는 경우가 많다. 이 차이는 소비 습관이 아니라 사업의 지속 가능성을 가른다.

더 오래 버틸 수 있다는 것은 더 많은 가설 실험을 할 수 있다는 뜻이다. 같은 1억 원의 초기 자금으로 기성 창업자는 약 6개월을 버티지만, 젊은 창업자는 최대 2년까지 지속할 수 있으며, 그만큼 여러 차례의 피벗과 제품·시장 적합성을 찾을 가능성이 높아진다.

가벼운 배낭은 빠른 방향 전환을 가능하게 한다. 반면 무거운 짐을 진 창업자는 한 번 정한 길을 쉽게 바꾸기 어렵다. 스타트업 환경에서 이러한 민첩성의 차이는 전략을 넘어 생존의 문제로 이어진다.

다섯째, 언제든 도전할 수 있는 시간

젊은 창업자에게 시간은 가장 강력한 자산이다. 20대의 실패는 끝이 아니라 다시 시작할 수 있는 여유를 남기며, 그 자체로 값진 투자로 기능한다. 기대 수명을 기준으로 보았을 때, 이전 세대의 평균 수명이 약 63세였던 데 비해 오늘날 세대의 예상 수명은 85~90세에 이른다. 이는 이전 세대보다 약 25년의 추가적인 시간 자산이 주어졌음을 의미한다.

그럼에도 여전히 30세 이전에 안정적인 직장에 정착해야 한다는 구시대적 인식에 머문다면, 인생의 두 번째 국면에서 열릴 수 있는 혁신적인 기회를 스스로 제한하게 된다. 25세에 첫 창업을 시작해 2년 뒤 실패하더라도, 27세는 여전히 다음 도전을 준비할 수 있는 나이다. 다시 시도해 30세에 또 실패하더라도, 그 경험은 축적된 학습으로 해석될 수 있다. 이후 30대 초반에 이르러 다시 도전할 때는 실패의 반복이 아니라 성공에 가까워진 과정으로 인식된다.

실제로 이러한 경로를 밟은 창업가가 있다. 2025년 기준 시가총액 약 8조 원 규모의 K-뷰티 기업 APR을 이끄는 김병훈 대표는 연세대학교 경영학과 재학 시절부터 창업에 도전하며 여러 차례 실패를 경험했다. 가상 착장 서비스와 데이트 중개 애플리케이션을 연이어 선보였으나 모두 성과로 이어지지 않았다. 이후 그는 온라인 광고대행업에 정착하며 시장을 깊이 이해하게 되었고, 광고의 완성도보다 상품 자체의 품질이 고객 유지의 핵심이라는 교훈을 얻었다.

이 통찰을 바탕으로 그는 25세에 직접 제품을 만드는 방향으로 전환하며 APR을 창업했다. 이전의 실패 경험은 오히려 그의 판단을 단단하게 만들었고, 현재 APR은 메디큐브와 에이프릴스킨 등의 브랜드를 앞세워 글로벌 시장에서 성장하며 2024년 기준 연 매출 약 8천억 원 규모의 기업으로 자리 잡았다. 그는 젊었기에 여러 번 실패할 수 있었고, 다시 일어설 시간 또한 충분히 확보할 수 있었다. 시간은 그의 편이었다.

반대로 40세에 첫 창업을 시작하는 경우 상황은 크게 달라진다. 몇 년의 도전 끝에 실패하면 곧바로 나이는 중반을 넘어가고, 재기를 준비하는 과정에서 심리적·현실적 부담은 급격히 커진다. 다시 도전할 수 있는 기회는 사실상 한 번으로 제한되며, 이는 전략의 과감함과 실행의 속도를 제약하는 요인으로 작용한다. 이 대비는 젊은 창업자가 가진 시간의 특권이 얼마나 결정적인 자산인지를 분명하게 보여준다.

여섯째, 세상의 응원

젊은 창업자를 만났을 때 사람들은 계산보다 공감을 먼저 한다. 20대 초반의 창업자가 투자자를 찾아가면, 투자자는 자연스럽게 자신의 젊은 시절을 떠올리거나 자녀 세대를 연상하게 된다. 그 과정에서 이 창업자에게 무엇이 필요할지, 어떤 도움을 줄 수 있을지를 먼저 고민하게 된다. 반면 40대 중반의 창업자가 같은 자리에 섰을 때는 안정적인 커리어를 내려놓은 이유나 가족의 동의 여부, 이번 도전이 사실상 마지막 기회일 수 있다는 현실적인 질문들이 앞서게 된다. 이 미묘한 인식의 차이는 평가의 온도를 달라지게 만든다.

이로 인해 젊은 창업자들에게는 눈에 보이지 않는 '호의의 네트워크'가 자연스럽게 형성된다. 멘토들은 자신의 실패 경험을 반복하지 말라며 대가 없는 조언을 건네고, 선배 창업자들은 과거의 고생을 떠올리며 인맥과 기회를 열어준다. 투자자들 역시 젊은 창업자의 패기와 성장 가능성에 더 관대한 시선을 보내며, 언론은 20대 창업자의 도전 자체를 하나의 이야기로 주목한다.

사람들은 젊은 창업자의 도전에서 자신의 지나간 청춘을 보거나, 자녀 세대에게서 기대하는 가능성을 발견한다. 그 결과 다음 세대를 키워야 한다는 본능적 욕구가 작동하며, 자연스럽게 도움의 손길이 이어진다. 이는 감정적인 호의에 그치지 않는다. 조언과 네트워크, 기회로 구체화되며 실제 비즈니스 자산으로 전환된다. 젊음이라는 이유만으로 더 많은 문이 열리는 것이다. 세상은 이미 젊은 창업자의 성공 가능성에 호의적인 환경을 제공하고 있으며, 필요한 것은 단 하나, 시작하는 용기뿐이다.

일곱째, 초보라서 오히려 높은 혁신성

R&D 중심의 딥테크 분야는 오랜 연구 경험이 필수적이라는 인식이 널리 퍼져 있다. 소프트웨어 스타트업과 달리 바이오, 반도체, 우주항공과 같은 영역에서는 최소 10년 이상의 연구 경력이 필요하다는 통념이 자연스럽게 받아들여져 왔다. 그러나 과학적 분석 결과는 이러한 통념에 의문을 제기한다.

미국 사우스플로리다대 연구팀은 1971년부터 2021년까지 발표된 2,800만 편 이상의 학술 논문을 분석했다. 연구팀은 논문 인용 횟수와 기존 참고문헌 대비 새로운 인용 비중 등을 기준으로 각 논문의 '혁신성' 점수를 산출했다. 가장 참신한 논문을 100점, 가장 보수적인 논문을 0점에 가깝다고 설정했을 때, 결과는 기존 인식과 달랐다.

연구팀 전원이 초보자일 경우 평균 혁신성 점수는 56.4점으로, 전체 평균인 50점을 상회했다. 초보자와 혁신적인 성과를 낸 선배 연구자가 함께한 경우에는 60점 이상으로 상승해 가장 높은 혁신성을 보였다. 반면 초보자와 평범한 시니어 연구자가 조합을 이룬 경우에는 점수가 40~47점 수준으로 평균 이하로 급락했다.

연구팀은 이러한 결과의 원인을 초보자들이 기존 이론과 관행에 덜 얽매이고 보다 자유롭게 발상하기 때문이라고 분석했다. 이 패턴은 실제 딥테크 창업 현장에서도 반복적으로 확인된다.

2016년, 만 19세였던 신동윤은 캐나다 워털루대학교를 중퇴하고 우주로켓 개발을 목표로 귀국했다. 그는 중학생 시절부터 독학으로 로켓 설계를 공부했고, 청계천과 문래동 철공소를 오가며 직접 부품을 가공하고 용접해 로켓 엔진을 제작했다. 고등학교 재학 중에도 여러 차례 소형 로켓을 만들어 발사하며 경험을 쌓았다.

2018년 7월, 그는 KAIST 입학 이전에 페리지에어로스페이스를 창업했다. 대학 진학도 하지 않은 청년이 우주로켓 회사를 세웠다는 사실에 냉소적인 시선도 적지 않았지만, 그의 문제의식과 집념은 분명했다. 이후 2022년 제주에서 KAIST와 공동으로 액체로켓 시험발사에 성공했고, 이는 대학생이 창업한 민간 기업이 액체추진로켓 발사에 성공한 첫 사례가 되었다. 2023년에는 수직 이착륙 시험에도 성공하며 재사용 로켓 기술을 국내에서 구현했다.

페리지에어로스페이스가 개발 중인 '블루웨일1'은 로켓의 핵심 요소인 엔진, 탱크, 제어 시스템을 모두 순수 국내 기술로 자체 개발한 모델로, 한국에서 유일한 액체연료 기반 민간 우주로켓 스타트업으로 평가받는다. 누적 투자액은 약 500억 원에 이른다.

이 사례가 보여주듯 딥테크 역시 예외는 아니다. 오히려 기존 이론과 관행에 덜 얽매이는 젊음이, 고도의 기술 혁신이 요구되는 분야에서 더 강력한 무기가 될 수 있다.

▌확률 게임의 진실

창업의 성공을 확률의 관점에서 살펴보면 흥미로운 사실이 드러난다. 첫 번째 창업의 성공률은 대체로 18~21% 수준에 머문다. 한 차례 실패를 경험한 뒤 두 번째 창업에 나설 경우 성공률은 20~22%로 소폭 상승하며, 세 번째 창업에서는 22~25%까지 높아진다.

이 수치들이 보여주는 바는 의외로 단순하다. 첫 번째든 두 번째든 세 번째든 성공 확률은 20~25% 범위를 크게 벗어나지 않는다. 이는 일정 수준 이상의 창업자라면 누구나 '성공의 문' 앞에서 거의 동일한 확률 게임을 하고 있다는 의미다. 다시 말해 개인의 능력 차이보다도, 타이밍이나 시장 상황, 운과 같은 통제 불가능한 외부 변수가 결과에 더 큰 영향을 미친다는 뜻이다.

이러한 확률 게임의 구조는 여러 성공 사례에서도 반복적으로 확인된다.

🔆 트위터, 잭 두시

트위터를 만든 잭 도시의 출발 역시 특별하지 않았다. 그는 뉴욕대학교에 재학 중 중퇴했고, 당시 몸담고 있던 팟캐스트 스타트업 오데오(Odeo)가 방향을 잃자 2006년 사내 해커톤에서 단문 상태 공유 서비스 아이디어를 제안했다. 오늘날 트위터의 핵심 기능으로 여겨지는 '140자 메시지'는 치밀한 사전 기획이라기보다 SMS 160자 제한에서 발신자 정보를 뺀 수치를 그대로 적용한 기술적 선택이었으며, 트위터는 오데오로부터 스핀오프되는 형태로 탄생했다.

그럼에도 불구하고 몇 번의 결정적인 행운이 겹쳤다. 2007년 SXSW 콘퍼런스에서 트위터는 우연히 폭발적인 관심을 받았고, CNN과 BBC가 이를 실시간 소통 도구로 주목했다. 이어 오바마의 선거 캠페인에서 적극적으로 활용되면서 서비스는 급격히 확산되었고, 그 결과 트위터는 시가총액 300억 달러 규모의 기업으로 성장했다.

플래피 버드, 동 응우옌

플래피 버드를 만든 동 응우옌의 사례는 더욱 극단적이다. 그는 베트남 하노이에 거주하던 평범한 개발자로, 영어도 능숙하지 않았고 게임 개발 경험도 거의 없었다. 플래피 버드는 단 2~3일 만에, 별도의 개발 비용 없이 혼자 집에서 만든 게임이었다. 그러나 출시 이후 설명하기 어려운 바이럴 현상이 일어났고, 누구도 예상하지 못한 중독성이 발견되었다. 여기에 앱스토어 알고리즘에서의 우연한 상위 노출이 겹치면서 게임은 폭발적인 인기를 끌었고, 하루 광고 수익만 5만 달러에 이르는 결과로 이어졌다.

에어비앤비, 브라이언 체스키와 조 게비아

에어비앤비 역시 비슷한 궤적을 따른다. 창업자인 브라이언 체스키와 조 게비아는 로드아일랜드 디자인스쿨을 졸업한 디자이너 출신으로, 비즈니스를 전공한 것도 아니었다. 집세를 감당하지 못하는 상황에서 에어매트리스를 빌려주는 아이디어를 떠올린 것이 사업의 출발점이었다.

초기에는 '남의 집에서 자겠다는 발상은 미친 짓'이라는 비아냥을 듣기도 했다. 그러나 2008년 금융위기가 찾아오면서 사람들이 부수입을 찾기 시작했고, 여행 트렌드는 획일적인 호텔에서 벗어나 개성 있는 숙소를 선호하는 방향으로 바뀌었다. 여기에 스마트폰 보급으로 실시간 예약과 소통이 가능해지면서 에어비앤비는 시대적 흐름을 타게 되었고, 현재는 시가총액 800억 달러에 이르는 기업으로 성장했다.

이 사례들에는 분명한 공통점이 존재한다. 이들은 모두 기술과 아이디어, 실행력이라는 기본적인 '입장권'을 이미 갖추고 있었다. 동시에 누구도 압도적인 천재로 출발하지는 않았다. 성패를 가른 결정적 요소는 개인이 통제할 수 없는 타이밍과 운, 그리고 시대적 트렌드가 맞아떨어진 순간들이었다. 결국 일정 수준 이상의 준비가 되어 있다면 누구나 '확률의 룰렛'을 돌릴 자격을 갖게 된다는 결론에 이르게 된다.

이러한 관점에서 전략은 분명해진다. 가능한 한 많은 입장권을, 가능한 한 빠르게 확보하는 것이다. 이것이 바로 젊음이 지닌 가장 현실적인 장점이다. 젊을수록 실행 속도가 빠르고, 실패하더라도 회복이 빨라 다시 도전할 수 있다.

또한 도전의 횟수 자체가 크게 달라진다. 25세부터 45세까지의 20년 동안에는 10번에서 20번에 이르는 시도 기회를 가질 수 있지만, 45세 이후에는 현실적으로 1~3번의 기회에 그치는 경우가 많다. 결국 더 많이 시도할수록 운이 좋은 타이밍을 만날 가능성도 높아지며, 운의 파도를 탈 확률 역시 커진다. 흔히 말하는 '운도 실력이다'라는 표현의 진짜 의미는 바로 여기에 있다.

지금이 바로 그 때다

물론 젊은 창업자에게도 분명한 한계는 존재한다. 경험의 부족, 신뢰도의 문제, 자금 조달의 어려움은 실제로 창업 과정에서 발목을 잡는 요인으로 작용할 수 있다. 그러나 스타트업이라는 게임의 본질을 놓고 보면, 젊음이 가진 장점은 이러한 단점을 충분히 상쇄하고도 남는다.

젊은 창업자는 새로운 물결을 가장 먼저 감지하고, 기존 질서에 도전하는 반항적 문제의식을 지니며, 가벼운 비용 구조로 빠르게 움직일 수 있다. 시간은 젊은 창업자의 편이고, 사회는 젊은 도전에 상대적으로 호의적이며, 실패 이후에도 다시 일어설 수 있는 회복 여력이 충분하다. 이 모든 요소는 개별적으로도 강력하지만, 함께 작동할 때 젊음은 스타트업에서 가장 강력한 무기가 된다.

따라서 20대의 창업자는 이미 확률의 게임에 참여할 자격을 갖추고 있다. 지금은 망설일 시간이 아니라, 입장권을 발급받고 실험을 시작해야 할 시점이다. 세상은 이미 젊은 도전을 받아들일 준비가 되어 있으며, 필요한 것은 시작이라는 선택뿐이다.

이번 장에서는 젊음이 가진 압도적인 구조적 우위를 확인했다. 젊은 창업자는 도전할 자격을 갖춘 존재이며, 그 가능성은 이미 열려 있다. 그러나 현실에서 많은 스타트업은 제품이 아니라 팀의 붕괴로 실패한다. 갈등을 미루고, 중요한 논의를 뒤로 미루는 순간 조직은 서서히 무너지기 시작한다.

Chapter 2

초기 스타트업의 피할 수 없는 불편한 주제들

"나중에 이야기하자."

초기 스타트업을 운영하다 보면 중요한 논의를 뒤로 미루게 되는 순간이 반복된다. 공동창업자 간의 지분 배분, 첫 직원의 급여 수준, 일과 삶의 경계, 복지의 범위, 원격근무 허용 여부와 같은 문제들은 꺼내는 순간 관계에 균열이 생길 것 같은 불안을 동반한다. 함께 꿈을 이야기하던 사이에서 돈과 권한, 책임에 관한 이야기를 시작하는 일은 누구에게나 부담스럽다.

그래서 많은 팀이 결정을 미룬다. 우선 시작하고 보자는 판단 아래, 시간이 지나면 자연스럽게 해결될 것이라는 기대를 품는다. 그러나 지난 수십 년간 수많은 스타트업이 무너지는 과정을 보면, 실패의 원인은 시장이나 기술, 자금 부족이 아닌 경우가 훨씬 많았다. 문제는 미뤄 둔 논의가 끝내 제대로 이루어지지 않았다는 점이었다. 시간이 흐른 뒤에야 이야기를 꺼내려 했을 때는 이미 관계와 신뢰가 크게 훼손된 상태였다.

공동창업자 사이에서는 한쪽이 상대적으로 덜 일하면서도 같은 지분을 가진다는 불만이 쌓이고, 구성원들은 현재의 급여와 업무 강도가 합리적인지 의문을 품으며 이탈을 고민한다. 워라밸을 기대했던 직원은 번아웃에 빠지고, 복지에 대한 기대를 품었던 팀원은 실망과 배신감을 느낀다. 이러한 감정들은 처음에는 사소한 불편함으로 시작되지만, 시간이 지날수록 누적되어 결국 한 번에 폭발한다.

아이러니하게도, 서로를 배려하려던 침묵이 오히려 관계를 파괴하는 결과를 낳는다. 지금 이 이야기를 꺼내면 상대가 상처받을 것이라는 생각으로 참았던 말들은, 훗날 나를 동등한 파트너로 존중하지 않았다는 감정으로 되돌아온다. 이 시점에서 깨닫게 되는 사실은 분명하다. 불편함을 미루는 것보다, 차라리 지금 불편해지는 편이 훨씬 낫다는 점이다.

이 장에서는 스타트업이 초기에 반드시 마주해야 할 열두 가지 핵심 주제를 다룬다. 워라밸과 복지, 급여 수준, 의사결정 방식, 공동창업자 간 역할 분담 등은 모두 리더들이 가장 회피하고 싶어 하는 논의들이다. 그러나 이 주제들을 외면하는 순간, 팀은 서서히 균열을 안은 채 실패를 향해 움직이기 시작한다.

워라밸: 환상인가, 필수인가

스타트업에서 워라밸을 기대하는 것은 비현실적이라는 인식이 여전히 존재한다. 그러나 실제 퇴사 이유를 살펴보면 이 통념은 설득력을 잃는다. 퇴사자의 약 75%는 상사와의 문제로 회사를 떠나며, MZ세대가 꼽은 퇴사 이유 1위는 급여가 아니라 성장 가능성이다. 급여는 상대적으로 낮은 순위를 차지한다. 딜로이트의 연구 역시 학습과 성장 기회가 직원 유지율을 30% 이상 높인다고 보고한다.

이 결과들이 시사하는 바는 분명하다. 사람들이 진정으로 원하는 것은 정해진 출퇴근 시간이 아니라, 의미 있는 일과 성장할 수 있는 환경, 그리고 존중받고 있다는 감각이다.

물론 스타트업의 현실은 이상적이지 않다. 스타트업의 약 90%는 결국 실패하며, 초기 생존을 위해서는 구성원들의 높은 몰입과 헌신이 요구된다. 그러나 이러한 현실이 무제한적인 근무 시간과 압박을 정당화하지는 않는다. 연구에 따르면 나쁜 상사로 인한 스트레스는 심장병 발병 위험을 높이며, 부정적인 조직문화는 우울증과 불안장애의 발병 확률을 약 2.5배까지 끌어올린다.

결국 문제의 핵심은 얼마나 오래 일하느냐가 아니라, 어떻게 일하느냐에 있다.

능력 있는 인재들이 초기 스타트업을 선택하는 데에는 분명한 이유가 있다. 그들은 치열하게 일하되, 성과를 함께 나누고, 동료들과 함께 성장하는 환경을 기대한다. 회사의 성장이 곧 개인의 성장으로 이어진다는 믿음이 선택의 배경이다.

이 기대는 단순한 환상에 그치지 않는다. 벤처기업협회의 '벤처기업 재직자 인식 조사(2025)'에 따르면, 재직자 10명 중 7명은 충분한 보상을 전제로 주 52시간을 초과해 근무할 의향이 있다고 응답했다. 특히 전략·기획 직무의 81%, R&D 직무의 80%는 성과와 보상에 기반한 자율 근무를 선호한다고 밝혔다.

재직자들이 꼽은 스타트업의 강점은 유연한 의사결정과 수평적 문화였으며, 약점은 보상과 복지의 미흡함이었다. 이들이 원하는 것은 명확하다. 치열하게 일할 수 있는 환경과 그에 상응하는 보상이다.

이러한 기대에 부응하기 위해서는 전통적인 워라밸 개념보다 워크-라이프 인티그레이션이라는 관점이 더 적합하다. 이는 일과 삶을 엄격히 분리하기보다, 일을 통해 개인이 성장하고 그 성장이 다시 회사의 성과로 이어지는 선순환 구조를 설계하는 방식이다.

초기 스타트업에서 정해진 시간만 일하고 나머지를 완전히 분리하는 방식은 현실적으로 어렵다. 그러나 이것이 곧 무의미한 야근이나 번아웃을 의미하지는 않는다. 개인의 필요에 따라 낮 시간에 휴식을 취할 수도 있고, 중요한 마일스톤을 앞두고 늦은 시간까지 집중할 수도 있다. 핵심은 자율성과 책임, 그리고 상호 신뢰다.

이를 실행하기 위한 구체적인 원칙도 분명하다.

첫째, OKR과 명확한 성과 지표를 설정해 근무 시간이 아니라 결과물에 집중해야 한다.

둘째, 투명한 소통과 우선순위 공유를 통해 왜 지금 이 노력이 필요한지 모두가 이해하도록 해야 한다.

셋째, 개인의 상황을 존중하는 유연성과 자율성을 보장하되, 데드라인 앞에서는 집중하는 상호 신뢰의 문화를 구축해야 한다.

넷째, 정기적인 재충전 시간을 제도화해 신체적·정신적 건강을 보호해야 한다.

다섯째, 성과에 대한 정당한 보상과 심리적 인정이 반드시 뒤따라야
한다.

무엇보다 중요한 것은 솔직한 소통이다. 파운더 간, 그리고 팀원들과
의 정기적인 대화를 통해 불편함과 부담을 공유하고 해결책을 함께 모
색할 때, 워라밸은 환상이 아니라 지속 가능한 조직 운영의 조건이 된
다.

복지: 어디까지 제공해야 하는가

화려한 복지를 전면에 내세운 스타트업의 채용 공고는 흔히 볼 수
있다. 무제한 간식, 최신 장비, 사내 카페, 안마 의자까지 갖춘 환경은
매력적으로 보인다. 그러나 몇 개월 뒤 자금난으로 대규모 구조조정을
단행했다는 소식이 전해지는 경우도 적지 않다. 이는 복지가 곧 조직
의 지속 가능성을 보장하지는 않는다는 현실을 보여준다.

실제 퇴사 이유를 살펴보면 복지는 생각보다 낮은 우선순위를 차지
한다. 구성원들이 회사를 떠나는 주된 이유는 복지의 부족이 아니라,
존중받지 못한다는 경험, 가치관의 불일치, 건강하지 못한 조직문화에
있다. 하버드 비즈니스 스쿨의 연구 역시 조직 내 소속감이 직원의 생
산성과 유지율에 직접적인 영향을 미친다고 밝힌 바 있다. 사람들이
회사를 떠나는 이유는 간식이 없어서가 아니라, 자신이 중요하지 않다
고 느끼기 때문이다.

스타트업의 약 29%가 자금 부족으로 실패하는 현실에서, 한정된 자
원을 어디에 투입할지는 생존과 직결된 문제다. 맥킨지 연구에 따르면

MZ세대의 70%는 급여나 복지보다도 자신의 가치관과 일치하는 기업에서 일하는 것을 중요하게 여긴다. 이는 복지보다 의미 있는 문화와 성장 기회가 더 강력한 유지 요인임을 시사한다.

그렇다고 복지가 불필요하다는 뜻은 아니다. 복지는 필요하다. 다만 핵심은 어떤 복지를 제공하느냐다. 단기적인 만족을 위한 복지가 아니라, 회사의 성장에 직간접적으로 기여하는 성장 기여형 복지에 집중해야 한다.

출발점은 기본기에 충실한 복지다. 화려함보다 당연히 갖춰야 할 요소들을 먼저 확보해야 한다. 합리적인 급여 구조, 의미 있는 스톡옵션, 안정적인 업무 환경이 이에 해당한다. 커피 머신이나 기본적인 사무용품, 원활한 인터넷 환경은 복지라기보다 업무를 위한 기본 조건에 가깝다.

무엇보다 중요한 복지는 성장 기회다. 교육비 지원은 개인의 역량을 높이는 동시에 조직의 경쟁력을 강화한다. 콘퍼런스 참석은 최신 트렌드를 조직 내부로 가져오고, 새로운 프로젝트에 대한 도전은 개인과 회사 모두의 성장을 촉진한다. 개인의 성장이 곧 회사의 성과로 이어지는 구조가 만들어질 때, 복지는 가장 강력한 동기부여 수단이 된다.

투자금 사용의 우선순위 역시 명확해야 한다. 이 우선순위는 비즈니스 모델에 따라 달라진다. 제품 개발이 핵심인 SaaS 스타트업이라면 R&D가 최우선이어야 하고, 고객 확보가 관건인 커머스 기업이라면 마케팅에 집중해야 한다. 서비스 품질이 경쟁력의 핵심이라면 인재 채용이 가장 중요한 투자 대상이 된다. 중요한 것은 현재 단계에서 성장을 가장 빠르게 만드는 요소가 무엇인지를 분명히 인식하는 일이다. 다만 모든 경우에 공통으로 적용되는 원칙이 있다. 불필요한 고정비 지출은 철저히 배제해야 한다. 과도하게 화려한 사무실, 실효성이 검증되지 않은 복지, 보여주기식 지출은 조직의 생존 가능성을 낮춘다.

복지는 회사의 성장 단계에 따라 함께 진화해야 한다. 시드 단계에서는 기본에 집중하고, 시리즈 A 이후에는 점진적으로 확대하며, 시리즈 B를 넘어가면 보다 다양한 복지를 고려할 수 있다. 그러나 어느 단계에서든 반드시 던져야 할 질문은 하나다. 이 복지가 현재 단계에서 회사의 성장에 어떻게 기여하는가라는 질문이다. 이에 대한 답이 명확하지 않다면, 그 복지는 아직 필요하지 않다.

결국 최고의 복지는 회사의 성공이다. 빠르게 성장하는 조직의 일원이 되는 경험, 자신의 기여가 실제 성과로 이어진다는 확신은 어떤 화려한 복지로도 대체할 수 없다. 이것이 스타트업에서 복지를 설계할 때 놓쳐서는 안 될 본질이다.

▌급여: 지분이 급여를 대신할 수 있을까

초기 스타트업에서는 급여를 충분히 지급하기 어려운 상황에서 지분을 보상으로 제시하는 경우가 흔하다. 그러나 지분이 실제로 급여를 대신할 수 있는지에 대해서는 냉정한 검토가 필요하다.

미국 노동통계청 자료에 따르면 신규 사업체의 약 20%는 첫해에 문을 닫고, 약 45%는 5년 이내에 실패한다. 2000년 이후 유니콘 단계에 도달한 스타트업은 약 2,860개에 불과하다. 이는 지분의 가치가 현실에서 실현될 확률이 극히 낮다는 점을 보여준다. 지분은 잠재적인 보상일 뿐, 당장의 생계를 책임질 수 있는 수단은 아니다.

그럼에도 지분이 완전히 의미 없는 보상인 것은 아니다. MZ세대가 꼽은 퇴사 이유를 보면 급여는 세 번째에 그쳤고, 성장 가능성이 가장 중요한 요인으로 나타났다. 와이콤비네이터가 제시한 주간 6% 성장률을 달성할 경우 연간 약 20배, 2년간 약 400배 성장이 가능하다는 점에서, 성공했을 때 지분이 지니는 잠재적 가치는 매우 크다. 문제는 성공 가능성을 어떻게 현실적으로 관리하느냐다.

따라서 가장 현실적인 접근은 생존 가능한 급여와 의미 있는 지분을 병행하는 전략이다. 지분은 급여의 대체재가 아니라, 미래 성장에 대한 보너스로 설계되어야 한다.

이를 위해 먼저 파운더들 간의 재정 상황을 투명하게 공유할 필요가 있다. 각자의 최소 생계비를 솔직하게 공개하고, 이를 기준으로 지속 가능한 급여 수준을 합의해야 한다. 이는 불편하지만 팀의 신뢰를 유지하기 위해 반드시 필요한 과정이다.

지분 정책 역시 명확해야 한다. 스톡옵션의 베스팅 일정과 행사 조건, 회사 가치 상승에 따른 시나리오를 구체적으로 설명해야 한다. 회사가 특정 단계에 도달했을 때 지분이 어떤 가치를 가질 수 있는지 현실적인 계산을 함께 검토함으로써, 막연한 기대가 아닌 이해 가능한 계획을 제시해야 한다.

또한 투자 유치나 매출 목표 달성과 같은 명확한 마일스톤과 연동된 급여 인상 계획을 사전에 설정해야 한다. 언제, 어떤 조건이 충족되면 보상이 어떻게 변화하는지 모두가 알고 있어야 불필요한 불신이 생기지 않는다.

마지막으로, 보상은 지분에만 국한되지 않는다. 중요한 의사결정 과정에 참여하게 하거나 핵심 프로젝트를 주도할 기회를 제공함으로써 구성원들이 실질적인 오너십을 느낄 수 있도록 해야 한다. 지분은 단순한 숫자가 아니라, 함께 만들어 갈 미래에 대한 신뢰와 약속일 때 비로소 의미를 갖는다.

▌다양성 vs 핏: 누구와 함께 갈 것인가

오늘날 많은 기업이 다양성을 중요한 가치로 내세운다. 맥킨지 보고서에 따르면 다양한 배경을 가진 팀은 그렇지 않은 팀보다 약 35% 높은 성과를 내는 것으로 나타났으며, 퓨 리서치 센터의 2022년 조사에서도 직원의 68% 이상이 리더가 다양한 의견을 수렴하고 협업적 의사결정을 장려할 때 더 높은 몰입도를 보인다고 응답했다. 다양성이 조직 성과에 긍정적으로 작용한다는 점은 이미 여러 연구를 통해 확인된 사실이다.

그러나 초기 스타트업에서는 상황이 다소 다르게 전개된다. 스타트업의 약 90%가 실패하며, 평균적으로 창업 후 17개월 전후에 심각한 위기에 직면한다. 극도로 제한된 인원과 자원으로 높은 밀도의 협업을 요구받는 환경에서는, 가치관이나 일하는 방식이 맞지 않는 구성원 한 명만 있어도 팀 전체의 효율성이 급격히 저하될 수 있다. 초기에는 다양성 그 자체보다 팀의 응집력이 생존을 좌우하는 변수로 작용한다.

이러한 맥락에서 필요한 접근은 핵심 가치 중심의 선별적 다양성이다. 이는 핵심 가치와 일하는 방식에서는 강한 일치를 이루되, 사고방식과 배경, 전문성에서는 점진적으로 다양성을 확보하는 전략이다.

이를 위해 먼저 팀이 절대 양보할 수 없는 핵심 가치와 협업 방식을 명확히 정의해야 한다. 투명한 소통, 빠른 실행력, 고객 중심 사고와 같은 기준이 이에 해당한다. 특히 초기 10명 내외의 팀이 구성되는 단계에서는 컬처 핏이 분명한 A급 인재를 가장 먼저 확보하는 것이 중요하다. 이 시기는 팀의 기본 DNA가 형성되는 단계이므로, 핵심 가치관이 일치하는 사람이 무엇보다 우선이다. 이후 조직이 어느 정도 안정되고 문화가 정착된 뒤에야 다양한 배경과 관점을 가진 인재를 적극적으로 영입하는 것이 바람직하다.

이 과정에서 가장 중요한 판단 기준은 나와 비슷한 사람과 팀에 맞는 사람을 구분하는 것이다. 개인적 친밀감이나 성향의 유사성이 아니라, 팀의 목표 달성과 현재 단계의 요구에 기여할 수 있는 능력과 태도를 중심으로 평가해야 한다. 결국 찾아야 할 사람은 나와 잘 맞는 사람이 아니라, 지금 이 팀에 반드시 필요한 사람이다.

▌원격근무 vs 오프라인: 어디서 일할 것인가

코로나 이후 원격근무는 선택이 아닌 필수처럼 여겨졌다. 그러나 초기 스타트업의 상황에 이 방식을 그대로 적용하는 것이 과연 적절한지는 다시 검토할 필요가 있다.

의사결정 속도는 스타트업이 외부 환경과 자본 규모의 한계를 극복하기 위해 확보할 수 있는 핵심 경쟁력이다. 실제로 다수의 비즈니스 리더들이 의사결정 과정에서 어려움을 겪고 있으며, 빠른 판단과 즉각적인 브레인스토밍이 성패를 가르는 초기 단계에서는 원격근무가 이러한 속도를 저해할 가능성이 크다. 물리적으로 떨어진 환경에서는 미묘한 맥락 공유와 즉흥적인 아이디어 교환이 제한되기 때문이다.

민주적 리더십과 수평적 소통을 채택한 조직이 더 높은 생산성과 창의성을 보인다는 연구 결과도 존재한다. 그러나 이는 업무 프로세스가 정립되고 구성원 간 신뢰가 이미 형성된 비교적 안정된 조직을 전제로 한 결과다. 초기 스타트업의 다수는 아직 사업 자체가 충분히 준비되지 않았다고 인정하는 단계에 있으며, 역할과 책임, 업무 방식이 유동적인 상황에 놓여 있다. 이런 조건에서 물리적 거리까지 더해지면 소통은 더욱 단절되기 쉽다.

이러한 이유로 초기 스타트업에는 오프라인 우선, 예외적 원격 허용이라는 접근이 보다 현실적이다. 빠른 의사결정, 즉석에서 이루어지는 브레인스토밍, 팀 문화의 형성과 같은 초기 조직에 필수적인 요소들은 대면 환경에서 훨씬 효과적으로 작동한다. 같은 공간에서 일하며 쌓이는 신뢰와 암묵지는 단기간에 대체하기 어렵다.

다만 모든 상황에서 원격근무를 배제할 필요는 없다. 개인적인 응급 상황이나 건강상의 이유, 가족 관련 주요 일정과 같은 불가피한 경우에는 제한적으로 원격근무를 허용할 수 있다. 이 경우에는 오히려 더 높은 수준의 소통과 결과물 공유가 요구되며, 정기적인 화상회의와 일일 체크인을 통해 업무 진행 상황을 명확히 해야 한다.

조직이 성장하고 업무 프로세스가 안정적으로 정착된 이후에는 원격근무의 비중을 점진적으로 확대하는 것이 가능하다. 그러나 초기 단계부터 전면적인 원격근무를 도입하는 것은 팀 응집력과 실행 속도를 약화시킬 위험이 크다. 초기 스타트업에서 일하는 공간은 단순한 근무 장소가 아니라, 조직의 속도와 문화를 결정짓는 중요한 전략 요소다.

실패 vs 학습: 언제까지 용인할 것인가

"빠른 실패, 빠른 학습(Fail fast, learn faster)."

스타트업의 세계에서 실패는 피할 수 없는 현실로 받아들여진다. 실리콘밸리에서는 빠른 실패와 빠른 학습이 혁신의 전제 조건처럼 강조된다. 실제로 상당수의 스타트업 파운더들이 실패를 피하기 위해 비즈니스 모델을 피벗하며, 이 과정에서 적응력과 학습 능력이 생존에 중요한 역할을 한다는 점이 반복적으로 확인된다.

그러나 모든 실패가 동일한 가치를 지니는 것은 아니다. 많은 파운더들이 자신의 회사가 사업을 추진하기에 충분히 준비되지 않았다고 인정하는 현실은, 실패 중 상당 부분이 학습으로 이어지지 못하고 있음을 시사한다. 기본적인 준비 부족이나 명확한 검증 없이 반복되는 실수로 인한 실패는 성장의 계기가 아니라 자원의 낭비에 가깝다. 실패 자체보다 중요한 것은 실패가 어떤 학습으로 연결되는가다.

따라서 초기 스타트업에는 학습 중심의 실패 문화가 필요하다. 이는 실패를 두려워하지 않되, 같은 실수를 반복하거나 충분한 노력 없이 발생한 실패는 용인하지 않는 원칙을 의미한다. 실패는 허용되지만, 무책임한 실패는 허용되지 않는다.

이를 위해서는 좋은 실패와 나쁜 실패를 명확히 구분해야 한다. 좋은 실패란 충분한 사전 준비와 진지한 실행 이후에 발생하며, 다음 단계로 나아가기 위한 명확한 교훈과 개선점을 남기는 실패다. 반면 나쁜 실패는 기본적인 검토 부족이나 동일한 실수의 반복에서 비롯되며, 조직에 새로운 학습을 제공하지 못한다.

이 구분을 실질적으로 작동시키기 위해 정기적인 피드백 시스템이 필요하다. 3개월 단위로 모든 팀원과 파운더가 성과와 과정에 대해 솔직한 피드백을 주고받고, 성과 부진의 원인을 분석하며 구체적인 개선 계획을 수립해야 한다. 특히 파운더 간의 솔직한 소통 채널은 필수적이다. 특정 파운더의 기여도가 기대에 미치지 못할 경우를 대비해, 사전에 합의된 방식으로 건설적인 대화를 나눌 수 있는 프로세스를 마련해야 한다. 이는 개인에 대한 비난이 아니라 회사의 성장을 위한 논의여야 한다.

또한 모든 실패 사례를 체계적으로 기록하고 분석해 팀 전체가 공유할 수 있는 학습 데이터베이스를 구축해야 한다. 실패를 개인의 경험으로 끝내지 않고 조직의 자산으로 전환할 때, 같은 실수는 반복되지 않는다. 진정한 학습은 실패를 한 번 겪는 데서 끝나는 것이 아니라, 동일한 실패를 다시 겪지 않는 데서 완성된다.

▎개인 성장 vs 회사 우선: 누구를 위해 일하는가

초기 스타트업에서는 개인의 성장 욕구와 회사의 즉각적인 필요가 충돌하는 순간이 반드시 찾아온다. 구성원은 새로운 도전과 커리어 발전을 원하지만, 회사는 당장의 생존과 성과를 위해 특정 역할에 집중해 주기를 요구한다. 이러한 갈등은 특히 파운더들 사이에서 더욱 복잡하게 전개된다. 개인의 장기적 비전과 회사의 단기적 현실이 맞부딪히기 때문이다.

그러나 장기적인 관점에서 보면 개인의 성장과 회사의 성공은 분리될 수 없는 관계다. 성장하지 않는 개인들로 구성된 조직은 지속적인 경쟁력을 확보할 수 없으며, 회사의 성과 역시 결국 구성원의 역량과 학습 속도에 의해 제한된다. 문제는 어느 한쪽을 선택하는 것이 아니라, 어떤 순서와 방식으로 균형을 설계하느냐다.

이 맥락에서 현실적인 접근은 단기적으로는 회사의 필요를 우선하되, 장기적으로는 개인과 회사가 함께 성장하는 구조를 만드는 것이다. 회사의 생존이 확보되지 않은 상태에서 개인의 성장만을 추구하는 것은 지속 가능하지 않다. 반대로 회사의 요구만을 반복적으로 앞세우고 개인의 성장 경로를 방치한다면, 구성원의 동기와 헌신은 빠르게 소진된다.

따라서 생존 단계에서는 회사의 목표가 우선되어야 한다. 다만 이러한 우선순위가 언제까지 지속되는지에 대한 명확한 기준과 타임라인을 제시해야 한다. 회사가 일정 수준의 안정 단계에 접어들면, 새로운 프로젝트 참여, 역할 확장, 교육과 학습 기회 제공 등을 통해 개인의 성장을 적극적으로 지원해야 한다.

특히 파운더들 사이에서는 각자의 궁극적인 목표와 장기적인 방향성, 이른바 엑싯 계획까지도 솔직하게 공유할 필요가 있다. 개인의 목표가 회사의 비전과 어떻게 연결될 수 있는지를 논의하고, 서로의 기대를 명확히 조율하지 않는다면 갈등은 누적될 수밖에 없다.

결국 가장 이상적인 시나리오는 개인의 성장이 회사의 성장으로 자연스럽게 이어지는 구조를 지속적으로 설계하는 것이다. 개인이 배우고 확장하는 과정이 곧 조직의 역량 강화로 연결될 때, 개인과 회사의 우선순위는 대립이 아니라 상호 보완의 관계로 전환된다.

빠른 성장 vs 안정성: 얼마나 빨리 달릴 것인가

스타트업의 세계에서는 성장이 곧 생존이라는 인식이 강하게 작동한다. 실제로 와이콤비네이터는 스타트업이 주간 5~7%의 성장률을 유지할 것을 권장하며, 10% 이상의 성장은 예외적으로 뛰어난 성과로 평가한다. 주간 6%의 성장을 지속할 경우 연간 약 20배, 2년간 약 400배의 성장이 가능하다는 계산은 고속 성장이 왜 스타트업의 핵심 목표로 여겨지는지를 잘 보여준다.

특히 B2B SaaS 분야에서는 T2D3 벤치마크가 널리 활용된다. 이는 첫 2년간 매출을 세 배씩 성장시키고, 이후 3년간 두 배씩 성장하는 패턴으로, 매출이 100만 달러에서 시작해 300만, 900만, 1,800만, 3,600만, 7,200만 달러로 확장되는 궤적을 의미한다. 다수의 성공적인 SaaS 기업들이 이 경로를 따랐으며, IPO에 성공한 기업들 역시 상장 시점에서 높은 성장률을 유지하고 있었다는 점에서 성장 속도의 중요성은 분명하다.

그러나 성장 자체가 목표가 되는 순간, 위험은 급격히 커진다. 과도한 확장으로 인해 붕괴한 사례들이 보여주듯, 많은 스타트업은 성장에만 집착한 나머지 단위경제학을 무시하고 지속 가능성을 스스로 훼손한다. 빠른 성장은 필요조건일 수는 있지만, 충분조건은 아니다.

따라서 필요한 전략은 검증된 성장 모델을 기반으로 한 과감하지만 통제된 스케일업이다. 이는 무작정 사업 영역을 넓히는 확장이 아니라, 이미 검증된 단일 비즈니스 모델을 중심으로 깊이 있게 성장시키는 접근을 의미한다.

실행 원칙은 비교적 명확하다. 주간 5~7%의 성장 목표를 설정하되, 그 전제는 항상 지속 가능성에 둔다. B2B SaaS 기업이라면 연간 성장 경로를 T2D3 기준에 맞춰 관리하고, 여러 모델을 동시에 시도하기보다는 하나의 검증된 모델에 집중한다. 또한 명확한 마일스톤 달성 시점과 연동된 투자 유치 계획을 수립하고, 투자 지연이나 시장 변화에 대비한 비상 시나리오도 함께 준비해야 한다. 이 과정에서 단순한 매출이나 사용자 수 증가뿐 아니라, 고객 만족도, 시장 점유율, 수익성과 같은 질적 지표를 함께 점검하는 것이 필수적이다.

결국 스타트업은 빠르게 달려야 하지만, 방향을 잃어서는 안 된다. 속도와 안정성의 균형을 유지할 수 있을 때, 성장은 일시적인 질주가 아니라 지속 가능한 경쟁력이 된다.

의사결정 방식: 누가, 어떻게 결정할 것인가

스타트업에서는 중요한 결정을 내려야 하는 순간이 끊임없이 찾아온다. 어떤 기능을 먼저 개발할지, 어떤 마케팅 채널에 집중할지, 지금 인재를 채용할지 아니면 더 기다릴지와 같은 선택들은 모두 회사의 방향을 좌우한다. 이러한 상황에서 팀은 회의에 모여 다양한 의견을 나누고, 장단점을 비교하며, 데이터를 검토한다. 그러나 논의는 길어지고 결론은 미뤄지며, 결국 아무런 결정 없이 회의가 끝나는 경우가 반복된다. 그 사이 경쟁사는 이미 실행에 옮기고 시장을 선점한다. 이는 많은 스타트업이 무너지는 전형적인 패턴이다.

스타트업에서 의사결정 속도는 외부 환경이나 자본 규모와 무관하게 확보할 수 있는 핵심 경쟁력이다. 실제로 다수의 비즈니스 리더들이 의사결정 과정에서 심각한 부담을 느끼고 있으며, 데이터의 양이나 신뢰성 부족을 이유로 결정을 미루는 경향이 확인된다. 완벽한 정보를 기다리는 동안 기회는 사라지고, 결정 지연 자체가 가장 큰 리스크가 된다.

반대로 민주적 의사결정이 조직의 생산성과 참여도를 높인다는 연구 결과도 존재한다. 구성원이 의사결정 과정에 참여할수록 몰입도가 높아지고, 신중한 판단은 결정의 정확도를 높인다. 그러나 이러한 방식은 업무 프로세스와 역할이 비교적 안정된 조직에 더 적합하다. 초기 스타트업에서는 정확성보다 속도가 생존에 더 직접적인 영향을 미친다.

여러 스타트업 사례를 살펴보면, 완벽한 결정을 내린 뒤 실패한 기업보다 빠르게 결정하고 실행하며 수정해 나간 기업이 살아남는 경우가 훨씬 많다. 스타트업에서는 모든 정보를 갖춘 상태에서 결정을 내리기보다, 충분히 설득력 있는 수준의 정보로 결정을 내리고 실행 과정에서 나머지를 보완하는 방식이 더 효과적이다. 틀렸다면 빠르게 수정할 수 있어야 하며, 이 유연성이 스타트업의 본질적인 강점이다.

이러한 맥락에서 효과적인 의사결정 방식은 정보 수집은 민주적으로 하되, 최종 결정은 명확한 책임자가 내리는 하이브리드 구조다. 토론과 의견 수렴은 충분히 이루어져야 하지만, 결정을 미루는 집단적 합의는 피해야 한다.

이를 위해 먼저 의사결정 영역별로 최종 책임자를 명확히 지정해야 한다. 제품 방향, 마케팅 전략, 채용, 재무 등 각 영역에서 누가 최종 판단을 내리는지 분명해야 한다. 모두가 함께 결정하자는 원칙은 이상적으로 들릴 수 있지만, 실제로는 책임이 분산되어 아무도 책임지지 않는 결과를 낳기 쉽다. 책임자가 정해지면 그에 상응하는 권한도 함께 부여해야 한다. 다른 파운더와 팀원의 의견을 충분히 듣되, 최종 결정은 책임자의 몫으로 남겨둔다.

의사결정 속도를 확보하기 위해 시간 제한을 두는 것도 중요하다. 중요한 결정이라 하더라도 일정 시간 내에 결론을 내리는 원칙을 세워야 한다. 이 시간은 정보를 검토하고 의견을 수렴하며 판단을 내리기에 충분한 범위여야 한다. 그럼에도 결정을 내리지 못한다면, 이는 정보 부족의 문제가 아니라 결정을 감당하려는 용기의 문제일 가능성이 크다. 예외적으로 더 긴 시간이 필요한 경우에는 그 사유를 명확히 공유해야 한다.

결정이 내려진 이후에는 즉각적인 실행이 뒤따라야 한다. 결정 과정에서 반대 의견이 있었더라도, 일단 방향이 정해지면 모두가 그 결정을 존중하고 실행에 집중해야 한다. 토론의 단계에서는 치열하게 의견을 나누되, 실행의 단계에서는 하나의 방향으로 움직이는 것이 성숙한 팀의 조건이다.

마지막으로 의사결정 과정의 투명성은 팀의 신뢰를 유지하는 데 핵심적인 요소다. 왜 이러한 결정을 내렸는지, 어떤 정보와 대안을 검토했는지를 공유할 때 구성원들은 결정에 더 깊이 공감하고 적극적으로 협력하게 된다.

결국 스타트업에서 필요한 원칙은 명확하다. 토론은 충분히 하되, 결정은 빠르게 내려야 하며, 실행은 지체 없이 이루어져야 한다. 완벽한 결정을 기다리다 기회를 놓치는 조직이 아니라, 빠른 결정과 반복적 수정으로 살아남는 조직이 되는 것이 스타트업의 현실적인 전략이다.

▌투자금: 아껴야 하는가, 써야 하는가

시드 투자금이 확보되는 순간, 스타트업은 새로운 선택의 기로에 선다. 제한된 자원을 최대한 보존해야 할지, 아니면 성장을 위해 과감하게 투입해야 할지에 대한 판단이 요구된다. 이 질문은 단순한 재무 관리의 문제가 아니라, 회사의 생존과 직결된 전략적 결정이다.

데이터는 이 판단의 중요성을 분명히 보여준다. 전체 스타트업의 약 29%는 자금 부족으로 실패하고, 80% 이상은 현금 흐름 관리 실패로 무너진다. 대규모 투자를 유치했음에도 과도한 번레이트로 붕괴한 사례는, 투자금의 규모 자체가 안전을 보장하지 않는다는 사실을 보여준다. 반면 지나치게 지출을 억제한 결과 성장 기회를 놓치는 경우 역시 적지 않다. 문제는 쓰느냐 마느냐가 아니라, 무엇에 쓰느냐다.

따라서 필요한 원칙은 성장 기여도 기반 지출이다. 모든 지출은 회사의 성장을 얼마나 직접적으로 가속하는지에 대한 명확한 평가를 거쳐야 한다. 월별 현금 소모 속도를 지속적으로 추적하고, 현재 자금으로 확보 가능한 런웨이를 항상 파악해야 한다. 회사가 앞으로 몇 개월을 버틸 수 있는지에 대한 답을 명확히 알고 있어야만, 지출의 속도와 우선순위를 조절할 수 있다.

모든 주요 지출은 예상되는 성과와 연결되어야 한다. 특정 마케팅 비용이 실제로 몇 명의 고객을 확보할 수 있는지, 신규 채용이 매출이나 제품 경쟁력에 어떤 영향을 미칠 것인지를 사전에 검토해야 한다. 단순한 필요나 기대가 아니라, 성장 지표 개선에 기여하는지가 판단 기준이 되어야 한다.

이 과정에서 고정비 최소화는 핵심 원칙이다. 불필요한 고정비는 회사의 선택지를 급격히 줄인다. 화려한 사무실이나 보여주기식 지출보다, 검증된 성장 모델과 핵심 인재에 대한 투자가 우선되어야 한다. 이미 효과가 입증된 영역에는 과감하게 자원을 투입하되, 검증되지 않은 시도에는 제한적으로 접근하는 균형 감각이 필요하다.

투자금은 성장을 위한 연료다. 그러나 연료를 통제 없이 소모하면 목적지에 도달하기 전에 멈춰 설 수밖에 없다. 지출의 기준은 항상 속도가 아니라 방향이어야 한다.

파운더보다 뛰어난 시니어 영입
: 자존심을 내려놓을 수 있는가

스타트업이 성장하면서 반드시 마주하게 되는 또 하나의 불편한 질문은, 기존 창업자보다 경험과 역량이 뛰어난 시니어를 영입할 준비가 되어 있는가라는 문제다. 이 결정은 회사의 성장에는 도움이 될 수 있지만, 기존 창업자의 정체성과 동기에는 큰 충격을 줄 수 있다.

실리콘밸리에서는 창업자가 CEO나 핵심 리더십 자리에서 물러나는 일이 드물지 않다. 회사의 다음 성장 단계에 필요한 역량이 창업자의 현재 능력 범위를 넘어설 때, 외부 시니어를 영입하는 선택이 이루어진다. 이러한 전환은 개인의 실패라기보다, 조직이 요구하는 역할 변화에 가깝다. 실제로 많은 성공적인 스타트업이 핵심 리더십 포지션에 외부 시니어를 영입했고, 그중 다수는 창업자의 역할을 재정의하는 방식으로 전환에 성공했다.

문제는 이 과정이 감정적으로 매우 어렵다는 점이다. 회사를 처음부터 함께 만든 창업자에게 역할 축소나 자리 이동은 자신의 존재 가치를 부정당하는 경험처럼 느껴질 수 있다. 그러나 장기적으로 보면, 회사의 성장이 멈추는 순간 창업자의 기회 역시 사라진다. 회사를 살리는 결정이 결국 창업자 자신을 살리는 결정이 되는 경우가 많다.

이때 필요한 접근은 창업자 성장 궤도의 재설계다. 시니어 영입을 창업자의 실패로 해석하는 대신, 회사와 개인 모두의 다음 성장을 위한 전환점으로 정의해야 한다. 이를 위해서는 창업 초기부터 회사가 성장함에 따라 각자의 역할이 어떻게 변화할 수 있는지를 솔직하게 논의하고 합의해 두는 것이 중요하다. 특정 투자 단계에 도달하면 역할을 재검토하자는 식의 사전 합의는 불필요한 갈등을 크게 줄인다.

시니어 영입 이후에도 기존 창업자가 역량을 발휘할 수 있는 역할을 명확히 설계해야 한다. 기술 비전, 제품 방향, 혁신 영역 등 창업자가 가장 강점을 지닌 분야에서 영향력을 유지할 수 있도록 구조를 마련하는 것이 바람직하다. 역할이 변화하더라도 창업자로서의 지분과 핵심 의사결정 참여권은 보호되어야 한다.

결국 핵심은 자존심이 아니라 회사의 성공이다. 역설적으로, 창업자의 진짜 자존심은 자신의 자리를 지키는 데서가 아니라 회사를 성장시키는 선택을 할 때 지켜진다. 직함은 바뀔 수 있지만, 회사를 함께 만든 창업자라는 정체성은 사라지지 않는다. 회사를 우선하는 결정이야말로, 장기적으로 창업자 자신을 가장 단단하게 만드는 선택이다.

▌파운더 간 실력 차이: 솔직하게 말할 수 있는가

공동창업자로 함께 출발했지만, 시간이 흐르면서 파운더들 사이의 실력 차이가 분명해지는 순간은 피할 수 없이 찾아온다. 창업 초기에는 열정과 아이디어만으로도 모든 것이 가능해 보이지만, 회사가 성장할수록 전문성, 판단력, 실행력의 차이는 점점 더 뚜렷해진다. 실제로 퍼스트 라운드 캐피탈의 연구에 따르면 공동창업자 간 역량 차이로 인한 갈등은 스타트업 실패 원인의 약 23%를 차지한다.

그러나 실력 차이가 곧 기여도의 차이를 의미하는 것은 아니다. 조직 내에서의 가치는 단일 기준으로 측정될 수 없기 때문이다. 애플의 사례에서 보듯이, 기술적 역량에서는 스티브 워즈니악이 핵심적인 역할을 했지만, 제품 비전과 시장을 설득하는 능력에서는 스티브 잡스가 대체 불가능한 가치를 제공했다. 중요한 것은 누가 더 뛰어난가를 가리는 일이 아니라, 각자가 어디에서 가장 큰 기여를 할 수 있는지를 정확히 파악하는 것이다.

이러한 맥락에서 필요한 원칙은 강점 기반 역할 재배치다. 실력 차이를 부정하거나 덮는 대신, 이를 비교의 대상이 아닌 보완의 관점에서 바라보는 접근이다. 파운더 간의 차이는 문제 자체가 아니라, 관리되지 않을 때 문제가 된다.

이를 실천하기 위해서는 정기적인 피드백의 장이 필요하다. 예를 들어 6개월 단위로 서로의 강점과 개선점을 솔직하게 이야기하는 시간을 마련해야 한다. 이때 대화는 감정이나 인상에 기반해서는 안 되며, 구체적인 사례와 데이터에 근거해야 한다. 추상적인 평가나 인신공격이 아니라, 실제 업무 결과와 과정에 대한 점검이 중심이 되어야 한다.

실력 차이가 분명하게 드러나는 영역에서는 역할 조정이 불가피하다. 다만 이는 배제나 낙인이 아니라, 보다 적합한 역할을 찾기 위한 재배치여야 한다. 동시에 뒤처진 파운더에게는 새로운 성장 영역을 제시하고, 역량 격차를 줄이기 위한 멘토링이나 교육 기회를 제공해야 한다. 중요한 점은 이를 의무나 압박이 아니라 성장의 기회로 설계하는 것이다.

또한 기여 방식의 다양성을 인정해야 한다. 기술적 성과뿐 아니라 네트워킹, 비즈니스 개발, 조직문화 형성 등 회사 성장에 기여하는 방식은 매우 다양하다. 어느 하나의 역량만을 기준으로 가치를 판단할 경우, 조직은 스스로의 가능성을 제한하게 된다. 파운더 각자가 자신의 한계를 인정하고, 회사의 성장을 위해 어떤 선택이 최선인지를 냉정하게 판단할 수 있을 때 팀은 성숙해진다.

가장 어려운 대화는 언제나 가장 필요한 대화다.

지금까지 살펴본 여러 불편한 주제들이 껄끄럽게 느껴지는 이유는,

스타트업이 요구하는 현실과 사회적 통념 사이에 분명한 간극이 존재하기 때문이다. 워라밸, 복지, 민주적 의사결정은 모두 옳은 가치지만, 스타트업은 본질적으로 다른 규칙이 작동하는 게임이다.

일반 기업은 안정적인 성장을 전제로 운영되지만, 스타트업은 폭발적인 성장을 목표로 한다. 제한된 시간 안에 시장을 만들거나 재정의해야 하며, 투자자에게 자금 회수의 기회를 제공해야 한다. 이 과정에서 일반 기업의 상식은 그대로 적용되기 어렵다.

따라서 이 장에서 다룬 불편한 주제들에는 모든 단계에 통용되는 하나의 정답이 존재하지 않는다. 회사의 단계가 바뀌면 옳고 그름의 기준도 함께 달라진다. 초기에는 속도가 모든 것을 압도하지만, 성장 이후에는 구조와 프로세스가 중요해진다. 시드 단계에서 효과적이었던 방식이 시리즈 B 이후에는 오히려 발목을 잡을 수도 있다.

그러나 한 가지는 분명하다. 불편함을 느끼는 지점에서 대화를 시작할 수 있느냐가 팀의 생존을 좌우한다는 점이다. 공동창업자와 구성원들 사이에서 불편한 주제를 회피하지 않고 마주할 수 있는 용기, 혹은 하나의 방향으로 팀을 이끌어 갈 수 있는 리더십이 필요하다. 방식은 달라도 상관없다. 중요한 것은 침묵이 아니라 대화다.

불편한 대화를 시작하는 용기는 첫걸음에 불과하다. 그러나 어떤 팀은 이 대화 이후 더 강해지고, 어떤 팀은 오히려 무너진다. 그 차이는 결국 창업자의 마인드셋에서 비롯된다. 다음 장에서는 눈에 잘 보이지 않지만 가장 강력한 요소인 창업자의 마인드셋을 다룬다.

Chapter 3

스타트업 창업자의 마인드셋

성공하는 창업자와 실패하는 창업자의 차이는 아이디어의 참신함이나 자금의 규모, 팀의 역량에만 있지 않다. 이 모든 요소가 중요하지만, 근본적인 차이는 마인드셋에 있다.

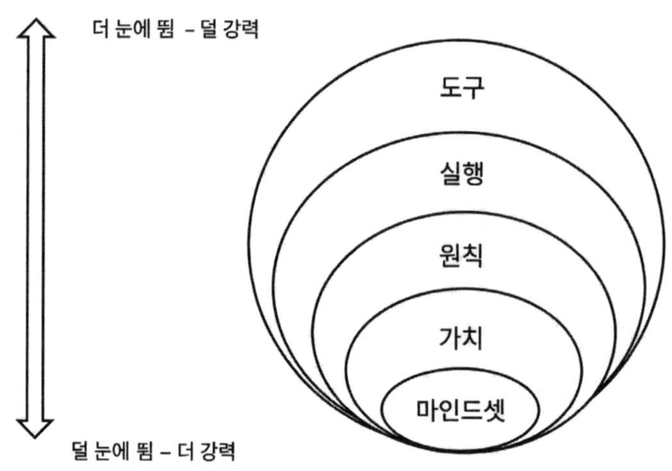

위 다이어그램은 조직 변화의 계층 구조를 보여준다.

가장 바깥쪽에 위치한 도구(Tools)는 눈에 잘 보이지만 영향력은 약하다. 안쪽으로 들어갈수록 실행(Practices), 원칙(Principles), 가치(Values)로 이어지며, 보이지 않지만 점점 더 강력해진다. 그리고 가장 중심에 마인드셋(Mindset)이 있다. 마인드셋은 가장 보이지 않으면서도 가장 강력한 영향력을 발휘한다.

스타트업에도 동일한 구조가 적용된다. 도구에 해당하는 사무실, 장비, 소프트웨어는 눈에 보이지만 차별화 요소가 되지 못한다. 실행에 해당하는 애자일, 스크럼, OKR은 누구나 따라 할 수 있다. 원칙에 해당하는 고객 중심, 빠른 실행은 말로는 쉽다. 가치에 해당하는 정직, 혁신, 탁월함은 측정하기 어렵다. 그러나 마인드셋, 즉 어떻게 생각하고 반응하는가는 보이지 않지만 모든 것을 결정한다.

많은 스타트업이 실패하는 이유 중 하나는 도구와 실행에만 집중하기 때문이다. 화려한 사무실을 꾸미고, 최신 개발 방법론을 도입하고, 멋진 슬라이드를 만든다. 그러나 정작 마인드셋은 놓친다.

마인드셋이 결정하는 것들

첫째, 실패 앞에서의 태도가 중요하다. 배달의민족 김봉진 대표의 초기 이야기가 이를 보여준다. 2010년, 온라인 배달 시장은 수익성이 없다는 것이 정설이었다. 실제로 배민은 창업 후 2015년까지 5년간 적자를 면치 못했다. 그러나 김봉진 대표는 실패를 회피하지 않고 매번 고객 피드백을 분석하며 UX, 카피라이팅, 브랜딩을 실험했다. 틀렸는지를 묻는 대신 어떻게 하면 더 나아질 수 있는지를 물었다. 결과적으로 2019년 독일 딜리버리히어로에 약 4조 7천억 원에 인수되었다. 비슷한 시기 여러 배달 앱이 등장했지만, 요기요와 배달통 외 상당수가 초기 어려움 앞에서 흡수되거나 폐업했다. 실패 앞에서 어떤 선택을 하느냐가 결과를 갈랐다.

둘째, 집중의 대상이 당장의 매출인지 장기적 시장인지가 관건이다. 쿠팡 김범석 대표의 선택을 살펴볼 필요가 있다. 2010년대 초반, 쿠팡은 소셜커머스로 성공하고 있었다. 당장 수익을 내는 모델이었다. 그러나 쿠팡은 2013~2014년부터 전격적으로 물류에 집중했다. 수익이 나는 사업을 제쳐두고, 로켓배송을 위해 2014년부터 2020년까지 누적 6조 원 이상의 적자를 감수했다. 주변에서는 무모하다고 했다. 그러나 그는 10년 후 이커머스는 배송 속도가 결정한다고 믿었다. 토스 이승건 대표도 마찬가지다. 2015년 송금 앱으로 시작했지만, 수익은 제로에 가까웠다. 그러나 그는 사용자들이 매일 쓰게 만드는 것에 집중했다. 현재 토스는 2,000만 명 이상이 사용하는 서비스로 성장했다. 반면 많은 핀테크 스타트업이 당장의 수수료 수익에 집착하다가 사용자 경험을 훼손하고 시장에서 사라졌다. 지금 무엇을 최적화하고 있는지가 장기적 성패를 가른다.

셋째, 불확실성 앞에서 위축될 것인지 기회로 볼 것인지가 중요하다. 당근마켓 김재현 대표가 2015년 '동네 기반 중고 거래'를 시작했을 때 모두가 의심했다. 이미 중고나라가 있는 상황에서 지역을 한정하면 사용자가 너무 적을 것이라는 우려, 수익 모델에 대한 의문이 쏟아졌다. 그러나 김재현 대표는 '동네'라는 불확실한 콘셉트에 집중했다. 판교에서 시작해 한 동네씩 확장하며 2022년 기준 MAU 1,800만 명, 현재는 2,000만 명 이상을 달성했다. 야놀자 이수진 대표 또한 마찬가지다. 모텔 예약 시장은 불투명하고 터부시되는 영역이었다. 그러나 그는 이 불확실성을 기회로 보았다. 누구도 진입하지 않으니 표준을 직접 만들 수 있다는 판단이었다. 2021년 소프트뱅크 비전펀드 투자 당시 기업가치 약 10조 원으로 평가받았다. 시장 검증이 되지 않았다거나 대기업이 진입하면 어떻게 할 것인가라는 걱정으로 확실성만 찾다가 기회를 놓치는 스타트업들과는 대조적인 결과다.

넷째, 능력에 대한 믿음이 고정된 자아인지 성장하는 자아인지가 차이를 만든다. 토스 이승건 대표는 서울대 치과대학을 졸업한 치과의사다. 금융 전문가가 아니었다. 그러나 그는 금융을 모를 수 있지만 배우면 된다고 생각했다. 그리고 사용자 경험은 자신이 더 잘 안다고 확신했다. 마켓컬리 김슬아 대표도 골드만삭스와 맥킨지 출신이었지만 물류는 몰랐다. 그러나 '새벽 배송'이라는 개념을 만들기 위해 직접 물류 현장에서 일하며 배웠다. 배달의민족 김봉진 대표는 디자인 전공자로 개발을 몰랐다. 그러나 그는 마케팅을 배우고, 배달업을 배우며 사업을 키워나갔다. 반면 기술자가 아니므로 창업은 무리라거나, 세일즈를 못 하므로 투자는 받을 수 없다는 고정 마인드셋은 시작조차 불가능하게 만든다.

이 사례들에서 공통된 패턴이 드러난다. 배민은 고객 피드백에 5년간 집착했다. 쿠팡은 배송 속도에 6조 원을 쏟아부었다. 당근은 동네라는 단 한 가지 콘셉트를 놓지 않았다. 토스는 사용자 경험을 위해 금융 상식을 뒤집었다. 이들의 공통점은 올바른 것에 대한 강박적 집착이다. 99%가 '거의 다 왔다'고 생각할 때, 이들은 100%를 향해 더 깊이 파고들었다. 시장이 '이미 충분하다'라고 말할 때, 이들은 '아직 부족하다'라고 믿었다. 창업자가 무엇에 집착하고 있는지가 성공과 실패를 가르는 핵심 요소다.

▌집착: 창업자의 가장 중요한 자산

성공한 창업자들의 공통점은 단순히 사업을 하는 것이 아니라, 풀고자 하는 문제에 끊임없이 집착한다는 것이다. 이 집착은 단순한 관심을 넘어서, 거의 강박에 가까운 수준이다.

루닛의 100% 집착

의료 AI 스타트업 루닛의 사례는 이를 극명하게 보여준다. 2010년대 중반, 의료 AI 시장에 뛰어든 수많은 기업이 99% 정확도를 목표로 삼았을 때, 루닛만이 유일하게 100% 정확도를 목표로 했다. 이것은 단순한 숫자 게임이 아니다. 루닛 창업자들은 의사가 AI를 신뢰하고 실제 유방암 진단에 사용하려면 100%가 되어야 한다는 본질을 꿰뚫고 있었다. 99%는 '거의 완벽'이 아니라, 의사로서는 '여전히 신뢰할 수 없음'을 의미한다.

결과적으로 루닛은 99%에 만족하고 여러 제품을 쏟아내는 대신, 100%의 정확도를 갖춘 두 개의 제품만을 만드는 전략적 집중을 보였다. 이는 기술력만 앞세우는 것이 아니라, 실제 사용자의 니즈와 산업의 본질적 요구사항을 깊이 이해하고 해결하려는 집착이었다.

🔅 드롭박스의 '그냥 작동해야 한다'는 집착

2007년 당시, 클라우드 스토리지 시장에는 Box.com(2005년 설립)과 같은 수십 개의 경쟁사가 이미 존재했다. 구글과 마이크로소프트 같은 거대 기업들은 드롭박스 이후 뛰어들었지만, VC들은 드롭박스에게 이미 늦었고 차별화가 없다고 말했다. 그러나 창업자 드루 휴스턴은 기존 서비스들의 본질적 문제를 발견했다. 경쟁사들은 더 많은 저장공간, 더 많은 기능, 더 싼 가격을 내세웠지만, 정작 가장 중요한 것을 놓치고 있었다. 바로 '신뢰성'이었다.

휴스턴의 통찰은 명확했다. 파일 동기화는 100% 작동하거나, 아예 작동하지 않거나 둘 중 하나라는 것이었다. 99%는 의미가 없었다. 사용자 관점에서 99% 동기화는 0% 신뢰를 의미했다. 가끔 파일이 올라가지 않거나 충돌이 발생하면, 사용자는 그 서비스를 중요한 파일에 사용할 수 없었다. 드롭박스는 화려한 기능 대신 '그냥 작동한다(It Just Works)'라는 하나에 집착했다.

🔅 코카콜라의 제로 집착

코카콜라가 다이어트 콜라를 만들 때도 비슷한 선택의 순간이 있었다. 칼로리를 50% 줄인 콜라를 만들 것인지, 아니면 제로 칼로리를 만들 것인지의 선택이었다. 50% 감소도 충분히 건강해 보이지만, 코카콜라는 제로에 집착했다. 칼로리를 신경 쓰는 소비자들에게 50% 감소는 여전히 죄책감을 남기지만, 제로는 심리적 장벽을 완전히 제거하기 때문이다. 사실 50% 콜라는 대실패를 했다.

이 사례들이 주는 교훈은 명확하다. 99%와 100%는 1% 차이가 아니라 전혀 다른 세계다. 사용자가 실제로 원하는 본질을 파악해야 한다. 한 가지를 완벽하게 하는 것이 열 가지를 적당히 하는 것보다 낫다. 창업자의 집착은 제품의 완성도가 아니라, 풀고자 하는 문제의 본질을 향해야 한다.

기술 회사의 함정: '기술 적용'과 '문제 해결'의 착각

렌즈프리 디지털 이미징 기술을 보유한 솔(SOL)은 셀카운터(Cell Counter) 시장을 첫 타깃으로 삼았다. 초기 목표는 변동계수(CV)를 기존 12~15%에서 5%로 낮추고, 측정 시간을 10분에서 1분으로 단축하는 것이었다. 이 목표는 분명 개선이지만, 집착은 아니었다.

고객 연구실을 방문해 연구자들을 인터뷰하면서 솔 팀은 본질을 발견했다. 연구자들은 CV 5%도 좋긴 하지만 중요한 실험은 어차피 2~3번 반복한다고 했다. 리뷰어들이 n=1은 신뢰할 수 없다고 하기 때문이었다. 또한 1분 동안 다른 일을 못 하고 기다려야 하며, 에러가 나면 처음부터 다시 해야 하니 차라리 눈으로 확인하고 싶다고 했다.

연구자들의 진짜 문제는 두 가지였다. 첫째, 반복 측정의 굴레였다. 어차피 여러 번 측정해야 한다면 자동화의 의미가 없다는 점이었다. 둘째, 대기 시간의 단절이었다. 1분이라도 기다림은 워크플로를 끊는다는 점이었다.

솔은 목표를 재정의했다. CV를 12~15%에서 0.01%로 낮춰 단 한 번 측정으로 논문 작성이 가능하게 하고, 측정 시간을 10분에서 실시간으로 단축해 표본을 올리는 순간 결과를 확인할 수 있게 하는 것으로 전환했다. 5%와 0.01%의 차이는 500배의 기술 난이도 차이가 아니다. '여전히 반복 측정이 필요함'과 '단 한 번으로 충분함'이라는 완전히 다른 세계의 차이다.

많은 기술 회사가 솔의 초기 목표와 같은 실수를 반복한다. 전형적인 착각의 패턴은 다음과 같다. 혁신적인 기술을 보유하고 있으니, 이 기술을 시장에 적용하면 기존 제품보다 나을 것이며, 30% 개선이나 50% 개선이면 시장이 열광할 것이라는 기대다.

그러나 현실은 다르다. 30% 개선된 제품은 30% 더 나은 경쟁자일 뿐이다. 사용자는 '조금 더 나은' 제품을 원하는 것이 아니라, '완전히 다른 경험'을 원한다. 기술의 우수성이 아니라, 문제의 본질을 해결하는가가 승부를 가른다. 결과적으로 기술 회사들은 기존 시장의 고만고만한 경쟁자 중 하나가 되어버린다. 기술이 더 우수한데 왜 판매가 되지 않는지 의아해하면서도, 정작 사용자는 그들의 제품과 기존 제품의 차이를 느끼지 못한다.

핵심은 기술을 가지고 시장을 찾는 것(Technology Push)이 아니라, 시장의 본질적 문제를 발견하고 그것을 완벽하게 해결하는 것(Problem Obsession)이다. 루닛의 100%, 드롭박스의 'It Just Works', 코카콜라의 제로처럼, '99%의 세계관'에서 '100%의 세계관'으로 이동하는 것이 진짜 혁신이고, 진짜 집착이다. 기술은 그 여정의 수단일 뿐, 목적이 아니다.

정부 지원금: 달콤한 독

한국은 혁신 투입 지표에서 세계 최고 수준이다. R&D 지출과 인적

자본 측면에서 그렇다. 그러나 혁신 산출 지표, 특히 고성장 기업 창출에서는 다른 선진국에 크게 뒤처진다.

스타트업 게놈의 APEX Nations Report(2024)에 따르면 인구 백만 명당 유니콘 생산성에서 이스라엘이 5.62로 1위, 에스토니아가 3.0으로 2위, 싱가포르가 2.4로 3위, 미국이 1.8로 4위를 기록했다. 한국은 0.33으로 매우 낮은 수준이다.

이러한 격차에는 여러 복합적 이유가 있다. 실패에 대한 부정적 문화, 작은 내수시장과 글로벌 진출 장벽, 민간 벤처캐피털 생태계 미성숙, 그리고 정부 지원 시스템의 구조적 문제가 그것이다. 이 장에서는 마지막 요인, 특히 정부 지원금이 창업자의 마인드셋을 어떻게 왜곡시키는지에 집중하고자 한다. 이것이 유일한 원인이라는 주장이 아니다. 그러나 직접적으로 창업자의 집착 방향을 바꾸는 메커니즘이기에 중요하다.

길드는 것의 위험성: 그랜트러프레너십의 덫

한국 스타트업 생태계에는 기묘한 현상이 있다. '그랜트러프레너십(grantrepreneurship)'이라 불리는 보조금 기업가정신이다. 이는 기업가정신(entrepreneurship)이 아니라, 정부 지원금을 받는 데 특화된 생존 전략을 의미한다. 한국의 3만 개 스타트업 중 대부분이 정부 지원금 없이는 생존할 수 없다는 평가가 있다. 문제는 이것이 창업자들의 집착 방향을 왜곡시킨다는 점이다.

《어린 왕자》에서 여우는 말한다. 길든다는 것은 관계를 맺는다는 뜻이지만, 일단 길들면 더 이상 자유롭지 않다고. 상대 없이는 외롭고, 상처받기 쉽고, 책임에 얽매인다고.

정부 지원금도 마찬가지다. 처음에는 생존을 가능하게 해주고, 안정 감을 준다. 그러나 한번 의존하기 시작하면 정부 없이는 생존할 수 없게 된다. 고객이 아니라 정부에게 책임을 묻게 된다. 3년 후 정부가 떠나면, 견딜 수 없이 무력해진다.

진정한 창업자는 시장에 길들어야 한다. 정부가 아니다. 고객의 니즈에 길들이고, 고객의 피드백에 반응하고, 고객에게 책임을 져야 한다. 정부 지원금에 길들이는 순간, 더 이상 기업가가 아니라 그랜트러 프레너가 된다.

잘못된 기준이 만드는 생태계

측정하는 것이 생태계를 지배한다. 이는 역사가 반복적으로 증명해 온 진리다. 마인드셋 피라미드에서 도구(Tools)는 가장 바깥쪽에 있고 가장 눈에 잘 보이지만, 영향력은 가장 약하다. 반대로 마인드셋은 가장 안쪽에 있고 보이지 않지만, 가장 강력하다. 한국 정부 지원 시스템의 문제는 가장 바깥쪽, 가장 잘 보이는 것만 측정한다는 점이다.

정부가 측정하는 것은 기업부설연구소 유무, 직원 수, 서류 제출 여부, 매출액이다. 그러나 가장 중요한 것은 측정하지 않는다. 창업자의 마인드셋이 올바른지, 진짜 고객 문제를 풀고 있는지, 시장의 검증을 받았는지는 측정 대상이 아니다. 도구만 측정하면, 사람들은 도구만 갖추게 된다. 마인드셋은 바뀌지 않는다.

역사적 사례들이 이를 증명한다. 영국 식민지 시대 인도 델리에서

독사가 너무 많아지자, 정부는 죽은 코브라 한 마리당 돈을 주기로 했다. 의도는 좋았으나 사람들은 돈을 벌기 위해 코브라를 집에서 키우기 시작했다. 정부가 이를 알고 제도를 폐지하자, 쓸모없어진 코브라들이 거리로 풀려나갔다. 처음보다 코브라가 더 늘어난 것이다.

베트남의 쥐꼬리 사건도 마찬가지다. 프랑스 정부가 쥐 한 마리당 보상금을 주자, 영리한 시민들은 쥐를 죽이지 않고 꼬리만 자르고 다시 풀어줬다. 쥐가 번식해야 계속 돈을 벌 수 있기 때문이었다. 결과적으로 꼬리 없는 쥐들이 도시에 넘쳐났다.

소련의 못 공장 사례는 더 극적이다. '생산한 못의 개수'로 평가하자 공장들은 아주 작고 쓸모없는 못만 대량 생산했다. 정부가 기준을 '못의 총무게'로 바꾸자, 이번에는 너무 무겁고 큰 못만 생산했다. 역시 쓸모없었다.

한국과 미국 스타트업의 데스밸리

한국 스타트업 생태계는 의도치 않게 비슷한 함정에 빠져 있다. 정부가 측정하는 것은 정부 지원 매뉴얼에 따른 서류와 보고서 제출 여부, 고용 인원과 향후 고용 창출 계획, 베이비 유니콘이나 프리 유니콘 같은 정부 카테고리 달성 여부, 투자 유치 금액이다.

생태계의 반응은 예측 가능하다. 창업자들은 진짜 고객보다 정부 평가 기준에 집중한다. 제품시장 적합성보다 지원금 확보에 집중한다. 실제 수익 모델보다 정부 보고서 작성에 능숙해진다.

이러한 왜곡된 기준은 한국과 미국 스타트업에서 '데스밸리(Death Valley)'가 찾아오는 시점을 극명하게 다르게 만든다.

미국 스타트업은 창업 후 6개월에서 2년 사이, 즉 시드에서 시리즈 A로 넘어가는 시점에 가장 큰 위기를 맞는다. 시리즈 A 투자를 받으려면 100만~200만 달러의 실제 매출 달성, 명확한 제품시장 적합성(PMF) 증명, 반복 가능하고 예측 가능한 성장이 필요하다. 시드를 받은 스타트업 중 20~25%만 시리즈 A 투자를 받는다. 유럽은 더 가혹해서 10~15%에 불과하다. 결과는 명확하다. 빠른 실패는 빠른 학습으로 이어진다. 살아남으면 이미 시장에서 검증된 비즈니스가 된다. 처음부터 진짜 고객을 찾아야 한다.

한국 스타트업은 3년 차에 집중적으로 무너진다. 2019년 정부 지원을 받은 스타트업의 39.6%가 5년 내 폐업했고, 한국 신생기업 3년 생존율은 39.1%에 불과하다. 3년인 이유는 명확하다. 첫째, 정부 지원 프로그램의 구조적 문제가 있다. 대부분의 정부 지원은 초기 단계에 집중되어 있고, 지원 종료 후 연결되는 메커니즘이 거의 없다.

초기 펀딩이 갑자기 끝나면 벤처캐피털, 기업 파트너십, 글로벌 확장으로 전환에 실패한다. 둘째, '좀비 스타트업' 현상이 있다. R&D 보조금에만 의존해 생존하며, 시장 경쟁력 없이 정부 지원에만 매달리고, 실제 고객과 수익 모델 개발에 실패한다. 셋째, 민간 투자 부족 문제가 있다. 정부 지원 종료 후 민간 자본으로 전환에 실패하고, 제품시장 적합성을 증명하지 못한 상태로 3년을 버틴다.

미국과 한국의 대조는 극명하다. 미국은 창업 후 6개월에서 2년에 데스밸리가 오고, 위기 원인은 시리즈 A 투자를 받지 못하는 것이며, 그때까지 해야 할 일은 실제 고객과 매출 증명이다. 살아남은 자의 특징은 시장에서 검증되었다는 것이고, 실패의 의미는 시장이 거부한 것으로 건강한 도태에 해당한다. 한국은 창업 후 3년에 데스밸리가 오고, 위기 원인은 정부 지원 종료이며, 그때까지 해야 할 일은 정부 서류와 KPI 제출이다. 살아남은 자의 특징은 서류상으로 검증되었다는 것이고, 실패의 의미는 보조금이 끊긴 것으로 의존성의 결과에 해당한다.

구분	미국	한국
데스밸리 시점	창업 후 6개월~2년	창업 후 3년
위기 원인	시리즈 A 투자 못 받음	정부 지원 종료
그때까지 해야 할 일	실제 고객 · 매출 증명	정부 서류 · KPI 제출
살아남은 자의 특징	시장에서 검증됨	서류상으로 검증됨
실패의 의미	시장이 거부함 (건강한 도태)	보조금이 끊김 (의존성)

정부 지원금이 시장에 제시하는 잘못된 기준

　정부 지원금의 가장 큰 문제는 잘못된 필터를 스타트업 생태계에 제공한다는 점이다. 미국 시스템이 거르는 방식은 시드에서 6개월에서 2년 후 시리즈 A로 이어지는 과정에서 매출을 증명했는지, 고객을 확보했는지, 제품시장 적합성이 있는지를 묻는 것이다. 이 필터는 가혹하다. 80%가 탈락한다. 그러나 살아남은 20%는 시장의 심판을 받은 강한 기업들이다.

　한국 시스템이 거르는 방식은 정부 지원을 받은 후 3년간 생존하는 과정에서 지원금을 잘 썼는지, 서류를 잘 제출했는지, KPI를 달성했는지를 묻는 것이다. 이 필터는 관대하다. 3년간 보호받는다. 그러나 그 후에는 갑자기 진짜 비즈니스를 증명하라고 시장이 요구하고, 대량 폐업이 일어난다.

핵심은 이것이다. 미국은 빨리 실패하고 빨리 배우는 생태계를 만들지만, 한국은 천천히 실패하고 더 많이 잃는 생태계를 만든다. 정부의 좋은 의도가, 역설적으로 스타트업이 진짜 시장과 맞서 싸울 기회를 3년간 지연시키는 것이다.

정부 지원금을 대하는 올바른 태도

그렇다면 정부 지원금을 절대 받지 말아야 하는지에 대한 답은 더 섬세하다. 최소로 이용하되, 중독되지 않아야 한다.

정부 지원금은 초기 런웨이를 확보하는 데 도움이 될 수 있다. 그러나 몇 가지 원칙이 필요하다.

첫째, 주요 목표로 삼지 않아야 한다. 지원금 확보를 성공의 지표로 삼는 순간, 그랜트러프레너가 된다. 진짜 목표는 고객의 문제를 해결하는 것이어야 한다.

둘째, 의존성을 경계해야 한다. 정부 지원금 없이 생존할 수 있는 계획을 항상 가져야 한다. 지원금은 보너스지, 생명줄이 아니다.

셋째, 시장의 피드백을 우선해야 한다. 정부 보고서보다 고객의 반응이 더 중요하다. 서류상의 KPI보다 실제 매출이 더 의미 있다.

넷째, 일찍 졸업해야 한다. 가능한 한 빨리 민간 투자와 실제 매출로 전환해야 한다. 3년을 채우는 것이 목표가 아니라, 3년 전에 졸업하는 것이 목표다.

보이지 않지만 가장 강력한 것

처음에 마인드셋 피라미드를 보았다. 가장 안쪽, 가장 보이지 않는 곳에 마인드셋이 있었다. 그리고 그것이 가장 강력했다. 이제 핵심 질문은 명확하다. 창업자가 무엇에 집착하고 있는지가 성패를 가른다.

성공하는 창업자와 실패하는 창업자의 차이는 무엇에 집착하는가에 있다. 실패하는 창업자는 피라미드의 바깥쪽, 보이는 것에 집착한다. 정부 지원금을 얼마나 받았는지, 언론에 얼마나 나왔는지, 사무실이 얼마나 멋있는지, 명함에 쓸 타이틀이 얼마나 그럴싸한지, 직원이 몇 명인지에 집착한다. 성공하는 창업자는 피라미드의 중심, 보이지 않는 것에 집착한다. 고객의 문제를 정말로 해결했는지, 고객이 돈을 내고 살 만큼 가치 있는지, 제품이 없으면 고객이 불편한지에 집착한다.

정부 지원금은 도구일 뿐이다. 피라미드의 가장 바깥쪽이다. 최소로 이용하되, 절대 중독되어서는 안 된다. 진짜 기준은 시장이 제시한다. 루닛처럼, 드롭박스처럼, 99%가 아닌 100%를 향해 집착해야 한다. 그리고 기억해야 한다. 잘못된 기준에 맞춘 유사 성공보다, 올바른 기준에서 빠른 실패가 더 가치 있다.

가장 보이지 않는 것, 마인드셋이 가장 강력하다. 스타트업이 3년 후 정부 지원금이 끊겨서 무너진다면, 그것은 3년 전에 이미 실패한 것이다. 시장이 평가하게 해야 한다. 지금 당장.

집착, 그리고 올바른 기준. 이 장에서 마인드셋 피라미드의 핵심을 확인했다. 그러나 문제는 집착은 눈에 보이지 않는다는 것이다. 창업자가 품질에 집착한다고 백 번 외쳐도 구성원들은 믿지 않는다. 다음 장에서는 집착을 어떠한 기준으로 측정하고, 시그널로 증명하는지 다룬다. 구성원들은 말이 아니라 행동을 읽는다.

Chapter 4

집착은 기준으로 측정되고, 기준은 시그널로 증명된다

구성원들은 당신의 말이 아니라 행동을 믿는다

회의 때마다 반복되는 말이 있다. "우리는 마감을 철저히 지킵니다." "품질 타협은 없습니다." "고객 피드백이 최우선입니다."

그러나 막상 마감이 하루 지나도 아무 일도 일어나지 않는다. 버그가 발견돼도 나중에 고치자며 넘어간다. 고객 불만이 들어와도 한 달째 방치된다.

구성원들은 창업자가 말하는 것을 믿지 않는다. 창업자가 보내는 시그널을 믿는다.

이것이 스타트업이 무너지는 가장 은밀하고도 치명적인 방식이다.

1986년 1월 28일, 우주왕복선 챌린저호가 발사 73초 만에 폭발하면서 7명의 우주비행사가 사망했다.

원인은 O-ring이라는 고무 링의 결함이었다. 충격적인 사실은 NASA가 이미 이 문제를 알고 있었다는 점이다. 1977년부터 O-ring 문제가 보고되었고, 발사 전날 엔지니어들이 강력히 경고했다. 그러나 이전 발사에서도 다행히 큰 문제가 없었기 때문에 이번에도 괜찮을 것이라고 판단했다.

사회학자 다이앤 본(Diane Vaughan)은 이를 '일탈의 정상화(Normalization of Deviance)'라고 명명했다. 원래는 용납할 수 없던 것이 반복되면서 정상으로 받아들여지는 현상이다.

NASA에는 '안전이 최우선'이라는 명시된 기준이 있었다. 그러나 실제 시그널은 달랐다. 엔지니어들은 수년간 관찰하며 진짜 기준을 학습했다. 일정이 안전보다 중요하다는 것을.

루닛은 100%에 집착했다. 드롭박스는 "It Just Works"에 집착했다. 그런데 이 집착은 어떻게 조직 전체로 확산되었는가.

1단계는 집착(Obsession)이다. 창업자의 머릿속에 있는 강박적 신념으로, 이것만큼은 절대 타협할 수 없다는 생각이다. 추상적이고 보이지 않는다.

2단계는 기준(Standards)이다. 집착이 구체적인 기준으로 변환된다. 99% 정확도가 아니라 100%, 파일이 99% 동기화되는 것이 아니라 100%처럼 측정 가능한 형태가 된다. 그러나 아직 행동은 아니다.

3단계는 시그널(Signals)이다. 기준이 일상의 작은 행동으로 나타난다. 루닛은 인식률 99%인 제품 출시 요청을 거부하고, 드롭박스는 작은 버그도 배포 전에 반드시 수정한다. 관찰 가능하고 반복된다.

구성원들은 1단계인 집착을 볼 수 없다. 2단계인 기준은 말로 들을 수 있지만 믿지 않는다. 오직 3단계인 시그널만이 진짜다.

집착이 기준으로 명확해졌는가. 그 기준이 매일의 시그널로 드러나는가. 이 질문에 답할 수 있어야 한다.

⚙️ 구성원이 읽은 시그널

창업자는 종종 착각한다. 명확하게 말했는데 왜 안 지켜지는지 의아해한다. 그러나 구성원들은 매일 시그널을 읽으며 실제 기준을 배운다.

마감 관련 시그널을 보자. 창업자는 마감은 절대적이라고 말한다. 그러나 구성원이 읽는 시그널은 다르다. 마감을 어겨도 아무도 언급하지 않고, 창업자 본인도 약속 시간에 늦으며, 다음 주로 미루자는 말이 자주 들린다. 결과적으로 학습된 실제 기준은 '마감은 권고사항'이라는 것이 된다.

품질 관련 시그널도 마찬가지다. 창업자는 품질 타협은 없다고 말한다. 그러나 구성원이 읽는 시그널은 버그 리포트가 몇 주째 방치되고, 일단 출시하고 나중에 고치기를 반복하며, QA 팀은 늘 인력이 부족하다는 것이다. 결과적으로 학습된 실제 기준은 속도가 품질보다 중요하다는 것이 된다.

고객 중심 시그널도 살펴볼 필요가 있다. 창업자는 고객이 최우선이라고 말한다. 그러나 구성원이 읽는 시그널은 고객 불만 처리보다 투자자 미팅이 우선되고, CS팀 채용이 가장 늦으며, 고객 피드백 회의는 자주 취소된다는 것이다. 결과적으로 학습된 실제 기준은 투자자가 고객보다 중요하다는 것이 된다.

투명성과 정직 시그널도 마찬가지다. 창업자는 투명하게 소통한다고 말한다. 그러나 구성원이 읽는 시그널은 나쁜 소식은 숨기고, 실적 회의에서 장밋빛 전망만 공유하며, 질문하면 방어적 반응을 보인다는 것이다. 결과적으로 학습된 실제 기준은 좋은 얘기만 하는 것이 안전하다는 것이 된다.

구성원들은 바보가 아니다. 그들은 매일 이런 시그널을 읽으며, 진짜 기준이 무엇인지 본능적으로 파악한다. 조직 행동학자들은 이를 '행동적 진실성(Behavioral Integrity)'이라고 부른다. 리더가 말한 가치와 실제 시그널이 얼마나 일치하는가를 측정하는 개념이다.

연구 결과는 명확하다. 행동적 진실성이 높은 조직은 구성원 신뢰도가 높고, 성과가 높으며, 이직률이 낮다. 반대로 행동적 진실성이 낮은 조직은 냉소주의가 높아지고, 사기가 떨어지며, 이탈이 증가한다.

스트라이프(Stripe)의 패트릭 콜리슨 사례를 보자. 스트라이프는 '빠른 실행'을 핵심 가치로 삼는다. 콜리슨은 이를 말로만 선언하지 않았다. 그는 직접 '95% 규칙'을 만들었다. 모든 API 응답 시간 중 95%가 목표치 안에 들어와야 한다는 원칙이다. 극단적으로 느린 5%를 제외한 나머지가 모두 빨라야 한다는 의미다. 그리고 매주 직접 지표를 확인했다. 결과적으로 스트라이프는 결제 API 속도에서 업계 표준을 만들었고, 동시에 99.99% 안정성을 유지했다. 콜리슨은 심지어 엔지니어 채용 면접에서 직접 코딩 테스트를 진행하며, 빠르지만 정확한 코드를 요구했다.

　자포스(Zappos)의 토니 셰이 사례도 있다. 자포스는 고객 서비스를 최우선으로 삼는다. 토니 셰이는 고객 서비스가 우리의 마케팅이라고 말했다. 그리고 직접 규칙을 만들었다. 고객센터 직원에게 통화 시간 제한을 두지 않았고, 매뉴얼도 없앴으며, 고객을 행복하게 만들기 위해 필요한 모든 것을 하라고 권한을 부여했다. 결과적으로 가장 긴 고객 상담 통화는 10시간 43분을 기록했다.

　자포스는 광고비를 거의 쓰지 않고도 입소문으로 성장했다. 토니 셰이는 본인도 매달 고객센터 전화를 직접 받았고, 전 직원에게 입사 첫 달에 콜센터 근무를 의무화했다. 심지어 4주 교육 후 2,000달러를 받고 퇴사할 기회를 제공했다. 진정으로 고객 서비스를 중요하게 여기는 사람만 남게 하기 위해서였다.

　반대 사례도 있다. 워라밸을 중시한다고 외치면서 주말에 슬랙으로 업무 지시하는 창업자, 수평적 문화를 강조하면서 회의에서 반대 의견을 차단하는 창업자가 있다. 그들의 회사에서 구성원들이 무엇을 학습했는지는 명확하다.

그래도 된다는 시그널로 만들어지는 기준

　조직문화 전문가들은 "문화는 리더가 홍보하는 것이 아니라, 허용하는 것이다(Culture is what you permit, not what you promote)"라고 강조한다.

　공언된 가치(Espoused Values)는 벽에 붙은 포스터, 웹사이트의 미션, 전체회의의 발표다. 시그널로 드러나는 실행된 가치(Enacted Values)는 매일의 작은 결정, 용인된 일탈, 침묵 속의 동의다.

구성원들은 언제나 후자를 따른다.

최근 1개월간 팀원들에게 어떤 시그널을 보냈는지 점검해 보자.

- ☑ 마감을 어긴 팀원에게 아무 피드백도 하지 않음
- ☑ 고객 불만이 들어왔는데 '나중에'라고 미룸
- ☑ 팀 미팅에 늦게 들어가면서 사과도 안 함
- ☑ 품질 문제를 발견했지만 '일단 출시'
- ☑ 구성원의 나쁜 태도를 봤지만 모른 척
- ☑ 본인이 정한 규칙을 본인이 어김

하나라도 해당된다면, 원하지 않는 시그널을 발산하고 있는 것이다. 기준을 따르지 않아도 괜찮다는 시그널을.

▌해결책: 올바른 시그널로 기준을 증명하라

① 소수의 기준만 선택하고 일관된 시그널을 보내라

모든 것에 집착할 수는 없다. 그러나 선택한 것에는 일관된 시그널을 보내야 한다.

루닛이 선택한 것은 100% 정확도였다. 시그널은 99% 제품 출시 요청을 매번 거부하는 것이었다. 구성원들이 학습한 것은 진짜 100%가 아니면 안 된다는 사실이었다.

드롭박스가 선택한 것은 완벽한 동기화였다. 시그널은 작은 동기화 오류도 최우선 순위로 수정하는 것이었다. 구성원들이 학습한 것은 신뢰성이 진짜라는 사실이었다.

스타트업이 선택할 것은 무엇인가. 기준을 3개 이하로 줄이고, 매일 일관된 시그널을 보내야 한다.

② 첫 번째 일탈 시그널을 절대 넘기지 마라

'깨진 유리창 이론(Broken Windows Theory)'을 기억할 필요가 있다. 깨진 유리창 하나를 방치하면 더 많은 유리창이 깨지고, 결국 건물 전체가 황폐해진다.

스타트업의 시그널도 마찬가지다. 첫 번째 마감 누락을 넘기면 마감은 유연하다는 시그널이 된다. 첫 번째 품질 타협을 넘기면 품질은 협상 가능하다는 시그널이 된다. 첫 번째 고객 불만을 방치하면 고객은 우선순위가 아니라는 시그널이 된다.

루닛의 100% 집착을 다시 보자. 그들이 99%에 만족하지 않은 이유는 첫 번째 타협 시그널이 전체를 무너뜨린다는 것을 알았기 때문이다.

핵심 기준에서 첫 번째 일탈 시그널을 발견하면, 즉시 대응해야 한다. 그것이 마지막 기회다.

③ 창업자가 가장 강한 시그널을 보내라

구성원들은 창업자의 말이 아니라 창업자의 시그널을 본다. 그러므로 창업자가 정한 기준을 창업자가 가장 철저히 지켜야 한다. 심지어

과하게.

마감이 중요하다면 창업자가 절대 늦지 말아야 한다. 고객이 우선이라면 창업자가 CS 문의에 직접 답해야 한다. 품질이 중요하다면 창업자가 버그를 가장 먼저 발견해야 한다. 투명성이 중요하다면 창업자가 나쁜 소식을 가장 먼저 공유해야 한다.

아마존의 제프 베조스는 2002년 고객 중심을 강조하며 규칙을 만들었다. 모든 팀은 고객 이메일에 48시간 내 답변해야 하며, CEO인 자신도 예외가 없다는 것이었다. 그리고 그는 실제로 고객 이메일을 읽었고, 문제를 발견하면 해당 팀에 물음표 하나만 적은 메일을 보냈다. 구성원들은 물음표 메일을 받으면 화재 경보가 울린 것처럼 움직였다. 베조스가 진짜로 고객 이메일을 읽는다는 시그널을 모두가 받았기 때문이다.

④ 용인하지 않는 시그널을 명확히 하라

말하는 것도 중요하지만, 용인하지 않는 것을 보여주는 시그널이 더 강력하다.

넷플릭스는 컬처덱(Culture Deck)에서 명시했다. 뛰어나지만 거만한 사람(Brilliant jerk)을 고용하지 않는다고. 아무리 능력이 뛰어나도, 팀워크를 해치면 내보낸다고. 그리고 실제로 그렇게 했다. 성과는 좋지만 협업을 방해하는 직원들을 내보냈다.

결과적으로 구성원들이 받은 시그널은 명확했다. 여기서는 협업이 진짜로 중요하다는 것이었다. 용인하지 않는 시그널을 보여줄 때, 중요하게 여기는 것이 증명된다.

⑤ 일관성이 전부다

가장 중요한 것은 일관된 시그널이다. 100번 반복해도 부족하다.

한 번은 마감 약속을 지키고 다음에는 넘기면 혼란스러운 시그널이된다. 한 번은 품질을 강조하고 다음에는 일단 출시하면 신뢰할 수 없는 시그널이 된다. 한 번은 투명하고 다음에는 숨기면 위선적인 시그널이 된다.

리더십 연구의 결론은 명확하다. 신뢰는 켜켜이 쌓이지만, 한 번에통째로 무너진다(Trust is built in drops and lost in buckets). 시그널이 흔들리는 순간, 모든 것이 무너진다.

다시, 마인드셋 피라미드로

3장에서 봤던 마인드셋 그래프를 기억할 것이다. 가장 안쪽에 마인드셋이 있고, 그것이 가장 강력하다.

조직의 마인드셋은 어떻게 형성되는가. 창업자의 집착이 명확한 기준으로 변환되고, 그 기준이 매일의 시그널로 드러나고, 구성원들이그 시그널을 읽으며 마인드셋을 학습한다.

스타트업 문화는 벽의 포스터가 아니라, 어제 보낸 시그널이다.

구성원들은 이미 창업자를 관찰하고 있다. 몇 시에 출근하는지, 어떤 질문에 화를 내는지, 무엇을 먼저 확인하는지, 누구의 의견을 듣는지, 무엇을 칭찬하고 무엇을 묵인하는지를 본다.

일관성 없는 시그널은 혼란을 만든다. 오늘 마감을 지키라고 하고, 내일은 넘긴다. 일관된 시그널은 패턴을 만든다. 매번 마감을 지키고, 예외 없이 첫 번째 일탈에 대응한다.

말하는 기준은 쉽다. 시그널로 증명하는 기준이 어렵다. 그리고 그것만이 진짜다.

시그널, 기준, 마인드셋. 이 세 가지가 연결되어 있다는 것을 확인했다. 이제 진짜 문제를 풀 차례다. 그런데 역설이 있다. 자원이 많으면 혁신이 줄어든다. 다음 장에서는 제약 속에서 혁신이 피어나는 이유를 다룬다. 슬랙은 게임 실패작에서 277억 달러 기업이 됐고, 넷플릭스는 대역폭 부족으로 추천 알고리즘을 만들었다. 제약은 저주가 아니라 축복이다.

창업천재의
스타트업
운영 매뉴얼

Part 2
Market

고객이 열광하는
진짜 문제를 찾는 법

Chapter 5

문제가 많을수록 좋다

끊임없는 문제 해결이 스타트업을 만든다

같은 치킨집이라도 어떤 곳은 10년째 같은 자리에서 같은 메뉴를 판다. 또 어떤 곳은 전국 수백 개 매장으로 확장하고, 해외로 진출하며, 배달 앱을 만들고, 구독 서비스를 론칭한다.

무엇이 다른가. 답은 간단하다. 문제 해결을 멈췄느냐, 멈추지 않았느냐의 차이다.

김 사장님의 치킨집: 문제 해결의 완결

어떤 장사를 할지 알아보던 김 사장님은 동네에 맛있는 치킨집이 없다는 문제를 발견했다. 김 사장님은 좋은 재료로 맛있는 치킨을 만들어 팔기 시작했고, 단골손님들이 생겼다. 매출이 안정화되었고, 이제는 10년째 같은 메뉴, 같은 방식으로 장사를 한다.

이것은 나쁜 것이 아니다. 오히려 안정적인 자영업의 전형이다. 문제는 이미 해결되었고, 더 이상 새로운 문제를 찾아 나서지 않는다. 한정된 문제를 풀었고, 그것으로 충분하다. 이것이 창업이다.

박 대표의 치킨 스타트업: 끝없는 문제 발견과 해결

박 대표도 치킨집으로 시작했다. 그러나 여정은 전혀 달랐다. 1단계에서 박 대표는 배달이 느려 치킨이 식는다는 고객 불만을 발견했다. 투자금 2천만 원을 마련해 보온 기술을 개발하고 최적 배달 루트 시스템을 구축하자 치킨이 따뜻하게 도착하기 시작했다. 그런데 시장은 새로운 피드백을 줬다. 빠른데 가격이 비싸다는 것이었다.

2단계에서 가성비 문제를 해결하기 위해 공급망을 최적화하고 구독 모델을 도입했다. 은행 대출 5천만 원을 받았다. 원가 30% 절감에 성공하고 손익분기점에 도달했다. 그런데 또 다른 피드백이 들어왔다. 늦은 밤에도 먹고 싶은데 문을 일찍 닫는다는 것이었다.

3단계에서 24시간 수요는 있지만 인건비 문제가 있었다. 무인 주문 키오스크와 자동화 조리 시스템을 개발했다. 추가 대출 3천만 원을 받았다. 오픈 첫날 시스템이 다운되고 고객이 폭주해 새벽 4시까지 긴급 수리를 해야 했다. 시스템 안정화 후에는 다른 지역에서도 이 치킨을 먹고 싶다는 요청이 쏟아졌다.

4단계에서 빠른 확장을 위한 프랜차이즈 시스템을 구축했다. 표준화된 매뉴얼과 중앙 공급 시스템을 갖췄다. 그리고 문제-해결은 계속 이어진다. 데이터 분서으로 지역별 선호 메뉴를 파악하고, AI로 수요를 예측하며, 새로운 시장으로 진출한다.

두 케이스 모두 치킨집으로 시작했지만, 본질은 완전히 다르다. 창업은 '치킨집 문제' 하나를 풀고 끝난다. 스타트업은 치킨을 매개로 끊임없이 새로운 문제를 발견하고 해결하면서 스케일업한다.

스타트업의 정의는 규모나 투자금이 아니다. 끊임없이 문제를 찾고, 시장의 피드백을 듣고, 해결책을 만들어내는 그 운동성에 있다. 멈추는 순간, 그것은 더 이상 스타트업이 아니다. 성장 엔진이 멈춘 배일 뿐이다.

스타트업(Startup)이라는 단어 자체가 본질을 말해준다. 출발하고(Start) 폭발적으로 성장하는(Up) 것이다. 폴 그레이엄의 '스타트업은 곧 성장이다'라는 말처럼, 스타트업에서 성장은 선택이 아닌 숙명이다. 이는 스타트업이 반드시 그려내야 할 성장 궤적이 J-Curve와 같다는 의미이기도 하다.

아직 팔 제품도 없는데 인건비와 개발비만 나가는 깊은 골짜기, 즉 'Start' 단계를 지나 제품시장 적합성(Product-Market Fit, PMF)을 찾은 후 폭발적인 성장을 이루는 'Up' 단계로 이어지는 곡선이다.

박 대표의 통장 잔액을 보면 이 구조가 명확해진다. 1단계에서 보온 기술 개발로 마이너스 2천만 원, 2단계에서 공급망 투자로 마이너스 5천만 원, 3단계에서 자동화 시스템으로 마이너스 8천만 원이 되었다. 이것이 J-curve의 '데스밸리'다. 아직 제대로 된 시스템도 없는데 돈만 나간다. 그러나 4단계부터는 프랜차이즈 5개 오픈으로 플러스 5천만 원, 5단계에서는 30개 매장으로 플러스 2억, 6단계에서는 전국 확장으로 플러스 10억을 달성했다. 이것이 'Up' 구간이다.

유니콘의 최소 조건, T2D3

어느 정도 성장해야 유니콘이 되기 위한 스케일업의 최소 요건을 갖추는가. B2B SaaS 기업의 경우, 실리콘밸리에서 통용되는 성장 목표는 T2D3(Triple, Triple, Double, Double, Double) 법칙이다. 연 매출이 5년 안에 3배, 3배, 2배, 2배, 2배로 매년 성장해야 한다는 의미다. 첫 2년간은 3배씩, 이후 3년간은 2배씩 성장하여 최종적으로 5년 안에 72배 성장을 달성해야 하는 도전적인 목표다. 이것이 실리콘밸리에서 B2B SaaS 기업들이 유니콘(기업가치 10억 달러 이상)이 되기 위한 최소한의 성장 조건으로 받아들여지고 있다.

▌ 제약이 창의성을 낳는다

초기 스타트업의 기업가치와 투자 금액을 살펴보자. 시드 투자를 유치한 어느 스타트업이 있다. 기업가치 40억 원으로 평가받아 6.5억 원의 투자금을 유치했다. 이제 이 회사가 다음 단계인 Pre-A 라운드 투자를 준비한다면, 투자자들은 최소한 프리 밸류 200억 원 달성을 기대한다.

이것이 의미하는 바는 명확하다. 스타트업은 6.5억 원이라는 보유 현금으로 160억 원(200억 원에서 40억 원을 뺀 금액)의 가치 증가를 만들어 내야 한다는 뜻이다. 달리 표현하면, 투입된 1원으로 25원의 가치를 창출해야 하는 '미친' 미션이다.

이 상황을 냉정히 정리하면 다음과 같다. 돈이 부족하고, 사람도 부족하고, 시간도 부족하다. 모든 것이 부족한 완벽한 제약(Constraints) 상황이다.

그런데 여기에 역설적으로 더 큰 희망이 있다. 성공한 모든 스타트업의 공통점은 "제약이 창의성을 낳는다(Creativity Loves Constraints)"를 달성했다는 것이다. 이 슬로건은 야후 CEO였던 마리사 메이어가 처음 사용한 것으로 알려져 있다.

2014년 유튜브 본사를 방문했을 때 회사 소개를 하는 매니저로부터 이 슬로건을 처음 들었다. 제약이 있기 때문에 창의성이 발휘된다는 역설적 진리다. 돈이 없기 때문에 더 효율적인 방법을 찾고, 사람이 적기 때문에 더 혁신적인 자동화를 추구하며, 시간이 부족하기 때문에 더 집중된 실행력을 발휘한다.

에어비앤비: 자금 부족에서 시리얼 박스 혁신으로

2008년, 회사 자금이 바닥나자 에어비앤비 창립자들은 절망적인 상황에서 시리얼 박스를 만들어 팔기로 했다. "Obama O's: The Breakfast of Change"와 "Cap'n McCains: A Maverick in Every Bite"라는 대통령 후보 테마 시리얼을 40달러에 판매했다. 손으로 박스를 접고 열용융 접착제로 봉인하며, 1,000박스를 팔아 3만 달러를 벌었다. 이 창의적 해결책이 와이콤비네이터 폴 그레이엄의 눈에 띄어 투자를 받게 되었다.

넷플릭스: 대역폭 제약에서 추천 알고리즘으로

넷플릭스는 초기 스트리밍 시절 인터넷 속도가 느려서 영화 스트리밍에 부족한 부분이 많았다. 우편 주문을 하던 DVD 시절에는 무엇을 볼지 신중하게 선택하고, 우편 주문 후 며칠을 기다리며, 받으면 끝까지 시청하고 평점을 남기는 패턴이었다. 그러나 스트리밍에서는 즉시 재생하고 마음에 들지 않으면 바로 끄는 패턴으로 바뀌었다.

핵심 문제는 다음과 같이 정의되었다. 인터넷 대역폭 제약으로 인해 사용자가 콘텐츠를 시작했다가 마음에 들지 않아 끄고 다시 다른 것을 시작하는 시행착오 행동이 대역폭 낭비의 악순환을 만들고 있었다.

넷플릭스의 혁신적 접근은 첫 번째 선택을 정확하게 맞히자는 것이었다. 사용자가 콘텐츠를 바꿀 필요 없이 처음 선택한 것을 끝까지 시청하도록 만들어 결과적으로 대역폭 사용량을 최적화한다는 발상이었다. 이는 단순히 더 빠른 인터넷이나 더 많은 서버로 해결하려 하지 않고, 사용자 행동 패턴을 바꿔서 근본적으로 대역폭 효율성을 높이겠다는 접근이었다.

제약(대역폭 부족)이 문제 재정의(불필요한 콘텐츠 전환 방지)로 이어지고, 혁신적 솔루션(정밀 추천 알고리즘)이 경쟁 우위(93% 유지율)가 된 사례다.

🔅 스페이스X: 예산 제약에서 재사용 로켓으로

스페이스X는 빡빡한 예산 제약에 직면했다. 이를 해결하기 위해 재사용 가능한 로켓을 개발했고, 이는 우주 발사 비용을 극적으로 낮춰 우주를 더 접근 가능하게 만들었다.

🔅 GE 헬스케어: 비용 제약에서 초휴대용 ECG로

GE 헬스케어는 기존 50만 달러짜리 ECG 기계를 90% 저렴하게 만들어야 했다. 이 극단적 제약이 팀으로 하여금 근본부터 다시 생각하게 했고, 세계 최초의 휴대용 ECG 기계를 개발하는 결과로 이어졌다.

제약을 기회로: 비기술적 문제들의 창의적 해결

기술적 제약 외에도 스타트업은 늘 다양한 현실적인 문제들에 직면한다. 특히 제한된 자원, 즉 돈, 사람, 시간 부족은 스타트업의 숙명과도 같다. 이러한 비기술적 제약을 창의적으로 돌파한 사례들을 구체적으로 살펴볼 필요가 있다.

자원 부족: 충분한 연봉을 줄 수 없을 때 인재 설득하기

초기 스타트업이 겪는 큰 어려움 중 하나는 돈이 부족하다는 점이다. 특히 유능한 인재를 영입하려 해도 대기업이나 스케일업 기업만큼 충분한 연봉을 제시하기 어려운 경우가 대부분이다.

이럴 때 스타트업은 단순히 돈이 없어서 미안하다는 태도가 아니라, 제약을 기회로 바꾸는 강력한 설득 전략을 구사해야 한다. 문제는 높은 연봉을 줄 수 없는 재정적 제약이다. 해결 방법은 돈 대신 다른 가치와 잠재력에 초점을 맞춰 인재를 설득하는 것이다.

첫째, 강력한 비전과 미션을 제시한다. 해결하려는 문제가 무엇이고, 이 솔루션이 세상을 어떻게 바꿀 것인지, 그리고 그 변화의 최전선에서 핵심적인 역할을 할 수 있다는 점을 명확하고 설득력 있게 전달한다.

둘째, 압도적인 성장 기회를 강조한다. 현재의 부족한 연봉은 미래의 스톡옵션이나 성과 분배로 보상받을 수 있음을 강조한다. 회사가 성공하면 단순히 월급쟁이가 아니라 회사의 진정한 주인이 될 수 있다는 점, 회사의 J-curve 성장을 통해 개인의 자산이 기하급수적으로 늘어날 수 있다는 가능성을 보여준다.

셋째, 직무의 의미와 영향력을 강조한다. 대기업에서는 작은 부품에 불과할 수 있지만, 스타트업에서는 한 사람이 회사의 방향을 결정하고, 자기 아이디어를 직접 구현하며, 시장에 직접적인 영향을 미칠 수 있다는 점을 강조한다. 자율성과 책임감을 부여하는 것이다.

넷째, 성장하는 조직에서의 학습 기회를 강조한다. 빠르게 변화하고 성장하는 스타트업 환경은 끊임없이 새로운 것을 배우고 도전할 수 있는 최고의 학습터임을 강조한다. 개인의 역량을 폭발적으로 성장시킬 기회라는 점을 어필한다.

초기 페이팔이 대표적인 사례다. 일론 머스크를 비롯한 페이팔 마피아로 불리는 창업 초기 멤버들은 당시 높은 연봉을 받지 못했다. 그러나 그들은 인터넷 금융 혁명이라는 비전을 공유하며 함께 세상을 바꾸겠다는 열정으로 뭉쳤고, 이후 페이팔의 성공과 매각을 통해 상당한 부를 얻었다. 단순히 돈을 넘어선 비전과 성공에 대한 기대를 공유한 대표적인 사례다.

🔅 마케팅 비용 부족: 돈 대신 창의성으로 고객 유치

마케팅 예산이 없는 초기 스타트업은 제품이 아무리 좋아도 아무도 듣지 않는 상황에 처하기 쉽다. 이럴 때 스타트업은 돈으로 살 수 없는 창의적인 마케팅 전략을 구사해야 한다.

핫메일(Hotmail) 사례는 스타트업이 자본의 제약을 뛰어넘어 기발한 아이디어로 시장을 장악한 대표적인 예시다.

1996년 핫메일이 등장했을 때, 이미 AOL과 같은 대형 서비스 제공자들이 인터넷 이메일 시장을 장악하고 있었다. 핫메일은 이들과 경쟁할 만한 마케팅 예산이 전무했다. 전통적인 광고 방식으로는 사용자들에게 인지도를 높이기 매우 어려운 상황이었다. 무료 이메일 서비스를 제공하겠다는 목표는 변함이 없었고, 이는 수익화를 위한 초기 마케팅 비용 확보가 더욱 어렵다는 의미이기도 했다.

핫메일 창업자 사비르 바티아와 잭 스미스는 돈이 없는 대신, 이메일 서비스의 본질적인 특성인 '공유와 네트워크 효과'에 주목했다. 그들은 모든 핫메일 사용자가 발송하는 이메일 하단에 "P.S. Get your free e-mail at Hotmail(추신: 핫메일에서 무료 이메일을 받으세요)"이라는 문구가 자동으로 삽입하도록 했다.

이 문구는 마치 작은 광고판처럼, 핫메일 사용자가 친구나 지인에게 이메일을 보낼 때마다 자연스럽게 바이럴 마케팅이 되도록 작동했다. 이메일을 받는 사람은 핫메일이라는 서비스를 인지하게 되고, 자신도 무료 이메일이 필요하다면 클릭 한 번으로 가입할 수 있도록 유도한 것이다.

이 단순하지만 혁신적인 아이디어는 마케팅 비용 없이 기하급수적인 사용자 증가를 가져왔다. 불과 6개월 만에 100만 명의 사용자를 확보했고, 1년 반 만에는 1천2백만 명을 돌파했다. 핫메일의 이 전략은 당시 인터넷 서비스가 바이럴 마케팅을 활용하는 방식에 대한 새로운 기준을 제시했다. 궁극적으로 핫메일은 1997년 마이크로소프트에 4억 달러(당시 약 5천억 원)에 인수되며 성공적인 엑싯 사례로 기록되었다.

많은 혁신적 사례에서 공통으로 나타나는 현상은 매우 뚜렷하다.

하버드 비즈니스 리뷰 연구가 이를 입증한다. 스탠포드 디자인 스쿨의 실험에서 '고령자를 위한 식사 도구 개발'이라는 구체적 제약이 일반 과제보다 42% 더 혁신적인 결과를 만들었다. 제약조건이론(TOC) 관련 연구도 같은 결론을 제시한다. 제한된 환경에서 조직은 제약을 기회로 전환해 더 높은 혁신 성과를 낸다. 이러한 패턴은 사용자 중심 사고와 결합될 때 실제로 숨겨진 문제의 본질을 발견하고 근본적인 해결에 접근하도록 돕는다.

특히 제약과 창의성의 관계는 역 U자형 곡선 형태로 나타난다. 적절한 수준의 제약에서는 개인, 팀, 조직 모두 사고의 폭과 혁신성이 높아진다. 그러나 제약이 지나치게 강할 경우에는 오히려 창의성과 혁신이 억제된다는 사실 또한 다양한 실증 연구로 확인된다.

▎스타트업의 여정은 극단적인 도전이다

T2D3라는 목표를 보자. 5년 안에 72배 성장이다. 1원으로 25원의 가치를 만들어 내라는 투자자의 기대와 암묵적 동의가 있다. 일반적인 사업 관점에서 보면 불가능에 가깝다.

그러나 이 극단적 도전을 가능하게 하는 것은 제약 상황에서 피어나는 창의성이다. 에어비앤비는 돈이 없어서 시리얼 박스를 만들었고, 그 창의성이 와이콤비네이터의 투자를 끌어냈다. 넷플릭스는 대역폭이 부족해서 추천 알고리즘을 만들었고, 그것이 93% 유지율이라는 경쟁 우위가 되었다.

제약이 없었다면 이들은 평범한 회사로 남았을 것이다. 제약이 있었기에 10배 더 나은 혁신을 만들어 낼 수밖에 없었다. 돈이 부족하기 때문에 더 효율적인 방법을 찾게 된다. 사람이 부족하기 때문에 더 혁신적인 자동화를 추구하게 된다. 시간이 부족하기 때문에 더 집중된 실행력을 발휘하게 된다.

제약 속에서 피어나는 혁신. 이것이 스타트업의 본질이다. 그러나 가장 큰 함정이 남았다. 대부분의 스타트업은 진짜 '문제'가 아니라 '해결책'부터 시작한다. 그리고 망한다. 다음 장에서는 진짜 문제를 찾는 4단계를 다룬다.

Chapter 6

스타트업의 문제는 진짜 '문제'이다

실리콘밸리에는 유명한 격언이 있다. "해결책이 아니라 문제와 사랑에 빠져라(Fall in love with the problem, not the solution)." 문제를 사랑하라는 것이다. 진짜 문제를 찾는 것이 곧 성공의 절반이기 때문이다.

그런데 현실은 어떠한가. 대부분의 스타트업은 문제와 사랑에 빠지기는커녕, 문제가 무엇인지조차 제대로 모른다.

앞서 제약이 창의성을 낳고, 문제가 많을수록 혁신의 기회가 크다는 것을 확인했다. 그러나 여기에는 하나의 전제가 있다. 진짜 문제를 알아야 한다는 것이다. 제약을 사랑하기 전에, 먼저 문제를 제대로 정의할 수 있어야 한다. 그렇지 않으면 아무리 창의적이어도, 아무리 열심히 달려도, 잘못된 방향으로 달리는 것에 불과하다.

스타트업의 진짜 문제는 무엇인가. 스타트업의 문제야말로 '문제'이다.

첫 번째 함정: 문제와 해결책을 혼동한다

스타트업이 투자자나 멘토를 만나면 자기네 문제는 마케팅 시스템의 필요, 개발 인력 부족, 배달 앱 만들기라고 말한다. 이것이 문제인가? 아니다. 이것은 해결책이다.

문제와 해결책을 혼동하는 순간, 스타트업은 이미 잘못된 길로 들어선다. 마케팅 시스템, 개발 인력, 배달 앱은 모두 '무엇을(What)' 해야 하는지에 대한 답이지, '왜(Why)' 필요한지에 대한 문제 정의가 아니다.

문제가 무엇인지 제대로 정의하기

어느 푸드테크 스타트업 대표가 상담을 요청했다. 그 대표의 고민은 회사에 배달 앱이 필요한데 개발 비용이 없다는 것이었다. 배달 앱이 왜 필요한지 묻자 고객들이 주문하기 편하게 하려고 한다는 답이 돌아왔다. 지금은 어떻게 주문받는지 물으니 전화로 받는데 누락이 너무 많아서 앱이 필요하다고 했다. 주문 누락이 문제라면 그 원인이 무엇인지 물었다. 대표는 잠시 생각하더니 직원이 바쁠 때 메모를 못 해서라고 답했다. 그렇다면 문제는 '배달 앱이 없는 것'이 아니라 '주문 정보가 정확하게 기록되지 않아 고객이 이탈하는 것'이라고 정리했다. 대표는 맞다고 인정했다.

진짜 문제를 정의하고 나니 해결책이 달라졌다. 수천만 원짜리 앱 개발 대신, 구글 폼으로 주문 시스템을 만들고 알림톡을 연동했다. 비용은 월 5만 원이었다. 주문 누락률은 제로가 되었다.

잘못된 문제 정의의 예를 보자. '마케팅 시스템이 필요하다'는 진짜 문제가 아니다. 진짜 문제는 '고객이 우리 제품을 모른다' 또는 '광고비 대비 고객 획득이 비효율적이다'와 같은 것이다. '앱을 만들어야 한다'

는 해결책이다. 진짜 문제는 '고객이 우리 서비스에 접근하기 어려워한다'이다. '개발자를 채용해야 한다'도 해결책이다. 진짜 문제는 '기술적 병목으로 제품 출시가 지연되고 있다'이다. '투자를 받아야 한다'도 마찬가지다. 진짜 문제는 '현재 비즈니스 모델로는 성장 속도가 시장을 따라가지 못한다'는 것이다.

문제 vs 해결책 구분

잘못된 문제 정의 (실제로는 해결책)	진짜 문제
마케팅 시스템이 필요해요	고객이 우리 제품을 몰라요 또는 광고비 대비 고객 획득이 비효율적이에요
앱을 만들어야 해요	고객이 우리 서비스에 접근하기 어려워해요
개발자를 채용해야 해요	기술적 병목으로 제품 출시가 지연되고 있어요
투자를 받아야 해요	현재 비즈니스 모델로는 성장 속도가 시장을 따라가지 못해요

왼쪽은 '무엇을' 해야 하는지만 말한다. 오른쪽은 '왜' 그것이 필요한지, 근본 원인이 무엇인지를 말한다. 문제를 제대로 정의하면, 해결책은 10가지가 나온다. 문제를 잘못 정의하면, 해결책은 1가지뿐이고 그마저도 틀린 답이다.

두 번째 함정: 표면적 문제에 머문다

많은 스타트업이 이렇게 말한다. 우리의 문제는 매출이 안 나온다고. 그래서 어떻게 할 것인지 물으면, 매출을 올려야 한다고 답한다. 이것은 답이 아니다. 동어반복일 뿐이다.

5 Whys: 근본 원인까지 파고들기

도요타의 전설적인 문제 해결 기법인 5 Whys(5번의 '왜')를 적용해 보자.

왜 매출이 안 나오는가. 고객 재구매율이 낮기 때문이다. 왜 재구매율이 낮은가. 첫 구매 후 만족도가 떨어지기 때문이다. 왜 만족도가 떨어지는가. 제품 품질은 좋은데 배송 속도가 느리기 때문이다. 왜 배송 속도가 느린가. 재고를 한 곳에만 보관해서 먼 지역은 시간이 오래 걸리기 때문이다. 왜 재고를 한 곳에만 보관하는가. 물류 거점을 늘리면 비용이 증가할 것으로 생각했기 때문이다.

다섯 번 질문하는 이 과정을 거치면 진짜 문제가 발견된다. 물류비용에 대한 잘못된 가정이 배송 지연을 초래하고, 이것이 재구매율을 떨어뜨려 매출 감소로 이어진 것이다. 이제 해결책이 명확해진다. '매출을 올리자'가 아니라 '물류 거점 최적화를 통해 배송 시간을 단축하자'가 된다.

표면적 문제는 빙산의 일각일 뿐이다. 수면 위에는 증상이 보인다. 매출 감소, 고객 이탈, 직원 퇴사 같은 것들이다. 수면 아래에는 근본 원인이 있다. 제품시장 부적합, 잘못된 타겟팅, 조직문화 문제 같은 것들이다.

대부분의 스타트업은 수면 위만 보고 문제를 정의한다. 그러니 해결책도 당연히 미봉책이 될 수밖에 없다. 진짜 문제는 항상 깊은 곳에 있다.

▍세 번째 함정: 고객의 말을 액면 그대로 믿는다

많은 스타트업이 자신들은 고객 중심이며, 고객 인터뷰를 100번 넘게 했다고 말한다. 훌륭한 일이다. 그런데 질문이 하나 있다. 고객이 말한 것을 그대로 믿었는가? 고객의 말을 경청한 것은 훌륭하지만, 여기에 함정이 있다.

고객도 자신의 문제를 모른다

헨리 포드의 유명한 말이 있다. 만약 자신이 고객들에게 무엇을 원하는지 물어봤다면, 그들은 더 빠른 말이라고 대답했을 것이라는 말이다. 고객은 자신이 무엇을 원하는지 안다. 그러나 왜 그것을 원하는지, 진짜 필요한 것이 무엇인지는 대부분 모른다.

하버드 비즈니스 스쿨의 클레이튼 크리스텐슨 교수가 제시한 Jobs to be Done 프레임워크를 보자.

한 DIY 공구 회사가 드릴 판매를 늘리기 위해 고객 인터뷰를 진행했다. 회사는 어떤 드릴을 원하는지 물었고, 고객은 더 강력한 드릴을 원한다고 답했다. 그래서 더 강력한 드릴을 만들었지만, 매출이 늘지 않았다.

처음 던졌어야 할 질문은 따로 있었다. 왜 드릴을 사는지 묻는 것이었다. 고객은 벽에 액자를 걸기 위해서라고 답했다. 한 번 더 물었다. 왜 액자를 걸려고 하느냐고. 그러자 고객은 집을 더 아늑하게 만들고 싶다고 말했다.

이 지점에서 진짜 문제가 보인다. 고객은 드릴을 원한 게 아니다. 집을 아늑하게 만들고 싶은 상태를 원했다.

문제를 이렇게 정의하면 해결책은 완전히 달라진다. 더 강력한 드릴이 아니다. 못 없이 붙이는 액자걸이일 수도 있고, 간단한 인테리어 컨설팅일 수도 있으며, 벽지와 어울리는 액자를 추천해주는 앱일 수도 있다.

제품은 달라지지만, 목표는 하나다. 고객이 원하는 결과에 더 빨리, 더 쉽게 도달하게 만드는 것.

아침의 밀크셰이크와 오후의 밀크셰이크

크리스텐슨 교수의 프레임워크 속 또 다른 유명한 사례다. 한 패스트푸드 체인이 밀크셰이크 판매를 늘리기 위한 고객 인터뷰를 진행했다. 밀크셰이크를 어떻게 개선하면 좋을지 물었고, 고객들은 더 진하게, 더 달게, 과일 맛을 추가하라고 답했다. 그 말대로 개선했는데 매출이 오르지 않았다.

고뇌에 빠진 연구팀은 다르게 접근해 고객을 관찰하기로 했다. 그리고 놀라운 사실을 발견했다.

아침 8시에는 혼자 차를 몰고 출근하는 사람들이 밀크셰이크를 샀다. 긴 출근길이 지루해서, 한 손으로 먹을 수 있고 오래 가는 것이 필요했던 것이다. 반면 오후 3시에는 아이와 함께 온 부모가 밀크셰이크를 샀다. 아이가 떼를 써서, 빨리 먹고 조용해지게 하려는 목적이었다. 같은 밀크셰이크였지만, 완전히 다른 문제를 해결하고 있었던 것이다.

이제 해결책이 명확해졌다. 아침 고객을 위해서는 더 걸쭉하게 만들어 오래 먹을 수 있게 하고, 과일 청크를 추가해 지루하지 않게 만들어야 했다. 오후 고객을 위해서는 빨리 먹을 수 있게 얇게 만들고, 작은 사이즈로 제공하며, 캐릭터 컵을 활용해야 했다.

결론은 명확하다. 고객의 말이 아니라 고객의 행동과 맥락을 봐야 한다.

네 번째 함정: 내가 가진 솔루션에 문제를 끼워 맞춘다

가장 위험한 함정이다. 어느 스타트업 창업자가 찾아와 AI 기술이 있는데 이걸로 무엇을 하면 좋겠느냐고 물었다. 이것은 순서가 뒤바뀐 것이다. '문제에서 솔루션으로'가 아니라 '솔루션에서 문제로' 가고 있다. 이것을 '문제를 찾아다니는 솔루션(Solution in Search of Problem)'이라고 한다.

☀ 문제와 해결 순서를 혼동하는 실수

많은 기술 기반 스타트업이 이 함정에 빠진다. 블록체인 기술이 있는데 이걸로 무엇을 할까, VR 기술이 있는데 이걸로 무엇을 할까, AI 기술이 있는데 이걸로 무엇을 할까 하는 식이다.

기술 자체는 훌륭하나 존재만으로는 가치가 없다. 문제를 해결할 때만 가치가 부여된다.

잘못된 순서는 다음과 같다. AI 기술이 있다는 것에서 시작해, 이 기술로 무엇을 만들까 고민하고, 챗봇을 만들어 보기로 하고, 누가 쓸지 생각해 보니 고객센터가 떠오르고, 결국 실패한다.

올바른 순서는 다르다. 고객센터 직원들이 반복적인 질문 때문에 지쳐있다는 것에서 시작한다. 고객들은 빠른 답변을 원하는데 대기시간이 길다. 이 문제의 원인을 분석해 보니 고객센터에 들어오는 질의 중 80%가 단순 반복 질문이다. 해결책으로 자동화된 FAQ 시스템을 생각하고, 구현 방법으로 AI 챗봇을 선택하고, 성공한다.

같은 AI 챗봇을 만들어도, 출발점이 '기술'이냐 '문제'냐에 따라 결과가 완전히 달라진다. 기술은 도구다. 문제가 먼저고, 기술은 나중이다.

다섯 번째 함정: 문제 정의에 시간을 쓰지 않는다

스타트업은 바쁘다. 투자 유치해야 하고, 제품 만들어야 하고, 마케팅해야 한다. 그래서 문제 정의에 시간을 쓸 여유가 없다며 일단 만들고 보자고 한다. 이것이 가장 큰 실수다.

잘못된 방향으로 빨리 달리기

잘못된 방향으로 빨리 달리는 것만큼 위험한 것은 없다. 서울에서 부산으로 가야 하는데 강릉 방향으로 시속 200km로 달리고 있다면, 빠를수록 더 나쁘다.

문제를 제대로 정의하는 데 1주일을 쓰면, 6개월의 잘못된 개발을 막을 수 있다.

에릭 리스의 린 스타트업 방법론의 핵심은 Build−Measure−Learn이다. 많은 사람이 'Build'에만 집중한다. 그러나 진짜 핵심은 그 앞에 있다. 무엇을 만들 것인가를 정하는 것이다. 그리고 그것을 정하려면 어떤 문제를 풀 것인가를 먼저 알아야 한다.

린 스타트업은 빨리 만드는 것이 아니라, 올바른 것을 빨리 찾아내는 것이다.

▎진짜 문제를 찾으려면 밖으로 나가라

그렇다면 어떻게 진짜 문제를 찾을 수 있는가.

토스의 이승건 대표는 5년 동안 8번 실패했다. 실패가 반복될수록 하나의 공통점이 보였다. 문제를 사무실 안에서, 상상으로 정의하고 있다는 점이었다.

마지막 도전에서는 방식을 완전히 바꿨다. 팀원 전원을 사무실 밖으로 내보냈다. 작전명은 '고스트 프로토콜'. 미션은 단순했다. 현장에 나가 사람을 관찰하고, 각자 하나씩 진짜 문제를 가져오는 것이었다.

카페에서 사람들이 어떻게 돈을 쓰는지, 지하철에서 어떤 금융 앱을 여는지, 편의점에서 결제할 때 어디서 멈칫하는지를 봤다. 사용자를 설명으로 듣지 않고, 행동으로 확인했다.

그 결과, 문제만 100개가 넘게 모였다. 송금을 10초 만에 끝내는 서비스, 웨딩 업계의 다나와, 기획서와 디자인 리소스를 한 번에 관리하는 대시보드, 영수증을 찍어 보관하는 기능, 읽은 만큼만 비용을 내는 전자책 서비스까지. 아이디어는 많았고, 대부분은 그럴듯해 보였다.

하지만 중요한 건 아이디어의 개수가 아니었다. 선택이었다. 각 문제를 빠르게 프리토타입을 만들어 테스트하고, 실제 반응으로 걸러냈다. 회의실의 설득이 아니라, 사용자의 행동을 기준으로 판단했다.

결과는 분명했다. '간편 송금'이라는 문제에서만 반응이 터졌다. 그래서 그 문제에 집중했다. 이것이 토스의 시작이었다.

만약 사무실에만 머물렀다면, '더 좋은 금융 앱을 만들자'는 막연한 결론에 그쳤을 것이다. 현장으로 나갔기에 계좌번호를 입력하는 과정이 귀찮다는 구체적이고 반복되는 문제를 발견할 수 있었다. 문제의 선명도가 곧, 사업의 방향을 결정했다.

스탠포드의 스티브 블랭크 교수는 수없이 강조한다. "사무실 밖으로 나가라(Get Out of the Building)."

문제는 사무실 책상 위에 올려져 있지 않다. 화이트보드에도 없다. 엑셀 스프레드시트에도 없다. 문제는 현장에 있다. 고객이 있는 곳, 제품이 사용되는 곳, 불편함이 발생하는 바로 그 순간에 있다.

🔅 문제 발견을 위한 실전 가이드

첫째, 관찰해야 한다. 말이 아니라 행동을 봐야 한다. 고객이 좋다고 말하지만 실제로는 안 쓰는 경우가 있다. 고객이 불편하다고 말하지 않지만 우회하는 방법을 찾는 경우도 있다.

둘째, 맥락을 파악해야 한다. 같은 행동도 맥락에 따라 완전히 다른 의미다. 언제 이 문제가 발생하는가, 어디서 발생하는가, 누구에게 발생하는가, 왜 그 순간에 발생하는가를 파악해야 한다.

셋째, 5 Whys를 실천해야 한다. 표면적 증상에서 멈추지 말고, 최소 5번은 왜라고 물어야 한다.

넷째, 문제와 해결책을 분리해야 한다. "~가 필요하다"는 해결책이다. "~때문에 어렵다"가 문제다.

다섯째, 최대한 많은 문제를 수집하고 검증해야 한다. 토스처럼 100개 이상의 문제를 모아보고, 각각을 빠르게 테스트해야 한다.

정의한 것이 진짜 문제인지 확인하려면 다음을 점검해 보자.

1. 진짜 문제의 특징은 구체적이라는 것이다. 모바일 주문 시 결제 단계에서 30%가 이탈한다는 식으로 표현된다.
2. 측정 가능하다. 숫자로 표현할 수 있다.
3. 원인이 명확하다. '왜'에 대한 답이 있다.
4. 고객의 실제 행동에 기반한다. 관찰과 데이터로 확인된다.
5. 부정적 영향이 명확하다. 이것 때문에 무엇이 안 되는지 알 수 있다.

▍스타트업의 진짜 문제: 문제를 모른다는 것

앞서 문제가 많을수록 좋다는 것을 확인했다. 에어비앤비는 자금 부족이라는 문제를 시리얼 박스로 해결했다. 넷플릭스는 대역폭 제약이라는 문제를 추천 알고리즘으로 돌파했다.

이들의 공통점은 진짜 문제를 정확히 알고 있었다는 것이다. 에어비앤비는 투자자를 설득할 스토리가 없다는 것이 문제임을 알았다. 넷플릭스는 사용자가 콘텐츠를 자주 바꿔서 대역폭이 낭비된다는 것이 문제임을 알았다. 문제를 정확히 알았기에, 창의적인 해결책이 나올 수 있었다.

🔆 제약을 사랑하기 전에, 문제를 사랑하라

"창의성은 제약을 사랑한다(Creativity Loves Constraints)." 그러나 이것보다 먼저 와야 할 것이 있다. "문제와 사랑에 빠져라(Fall in Love with the Problem)."

제약이 아무리 많아도, 문제를 제대로 모르면 그 제약은 그냥 장애물일 뿐이다. 문제를 정확히 알고 있을 때, 비로소 제약이 창의성의 촉매가 된다.

A 창업자는 돈도 없고 사람도 없어서 힘들다고 말한다. B 창업자는 고객이 체크아웃에서 30% 이탈하는 문제가 있다고 말한다. 원인은 복잡한 배송비 계산 로직 때문이다. 돈은 없지만 이 문제를 풀기 위해 배송비 무료화 정책을 시험 중이다.

누가 성공할 것인가. A는 제약만 보고 있다. B는 문제를 정확히 알고, 제약 속에서도 해결책을 찾고 있다. 제약은 모두에게 공평하게 주어진다. 그러나 문제를 제대로 아는 사람만이 제약을 기회로 바꿀 수 있다.

| 스타트업, 문제부터 시작하라

스타트업의 여정을 정리하면 다음과 같다.

첫째, 문제를 찾아야 한다(Problem Discovery). 사무실을 벗어나 현장으로 나가고, 관찰하고, 인터뷰하고, 기록한다.

둘째, 문제를 정의해야 한다(Problem Definition). 표면적 증상이 아니라 근본 원인을 찾고, 5번 이상 '왜?'라고 물으며, 문제와 해결책을 구분한다.

셋째, 문제를 검증해야 한다(Problem Validation). 고객이 정말 이 문제를 느끼는지, 이 문제가 얼마나 타격을 주는지, 고객이 돈을 낼 만큼 중요한지 확인한다.

넷째, 그러고 나서 해결한다(Solution). 이제야 '어떻게'를 고민하고, 제약 속에서 창의적으로 접근하며, 빠르게 테스트하고 배운다.

실패하는 많은 스타트업이 넷째부터 시작한다. 반면에 성공하는 스타트업은 첫째부터 시작한다. 그래서 제약이 있어도 이긴다.

스타트업이 지금 어떤 문제를 풀고 있는지 점검할 필요가 있다. 정말 그것이 '문제'인지, 아니면 '해결책'을 문제라고 착각하고 있는지 확인해야 한다. 고객의 말을 그대로 믿고 있는지, 아니면 고객의 행동을 관찰하고 있는지 돌아봐야 한다. 사무실 책상 앞에 앉아 상상하고 있는지, 아니면 현장에 나가 발견하고 있는지 점검해야 한다. 이 질문들에 답할 수 있다면, 이미 절반의 성공에 도달한 것이다.

문제를 찾고, 문제를 정의하고, 문제를 검증하고, 문제를 해결하라. 진짜 문제를 찾는 4단계다. 그러나 문제를 찾았다고 끝이 아니다. 시작이다. 눔은 8년간 죽음의 계곡을 헤맸다. 8년이다. 다음 장에서는 PMF를 찾기까지의 여정을 다룬다. 피벗은 실패가 아니라 학습이다. 검증될 때까지 멈추지 마라.

Chapter 7

검증될 때까지 멈추지 말라

나선형 상승: 4번의 회전으로 계곡을 넘다

스타트업의 여정은 J-Curve의 초입, 즉 '죽음의 계곡(Valley of Death)'이라는 깊은 심연을 마주하면서 시작된다. 이 시기는 아이디어의 낙관론을 넘어 시장 탐색과 제품 개발에 자원이 소진되면서 수익 발생 전까지 겪는 재정적, 심리적 난관의 절정이다. 그러나 동시에 가장 중요한 학습과 성장의 기회이기도 하다.

죽음의 계곡을 넘어선 성공적인 스타트업들은 이 시기를 단순한 생존을 넘어, 강력한 '플라이휠(Flywheel)'을 구축하는 과정으로 활용한다.

스타트업의 성장은 직선이 아니다. 위에서 보면 같은 자리를 맴도는 것 같지만, 옆에서 보면 스프링처럼 회전하며 위로 올라가는 나선형이다.

죽음의 계곡을 넘는 스타트업은 4번의 큰 회전을 거친다. 1회전은 문제 검증(프리토타이핑, Pretotyping)으로, 진짜 고객과 시장이 존재하는지를 확인한다. 2회전은 솔루션 검증(최소기능제품, MVP)으로, 제시한 해결책이 실제로 작동하는지를 검증한다. 3회전은 사랑받기(제품시장적합성, PMF)로, 고객이 열광하는지를 확인한다. 4회전은 성장 가속화(스케일업, Scaleup)로, 어떻게 확장할 것인지를 실행한다.

각 회전은 단 한 번에 끝나지 않는다. 검증될 때까지 끊임없이 반복한다. 멈춰있는 스프링은 그냥 철사다. 회전하는 스프링만이 위로 올라간다.

▎1회전: 문제 검증 - 프리토타이핑(Pretotyping)

죽음의 계곡 초입에서 연구나 서비스 개발만으로는 부족하다. 의외로 많은 창업팀이 개발 자체를 사랑하는 경향이 있는데, 실제로는 '문제-해결책 적합성(Problem-Solution Fit)'을 찾아야 하는 의외로 길고 긴 탐색의 과정을 거쳐야 한다.

팀은 직관적으로 포착한 고객의 페인포인트(Painpoint)를 바탕으로 심플한 가설을 세우고, 프리토타이핑으로 먼저 시장에 물어봐야 한다. 깊은 통찰은 검증 과정에서 만들어진다.

이 과정에서 가장 중요한 것은 최소한의 비용과 시간으로 시장을 검증하는 것이다. 많은 초기 창업팀이 자신의 아이디어를 지나치게 신뢰하여 시장의 시그널을 자의적으로 해석하는 실수를 자주 범한다.

시장은 설득이나 희망의 대상이 아니다. 고객이 '좋다', '사겠다'라고 말하는 것이 아니라, '지금 당장 돈을 내는지'를 확인해야 한다. 이것만이 진실이다.

설문조사의 심리적 함정: 거짓말에 능한 소비자들

카이스트 E5 프로그램에 참여한 팀에 관한 이야기가 있다. 이 팀은 카이스트 원자핵공학과 출신들로 반려동물 암 진단 도구를 개발하려 했다. 팀은 설문조사에서 80% 이상의 반려동물 주인이 고액의 연명 치료를 선택하겠다고 응답했다고 주장했다.

류중희 대표는 "모든 유저는 거짓말을 한다"라며, 사람들이 스스로 나쁜 사람이 되고 싶지 않아 긍정적으로 답하는 경향이 있음을 지적 했다. 그는 팀에게 실제 동물 병원에서 암 진단을 받은 반려동물 주인 이 얼마나 연명 치료를 선택하는지 직접 확인해 보라고 조언했다.

팀은 실제 조사를 통해 대부분의 주인이 진실의 순간에 연명 치료 를 포기하거나 주저한다는 사실을 직시하게 되었다. 이 사례는 창업자 들이 자신의 아이디어에 대한 지나친 자기 확신 때문에 시장의 시그널 은 제쳐놓고, 제대로 된 검증을 하지 않는 경우가 많다는 것을 시사한 다.

1950년대 미국에서 인스턴트커피를 출시하려던 네스카페도 비슷 한 실수를 범했다. 직접 질문했을 때 "인스턴트커피를 구매하시겠습니 까?"라고 물으면 대부분 긍정적 답변이 돌아왔다. 그러나 간접 질문으 로 "인스턴트커피를 사는 주부는 어떤 사람일까요?"라고 물으면 '게으 른 주부', '요리에 관심 없는 사람' 등 부정적 답변이 나왔다.

사람들은 자신을 좋은 사람으로 보이고 싶어 하는 사회적 바람직성 편향 때문에, 직접적인 질문에는 사회적으로 옳다고 여겨지는 답변을 하지만, 실제 구매 행동은 다르게 나타난다. 따라서 진정한 시장 검증은 고객의 말이 아닌 행동을 확인하는 것이어야 한다.

심지어 설문할 때조차도 "구매하겠습니까?"라는 의향을 묻는 질문이 아닌 "지금 당장 사전 주문하시겠습니까?", "베타 테스트에 참여하시겠습니까?"와 같은 돈을 지급하거나 개인 정보를 제공하는 등의 실제 행동을 요구하는 질문으로 바꿔야 한다.

착각의 지도와 현실의 영토

창업자들은 자신이 그린 '지도'를 현실이라고 착각한다. 그러나 시장이라는 '영토'는 지도와 전혀 다른 모습일 때가 대부분이다.

운동 습관 형성을 돕는 헬스케어 앱을 만든다고 가정해 보자. 창업자가 그린 지도, 즉 착각은 다음과 같다. 사람들은 무료 서비스를 선호한다. 따라서 무료로 제공하면 더 많은 사용자가 모이고, 그들이 습관을 형성할 것이다.

실제 영토, 즉 현실은 다르다. 무료 버전과 소액 유료(3,000원) 버전을 동시에 테스트해 보면 놀라운 결과가 나타난다. 가입자 수는 무료 버전이 10배 이상 많다. 지도가 맞는 것처럼 보인다. 그러나 30일 후 리텐션을 보면 무료는 5%, 유료는 40%다. 지도가 완전히 틀렸다. 실제 운동 실행률은 무료가 주 1회 미만, 유료가 주 4회 이상이다. 지도와 정반대다.

왜 이런 일이 벌어지는가. 소액이라도 결제한 사용자는 '돈을 냈으니 써야지'라는 심리적 몰입(Sunk Cost Effect)이 작동하고, 서비스에 대한 기대치와 진지함이 달라진다. 결국 장기적으로 가치 있는 사용자를 확보하는 데는 소액 유료 모델이 훨씬 효과적일 수 있다.

창업자가 상상한 지도 중 99%는 실제 영토와 다르다. 더 위험한 것은, 그 차이를 모른 채 막대한 자원을 투입한다는 점이다. 프리토타이핑의 핵심은 이 점이 중요하다. 본격적인 개발 전에 최소 비용으로 '지도'를 수정하여 '영토'에 가깝게 만드는 것이다. 착각의 지도로 죽음의 계곡을 건너려 하지 말고, 작은 탐사를 통해 현실의 영토를 먼저 파악해야 한다.

💡 가설 검증의 시작: 프리토타이핑 – '미리 팔아보기'

반려동물 암 진단 도구 사례가 보여주는 핵심은 '사람들이 말하는 것'과 '실제로 행동하는 것'의 차이다. 설문에서는 80%가 연명치료를 선택하겠다고 응답했지만, 실제에서는 대부분이 포기한다. 바로 이러한 이유로 스타트업 씬에서는 '프리토타이핑(Pretotyping)', 즉 '미리 팔아보기'를 통해 행동 기반 검증을 필수로 진행한다.

머릿속에 세상을 바꿀 아이디어가 있다면, 잠시 멈춰볼 필요가 있다. 흥분한 상태로 화면 기획서를 작성하고, 와이어프레임을 만들고, 페이지별 디자인을 뽑고, 프론트엔드와 백엔드 코드를 몇 달간 작성하는 그 유혹을 경계해야 한다.

성공한 창업가들의 고백은 역설적이다. 토스 이승건 대표(8번 실패 후 성공)나 크몽 박현호 대표(11번 실패 후 성공)가 수많은 시행착오 끝에 깨달은 것은, 자포자기 심정으로 기존보다 훨씬 대충 했는데 시장이 반응했다는 것이다.

여기서 핵심은 '대충'이다. 디자인 시안 10개 중 완벽한 1개가 아니라, 손으로 그린 스케치 1개다. 3개월 개발한 앱이 아니라, 구글 폼으로 만든 사전 예약 페이지다. '대충'은 무성의가 아니라, 완벽함에 대한 환상을 버리고 시장의 진실을 빠르게 확인하는 전략적 선택이다. 창업자들이 가진 재능이나 팀의 역량이 아무리 뛰어나도, 고객이 원하지 않는 완벽한 제품은 쓰레기통으로 직행한다.

프리토타이핑은 실제 제품을 만들기 전에, 고객이 제품 또는 서비스에 돈을 지급할 정도의 가치가 있는지를 검증하는 것이다. 고객으로서는 마치 완제품이 이미 존재하는 것처럼 느끼게 하여 '이것을 구매할 것인지'를 확인한다.

이는 단순한 설문조사가 아니다. 앞으로 나올 서비스에 예약 대기를 하는가, 지금 당장 사람들이 돈을 낼 것인가, 실제로 서비스를 사용하기 위해 노력을 감수할 것인가. 이 질문에 대한 대답을 얻기 위해 드롭박스는 시연 동영상을, 토스는 전화번호를 입력받는 랜딩 페이지를, 리멤버는 알바를 고용한 '수동 OCR'을, 자포스(Zappos)는 제품 없이 사진만으로 주문받는 '수동 이커머스'를 선택했다.

이들은 수개월이 걸리는 개발 대신, 단 며칠 만에 '고객의 실제 행동(Commitment)'을 포착하는 것에만 집중했다. 기간을 정하고 '전략적으로 미완성'인 상태로 실행하는 이 최소의 실행이야말로, 막대한 시간과 돈을 낭비하지 않고 시장 검증을 완료하는 가장 강력한 무기다.

핵심은 '최소의 법칙'이다. 시간은 가설 검증에 1년이 아닌 1주일 이내로 제한하고, 비용은 몇억 원이 아닌 몇십만 원으로 줄이며, 완성도는 완벽한 제품이 아닌 '전략적 미완성'이지만 고객 반응을 확인할 수 있는 수준으로 설정한다. 시장 검증을 통해 고객 반응(실제 결제, 사전 예약)이 확실하다는 확신이 들면, 그때부터 본격적으로 MVP를 만들기 시작한다.

🔧 전략적 최소화: 1-2-3 프리토타이핑 공식

착각의 지도를 현실의 영토로 바꾸는 가장 빠른 방법은 작고 빠른 탐사다. 1주일이면 충분하다.

1단계는 최소 탐사대 파견으로, 1일이 소요된다. 노코드 툴로 랜딩 페이지를 제작한다. "7일 운동 챌린지 앱 출시 예정!"이라는 문구와 함께 무료와 3,000원 두 가지 사전 예약 버튼을 배치한다.

2단계는 사용자 행동 분석 도구를 설치한다. 2일이 소요된다. Google Analytics와 Hotjar를 설정하고, 클릭률과 전환율을 추적한다.

3단계는 실제 영토 정찰로, 3~7일이 소요되며 비용은 3~30만 원이다. 소액 광고로 타겟 고객을 유입시키고, '말'이 아닌 '행동' 데이터를 수집한다.

이 탐사의 목표는 "사람들이 운동 앱을 쓸까?"라는 일반적 질문뿐만 아니라, 구체적 가정을 검증하는 것이다. 무료와 유료 중 사전 예약 또는 결제 시도율이 더 높은 쪽은 무엇인가, 어떤 문구가 클릭을 유도하는가, 7일 챌린지와 30일 챌린지 중 관심도가 더 높은 것은 무엇인가.

실제 프리토타이핑 결과를 보면, 무료 랜딩에서는 1,000명이 방문하여 100명이 사전예약했다(10%). 3,000원 랜딩에서는 100명이 방문하여 30명이 결제를 시도했다(30%). 유료 모델이 3배 높은 진지함을 보여준 것이다. 시장 유효 가설 검증이 완료되었으므로 MVP 개발을 진행한다.

중요한 점이 있다. 유료 버전의 절대 숫자(30명)가 무료 버전(100명)보다 적어도, 전환율이 3배 높다는 것은 진짜 고객을 찾았다는 신호라는 점이다.

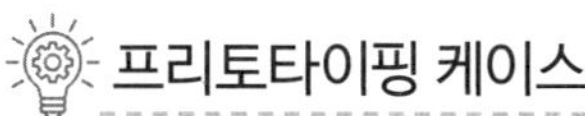 프리토타이핑 케이스

○ 드롭박스 시연 동영상

가설은 클라우드 기반 파일 동기화 서비스에 대한 잠재 고객들의 강한 니즈가 있을 것이라는 예상이었다. 2007년 당시 이미 수십 개의 클라우드 스토리지 서비스가 존재했지만, 창업자 드루 휴스톤(Drew Houston)은 기존 서비스들이 복잡하고 불편해서 실제로 사용하는 사람이 거의 없다는 점에 주목했다.

프리토타이핑으로 실제 제품 개발 전에 서비스의 핵심 기능을 보여주는 3분짜리 시연 동영상을 제작하여 와이콤비네이터가 운영하는 테크 커뮤니티 해커 뉴스에 'My YC app: Dropbox – Throw away your USB drive'라는 제목으로 게시했다. 이 영상은 해커 뉴스 1위를 2일 연속 유지했고, 베타 대기자 명단이 하룻밤 사이에 5,000명에서 75,000명으로 폭발적으로 증가했다. 이 반응을 본 와이콤비네이터는 드롭박스를 Summer 2007 배치에 선발했고, 영상을 보고 감명받은 MIT 학생 아라쉬 페도쉬(Arash Ferdowsi)는 휴스톤을 찾아와 만난 지 2시간 만에 공동창업을 결정하고 다음 날 자퇴했다.

검증 포인트는 기술적으로 복잡한 서비스 개발에 막대한 자원을 투입하기 전에, 클라우드 동기화 서비스에 대한 폭발적인 수요가 실제로 존재하는지를 최소 비용으로 확인하는 것이었다. 드롭박스는 단 하나의 영상으로 시장 검증, 투자자 확보, 공동창업자 발굴이라는 세 가지 성과를 동시에 달성했다.

○ 토스 랜딩 페이지

복잡한 공인인증서나 계좌번호 입력 없이 전화번호만으로 간편하게 송금하는 서비스에 강한 시장 니즈가 있을 것이라는 가설을 세웠다. 실제 송금 기능 개발 이전에 프리토타이핑으로 '전화번호만으로 송금 가능' 서비스가 나오면 사용하겠느냐는 문구가 담긴 간단한 랜딩 페이지를 제작하고 사전 예약을 받는 방식을 채택했다. 이틀간 1만 원을 소진하여 6천 명에게 노출한 페이스북 광고와 자체 홈페이지를 통한 전화번호 입력 사전 예약으로 3일 만에 2,000여 명의 잠재 사용자가 등록하는 성과를 얻었다.

검증 포인트는 대규모 제품 개발에 앞서, 고객의 실제 니즈와 수요를 최소 비용으로 검증하여 간편 송금 서비스 개발의 타당성을 확인하는 것이었다. 토스는 이 랜딩 페이지를 통해 일정 규모(2,000명 이상)의 실제 수요를 확보한 뒤에야 본격적인 MVP 개발에 착수하여 개발 리스크를 크게 줄일 수 있었다.

○ 리멤버 명함 관리 앱

가설은 명함을 사진으로 찍으면 자동으로 정보를 인식하고 저장해주는 앱을 만들면 사람들이 사용하리라는 것이었다. 프리토타이핑으로 명함 OCR(광학 문자 인식) 기술은 개발이 어렵고 시간이 오래 걸림에도 불구하고, 기술을 모두 만들지 않고 껍데기 앱만 먼저 출시했다. 고객이 명함 사진을 찍으면, 팀원들이 직접 데이터를 입력하여 앱에 표시했다. 고객으로서는 자동으로 인식되는 것처럼 보였다. 많은 사용자가 이 서비스를 실제로 사용한다는 반응을 확인한 뒤, OCR 기술 개발이라는 장기 프로젝트에 투자할 가치가 있다고 판단하고 이후 기술을 본격적으로 고도화했다. 기술 개발에 1년 이상 투자한 뒤 시장이 원하지 않는다는 사실을 뒤늦게 발견하는 리스크를 완전히 제거한 사례다.

○ 자포스(Zappos) 온라인 신발 판매

가설은 1999년 당시 이커머스가 생소한 시장 상황에서, 소비자들은 직접 신발을 신어보지 않아도 온라인으로 신발을 구매한다는 것이었다. 또한 온라인 신발 시장의 성장 잠재력이 충분히 크다는 가설도 있었다. 복잡한 전자상거래 시스템이나 재고 관리 시스템을 구축하기 전에, 닉 스윈먼(Nick Swinmurn)이 직접 지역 신발 매장의 신발 사진을 찍어 간단한 웹사이트에 올리고, 주문이 들어오면 직접 매장에서 신발을 구매하여 고객에게 배송하는 프리토타이핑 방식을 사용했다.

검증 포인트는 대규모 투자 없이, 사람들이 실제로 온라인에서 신발을 구매할 의향이 있는지, 피팅 없이도 구매할 수 있는지를 검증하여 온라인 신발 판매 사업의 가능성을 확인하고, 이후 본격적인 플랫폼 개발 및 물류 시스템 구축 여부를 결정하는 것이었다.

○ 강남언니 앱 초기 검증

가설은 피부과나 성형외과의 시술 쿠폰 정보를 제공하는 앱을 만들면 여성들이 만족스럽게 소비하고 병원을 방문할 것이라는 것이었다. 프리토타이핑으로 병원으로부터 시술 쿠폰을 직접 받아 SNS, 온라인 커뮤니티, 블로그 등을 통해 해당 쿠폰을 홍보하고 설명하는 방식으로 수요를 확인했다. 블로그나 SNS 계정을 앱의 역할을 대신하는 채널로 활용한 것이다.

검증 포인트는 사람들이 실제로 해당 쿠폰을 유의미하게 소비하고 병원에 방문하는지를 확인하는 것이었다. 앱 없이도 이러한 수요와 방문 패턴이 확인된다면, 그때 앱을 개발하여 개발 리스크를 크게 줄일 수 있음을 보여주는 사례다.

2회전: 솔루션 검증 - MVP로 가설을 테스트하고 배우기

프리토타이핑을 통해 시장 유효 가설, 즉 '이 문제를 가진 고객이 존재하고, 그들이 기꺼이 돈을 낼 의향이 있다'는 것을 검증했다면, 이제 '최소 기능 제품(MVP)'을 통해 "우리의 솔루션이 실제로 문제를 해결하는가?"를 배워야 한다.

☼ MVP의 진짜 목적: Build-Measure-Learn

많은 창업자가 MVP를 '작은 제품'으로 오해한다. 그러나 MVP의 진짜 목적은 제품을 만드는 것이 아니라 시장과 고객을 배우는 것이다. 에릭 리스가 『린 스타트업』에서 강조한 것처럼, MVP는 '최소한의 노력으로 최대한 많이 배우기 위한 학습 도구'다.

프리토타이핑이 "고객이 존재하는가?"를 물었다면, MVP는 더 구체적인 질문을 던진다. 사용자가 실제로 이 기능을 쓰는가, 어떤 순서로 기능을 사용하는가, 어디서 이탈하는가, 무엇이 사용자를 다시 오게 하는가, 가정한 핵심 가치가 실제로 전달되는가.

중요한 점이 있다. MVP는 '작동하는 작은 제품'이 아니라 '특정 가설을 검증하는 최소 기능 제품'이다.

MVP를 만들기 전에, 먼저 검증하고 싶은 가설을 명확히 해야 한다.

나쁜 접근 방식은 제품 중심이다. 운동 앱 MVP를 만드는 것으로 예를 들어보자. 운동 기록, 챌린지, 알림, 보상 등 생각나는 기능을 모두 넣기로 한다. 1개월간 개발한 후 출시한다. 그런데 사람들이 사용하지 않는다. 왜 그런지 고민하지만, 정작 무엇을 배웠는지 불명확하다.

좋은 접근 방식은 가설 중심이다. 먼저 핵심 가설을 세운다. 사람들은 혼자보다 그룹으로 운동할 때 더 지속한다는 가설이다.

MVP 1차는 1주일 안에 만든다. 그룹 매칭과 운동 인증 기능만 넣고 그룹과 개인의 리텐션을 비교해서 측정한다. 결과를 보니 그룹이 3

배 높았다. 가설이 맞았다는 것을 배웠다.

MVP 2차도 1주일 안에 만든다. 이번에는 알림 타이밍을 실험한다. 저녁 7시 알림이 아침 7시보다 효과적이라는 가설을 세웠다. A/B 테스트로 측정했더니, 오히려 아침이 2배 효과적이었다. 가설이 틀렸다는 것을 배웠다.

MVP 3차 역시 1주일 안에 만든다. 보상 시스템을 추가한다. 금전적 보상이 동기부여를 높인다는 가설이다. 보상이 있는 그룹과 없는 그룹을 비교해서 측정했다. 그런데 금전 보상보다 사회적 인정이 더 효과적이라는 것을 배웠다.

결과적으로 3주 만에 3개의 핵심 학습을 얻었다. 이제 PMF로 가는 명확한 방향을 확보한 것이다.

피해야 할 함정: 'MVP 맥시멀리즘'

많은 팀이 MVP를 만들면서 실수를 범한다. 첫 번째 함정은 최소라고 해도 이 정도는 있어야 한다고 생각하는 것이다. 로그인 기능은 기본이라고 생각한다. 프로필 사진 업로드는 당연히 있어야 한다고 여긴다. 친구 추가 기능은 MVP에도 필요하다고 판단한다. 그러나 '이 기능 없이는 가설을 검증할 수 없는가'라는 질문을 던져야 한다. 대부분의 경우 없어도 된다.

두 번째 함정은 사용자 경험이 좋아야 테스트가 정확하다고 생각하는 것이다. UI가 예뻐야 사람들이 써볼 것이라고 생각한다. 그래서 UI 개선 후에 테스트하자고 결정한다. 그러나 현실은 다르다. 초기 사용자는 못생긴 UI도 감수한다. 진짜 가치가 있다면 사용한다.

세 번째 함정은 확장할 수 있게 만들어야 나중에 편하다고 생각하는 것이다. 처음부터 DB 구조를 탄탄하게 만들려고 한다. 나중에 기능을 추가할 것을 대비해서 설계하려고 한다. 그러나 진실은 다르다. MVP는 버려져야 한다. 처음부터 완벽한 설계는 시간 낭비다. 올바른 접근은 "이것조차 없으면 가설 검증이 불가능하다"는 기준으로 판단하는 것이다.

틀린 가설에서 학습한 마이리얼트립의 MVP 실전 사례

마이리얼트립은 2012년 출시 당시 두 가지 초기 가설을 가지고 있었다. 주 고객층은 20대일 것이라는 가설과, 여러 도시에 상품을 분산 배치하는 것이 효과적일 것이라는 가설이었다.

MVP 1차에서는 여러 도시 분산 전략을 시도했다. 도쿄에 2개, 베를린에 1개 등 주요 도시에 상품을 분산 배치했다. 결과는 참담했다. 3개월간 예약이 0건이었다. 여기서 배운 것이 있다. 어디든 조금씩 제공하는 것은 어디서도 쓸모없는 것과 같다는 사실이다.

MVP 2차에서는 실제 고객 데이터를 수집했다. 첫 예약자가 들어왔는데, 시청 공무원이었다. 20대가 아니었다. 이후 예약자들도 전부 40~50대였다. 여기서 가설 1이 완전히 틀렸다는 것을 배웠고, 타겟 고객을 재정의했다.

MVP 3차에서는 집중 전략으로 전환했다. 한 도시인 파리에만 집중하고 상품 수를 확대했다. 그러자 예약이 발생하기 시작했다. 여기서 배운 것이 있다. 깊이가 넓이를 이긴다는 사실이다.

MVP 4차에서는 고객 밀착 학습을 진행했다. 3년간 예약 확인증에 본인 전화번호를 기재했다. 고객과 직접 통화하며 생생한 피드백을 수집했다. 이를 통해 플랫폼 기틀을 구축하는 핵심 데이터를 확보했다.

6개월간 누적 학습한 결과는 다음과 같다. 타겟은 20대에서 40~50대로 바뀌었다. 전략은 다도시 분산에서 단일 도시 집중으로 전환했다. 상품 깊이는 도시당 1~2개에서 파리 내 다양한 상품으로 확대되었다. 고객 이해는 추측에서 직접 통화 기반의 실데이터로 바뀌었다.

핵심 교훈이 있다. MVP의 목적은 "우리가 옳다"를 증명하는 것이 아니라 "우리가 틀렸다"를 빨리 발견하는 것이다. 마이리얼트립은 두 개의 핵심 가설이 모두 틀렸지만, MVP를 통해 이를 빠르게 발견하고 수정할 수 있었다.

반복을 통한 창조: 제리 울스만의 사진 실험

이러한 반복과 진화의 중요성은 플로리다 대학교 제리 울스만 교수의 초급 사진학 수업 실험에서도 명확히 드러난다.

그는 학생들을 두 그룹으로 나누어, 한 그룹은 제출한 사진의 개수로 평가하고(100장은 A학점, 90장은 B학점, 80장은 C학점 등), 다른 그룹은 단 한 장의 사진으로 평가했다.

놀랍게도 학기 말 최고 품질의 사진들은 모두 '양(quantity)' 그룹에서 나왔다. 많은 사진을 찍으며 다양한 구도와 기법을 실험하고 배운 학생들이 실질적인 실력 향상을 이루어낸 반면, 완벽한 한 장에 집중한 학생들은 이론적 고민에만 머물렀기 때문이다.

스타트업도 마찬가지다. 완벽한 제품 하나를 만들려고 1년을 쓰는 것보다, 매주 새로운 가설을 검증하며 빠르게 배우는 것이 훨씬 빠른 학습과 성공을 가져온다. 이것이 바로 양의 누적이 질로 도약하는 양질 전환의 원리다.

▌3회전: 사랑받기 - 제품시장 적합성(PMF) 달성

2회전에서 솔루션이 작동한다는 것을 확인했다면, 이제 고객이 '정말 사랑하는' 제품으로 진화시켜야 한다. 이것이 3회전의 목표다.

지표 기반의 의사결정

직관이 아닌 명확한 지표를 통해 PMF 달성 여부를 판단한다. 고객 유지율, 활성 사용자 수, 바이럴 계수, 고객 생애 가치(LTV) 및 고객 획득 비용(CAC) 등이 그것이다. 이 지표들은 팀이 불확실성 속에서 나아갈 방향을 제시하는 나침반 역할을 한다.

선 엘리스 테스트(Sean Ellis Test)는 제품시장 적합성을 측정하는 가장 유명하고 신뢰할 수 있는 정량적 지표다. 방법은 간단하다. "만약 이 제품/서비스를 더 이상 사용할 수 없다면 어떤 기분이 들까요?"라는 질문을 던진다. 선택지는 네 가지다. 첫째, 매우 실망할 것이다(목표 지표). 둘째, 어느 정도 실망할 것이다. 셋째, 실망하지 않을 것이다(별로 유용하지 않음). 넷째, 해당 없음 – 이미 제품 사용을 중단했음.

40% 이상이 첫 번째 선택지("매우 실망할 것이다")를 선택한다면 PMF를 달성했다고 판단할 수 있다. 단, 이 테스트는 다른 지표(고객 유지율, NPS 등)와 함께 종합적으로 해석하는 것이 중요하다.

3회전 안에서의 작은 반복은 다음과 같이 진행된다. 션 엘리스 테스트를 시행했더니 32%가 나왔다. PMF에 아직 도달하지 못한 것이다. 고객 인터뷰를 심화했더니 '그룹원과의 유대감'이 핵심이라는 것을 발견했다. 커뮤니티 기능을 강화하여 그룹 채팅과 성과 공유 기능을 추가했다. 감성적 요소도 추가하여 축하 메시지를 자동화했다. 장기 챌린지로 30일, 100일 옵션을 추가했다. 션 엘리스 테스트를 재시행했더니 43%가 나왔다. PMF를 달성한 것이다.

검증 완료 신호는 '션 엘리스 40% 이상 + 자발적 추천 30%'다. 이 조건이 충족되면 4회전(스케일업)으로 진행한다.

최소 사랑 제품(MLP)으로의 진화

이제 MVP를 넘어 '최소 사랑 제품(MLP, Minimum Lovable Product)'으로 진화해야 한다. MLP는 단순히 '작동하는' 제품이 아니라, 고객이 사랑하고 자발적으로 추천하는 제품이다.

MLP를 만들기 위한 핵심 질문이 있다. 고객이 이 제품을 사용한 후 친구에게 자랑하고 싶어 할 것인가, 이 제품이 없으면 고객이 정말 불편해할 것인가, 경쟁자가 나타나도 고객이 우리를 선택할 이유가 명확한가.

MVP에서 MLP로의 전환은 단순한 기능 추가가 아니다. 고객 경험의 질적 도약이며, 이것이 플라이휠을 가속하는 결정적 전환점이 된다.

4회전: 성장 가속화 – 플라이휠 돌리기

3회전에서 PMF를 달성했다면, 이제 본격적으로 성장을 가속할 때다.

성장 플라이휠의 발견

PMF를 달성한 후에는 이를 기반으로 성장 플라이휠을 구축해야 한다. 플라이휠은 한 번의 큰 성공보다 지속 가능한 성장 루프를 만드는 데 초점을 둔다.

아마존의 플라이휠을 보자. 낮은 가격이 더 많은 고객을 끌어오고, 더 많은 고객이 더 많은 판매자를 끌어오며, 더 많은 판매자가 더 넓은 선택폭을 만들고, 더 넓은 선택폭이 더 나은 고객 경험을 제공하며, 다시 더 많은 고객으로 이어진다.

에어비앤비의 플라이휠도 마찬가지다. 더 많은 숙소가 더 많은 선택지를 제공하고, 더 많은 선택지가 더 많은 게스트를 끌어오며, 더 많은 게스트가 더 높은 호스트 수익을 만들고, 더 높은 호스트 수익이 더 많은 숙소로 이어진다.

성장 플라이휠은 비즈니스 모델의 각 요소가 서로를 강화하며 선순환을 만드는 구조다. 이를 통해 초기 고객을 확보하고, 그들의 만족이 다음 고객을 자연스럽게 불러오는 구조를 만든다.

플라이휠을 가속하는 3가지 요소

첫째, 리텐션(Retention)이다. 고객이 떠나지 않게 해야 한다. 신규 고객 유치보다 기존 고객 유지가 훨씬 중요하다. 리텐션이 낮으면 아무리 신규 고객을 많이 확보해도 '구멍 뚫린 양동이에 물을 붓는 격'이다.

둘째, 바이럴리티(Virality)다. 고객이 고객을 데려오게 해야 한다. 제품 자체에 공유와 추천이 내재화된 구조를 만든다. 드롭박스의 '친구 초대하면 추가 용량 제공', 우버의 '추천 코드로 할인' 같은 메커니즘이 대표적이다.

셋째, 수익화(Monetization)다. 가치에 합당한 대가를 받아야 한다. 초기에는 무료로 제공하더라도, 언젠가는 고객이 기꺼이 돈을 낼 만한 프리미엄 가치를 만들어야 한다. PMF가 검증되면 과감하게 수익화 실험을 시작해야 한다.

스케일업의 신호

다음과 같은 신호가 보이면 본격적인 스케일업을 시작할 때다. 고객 유지율(Retention)이 40% 이상이어야 한다. 순추천지수(NPS, Net Promoter Score)가 50 이상이어야 한다. 고객 생애 가치(LTV)가 고객 획득 비용(CAC)의 3배 이상이어야 한다. 입소문과 추천으로 인한 자연 유입이 전체의 30% 이상이어야 한다. 제품 사용 빈도가 주 3회 이상으로 습관이 형성되어야 한다.

이러한 지표들이 달성되면, 이제 마케팅과 세일즈에 본격적으로 자원을 투입하여 플라이휠을 빠르게 돌릴 시점이다.

짐 콜린스는 '한 방'을 찾아 헤매는 회사는 망하고, '누적의 힘'을 믿고 자신만의 플라이휠을 끊임없이 돌리는 회사가 성공한다고 강조했다. 죽음의 계곡을 벗어나는 것은 단순히 좋은 아이템을 만드는 것을 넘어, 이 아이템을 중심으로 지속 가능한 성장을 이끄는 플라이휠을 찾아내고 이를 꾸준히 가속하는 데 달려 있다.

죽음의 계곡은 스타트업에 가장 큰 시련이지만, 동시에 기업의 핵심 역량과 문화, 그리고 지속 가능한 성장을 위한 플라이휠이 단단하게 다져지는 결정적인 시기다. 프리토타이핑을 통해 빠르게 가설을 검증하고, MVP와 MLP를 통해 고객과 시장으로부터 학습하며 자신들만의 플라이휠을 찾아 끊임없이 가속하는 스타트업만이 진정한 성공의 J-Curve를 그릴 수 있다.

눔(Noom)의 피벗 사례

2008년, 눔의 첫 제품 '카디오 트레이너(Cardio Trainer)'는 대단한 성공이었다. 스마트폰의 GPS와 가속기로 운동을 추적하는 앱이었다. 안드로이드 마켓에서 2년 10개월 연속 전 세계 1위를 기록했다. 출시 6개월 만에 500만 다운로드를 달성했다. 구글이 선정한 그해 최고의 앱이었으며, 앵그리버드와 어깨를 나란히 했다.

정세주 대표와 팀은 축배를 들었다. 투자자들도 좋아했다. 그런데 정세주 대표는 밤에 잠이 오지 않았다.

성공 뒤에 숨겨진 불편한 진실

500만 사용자가 있었지만, 돈을 내는 사람은 거의 없었다. 광고 수익만으로는 회사를 유지할 수 없었다. 더 큰 문제는 다른 데 있었다.

정세주 대표는 창업할 때 사람들을 건강하게 만들고 싶다고 생각했다. 그런데 카디오 트레이너 사용자들을 보니, 대부분 이미 건강한 사람들이었다. 매일 운동하는 사람들, 체중 관리가 필요 없는 사람들이었다. 정작 도움이 필요한 사람들, 비만으로 고통받는 사람들은 이 앱을 쓰지 않았다.

더 아이러니한 것이 있었다. 팀이 공들여 만든 고급 기능들(칼로리 분석, 운동 패턴 분석)은 아무도 안 썼다. 대신 만보기 기능이 가장 많이 쓰였다. 개발팀이 중요하게 생각하지 않았던, 그저 기본으로 넣어둔 기능이었다.

🔧 투자자 앞에서의 선택: 폐업 대 피벗

2010년, 팀은 카디오 트레이너를 셧다운하기로 결정했다.

투자자들은 충격을 받았다. 1위 앱을 왜 닫느냐고, 사용자가 500만 명인데 왜 그러느냐고, 조금만 더 버티면 수익화 방법이 나올 것이라고 했다.

정세주 대표는 설득했다. 창업한 이유를 기억해달라고, 사람들을 건강하게 만들기 위해서였다고, 지금은 이미 건강한 사람들에게 재미있는 장난감을 주고 있을 뿐이라고, 이것은 원래 하려던 것이 아니라고 말했다.

투자자가 그러면 무엇을 하려고 하느냐고 물었다. 정세주 대표는 비만 문제를 해결하겠다고, 진짜로 해결하겠다고 답했다.

일부 투자자는 떠났다. 그러나 일부는 남았다. 빅 와이(Big Why)가 명확하니 해보자고 했다.

🔧 칼로리 계산 앱, 그리고 또 다른 깨달음

팀은 처음에 칼로리 계산 앱을 만들었다. 비만의 원인은 과식이니까, 칼로리 계산을 쉽게 만들어 주면 되겠다고 생각했다.

앱은 성공적이었다. 사용자들이 좋아했다. 다운로드도 빠르게 늘었다.

그런데 3개월 후, 정세주 대표는 데이터를 보다가 멈칫했다. 사용자의 80%가 1개월 안에 앱을 지운 것이다. 정 대표는 다시 사용자들을 만나 왜 안 쓰는지 물었다. 대답은 일관적이었다. 칼로리 계산이 귀찮다고, 계산해 봤자 식습관이 안 바뀐다고, 의지가 약해서 며칠 못 간다고 했다.

문제는 칼로리 계산이 아니라 생활 습관을 바꾸기가 어렵다는 점이었다.

정세주 대표와 팀은 깨달았다. 비만의 근본 원인은 지식 부족이 아니다. 모든 비만인은 안다. 야채 먹고 운동해야 한다는 것을. 그러나 못한다. 어떻게 시작하고, 어떻게 지속할지 모르기 때문이다.

그들은 방향을 완전히 바꿨다. 단순한 도구가 아니라, 생활 습관 전체를 바꾸는 코칭 서비스를 만들기로 했다.

2011년, 현재의 눔이 탄생했다. 식단 관리, 운동 관리, 스트레스 관리, 수면 관리. 4가지 영역을 모두 아우르는 홀리스틱 서비스였다. 게다가 실제 코치가 매주 메시지를 보냈다. 이번 주는 어땠는지, 무엇이 어려웠는지, 다음 주 목표를 세워볼지 물었다.

이것은 개발적으로 훨씬 더 복잡했다. 비용도 훨씬 많이 들었다. 투자자들은 다시 의심했다. 확장 가능한지 물었다. 정세주 대표는 답했다. 빠른 성장이 아니라 진짜 효과를 만들고 있다고, 속도는 나중 문제라고.

💡 인내의 결과

처음 2년은 느렸다. 사용자 증가도 더뎠다. 수익도 적었다. 그러나 한 가지가 달랐다. 사용자들이 진짜로 체중을 감량했다. 후기가 쏟아졌다. 이것이 인생을 바꿨다고, 10년 만에 처음으로 성공했다고 했다.

그리고 2019년, 세쿼이아 캐피탈이 투자를 결정했다. 투자 미팅에서 세쿼이아 파트너는 늄보다 빠르게 성장한 회사를 본 적이 없다고 말했다. 미션을 타협하지 않고 오랜 기간 진짜 문제에 집중한 결과였다. 그리고 건강한 삶을 추구하는 시대적 타이밍이 맞물렸다.

정세주 대표는 이렇게 말한다. 2010년에 카디오 트레이너를 계속 키웠다면 그저 또 하나의 피트니스 앱이 됐을 것이라고, 셧다운하고 피벗한 것이 최고의 결정이었다고.

피벗은 쉽지 않다. 돈도, 시간도, 팀의 사기도 다 걸려 있다. 그러나 때로는 멈출 용기가 필요하다. 지금 하는 일이 정말 창업한 이유와 맞는지, 아니면 그저 성장하는 척하고 있는 것인지 점검해야 한다.

처음엔 바닥에서 맴돌지만, 끊임없이 돌다 보면 어느새 높은 곳에 올라와 있다. 멈춰있는 스프링은 그냥 철사다. 회전하는 스프링만이 위로 올라간다.

플라이휠이 돌기 시작했다. 이제 가속할 시간이다. 그런데 이상한 일이 벌어진다. 팀원 10명에게 "동쪽을 가리켜 보세요"라고 하면 10명이 다른 방향을 가리킨다. 다음 장에서는 조직을 하나로 만드는 3W1H 프레임워크를 다룬다. 10명짜리 스타트업에 미션과 비전이 정말 필요할까. 답은 예상과 다를 수 있다.

Part 3
Man

**10명이 100명처럼
일하는 고효율 조직**

Chapter 8

조직문화 프레임워크 3W1H

▌미션과 비전, 정말 필요할까

하루는 공동창업자들과 나, 그리고 첫 번째로 합류한 개발자가 회의실에 모였다.

"우리 회사 미션이 뭐예요?"

개발자의 질문에 순간 말문이 막혔다. 공동창업자와 나는 눈빛만 교환했다. 설명할 필요가 없다고 생각했다. 같은 목표를 향해 달리고 있다고 믿었기 때문이다.

하지만 그 개발자의 눈빛은 달랐다. 혼란스러워 보였다. 그때 깨달았다. 창업자들은 알지만, 팀원들은 모른다는 것을. 그리고 한 가지 더, 창업자들도 명확히 모른다는 것을.

심리학에 유명한 실험이 있다. '탭핑 테스트(Tapping Test)'다. 한 사람은 머릿속으로 노래를 떠올리며 탁자를 두드린다. 다른 사람은 그 소리만 듣고 노래 제목을 맞혀야 한다. 두드리는 사람은 확신한다. 이렇게 명확한데 당연히 알아듣겠지. 하지만 맞히는 사람은 고개를 갸웃

거린다. 성공률은 고작 2.5%다.

당시 상황도 마찬가지였다. 머릿속에선 명확한 멜로디가 흐르고 있었다. 하지만 그것을 말로 꺼내려니 리듬만 두드리는 꼴이었다. 언어로는 흐릿했다. '안다'라고 생각했던 건 착각이었다. 암묵적인 동의 속에서 같은 꿈을 꾸고 있다고 믿었을 뿐이다.

초기 스타트업의 공동창업자들은 미션과 비전이 없어도 문제가 없다. 이미 강한 동기와 명확한 방향성을 공유하고 있기 때문이다. 하지만 팀원 수가 늘어나면서 문제가 시작된다. "우리는 왜 이 일을 하고 있지?"라는 질문이 조직 곳곳에서 들려오기 시작하면, 이미 늦은 것이다. 미션과 비전은 어두운 터널 속 한 줄기 빛처럼, 모두가 나아가야 할 명확한 방향을 제시한다.

동쪽을 가리켜 보라

재미있는 실험이 있다. 사람들을 모아놓고 눈을 감게 한다. 그리고 "동쪽을 가리키세요"라고 말한다. 눈을 떠보면 모두가 서로 다른 방향을 가리키고 있다. 모두가 아는 동쪽인데, 현실에서는 각자 다른 곳을 가리키고 있다. 이 현상은 조직에도 동일하게 적용된다.

'동쪽'이라는 단어 및 개념은 모두 안다. 하지만 현실에서는 정확한 방향을 함께 정렬하는 과정이 없었기 때문에 모두 다른 방향을 가리키는 것이다. 조직도 똑같다.

모든 구성원이 조직의 방향성을 안다고 생각한다. 하지만 실제로는 각자 다르게 해석하고 있다. 개발팀은 '최고의 기술'을 만들고 싶어 한다. 영업팀은 '빠른 매출'을 원한다. 마케팅팀은 '브랜드 가치'를 키우려 한다. 모두가 회사를 위한다고 믿지만, 실제로는 서로 다른 방향으로 힘을 쓰고 있다.

회의실에서 벌어지는 일을 보면 이 현상이 더 명확해진다. "이 기능 꼭 필요해요?"라는 영업의 질문에 개발자는 "기술적 완성도가 중요하다"라고 답한다. 마케터는 "지금은 브랜딩에 집중해야 한다"라고 끼어든다. 2시간짜리 회의가 끝나도 결론은 없다. 각자가 옳다고 믿는 '동쪽'을 가리키고 있기 때문이다.

하지만 조직이 나아가고자 하는 방향을 모두가 명확히 인지하고 정렬된다면 상황은 달라진다. 개발자는 "이 기능이 우리 미션에 부합하나?"를 먼저 묻는다. 영업은 "이 고객이 우리 비전에 맞는 고객인가?"를 고민한다. 마케터는 "이 캠페인이 우리의 존재 이유를 드러내는가?"를 판단한다.

리더가 일일이 지시할 필요가 없다. 모두가 같은 나침반을 보고 있기 때문이다. 회의 시간은 절반으로 줄고, 실행 속도는 두 배로 빨라진다. 미션과 비전은 조직이 자율성과 시너지를 바탕으로 성공적으로 나아가기 위한 핵심 도구다.

이를 3W1H 프레임워크로 정리했다. 하나씩 풀어 가보자. 하지만 그 전에, 왜 이것을 반드시 글로 옮겨야 하는지부터 확인하자.

글로 쓰는 것의 힘

2007년 도미니칸 대학교의 심리학 교수 게일 매튜스는 흥미로운 연구 결과를 발표했다. 목표를 글로 적은 사람들이 그렇지 않은 사람들보다 최대 42% 더 높은 목표 성취율을 보였다는 것이다. 더 흥미로운 건, 주간 진행 상황을 이메일로 보고한 그룹이 가장 높은 성과를 보였다는 점이다.

목표 쓰기에서 친구 공유로, 다시 주간 보고로. 행동을 추가할수록 성과가 높아졌다.

막연한 생각을 글로 쓰는 순간, 그것은 현실이 되기 시작한다. 3W 프레임워크도 마찬가지다. 머릿속 생각으로만 남겨두면 안 된다. 반드시 명확한 문장으로 정의하고, 팀원들과 공유하고, 매일 확인해야 한다. 그래야 비로소 살아 숨 쉬는 조직의 DNA가 된다.

▍Why: 오늘, 우리가 존재하는 이유

한 스타트업 대표가 물었다. "우리 팀이 자꾸 흔들려요. 어떻게 해야 할까요?" 미션이 있냐고 물었더니 "있죠. 벽에 걸어뒀어요"라고 답했다. 팀원들이 그걸 믿냐고 물으니 그는 대답하지 못했다.

스타트업은 단순히 좋은 아이디어와 뛰어난 기술로만 성공하지 않는다. 끊임없는 가설과 실험의 시행착오, 예상치 못한 숱한 난관들이 기다리고 있다. 이 모든 것을 헤쳐 나가려면 흔들리지 않는 강력한 무언가가 필요하다. 그것이 바로 '우리의 Why(존재의 이유)'를 정확하게 아는 것이다. 이를 미션(Mission)이라고 부른다.

사이먼 시넥(Simon Sinek)은 "모든 것은 Why로부터 시작된다"라고 말했다. 인공지능 시대에 이 통찰은 더욱 빛을 발한다.

과거에는 '어떻게 할 것인가(Know-how)'를 잘 아는 전문가가 성공했다. 하지만 이제는 인공지능이 수많은 Know-how 전문가를 대신한다. 법률 자문, 심리 상담, 조직 컨설팅, 전략 기획서, 시장조사, 심지어 코드 작성까지 AI가 인간의 전문 영역을 상상 이상으로 대체하는 세상으로 가속화되고 있다.

팀원들에게 무엇을 전달해야 할까. Know-how는 이제 인공지능에 맡기면 된다. 집중해야 할 것은 바로 '왜 해야 하는가(Know-why)'다. 이제 Know-why 시대다.

팀원들에게 월급만으로는 부족하다. 오늘 출근하는 이유, 이 일을 하는 진짜 의미를 알아야 한다. 그 의미가 바로 미션(Why)이다.

오늘, 우리가 숨 쉬는 이유

미션은 '존재의 이유이고, 숨 쉬는 이유'다. 미션을 매일 붙들고 나아갈 때, 세 가지 강력한 이점을 얻을 수 있다.

첫째, 매일 아침 눈을 뜨게 하는 힘이다. 막막하고 지칠 수 있는 스타트업의 여정 속에서 다시 일어서게 하고 한 걸음 더 나아가게 하는 것이 미션이다. 스타트업이 왜 존재하는지, 오늘 무엇을 위해 이 자리에 있는지 명확히 아는 것이다. 숨 쉬듯이 당연하게, 매일 같이 해야 하는 이유여야 한다.

둘째, 방향을 잃지 않는 나침반이다. 시장이 급변하고, 예상치 못한 문제에 부딪혔을 때, 수많은 선택지 앞에서 혼란스러울 수 있다. 이때 단 하나의 질문, "미션에 부합하는가?"라는 질문 하나면 모든 고민이 단순해진다. 오늘 가야 할 길을 명확히 보여주는 가장 강력한 나침반이다. 이 나침반을 따라 매일 나아갈 때, 결국 도달하고자 하는 비전에 다다를 수 있다.

셋째, 팀을 하나로 묶는 강력한 구심점이다. 서로 다른 배경과 역량을 가진 팀원들이 모여서 최고의 성과를 내려면 강력한 공동의 목표가 필요하다. 단순히 '해야 할 일'이 아니라, '왜 이 일을 함께 하는지(Why)'가 명확히 공유될 때 팀은 비로소 하나가 된다. 모든 팀원이 각자의 자리에서 "오늘 나는 왜 이 일을 하는가?"를 이해하고 몰입하게 된다.

지금 바로 스타트업의 미션을 정의해야 한다. 거창한 문서 작업이라고 생각하지 말고, 오늘 팀이 왜 일하고 있는지 짧고 명확하게 정의해 보라. 이 미션이 명확할 때, 스타트업은 인공지능 시대의 파도를 넘어서는, 진정으로 의미 있고 지속 가능한 성공을 이룰 수 있다. 그리고 그 미션을 매일 수행할 때, 꿈꾸는 'What(비전)'은 반드시 현실이 된다.

워크숍을 열어 팀원들과 함께 존재 이유를 탐색하고 정의하는 시간을 가져라. 매일 아침 회의나 주간 회의 때 "오늘 미션을 위해 무엇을 할 것인가?"를 질문해 보라.

🔅 대기업 미션을 흉내 내지 마라

"세상을 바꾼다." "전 세계 정보를 정리한다." 멋지게 들린다. 애플과 구글의 미션이다. 하지만 이들도 처음부터 이런 거창한 미션을 가진 건 아니었다.

애플 창업 당시(1976년) 스티브 잡스의 실제 동기는 단순했다. "우리는 개인용 컴퓨터가 필요했어요. 시장에 있는 컴퓨터들은 너무 비쌌고, 우리가 쓰기에는 실용적이지 않았어요. 우리에겐 폭스바겐이 필요했죠. 컴퓨터를 사람들의 집이나 사무실에 둘 수 있을 만큼 작게 만들고 싶었어요. 간단히 말해서, 사용자 친화적인 컴퓨터를 원했죠." 당시 실제 미션을 정리해 보면 "우리가 쓸 수 있는 저렴한 개인용 컴퓨터를 만든다"이다.

구글 창업 당시(1998년) 래리 페이지와 세르게이 브린의 실제 목표도 단순하고 구체적이었다. "웹 정보의 체계적 정리와 손쉬운 접근." 당시 실제 미션은 "웹의 모든 정보를 쉽게 찾게 한다"는 것이다.

현재 미션과 비교해 보면 극명하게 다르다. 애플의 "세상을 바꾼다"는 "우리가 쓸 컴퓨터를 만든다"에서 시작했고, 구글의 "전 세계 정보를 정리한다"는 "웹에서 정보 찾기를 쉽게 한다"에서 출발했다.

대기업 미션을 따라 하면 안 되는 이유가 있다.

첫째, 그들의 현재 미션은 수십 년간의 성공 끝에 도달한 결과물이다. 창고에서 시작한 스타트업이 처음부터 "세상을 바꾼다"라고 외치면 공허하게 들릴 뿐이다. 팀원들도, 고객도, 투자자도 믿지 않는다.

둘째, 거창한 미션은 실행 가능성이 떨어진다. "세상을 바꾼다"는 오늘 무엇을 해야 할지 알려주지 않는다. 하지만 "저렴한 개인용 컴퓨터를 만든다"는 명확하다. 오늘 무엇을 만들고, 어떤 고객을 만나고, 어떤 가격에 팔 것인지가 보인다.

셋째, 작고 구체적인 미션이야말로 팀을 하나로 묶는다. "일반인도 쉽게 정보를 찾게 한다"는 개발자에게도, 디자이너에게도, 영업사원에게도 명확한 방향을 준다. 모두가 같은 '동쪽'을 가리킬 수 있다.

지금 스타트업에 필요한 건 멋진 문구가 아니다. 오늘 팀원들이 실행할 수 있고, 한 달 뒤 성과를 확인할 수 있는, 작지만 진실한 미션이다.

⚙️ 미션 작성 가이드

'미션과 비전 구성하기'를 스타트업 경영진들과 진행하면서 느낀 것은 생각보다 잘 작성이 되지 않는다는 것이다. 이유로는 아이러니하게도 미션과 비전의 차이조차 구별하는 것도 어려워한다. 그러다 보니 정작 본질은 잊고, 대기업의 멋진 미사여구를 누가 더 그럴싸하게 흉내 내는지 경쟁하게 된다. 그러지 말고, 명확하고 간단한 미션 작성 원칙을 따라 해 보자.

○ 원칙 1: 한 문장으로, 구체적으로

"[누구의] + [어떤 문제를] + [어떻게] + [행동(해결)]한다"는 구조를 따르는 것이 좋다. 예를 들어, "건설 현장의 안전사고를 AI로 예방한다", "중소기업 사장님의 회계 스트레스를 자동화로 해결한다", "1인 크리에이터의 영상 제작 시간을 10분의 1로 줄인다"처럼 구체적이고 측정 가능한 문장이 좋다.

○ 원칙 2: 팀의 진심을 담아라

팀 전체가 진심으로 공감하는지 확인하라. 아무리 멋진 문구여도 팀원들이 "그래서 뭐?"라고 생각한다면 의미가 없다. 미션은 대표 혼자 만드는 게 아니라, 팀 전체가 믿고 따를 수 있어야 한다.

○ 원칙 3: 문학적 표현으로 승화시켜라

원칙 1과 원칙 2를 담아낸 구체적 미션을 좀 더 감성적이고 기억하기 쉽게 표현할 수 있다면 더할 나위 없다. 사실 좋은 미션은 팀의 공감을 넘어서는 그 무엇이어야 한다. 가슴이 벅차거나 최소한 자부심을 가질 수 있도록 만들어야 한다.

예를 들어, 인공지능으로 신소재를 혁신하는 스타트업의 미션으로 "We forge tomorrow's material today(우리는 오늘, 내일의 소재를 만들어간다)."는 존재의 이유도 설명이 되지만 문장의 심플함으로 더 선명하게 기억된다. 이는 단순히 '새로운 소재를 만든다'는 것을 넘어 혁신성과 선구자적인 자부심을 느끼게 한다.

▌ What: 내일, 우리가 만들어 갈 미래의 모습

앞서 이야기한 미션이란 기업의 존재 이유이자 매일 아침 움직이게 하는 근원적인 동력이다. 하지만 '숨 쉬는 것'만으로는 충분하지 않다. 매일 숨을 쉬며 무엇인가를 만들고(Creating), 도달하고(Achieving), 변화시키고(Transforming) 싶다.

'What'은 미션을 매일 같이 숨 쉬듯이 수행하다 보면, 반드시 도달하게 되는 미래의 모습이다. 세상에 만들어 낼 임팩트이자, 측정 가능한 결과물이다. 이를 비전(Vision)이라고 부른다.

미션과 비전의 관계를 명확히 하자. 미션을 쌓으면 비전이 되고, 비전을 잘게 나누면 미션이 된다. 마치 미분과 적분의 관계와 같다.

미션(Why)은 '오늘'이다. 매일 숨 쉬듯 수행하는 존재의 이유다. 비전(What)은 '내일'이다. 그 오늘들이 쌓여 만들어질 미래의 모습이다.

오늘 고객의 문제를 하나 해결했다면, 그것이 미션이다. 그 해결이 1,000번 쌓였을 때 만들어질 세상, 그것이 비전이다.

좋은 비전의 특징

첫째, 측정 가능한 미래의 결과물이어야 한다. 단순히 막연한 꿈이 아니라, 매일의 노력이 반드시 이끌어내는 구체적이고 측정 가능한 미래의 결과물이어야 한다. 오늘 하루 미션을 위해 어떤 행동을 했는가, 그 행동들이 모여 미래의 어떤 비전을 완성할 것인지 명확히 그려야 한다.

둘째, 세상에 새겨질 임팩트여야 한다. 단지 돈을 벌기 위해 모인 것이 아니다. 미션은 세상을 더 나은 곳으로 만들고자 하는 열망에서 나온다. 비전은 바로 그 열망이 현실화해 세상에 어떤 긍정적인 파급효과를 일으킬 것인지 정의한다. 숨 쉬듯이 매일 미션에 따라 움직일 때, 세상에 어떤 강력한 흔적을 남길 것인가.

셋째, 흥분을 불러일으키는 미래여야 한다. 팀원들이 아침에 눈을 떴을 때 "오늘도 이 비전에 한 걸음 더 다가가야지!"라는 생각이 들어야 한다. 비전은 팀원들에게 동기를 부여하는 강력한 원동력이다.

비전의 유형에는 두 가지가 있다. 북극성 비전과 단기적 비전이다.

북극성 비전은 조직의 궁극적인 존재 의의와 방향성을 제시하는 것으로, 구체적인 '시간 제한 없이' 항상 추구하는 최종 목표다. 예를 들어, "인류의 삶을 풍요롭게 하는 데 이바지한다" 같은 것이다. 이는 조직의 정체성과 핵심 가치를 반영하며, 외부 환경 변화에도 불구하고 일관되게 유지된다. 북극성 비전은 시간이 지나도 변하지 않으며, 조직의 모든 활동에 방향성을 제공한다.

그다음, 이 북극성 비전을 향해 나아가기 위한 구체적인 이정표로서 '3~5년 단위의 달성 가능하지만, 도전적인 단기적 비전'을 설정한다. 이 목표들은 북극성 비전의 실현을 위한 단계별 과정이 되며, 조직이 자원을 효율적으로 배분하고 성과를 관리하는 데 도움을 준다. 예를 들어, "인류의 삶을 풍요롭게 하는 데 이바지한다"라는 북극성 비전 아래, "3년 이내에 AI 기반 교육 솔루션을 개발하여 100만 명의 학습자에게 도달한다"라는 단기 비전을 설정할 수 있다.

초기 스타트업은 어떤 비전을 우선해야 할까. 새롭게 시작하는 스타트업이나 급변하는 시장에 있는 조직이라면, 단기적인 성과와 방향성을 명확히 하는 3~5년 단위의 비전이 더욱 중요하다. 오랜 역사와 확고한 가치를 가진 조직이나 사회적 가치 실현에 중점을 두는 비영리 단체라면, 북극성 비전이 조직의 지속 가능성과 정체성 유지에 더 큰 영향을 미칠 수 있다.

미션과 비전 작성 시 체크 포인트를 정리하면 이렇다. 미션 작성 시 고려할 점은 현재 하는 일이며, "지금 이 일을 하고 있나?"로 체크한다. 비전 작성 시 고려할 점은 미래에 이루고 싶은 변화이며, "이 방향으로 가는 중인가?"로 점검한다.

▌ Who: 우리가 함께 만들어 갈 문화와 사람들

미션과 비전은 혼자서 달성할 수 없다. 서로 다른 강점과 경험을 가진 사람들이 하나의 목표를 향해 시너지를 낼 때 비로소 거대한 변화가 가능하다. 그렇다면 질문이 생긴다. "어떤 사람들과 함께할 것인가?"

많은 창업자가 '똑똑한 사람', '열정적인 사람', '경험 많은 사람'이라고 답한다. 틀린 말은 아니지만, 이런 답은 아무것도 정의하지 않은 것과 같다. 모든 회사가 그런 사람을 원하기 때문이다.

'Who'는 단순히 '좋은 사람을 뽑자'가 아니다. '우리 조직은 어떤 가치를 공유하는 사람들의 집합인가'를 정의하는 것이다. 이것이 명확해야 비로소 누구를 데려오고, 누구와 헤어져야 하는지 판단할 수 있다.

핵심 가치: 우리가 믿는 것

핵심 가치는 조직이 가장 중요하게 여기는 신념이자 행동 원칙이다. 미션이 '왜 존재하는가'에 대한 답이라면, 핵심 가치는 '어떻게 행동할 것인가'에 대한 답이다.

넷플릭스의 '자유와 책임(Freedom & Responsibility)'을 보자. 이 한 문장이 채용, 평가, 의사결정의 모든 기준이 된다. 자유를 주되 책임을 묻는다. 규칙으로 통제하지 않되 결과로 판단한다. 이 가치에 공감하는 사람은 넷플릭스에서 날개를 달고, 공감하지 못하는 사람은 버티지 못한다.

아마존의 14가지 '리더십 원칙'도 마찬가지다. '고객에 대한 집착(Customer Obsession)', '실행 우선(Bias for Action)', '반대하되 따르라(Disagree and Commit)' 같은 원칙들이 아마존다운 사람을 정의한다. 면접에서도, 승진 심사에서도, 해고 결정에서도 이 원칙이 기준이 된다.

초기 스타트업에 14가지는 과하다. 3~5가지면 충분하다. 중요한 건

개수가 아니라 진정성이다.

핵심 가치를 도출하는 세 가지 질문

첫째, "우리 조직에서 절대 용납되지 않는 행동은 무엇인가?" 이 질문의 반대가 핵심 가치다. 거짓말이 용납되지 않는다면 '정직'이 가치다. 책임 회피가 용납되지 않는다면 '오너십'이 가치다.

둘째, "어떤 사람과 일할 때 가장 에너지가 발생했는가?" 과거 최고의 협업 경험을 떠올려 보라. 그 사람의 어떤 특성이 시너지를 만들었는가. 그것이 우리가 원하는 가치다.

셋째, "성과가 뛰어나지만 함께 일하고 싶지 않은 사람의 특징은?" 이 질문이 가장 날카롭다. 실력은 좋은데 팀을 힘들게 하는 사람, 그에게 없는 것이 우리의 핵심 가치다.

좋은 핵심 가치의 세 가지 조건

첫째, 선택을 강요해야 한다. '정직'과 '성실'은 누구나 동의하는 보편적 덕목이다. 하지만 '투명성 vs 프라이버시', '속도 vs 완성도'처럼 트레이드오프가 있는 가치여야 진짜 선택 기준이 된다. '우리는 완성도보다 속도를 택한다'고 선언하면, 80% 완성도로 빠르게 출시하는 문화가 만들어진다.

둘째, 행동으로 번역 가능해야 한다. '혁신'이라는 가치는 아름답지만 모호하다. '매주 한 가지 실험을 시도한다', '실패한 시도는 칭찬받고, 시도하지 않음은 질책받는다'처럼 구체적 행동으로 바꿔야 한다.

셋째, 불편해야 한다. 진짜 가치는 때로 손해를 감수하게 만든다. '고객 최우선'이 진짜 가치라면 손해를 보더라도 고객에게 유리한 결정을 내려야 한다. 편할 때만 지키는 가치는 가치가 아니라 슬로건이다.

인재상 프레임워크: 우리가 찾는 사람

핵심 가치를 정의했다면, 이제 그 가치를 체화한 사람의 모습을 구체화해야 한다. 이것이 인재상이다.

많은 회사가 인재상을 '도전정신을 가진 창의적 인재'처럼 추상적으로 정의한다. 채용 공고에는 그럴듯하지만, 실제 판단 기준으로는 쓸모없다. 면접장에서 '이 사람이 도전정신이 있는가?'를 어떻게 판단할 것인가.

인재상은 평가 가능한 형태로 구조화되어야 한다. 다음의 3차원 프레임워크를 제안한다.

역량 × 태도 × 문화적합성

역량(Competency)은 '무엇을 할 수 있는가'다. 기술적 스킬, 경험, 지식이 여기에 해당한다. 코딩 능력, 영입 경험, 재무 지식 같은 것들이다. 역량은 가르칠 수 있다. 부족해도 시간과 노력으로 메울 수 있다.

태도(Attitude)는 '어떻게 일하는가'다. 문제를 대하는 자세, 피드백을 받아들이는 방식, 실패 후의 반응이 여기에 해당한다. 태도는 가르치기 어렵다. 30년간 형성된 사고방식을 바꾸는 건 거의 불가능하다.

문화적합성(Culture Fit)은 '우리와 맞는가'다. 핵심 가치에 대한 공감,

일하는 방식의 호환성, 팀과의 케미가 여기에 해당한다. 문화적합성은 가르칠 수 없다. 맞거나, 맞지 않거나 둘 중 하나다.

초기 스타트업의 우선순위는 1. 문화적합성 〉 2. 태도 〉 3. 역량이다.

태도와 문화적합성은 기업 규모와 관계없이 중요하다. Leadership IQ가 20,000명 이상의 신규 채용자를 분석한 연구에 따르면, 채용 실패의 89%가 스킬이 아닌 태도 문제였다. 신규 채용자의 46%가 18개월 내 실패했는데, 대부분이 역량 부족이 아니라 조직문화에 적응하지 못했기 때문이다. 스킬은 가르칠 수 있지만, 태도는 바꾸기 어렵다.

그렇다면 스타트업에서 이것이 더욱 치명적인 이유는 무엇인가.

첫째, 영향력의 밀도가 다르다. 500명 중 1명이 문화를 해치는 것과 5명 중 1명이 해치는 것은 차원이 다르다. 작은 조직에서 한 명의 부정적 영향력은 전체를 마비시킬 수 있다. 아무리 뛰어난 개발자라도 팀워크를 파괴하면, 그가 만드는 가치보다 파괴하는 가치가 더 크다.

둘째, 시스템 부재로 자율성이 필수다. 대기업은 프로세스가 개인의 태도를 일부 보완한다. 하지만 스타트업은 시스템이 없다. 프로세스가 없다. 명확한 R&R도 없다. 이런 환경에서 '시키는 것만 하는' 사람은 무용하다. 스스로 문제를 찾고, 정의하고, 해결하는 태도가 없으면 아무것도 작동하지 않는다.

셋째, 초기 멤버가 문화의 기초다. 처음 10명이 만드는 행동 양식이 이후 100명의 문화가 된다. 역량이 부족한 사람은 가르치면 된다. 태도가 나쁜 사람은 바꾸기 어렵지만, 작은 조직에서는 빨리 드러나서 정리할 수 있다. 하지만 문화적합성이 맞지 않는 사람은 천천히, 보이지 않게 조직을 갉아먹는다. 발견했을 때는 이미 늦은 경우가 많다. 잘못된 사람 한 명이 조직 DNA를 영구히 오염시킬 수 있다.

A Player(A급 인재)를 정의하는 세 가지 질문

실리콘밸리에서는 "A Player만 뽑아라"라고 말한다. 하지만 A Player가 무엇인지는 조직마다 다르다. 구글의 A Player와 아마존의 A Player는 다른 사람이다.

우리 조직의 A Player를 정의하려면 다음을 구체화해야 한다.

첫째, '이 사람이 있으면 팀 전체의 성과가 올라가는가?' A Player는 자기 일만 잘하는 사람이 아니다. 주변 사람들까지 잘하게 만드는 사람이다. 혼자는 잘하는데 팀 성과는 떨어뜨리는 사람은 A Player가 아니다.

둘째, '이 사람을 다시 뽑을 것인가?' 지금 알고 있는 것을 알았더라도 이 사람을 뽑았을 것인가. 1초라도 망설여진다면 A Player가 아니다.

셋째, '이 사람이 떠난다고 하면 어떻게 할 것인가?' 필사적으로 붙잡을 사람인가, 아쉽지만 보내줄 사람인가, 속으로 안도할 사람인가. 첫 번째만 A Player다.

핵심 가치와 인재상을 정의했다. 하지만 정의만으로는 부족하다. 이것이 살아 숨 쉬는 문화가 되려면 실행이 필요하다.

How에서 3W를 조직에 스며들게 하는 구체적인 방법을 다룬다.

How: 다시 피를 끓게 할 시간

Why(오늘, 존재하는 이유), What(내일, 만들어 갈 미래의 모습), 그리고 Who(함께 만들어 갈 문화와 사람들)라는 강력한 3W 철학을 세웠다. 이것은 단순한 문서가 아니다. 이 철학이 살아 숨 쉬고 스타트업의 DNA가 되려면, 팀원들의 가슴을 뛰게 하고 자발적으로 움직이게 하는 '실행의 마법'이 필요하다.

TBWA 조직센터장 박웅현은 이를 '문학화'한다고 표현했다. (출처: 티타임즈TV. '광고의 신' 박웅현은 왜 조직문화 컨설팅에 나섰나?)

기억하라. 조직문화는 '주입'이 아니라 '경험'이다. 3W를 모두의 피를 끓게 하는 캠페인으로 만들어 보자.

💡 1단계: 심장에 새기는 '우리만의 Why, What, Who'

3W는 철학이다. 철학이 종이 위에서 잠자게 해서는 안 된다. 스타트업의 고유한 맥락과 팀원들의 감성을 건드리는 '연애편지'처럼 만들어야 한다.

진정성 있는 '우리 이야기' 발굴이 필요하다. 외부의 멋진 이론은 잠시 접어두자. 팀이 처음 모인 이유, 밤새워 고민했던 문제, 작은 성공에서 느꼈던 희열을 꺼내라. 가장 본질적이고 솔직한 이야기를 찾아내라. 심층 인터뷰를 진행하라. 비록 소규모라도 상관없다. "우리는 어떤 고통을 겪었고, 무엇이 우리를 하나로 뭉치게 했는가?"를 찾아내라.

3W를 가장 압축적이고, 감동적이며, 직관적인 한두 문장으로 만들어라. "현상은 복잡하지만, 본질은 단순하다"라는 생각으로, 팀원들의

심장을 울릴 수 있는 '피 끓는 슬로건'을 도출해야 한다. 예를 들어, '불가능을 가능케 하는 이들의 놀이터', '세상을 이롭게 할 단 하나의 연결' 같은 것들이다.

'감동'을 디자인하는 '3W 비주얼'도 중요하다. 대표가 직접 팀원 한 명 한 명에게 또는 전체에게, 단순히 업무 지시가 아닌 '우리가 왜 이 자리에 함께 있으며, 당신의 이바지가 왜 소중한지'를 담은 진정성 있는 손글씨나 메시지를 전달하라. 월급 외의 출근 이유를 감성적으로 건드려야 한다.

핵심 메시지를 시각적, 청각적으로 각인시킬 요소를 만들어라. 전문 디자이너나 사운드 엔지니어가 없더라도, 팀원 중 재능 있는 사람이 있다면 참여시키고, 아니라면 간단한 툴을 활용해서라도 우리만의 감성 브랜딩을 시도해 보라.

예를 들어, 팀의 미션을 담은 짧은 캐치프레이즈를 만들고, 이를 개인의 PC 배경화면이나 팀 공용 슬랙 채널의 정보란, 또는 회의실 작은 화이트보드 한 켠에 손글씨로 적어두는 것이다. 거창한 포스터가 아니더라도, 매일 마주하는 작은 공간에 미션을 새겨 넣는 것이다.

보통의 형식과 문학화를 비교해 보자.

보통	문학화
보고가 너무 많다. 보고를 줄이자	보고를 위한 보고는 없다.
구성원들은 지속적으로 학습에 매진해야 한다.	배운다. 배운 길 지우고 다시 배운다.
후배 구성원들을 많이 칭찬합시다.	잘한다. 잘한다. 자란다.

🔅 2단계: 스며들게 하는 '이너 서클 캠페인'

팀원이 많다면 모든 구성원에게 한 번에 주입하려 하지 마라. 먼저 철학을 진심으로 이해하고 공감하는 '빅 스피커'들을 찾아 그들이 자발적으로 확산하도록 만들어라. 소규모 팀이라면, 모든 팀원이 '빅 스피커'가 될 수 있다. 3W 철학을 공유하고, 이 철학이 팀에 어떤 의미를 가지는지 깊이 토론하는 워크숍을 진행하라. 이것은 대표의 이야기가 아니라, 우리 모두의 이야기라는 공감대를 형성하는 것이 중요하다.

리스너 리더십이 필요하다. 리더는 이때 가르치려 하지 말고 경청하라. 팀원들의 질문에 귀 기울이고, 그들의 아이디어를 존중하며, 그들의 관점에서 3W가 어떻게 다가오는지 경청하라. 듣는 능력이 곧 강력한 동의를 이끌어낸다.

🔅 3단계: 지속 가능한 일상 속 스며들기

조직문화는 한 번의 이벤트가 아니다. 마치 물에 물감을 계속 투입하듯, 꾸준하고 반복적인 노력이 필요하다.

'3W 데일리 체크'를 실행하라. 매일 아침 짧은 스탠드업 미팅이나 주간 회의 때, 오늘 'Why'를 위해 어떤 'What'에 집중할 것인가? 를 짧게 공유하는 시간을 가져보라. 3W를 일상의 언어로 만드는 것이 중요하다.

매주 3W 철학을 가장 잘 실천한 팀원(작은 행동이라도)을 찾아내어 모두 앞에서 칭찬하고 인정하는 시간을 가져라. 이는 긍정적인 행동을 강화하고, 다른 팀원들에게도 영감을 준다. 예를 들어, 분기별로 '3W

Values'를 실천한 동료를 추천받아 칭찬하기 같은 것이다.

흥행성 있는 행사를 만들어라. 회식, 워크숍, 팀 빌딩 활동 등 모든 모임을 의무가 아닌 기대와 즐거움으로 채워라. 장소, 프로그램, 분위기 등 세밀하게 신경 써서 팀원들이 월급 외에 출근해야 할 이유를 이 행사에서 찾도록 만들어라.

신입 팀원이 합류할 때, 단순한 업무 교육이 아니라 3W 철학을 가장 먼저, 그리고 가장 감동적으로 전달하는 온보딩 프로그램을 만들어라. 첫인상이 중요하다.

지치지 않는 반복과 인내가 필요하다. 조직문화는 하루아침에 바뀌지 않는다. 즉각적인 변화가 보이지 않더라도 실망하지 마라. 시간이 오래 걸린다는 것을 이해하고, 같은 방향으로 꾸준히, 지치지 않고 노력해야 한다. 물감처럼 옅은 색부터 서서히 스며들게 하는 긴 호흡의 마라톤이다.

대표를 비롯한 리더들은 3W 철학을 가장 먼저, 그리고 가장 철저하게 실천해야 한다. 리더의 말과 행동이 곧 살아있는 조직문화의 본보기가 된다.

▌살아 숨 쉬는 조직을 만들어라

스타트업은 제품이나 서비스를 만드는 곳 이상이다. Why(미션)라는 심장을 가지고, What(비전)이라는 미래를 꿈꾸며, 핵심가치를 가진 팀원들(Who)과 함께 올바른 방법(How)을 실행하며, 오늘을 치열하게 살아가는 유기체다.

문서에 담긴 미션과 비전을 공허한 구호가 아닌, 매일의 행동으로 만들어라. 그것이 살아 숨 쉬는 조직을 만드는 유일한 방법이다.

참고할 만한 3W1H 샘플 - 인공지능으로 신소재를 혁신하는 스타트업

- 우리는 왜 존재하는가(Why: 미션 – 현재): We forge tomorrow's materials today. (우리는 내일의 소재를 오늘 주조한다.)
- 우리는 무엇을 이룰 것인가(What: 장기비전 – 미래): AI의 지혜로 자연의 비밀을 풀어, 인류의 삶을 더 나은 내일로 엮어가는 소재 혁명의 주역이 된다.
- 우리는 어떻게 일할 것인가(핵심 가치 & 실행 원칙): 비전을 달성하기 위한 구체적인 핵심 가치와 실행 원칙을 담는다. 이는 회사의 문화와 구성원들의 행동 방식을 규정하는 중요한 기준이다.

O Purpose & Decision(존재하는 이유와 결정 방식)

- Problem First(문제 우선)는 고객이 진정으로 어려움을 겪는 문제를 찾아 해결하는 것이 존재의 이유라는 것이다.
- Impact Driven(영향력 중심)은 모든 선택의 유일한 기준이 미션 달성에 가장 큰 긍정적 영향을 미치는 것이라는 점이다.
- Customer Obsession(고객 집착)은 고객의 성공이 곧 우리의 성공이라는 신념을 가지고 고객 만족을 최우선으로 한다는 것이다.

O Execution & Ownership(실행하는 방식과 책임감)

- Think Big, Start Small(크게 생각하고 작게 시작)은 거대한 꿈을

품고 목표를 높이 설정하되, 작고 실행 가능한 것부터 시작하여 빠르게 전진한다는 것이다.

- Speed is Strategy(속도가 전략)는 완벽한 계획을 추구하기보다, 신속한 실행과 그 과정에서 얻는 학습을 통해 경쟁 우위를 확보한다는 점이다.

- Own the Outcome(결과에 대한 주인의식)은 성공이든 실패든 결과에 대한 책임은 온전히 개인에게 있으며, 이를 자신의 성과로 받아들인다는 것이다.

O Learning & Innovation(학습하고 혁신하는 정신)

- Creativity Loves Constraints(제약이 창의성을 낳는다)가 주어진 제약과 한계 속에서 가장 혁신적이고 창의적인 해결책을 찾아낸다는 것이다.

- Never Stop Learning(끊임없는 학습)은 어제의 지식만으로는 내일의 문제를 해결할 수 없음을 인지하고, 항상 배우고 발전하려 노력한다는 점이다.

- Question Everything(모든 것에 의문 제기)은 당연하게 여겨지는 것들에 의문을 제기하며, 그 속에서 가장 큰 성장과 혁신의 기회를 포착한다는 것이다.

O Team & Resilience(팀워크와 회복력)

- Grow Together(함께 성장)가 서로의 성장을 돕는 동료들과 함께하며, 개인의 역량 한계를 팀의 시너지로 극복한다는 것이다.

- Pressure Makes Diamond(압력이 다이아몬드를 만든다)는 어려운 순간과 도전이 조직을 더욱 단단하고 빛나게 만든다는 점이다.

3W1H. 조직의 방향을 정의했다. 하지만 벽에 멋진 포스터를 붙였는데 왜 아무도 그대로 행동하지 않을까. 미션 선언문이 액자에만 있으면 쓰레기와 같다. 다음 장에서는 문화를 실제로 작동시키는 법을 배운다. 넷플릭스는 '뛰어나지만 거만한 사람'을 실제로 내보냈다. 선언이 아니라 행동이 문화를 만든다.

Chapter 9

문화는 선언하는 것이 아니라 행동하는 것이다

스타트업을 성공으로 이끄는 요소로 혁신적인 아이디어, 뛰어난 기술력, 끈기 있는 실행력이 꼽힌다. 하지만 이 모든 것을 지속 가능하게 만드는 보이지 않는 힘이 있다. 바로 조직문화다.

많은 창업자들이 문화를 '만들어야 하는' 의무로 여긴다. 그래서 거창한 선언을 하고, 화려한 이벤트를 기획한다. 하지만 그들이 놓치는 것이 있다. 문화는 선언하는 것이 아니라, 매일의 행동으로 형성되는 결과물이라는 사실이다.

이 장에서는 창업자들이 조직문화를 성공적으로 정착시키기 위해 알아야 할 핵심 인사이트와, 성장 단계별로 어떻게 접근해야 하는지 살펴본다.

문화에 대한 두 가지 핵심 인사이트

문화는 길을 내는 것이다

여름 캠퍼스를 떠올려 보자. 건축가가 설계한 대로라면, 학생들은 정문에서 중앙 광장을 거쳐 각 건물로 가는 포장된 길을 따라 걸어야 한다. 하지만 실제로는 잔디밭 한가운데를 가로지르는 흙길이 생긴다. 사람들이 자주 다니는 곳에 자연스럽게 길이 생긴 것이다.

문화는 인위적으로 '설계'하는 것이 아니라, 사람들이 자주 다니는 곳에 자연스레 길이 생기듯 '형성'된다. 건축가가 도면을 그려서 건물을 짓는 것과는 완전히 다른 방식이다. 문화는 하루아침에 완성되는 것이 아니라, 구성원들의 무수한 일상적 상호작용과 선택들이 축적되어 만들어지는 살아있는 유기체와 같다.

투명한 소통 문화를 원한다고 해보자. 회의실 벽에 '우리는 투명하게 소통한다'는 포스터를 붙인다고 투명한 소통이 일어나지 않는다. 대신 창업자가 매일 아침 '어제 어떤 일이 있었는지, 오늘 무엇을 할 건지' 솔직하게 공유하고, 어려운 결정을 내릴 때 '왜 이렇게 판단했는지' 이유를 설명하는 행동을 반복할 때, 비로소 투명한 소통이 조직의 기본값이 된다.

💡 진짜 문화가 결정되는 순간들

구성원들이 일상에서 마주하는 작은 순간들이 문화를 만든다. 거창한 선언이 아니라, 다음과 같은 순간들이다.

오전 10시, 회의실. 회의 시작 시간이 5분 지났다. 한 팀원이 헐레벌떡 뛰어 들어온다. "죄송합니다, 지하철이…" 창업자가 "괜찮아, 어서 앉아"라고 말하는 순간, 시간에 대한 조직의 기준이 만들어진다. 반면 "우리는 서로의 시간을 존중한다. 다음엔 미리 연락 부탁해"라며 일관된 기준을 보이면, 자연스럽게 정시 문화가 자리 잡는다.

오전 11시, 제품 기획 회의. 두 팀원의 의견이 충돌한다. A는 기능 추가를 주장하고, B는 사용성 개선을 강조한다. 분위기가 팽팽하다. "그냥 내가 정한다"고 하는 대신, "둘 다 좋은 포인트가 있네. 각각의 장단점을 더 구체적으로 들어보자"라고 반응하는 창업자가 만드는 것은 '심리적 안전감' 문화다.

오후 3시, 슬랙 메시지. "대표님, 죄송합니다. 예상보다 작업이 복잡해서 금요일 마감이 어려울 것 같습니다." "왜 미리 말하지 않았나?"라고 추궁하는 대신 "어느 시점에서 어려움을 감지했어? 다음엔 언제쯤 도움을 요청하면 좋을까?"라고 묻는 창업자의 한마디가, 조직을 책임 추궁 문화에서 문제 해결 문화로 이끈다.

오후 5시, 긴급회의. 고객으로부터 불만 전화가 왔다. 제품에 치명적인 버그가 발견된 것이다. "누가 실수했는지" 찾기보다 "어떻게 고객 문제를 해결할지"부터 논의하는 모습이, 조직의 '학습 지향성'을 결정한다. 구성원들은 본다. 위기 상황에서 리더가 무엇에 먼저 집중하는지를.

창업자는 문화를 만드는 사람이 아니다. 두 가지 핵심 역할을 동시에 수행해야 한다.

첫째, 원하는 문화가 자리 잡을 수 있도록 환경과 시스템을 조성하는 정원사다. 좋은 토양을 가꾸고, 물을 주고, 햇빛이 들어오게 한다. 하지만 씨앗이 어떻게 자랄지 일일이 통제하지 않는다.

둘째, 매일의 행동으로 조직이 나아갈 방향을 직접 보여주는 나침반이다. '이것이 우리가 가야 할 방향'임을 언행일치로 증명한다. 회의 시간을 지키는 것, 실패를 학습의 기회로 대하는 것, 어려운 결정의 이유를 투명하게 공유하는 것. 이런 일상의 작은 행동들이 모여 '우리는 이렇게 일하는 팀'이라는 문화의 기준점을 만들어 낸다.

프로세스가 문화보다 먼저다

많은 스타트업이 문화와 프로세스 중 무엇이 먼저인지 고민한다. 답은 명확하다. 초기 단계에서는 구체적이고 측정 가능한 프로세스를 먼저 확립하는 것이 실용적이다.

문화부터 시작하면 안 되는 이유가 있다. 문화를 먼저 정의하려는 시도는 종종 '이상향 만들기'가 된다. 창업자가 멋진 가치들을 선언한다. "우리는 수평적 문화다. 우리는 실패를 두려워하지 않는다. 우리는 고객 중심이다."라는 문장을 회의실 벽에 붙이고, 채용 공고에 적는다. 그런데 정작 조직 내에서는 다른 일들이 벌어진다.

수평적 문화를 선언했지만, 실제로는 CEO가 모든 결정을 내린다. 팀원들은 회의에서 의견을 내다가도 CEO의 눈치를 본다. 실패를 두려워하지 않는다고 했지만, 실수한 직원은 다음 날부터 눈치를 본다. 동료들도 안다. 실패를 두려워하지 말라는 말은 성공했을 때만 해당한다는 것을. '고객 중심'이라고 했지만, 정작 고객 불만이 오면 내부 책임 추궁부터 시작한다. "누가 잘못했지?" "왜 테스트를 제대로 안 했어?"

이런 선언과 현실의 괴리는 구성원들에게 혼란을 준다. 심지어 냉소를 불러일으킨다. "또 위에서 하는 말이구나."

반면 프로세스는 지금 당장 실행 가능한 구체적 행동이다. 그리고 이 행동들을 반복하다 보면, 자연스럽게 그 안에 담긴 가치관이 조직

에 스며들게 된다. 심리학에서 말하는 '행동이 태도를 바꾼다'는 원리
가 작동하는 것이다. 사람들은 자신이 하는 행동에 맞춰 믿음과 가치
관을 조정하는 경향이 있다.

비교해 보자. '우리는 투명하게 소통한다'라는 선언보다는 '모든 회의
는 회의록을 작성하고 전체에게 공유한다'라는 행동이 강력하다. '우리
는 배움을 중시한다'라는 이상보다는 '매주 금요일 오후에 한 시간씩
배운 것을 공유하는 시간을 갖는다'라는 실행이 효과적이다. '우리는
고객을 최우선으로 한다'는 구호보다는 '모든 고객 불만은 24시간 내
에 1차 응답한다'는 기준이 명확하다. 당연히 후자가 더 강력하다.

매일 회의록을 공유하다 보면, 정보 공유가 당연한 것이라고 생각
하게 된다. 매주 실패 사례를 공유하다 보면, 실패는 학습의 기회라고
받아들이게 된다. 고객 응답 시간을 지키다 보면, '고객 만족이 우선'
이라는 마음가짐이 생긴다.

프로세스는 현재 실제로 할 수 있는 것에서 출발한다. 거창한 이상
이 아니라 오늘부터 당장 실행할 수 있는 작은 변화이기 때문에, 선언
과 현실 사이의 괴리가 훨씬 적다. 그리고 이런 작은 프로세스들이 쌓
이고 쌓여서, 어느 순간 구성원늘이 깨닫는다. "아, 우리 회사는 정말
이런 문화이구나."

이때의 문화는 억지로 만든 것이 아니라, 자연스럽게 형성된 진짜
문화다.

┃ 스타트업 단계별 문화 경영

스타트업은 성장한다. 그리고 성장 과정에서 문화도 역동적으로 변화한다. 흥미로운 변화가 있다. 초기 단계에서는 창업자의 영향력(10/10)이 절대적이고, 작은 팀의 유연성(10/10)이 강점이 된다. 하지만 성숙 단계로 갈수록 체계적인 프로세스(9/10)와 문화 문서화(9/10)의 중요성이 증가한다. 스타트업은 성장에 따라 조직의 크기와 복잡성이 달라지므로, 문화 경영의 초점도 변화해야 한다.

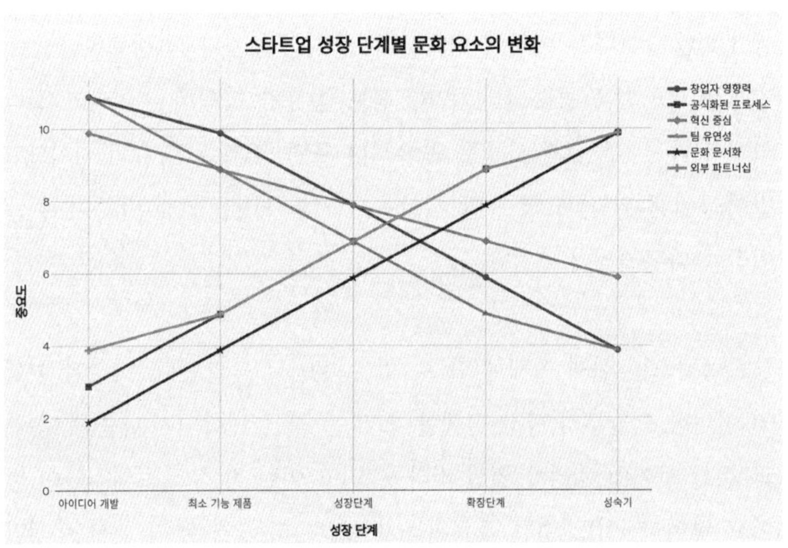

🔅 극초기(1~10명): 문화의 DNA를 심는 시기

이 단계에서는 창업자의 모든 행동이 곧 회사의 표준이 된다.

핵심 마인드는 행동으로 문화를 코딩하라는 것이다. 거창한 선언이 필요 없다. 창업자 및 초기 멤버가 직접 모범이 되어야 한다. 아침에 출근해서 동료에게 어떻게 인사하는지, 회의에서 어떻게 발언하는지, 실수했을 때 어떻게 반응하는지. 이 모든 것이 문화의 DNA가 된다.

가장 중요한 것은 소통의 투명성을 최우선으로 설정하는 것이다. 회의록을 공유하고, 재정 상황을 공개하고, 주요 의사결정 이유를 명확히 하는 것을 습관화한다. 이것이 초기 조직의 신뢰 문화를 구축한다. 그리고 '절대 타협하지 않을 것'이 무엇인지 명확히 해야 한다. 이것을 채용의 최우선 기준으로 삼는다.

첫 번째 채용 면접에서의 선택이 조직 DNA를 결정한다. 실력이 뛰어나지만, 팀워크가 부족한 사람과 실력은 평균이지만 동료를 배려하는 사람 중 누구를 선택하는가. 이 선택이 '이 회사는 무엇을 중요하게 여기는가'를 보여준다.

밤늦게 남아있는 팀원을 볼 때의 반응도 중요하다. "고생한다"며 치킨을 시켜주는 것과 "왜 이렇게 늦었지? 업무 계획에 문제가 있나?"라고 묻는 것. 전자는 열정 문화를 만들고, 후자는 효율성 문화를 만든다. 어느 쪽이 옳다는 게 아니다. 어떤 문화를 원하는지를 분명히 해야 한다는 것이다.

성장기(11~50명): 문화를 구조화하는 시기

사람이 늘어나면서 변화가 생긴다. 이제 초기 멤버들의 행동에만 의존할 수 없다.

핵심 마인드는 문화를 전파 대신 구조화하라는 것이다. '채용', '온보딩', '성과 평가' 프로세스에 원하는 문화적 가치를 명시적으로 통합해야 한다. 더 이상 우리 문화는 이런 거야라고 말로만 전달할 수 없다. 시스템으로 만들어야 한다.

새롭게 합류하는 팀 리더들의 역할이 중요해진다. 그들이 문화의 단순 전파자가 되어서는 안 된다. 대신 문화가 살아 숨 쉴 수 있는 팀 운영 프로세스를 만드는 사람이 되도록 교육하고 권한을 위임해야 한다. 그리고 정기적인 회고 및 익명 피드백 시스템을 공식화해야 한다. 문화가 흔들릴 때 감지하고 수정할 수 있는 시스템. 문화의 자가 치유 능력을 키우는 것이다.

먼저 팀 리더 승진 결정이 조직의 리더십 가치관을 보여준다. '개발 실력이 뛰어난 시니어 개발자 vs 후배를 잘 이끄는 주니어' 중 누구를 리더로 만드는가. 이 선택을 보고 나머지 구성원들은 배운다. '이 회사에서 인정받으려면 무엇이 중요한가?'

성과 평가에서 문화 항목의 비중도 중요하다. '성과 70%, 문화 적합성 30%' 같은 명시적 기준이 있는가, 아니면 성과만 보는가. 이것이 구성원들의 행동을 결정한다. 문화 적합성이 평가에 포함되면, 사람들은 문화를 진지하게 여긴다. 그렇지 않으면 결국 성과만 중요하다고 생각한다.

성숙기(50명 이상): 문화를 지속시키는 시기

조직이 더 커지면, 창업자나 소수 리더가 모든 것을 통제할 수 없다.

핵심 마인드는 시스템으로 문화를 지속하라는 것이다. 문화의 자율성과 책임감을 높여야 한다. HR 팀 리더뿐 아니라, 각 팀의 문화 옹호자(Culture Champion)를 지정하여 문화가 상향식으로도 유지되도록 한다.

회사가 성장하고 시장이 변화하면, 핵심 가치를 버전 업하고 싶은 유혹이 생긴다. 하지만 그보다 중요한 것은 새로운 상황에서 이 가치들이 어떻게 적용되어야 하는지를 전 구성원과 토론하고 합의하는 것이다.

문화의 진정성이 시험받는 순간들이 있다. 첫 번째 구조조정이 진짜 회사 가치를 보여준다. 인력 감축 시 성과 순으로 자르는가, 문화 적합성까지 종합 고려하는가. 남은 구성원들은 이것을 본다. 그리고 깨닫는다. 회사가 평소에 외치던 가치가 진짜인지, 아니면 좋을 때만 통하는 구호였는지를.

원격근무 정책 같은 큰 변화 앞에서도 마찬가지다. 코로나 같은 위기 상황에서 '성과만 나오면 된다' '소통과 협업 방식도 함께 고민하자'는 접근법의 차이가 조직문화의 진정성을 보여준다. 위기 상황에서 더 분명해진다. 진짜로 중요하게 여기는 것이 무엇인지.

매일의 선택이 내일의 문화를 만든다

궁극적으로 스타트업 문화는 '매일의 작은 선택들이 쌓인 결과'다.

창업자가 오늘 회의에 3분 늦게 들어와서 어떤 말을 했는지, 팀원이 실수를 했을 때 첫 마디가 무엇이었는지, 새로운 아이디어를 제안한 직원에게 어떤 반응을 보였는지. 이 모든 것이 내일의 문화를 결정한다.

특히 위기 상황, 갈등 상황, 의사결정 순간에서 창업자가 보이는 행동은 10배의 파급력을 가진다. 구성원들은 평소보다 훨씬 더 예민하게 관찰한다. 우리 리더는 정말로 평소에 하던 말을 지키는 사람인가?

문화를 성공의 필수 요소로 만들고 싶다면, 거창한 선언 대신 오늘부터 원하는 문화가 일어날 수밖에 없는 프로세스와 행동을 만들어가는 데 집중해야 한다.

표어만 붙이지 말고, 대신 오늘 회의 시간을 지켜라. 가치를 선언하지 말고, 대신 오늘 팀원의 실수에 어떻게 반응할지 생각해라. 문화를 디자인하지 말고, 대신 오늘 어떤 사람을 채용할지, 어떤 사람을 승진시킬지 신중하게 결정하라.

하루하루, 선택 하나하나가 쌓여서 문화는 그렇게 만들어진다.

선언이 아니라 행동. 이것이 문화의 본질이다.

하지만 미션과 실제 업무는 여전히 따로 논다. OKR도 작성하고, 스크럼도 하는데 뿔뿔이 흩어진 것 같은 느낌이 드는 이유가 있다. 다음 장에서는 미션부터 스크럼까지 유기적으로 연결하는 법을 배운다. 빈 깡통 로봇이 마을의 인기스타가 된 비밀. 그 안에 답이 있다.

Chapter 10

미션, 비전, 핵심 가치, OKR 그리고 스크럼의 유기적 관계

Chapter 8에서 3W1H 프레임워크를 통해 조직의 방향을 잡는 방법을 살펴봤다. Why(미션)로 존재 이유를 정의하고, What(비전)으로 미래의 모습을 그렸으며, Who로 함께할 사람들과 문화를 생각하고, How로 실제 실행 방법을 다뤘다.

하지만 3W1H만으로는 부족하다. 미션과 비전이 있어도 이를 구체적인 행동으로 전환하지 못하면 벽에 걸린 액자에 불과하다. 매일의 업무가 미션과 어떻게 연결되는지, 비전에 얼마나 가까워졌는지 알 수 없다면, 결국 방향을 잃고 표류하게 된다.

이 장에서는 미션과 비전을 실제 성과로 만드는 도구들과의 유기적인 관계를 살펴본다. OKR를 통해 비전을 측정 가능한 목표로 번역하고, 스크럼으로 그 목표를 실제로 달성하는 방법을 다룰 것이다. 앞 장에서 만든 3W1H가 지도라면, 이제 그 지도를 들고 실제로 걸어가는 법을 배울 시간이다.

▎모든 것은 '왜'라는 질문에서 시작된다

스타트업들에는 때때로 허탈함이 오는 순간들이 있다. 새벽 3시, 노트북 화면만 밝은 사무실에서 "대체 우리는 지금 뭘 하고 있는 걸까?"라는 질문이 불쑥 튀어나오는 순간, 팀원들의 눈빛에서 방향성에 대한 의구심이 보이는 순간, 투자자 앞에서 존재 이유를 한 문장으로 설명해야 하는 순간.

수많은 스타트업이 기술과 열정은 있지만 방향을 잃고 표류하는 것을 봤다. 그들에게 부족했던 건 능력이 아니라 명확한 좌표였다. 나침반 없이 바다에 나선 배처럼, 미션과 비전 없이 사업을 시작한 조직은 파도에 휩쓸릴 수밖에 없다.

복잡한 이론보다 단순한 사례로 시작하자. 빈 깡통에서 태어난 로봇의 이야기다. 엉뚱해 보일 수 있지만, 이 로봇을 운영하는 방식에는 스타트업 성장의 모든 원칙이 담겨 있다. 미션과 비전, 그리고 그것을 현실로 만드는 실행 도구들이 어떻게 유기적으로 연결되는지 보여주는 완벽한 사례가 될 것이다.

어느 날, 한 발명가가 빈 깡통을 주워서 로봇을 만들기로 했다. 하지만 로봇을 만들기 전에 중요한 질문들이 생겼다. "이 로봇은 왜 존재해야 할까? 무엇을 위해 만들어야 할까?" 이때부터 로봇의 인생이 체계적으로 설계되기 시작했다.

█ 미션(Mission): 로봇의 존재 이유

미션은 조직이나 개인이 왜 존재하는지에 대한 근본적인 답이며, 현재 무엇을 하는가를 명확하게 제시한다. 이는 변하지 않는 존재 이유이자 조직의 정체성을 나타낸다.

발명가는 로봇에게 이렇게 말했다. "너는 사람들이 더 행복하고 편리한 생활을 할 수 있도록 도움을 주기 위해 태어났단다."

이것이 바로 로봇의 미션이다. 미션의 특징은 영원히 변하지 않는 존재의 이유이며, '왜?'에 대한 답이고, 로봇의 DNA 같은 것이다.

다시 한번 강조하지만, 지난 장(3W1H)에서 대기업의 미션을 무작정 따라 하지 말라고 당부했다. 모든 미션이 거창할 필요는 없지만, 단 하나, 반드시 진실해야 한다. 팀원들이 힘들 때 돌아볼 수 있는 원점이어야 하고, 중요한 결정을 내릴 때 판단의 기준이 되어야 한다. "우리는 왜 이 일을 하는가?" 이 질문에 대한 답이 명확할 때, 조직은 비로소 흔들리지 않는 중심을 갖게 된다.

█ 비전(Vision): 로봇의 꿈

비전은 미션을 매일같이 수행함으로써 궁극적으로 도달하고자 하는 미래의 모습이자 최종 목표다. 기간에 따라 단기 비전과 장기 비전으로 나눌 수 있으며, 특히 장기 비전은 '북극성'처럼 최종 목적지를 명확히 가리키는 역할을 한다. 미션을 가진 로봇이 이제 꿈꾸기 시작했다.

3년 단기 비전은 이렇다. "3년 후, 우리 마을의 모든 가정에서 나를 가족처럼 여기며, 일상의 다양한 일들을 함께 해결하는 믿음직한 파트너가 되고 싶어."

10년 장기 비전(북극성)은 이렇다. "10년 후, 전 세계 사람들이 로봇과 함께 더 창의적이고 의미 있는 일에 집중할 수 있는 세상을 만들고 싶어."

비전의 특징은 미션을 매일 수행하면 도달할 수 있는 미래의 모습이며, 구체적이고 달성 가능한 목표이고, 로봇이 잠들기 전 꿈꾸는 미래다.

단기 비전과 장기 비전을 모두 가져야 하는 이유는 간단하다. 장기 비전만 있으면 너무 멀어서 실체가 느껴지지 않는다. 단기 비전만 있으면 당장 눈앞의 것만 보게 되어 큰 그림을 놓친다. 둘 다 필요하다. 지금 올라야 할 언덕과, 궁극적으로 올라야 할 산 정상이 모두 보여야 한다.

▍밸류(Value): 로봇의 행동 원칙

밸류는 미션을 수행하고 비전을 달성하는 과정에서 어떤 태도로 임해야 하는지, 어떤 원칙을 지켜야 하는지를 나타내는 핵심 가치다. 이는 의사결정과 행동의 기준이 된다.

로봇이 미션을 수행하고 비전을 달성하는 과정에서 지켜야 할 원칙들을 정했다.

- '친근함'은 항상 웃는 얼굴로 사람들을 대하자는 것이다.
- '안전 우선'은 어떤 일이 있어도 사람을 다치게 하지 말자는 것이다.

- '끊임없는 학습'은 매일 새로운 것을 배우고 더 나은 로봇이 되자는 것이다.
- '정확성'은 맡은 일은 반드시 완벽하게 해내자는 것이다.
- '배려심'은 사람들의 감정을 이해하고 공감하자는 것이다.

밸류의 특징은 미션과 비전을 향해 가는 여정의 나침반이며, 어려운 선택의 순간에 판단 기준이 되는 원칙이고, 로봇의 성격과 행동 방식을 결정하는 가치관이다.

이 밸류들은 추상적인 구호가 아니다. 로봇이 무거운 짐을 옮기다가 아이가 다가오면 즉시 멈추는 구체적인 행동으로 나타난다. 빠르게 일을 끝낼 수 있지만 안전을 위해 속도를 늦추는 결단으로 드러난다.

밸류는 쉬울 때가 아니라 어려울 때 빛난다. 자금이 떨어졌을 때, 경쟁사가 비윤리적인 방법을 쓸 때, 빠른 성장과 조직문화 중 하나를 선택해야 할 때. 바로 그 순간, 진짜로 무엇을 중요하게 여기는지가 드러난다.

OKR(Objectives & Key Results)
: 로봇의 분기별 실행 계획

OKR은 특정 기간(보통 분기) 안에 달성해야 할 도전적인 목표(Objective)와 그 목표 달성 여부를 측정할 수 있는 핵심 결과(Key Result)로 구성된 성과 관리 프레임워크다. OKR은 비전을 구체적인 행동으로 전환하는 다리 역할을 한다.

OKR은 그 자체로 단기적인 실행 계획이지만, 그 궁극적인 목적은 장단기 비전의 달성에 이바지하는 것이다.

3년 비전을 달성하기 위해 로봇은 3개월마다 구체적인 목표를 세웠다.

- Objective(목표)는 "이번 분기에는 우리 마을 사람들의 집안일 도우미로서 신뢰를 쌓자!"다.
- Key Results(핵심 결과)는 네 가지다. 첫째, 마을 스무 가정 이상에 청소 서비스 제공 완료다. 둘째, 고객 만족도 설문에서 평균 4.5점(5점 만점) 이상 달성이다. 셋째, 서비스 중 안전사고 0건 유지다. 넷째, 재이용 고객 비율 80% 이상 확보다.
- 이니셔티브(실행 행동, Initiative)는 매일 아침 배터리 충전 및 센서 점검하기, 주 2회 청소 기술 업그레이드 학습하기, 매주 고객 피드백 수집 및 분석하기, 월 1회 안전 점검 받기 등이다.

OKR의 특징은 비전을 현실로 만드는 구체적인 실행 계획이며, 측정 가능하고 도전적인 목표이고, 3개월마다 새롭게 설정하는 단기 집중 목표다.

OKR 도입 시점 및 초기 작성 방법

인원이 적은 초기 스타트업의 경우, OKR은 새로운 시도와 혁신이 중요한 부서에서 파일럿으로 시작하여 점차 확대해 나가는 것이 좋다. 초기 스타트업은 시장의 변화에 민감하고 예측 불가능한 요소가 많기 때문이다. OKR 도입은 조직의 체질을 바꾸고 목표 관리를 넘어 성과를 더 낼 수 있도록 돕는 도구로 활용될 수 있다.

OKR은 조직의 미션, 즉 조직이 존재하는 이유와 방향성에서부터 시작한다. 미션은 팀의 궁극적인 Objective가 될 수 있다.

Objective는 정성적 문장으로 작성한다. 구성원들을 동기부여하고, 왜 이 일을 하는지(Why)를 설명해 주는 영감을 주는 문장이어야 한다. 예를 들어, '매출 100억 달성'과 같은 숫자는 KR에 속하며, Objective는 '조직문화를 변화시키는 기업용 솔루션 개발'처럼 의미와 가치를 담아야 한다.

팀의 Objective를 작성할 때는 '팀이 애초에 왜 존재하는지', '지금 하는 일을 탁월하게 잘하면 누구에게 어떤 가치를 주는지' 등을 생각해 보면 도움이 된다.

상위 조직(회사, 본부, 사업부)의 Objective를 보면서, 팀이 그 상위 Objective에 어떻게 이바지할 것인지 서로 정렬될 수 있도록 작성해야 한다. OKR은 서로 연결되고 정렬되는 것이 핵심이며, 팀마다 따로 노는 OKR은 도입 취지를 절반밖에 살리지 못한다.

상위 조직의 KR(Key Result)을 하위 조직의 Objective로 두는 것은 잘못된 예시다. 이는 동기 부여가 되지 않고, OKR 도입의 이미를 퇴색시키며 기존 KPI 방식과 다를 바 없게 만든다. Objective는 영감을 주는 문장이어야 한다.

💡 KR(핵심 결과)의 도전성 조절

OKR은 도전을 유도하고 일반적으로는 달성률 70~80%를 도전적인 목표로 설정한다. 이 의미는 다음과 같다. 평소처럼 일하면 50% 달성, 최선을 다하고 새로운 시도를 하면 70~80% 달성, 모든 조건이 완벽하게 맞아떨어지면 100% 달성이다.

그러나 초기 스타트업의 경우, 환경 예측이 어렵기 때문에 오히려 OKR 도입 초창기에는 90~100% 달성할 수 있을 것 같은 열심히 하면 '쉬워 보이는' 수준의 목표를 잡는 것을 추천한다. 이유는 초기에는 목표 설정에 미숙하므로, 이렇게 해도 실제로 50%를 넘기기 어려울 수 있으며, 이는 어처구니없는 미달성 시 구성원들의 사기 저하를 막는 데 도움이 된다.

사업이 어느 정도 성장하고 팀의 실력에 대한 감이 생기면 그때부터 점차 도전적인 목표를 설정하는 것이 좋다.

○ KR(핵심 결과)의 두 가지 종류: 도전 KR과 혁신 KR

핵심 결과(KR)는 그 성격에 따라 크게 도전 KR과 혁신 KR 두 가지로 나눌 수 있다. 팀 내에서 각 KR이 어떤 의미를 가지는지 명확하게 소통하는 것이 매우 중요하다.

도전 KR은 기존 업무의 목표치를 높여 설정하는 도전적인 목표다. 100% 달성을 목표로 하지만, 일반적으로 70~80% 정도를 달성해도 성공적이라고 평가한다. 이는 어느 정도 예측 가능하며 집중하면 50% 이상 달성할 수 있다고 판단되는, 이미 안정적으로 운영 중인 사업에서 현재 역량을 최대한 늘려 도달할 수 있는 도전적 목표를 설정할 때

적합하다.

혁신 KR은 완전히 새로운 시도에 대한 목표다. 예측 자체가 어렵기 때문에 달성률이 10~20%로 낮게 나올 수도 있지만, 시도 자체에 큰 의미가 있다. 특히 하루 앞도 예측하기 어려운 불확실한 환경에 놓인 초기 스타트업에서 이러한 혁신 KR이 많을 수 있다. 설령 목표 달성에 실패하더라도 그 과정에서 얻는 학습과 경험이 중요하기 때문이다.

이처럼 KR은 유형별로 그 성격과 평가 기준이 다르므로, 팀 내에서 각 KR의 의미를 명확히 공유해야 한다.

🔅 OKR 또 하나의 구성요소, 이니셔티브

OKR은 단순히 O와 KR만 있는 것이 아니라, 이니셔티브(Initiative)라는 항목이 하나 더 있다.

Objective(O)는 도달하고자 하는 목적지로 정성적 문장이다.

Key Result(KR)는 O에 얼마나 가까워졌는지 측정하는 지표로, 측정 가능해야 하며 가급적 정량적으로, 때로는 정성적으로도 가능하다. KR은 '얻고자 하는 결과'를 의미하며, 측정할 수 없는 가계부 작성 같은 '행동'은 KR이 아니다.

Initiative(I)는 O와 KR을 달성하기 위해 실행하는 '행동'을 의미한다. 이니셔티브는 보통 동사로 끝난다.

예시를 보자. 직원 점심시간 만족도 향상이 주제라면, Objective는 "직원들의 점심시간 만족도를 높이자"다. Key Results는 카페테리아 만족도를 70점에서 90점으로 향상, 점심시간 대기시간을 15분에서 5분으로 단축, 월 카페테리아 이용률 80% 달성이다. Initiative는 메뉴 다양화 프로젝트 진행하기, 좌석 확장 공사하기, 모바일 주문 시스템 도입하기다.

OKR 작성 시 유의 사항

앞에서 OKR의 구조를 살펴봤다. Objective는 가슴 뛰는 목표, Key Result는 측정 가능한 지표, Initiative는 실제 행동. 이론상으로는 명확하다.

하지만 막상 작성하려고 하면 막힌다. 이게 O인가 KR인가? 이 정도면 측정 가능한 건가? 도대체 뭘 써야 하지? 모니터 앞에 앉아 몇 시간을 보낸 경험이 있다면, 혼자만 그런 게 아니다.

수많은 팀이 OKR을 잘못 작성하는 것을 봤다. 그리고 그 패턴은 놀랍도록 비슷했다. Objective 자리에 숫자를 쓰거나, KR 자리에 행동을 적거나, 측정 불가능한 목표를 세우는 식이다.

이제부터는 실전이다. OKR을 제대로 작성하기 위한 구체적인 원칙들을 다룰 것이다. 이 원칙들을 따르면, OKR은 벽에 걸린 액자가 아니라 실제로 작동하는 도구가 될 것이다.

O Objective 작성 원칙

1. 영감을 주는 목표로 팀원들이 가슴 뛰는 비전을 제시해야 한다.
2. 명확하고 간결하게 한 문장으로 본질적 가치를 표현해야 한다.
3. 정성적으로 수치보다는 방향성과 의미 중심이어야 한다.
4. 시간제한이 있어 분기 또는 반기 단위 달성 가능해야 한다.

1. Outcomes 중심으로 Output의 임팩트에 집중한다. KR은 Output이 만든 실제 비즈니스 임팩트, 즉 Outcome으로 나타나야 한다.

2. 많은 회사가 KR 자리에 이니셔티브를 혼동하여 작성하는 경우가 많다. 이를 명확히 분리하여 작성하면 무엇이 '성과(결과)'이고 무엇이 '행동'인지 더 명확해진다. 도전적이어야 하며 70% 확률로 달성 가능한 수준이 적당하다. 50% 이하는 목표가 너무 쉬워서 성장이 제한되고, 100%는 너무 어려워서 팀의 동기부여가 떨어지기 때문이다. 70% 수준은 적당한 스트레치와 달성 가능성의 균형점이다.

부서별 아웃풋(Output)과 아웃컴(Outcome)의 차이

Input(투입)이 Output(산출물)을 만들고, Output이 실제 비즈니스에 미친 영향이 Outcome(성과)이다.

개발팀의 경우를 보자. Output은 '새로운 기능을 5개 출시했다'이고, Outcome은 '고객 만족도가 80점으로 상승했다'다. 또 다른 예로 Output은 '버그를 100개 수정했다'이고, Outcome은 '시스템 다운타임이 50% 감소했다'다.

영업팀의 경우를 보자. Output은 '고객 미팅을 50회 진행했다'이고, Outcome은 '신규 계약을 10건 체결했다'다. 또 다른 예로 Output은 '제안서를 20개 작성했다'이고, Outcome은 '매출이 30% 증가했다'다.

마케팅팀의 경우를 보자. Output은 '광고를 30개 제작했다'이고, Outcome은 '브랜드 인지도가 40% 향상되었다'다. 또 다른 예로 Output은 '이메일을 10,000개 발송했다'이고, Outcome은 '신규 고객을

200명 확보했다'이다.

💡 측정 방법과 기준 제시

KR1) 카페테리아 만족도를 70점에서 90점으로 향상

- 측정: 월말 전 직원 대상 온라인 설문조사 (5점 척도 → 100점 환산)
- 기준: 메뉴 다양성 → 이용 편의성 → 만족도 상승 → 90점 달성

KR2) 점심시간 대기시간을 15분에서 5분으로 단축

- 측정: 주간 피크타임(12~13시) 평균 대기시간 측정
- 기준: 주문 시스템 개선 → 운영 효율화 → 대기시간 단축 → 5분 이하 달성

💡 초기 스타트업의 OKR 활용 팁

개인 OKR 도입은 신중하게 해야 한다. 초기 스타트업은 개인 OKR을 두지 않는 것을 추천한다. 그 이유는 관리해야 할 OKR의 수가 많아지고, 팀 OKR과 내용이 중복될 수 있으며, 구성원들이 OKR을 개인 자기 계발 목표로 오해하거나 평가에 반영될 것을 우려하여 거부감을 느낄 수 있기 때문이다.

팀 OKR을 만들고, 팀의 KR과 이니셔티브마다 담당자를 명시하는 것만으로도 조직의 정렬과 동기부여에 충분하다. 개인이 스스로 동기부여를 위해 개인 OKR을 만들고 싶다면, 회사 차원에서 공식적으로 관리하지 않고 개인이 사적으로 활용하는 것은 괜찮다.

분기 단위 관리의 중요성도 있다. KPI는 연간 목표만 두는 경우가 많지만, OKR은 회사 차원의 연간 OKR이 있더라도 하위 조직들은 분

기 단위의 OKR을 운영하는 경우가 많다. 이는 최근 시장 상황을 반영하여 목표를 세울 수 있도록 돕는다.

HR 부서에서 연간 목표만 관리하더라도, 팀장들은 팀 관리를 위해 자체적으로 분기 OKR을 운영해 보는 것을 추천한다. 연간 목표만으로는 주간 회의 등을 통한 지속적인 관리가 어렵기 때문이다.

점진적인 도입도 방법이다. OKR을 정식으로 도입하기 어렵다면, 기존 KPI 평가 제도하에서 목표 수립 과정에 OKR 개념을 부분적으로 적용해 볼 수도 있다. 하지만 이 경우에도 각 팀의 목표를 정렬하고, 목표를 다른 팀과 공개할 것인지, 개인 목표를 만들 것인지, 분기 단위로 관리할 것인지 등 몇 가지 핵심을 미리 고민하고 회사 내부 방침을 정해 놓는 것이 중요하다.

OKR은 단순한 업무 관리 도구가 아니라, 조직의 목적을 정렬하고 구성원들에게 동기를 부여하며 도전하게 만드는 성과 관리 도구다. 초기 스타트업이 OKR을 도입할 때는 단순히 유행을 따르기보다는, OKR을 통해 궁극적으로 무엇을 추구하고자 하는지 고민하는 것이 중요하다.

스크럼(Scrum): OKR 달성을 위한 애자일 실행 방법론

도전적인 목표(Objective)와 핵심 결과(Key Results)를 정리했다면, 이제 이를 실행에 옮길 차례다. 스타트업에서는 스크럼(Scrum)이라는 방법론을 사용하여 목표를 효과적으로 달성한다.

'스크럼'이라는 용어는 럭비 경기에서 선수들이 다 함께 팔짱을 끼고 뭉쳐서 공을 차지하는 대형에서 유래했다. 이는 팀원들이 협력하여 목표를 달성하는 모습을 상징한다.

스크럼의 핵심은 짧고 반복적인 주기인 '스프린트(Sprint)'다. 스프린트는 보통 1주에서 4주 정도의 기간 동안 진행되지만, 일반적으로는 1~2주 정도로 설정한다. 이 기간 동안 팀은 특정 목표를 정하고, 그 목표를 달성하기 위해 집중적으로 작업을 수행한다. 매일 짧게 진행되는 데일리 스크럼을 통해 진행 상황을 공유하고 문제를 빠르게 파악하며, 스프린트가 끝날 때마다 결과물을 점검하고 다음 스프린트를 위한 회고(Retrospective)를 통해 지속적으로 개선해 나간다.

이는 특히 복잡하고 예측 불가능한 환경에서 목표를 유연하게 달성하도록 돕는 애자일(Agile) 철학에 기반을 둔다. OKR이 '무엇을 할 것인가'와 '어떻게 측정할 것인가'를 정의한다면, 스크럼은 '어떻게 함께 일해서 그것을 달성할 것인가'에 집중하는 구체적인 실행 방법론이다.

로봇 혼자서는 모든 일을 할 수 없어서, 발명가와 정비사, 그리고 마케터가 함께 팀을 이뤘다. 이들은 스크럼 방식으로 협력하기로 했다.

스프린트(Sprint)는 2주 단위 집중 작업이다. 일반적으로 1~4주의 짧은 반복 주기다. 이 기간 동안 팀은 특정 목표를 달성하기 위해 협력한다. "2주 동안 집중해서 '다섯 가정 청소 서비스 완벽 제공'을 목표로 하자!"

스프린트 목표(Sprint Goal)는 각 스프린트에서 달성하고자 하는 구체적인 목표다. 이는 상위 OKR의 KR에 이바지해야 한다. "이번 스프린트에서는 '김 씨 댁부터 박 씨 댁까지 다섯 가정의 청소 서비스 완료 및 만족도 4.5점 이상 달성'을 목표로 한다."

백로그(Backlog)는 완료해야 할 모든 작업 목록(제품 백로그)과 현재 스프린트에서 수행할 작업 목록(스프린트 백로그)이다. 제품 백로그는 청소 기능 개발, 안전 시스템 구축, 고객 응대 시스템, 배터리 효율화 등 로봇이 완성되기까지 필요한 모든 작업을 포함한다. 스프린트 백로그는 이번 2주간 할 구체적인 작업으로, 다섯 가정 방문 일정 수립, 가정별 맞춤 청소 계획, 센서 점검, 고객 피드백 수집 등이 해당한다.

데일리 스크럼(Daily Scrum/Daily Stand-up)은 매일 짧게(15분 내외) 진행되는 회의다. 각 팀원은 어제 한 일, 오늘 할 일, 그리고 방해되는 요소가 무엇인지 공유한다. 로봇은 "어제는 김 씨 댁 청소를 완료했어요. 오늘은 박 씨 댁에 갈 예정이에요. 다만 계단 청소가 어려워서 도움이 필요해요"라고 말한다. 발명가는 "계단 센서 업그레이드를 해주겠네!"라고 응답한다. 정비사는 "배터리 상태는 어때?"라고 묻고, 마케터는 "고객 반응은 어땠어?"라고 물어본다.

스프린트 리뷰(Sprint Review)는 스프린트가 끝난 후, 이해관계자들에게 완료된 작업을 시연하고 피드백을 받는 시간이다. "매주 금요일 오후, 마을 이장님과 주민 대표들 앞에서 2주간의 성과를 보여드리며 피드백을 받는다. 실제로 로봇이 청소하는 모습을 시연하고, 고객 만족도 결과를 공유한다."

스프린트 회고(Sprint Retrospective)는 스프린트가 끝난 후, 팀 내부적으로 무엇이 잘 되었고, 무엇이 개선되어야 하는지 논의하여 다음 스프린트에 반영하는 시간이다. 잘된 점은 "로봇이 아이들과 잘 어울렸네!"고, 개선할 점은 "좁은 공간에서는 움직임이 어색했어"다. 다음 스프린트 개선 사항은 "소형 청소 도구 추가 장착하자!"다.

스크럼의 특징은 OKR 달성을 위한 구체적인 협업 방식이며, 짧은 주기로 빠르게 개선하는 방법이고, 팀 전체가 함께 성장하는 시스템이다.

▌유기적 관계: 모든 것이 연결되어 있다

미션(존재 이유)에서 "이것을 위해 존재한다"로 이어져 비전(3년 후 꿈)이 된다. 비전에서 "이 꿈을 이루기 위해"로 이어져 밸류(행동 원칙)가 된다. 밸류에서 "이런 자세로"로 이어져 OKR(분기별 목표)이 된다. OKR에서 "구체적으로 이것을 달성하고"로 이어져 스크럼(실행 방법)이 된다. 스크럼에서 "이런 방식으로 협력한다"로 이어진다.

6개월 후, 빈 깡통에서 태어난 로봇은 마을의 인기스타가 되었다.

성공한 이유가 있다. 명확한 미션으로 정체성을 잃지 않았고, 구체적인 비전으로 방향을 잃지 않았으며, 확고한 밸류로 원칙을 지켰고, 측정 가능한 OKR로 진척을 확인했으며, 효율적인 스크럼으로 팀과 함께 성장했기 때문이다. 이 로봇의 운영 방식이 바로 성공하는 조직의 비밀이다.

수많은 스타트업을 봤다. 멋진 아이디어와 뛰어난 팀을 가지고도 실패한 곳들도 많았다. 그들에게 부족했던 건 능력이 아니라 이 구조적 연결이었다. 미션은 있는데 측정 방법이 없거나, OKR은 세웠는데 실행 루틴이 없거나, 스크럼만 열심히 돌리는데 상위 목표와 연결이 안 되거나.

반대로 성공한 스타트업들은 이 연결고리를 명확히 이해하고 있었다. 매일 아침 데일리 스크럼에서 나누는 이야기가 분기 OKR로 연결되고, 그 OKR이 장기 비전을 향해 가며, 모든 결정이 미션과 밸류에 부합하는지 확인했다.

"모든 위대한 성취는 명확한 목적에서 시작된다."

Chapter 11

초기 스타트업 성공 운영 원칙 7가지

"누가 이걸 담당하고 있죠?" "그 회의에서 뭐가 결정됐었나요?" "이거 언제까지 해야 하는 거예요?" 스타트업에서 이런 질문이 반복된다면, 조직은 이미 성장통을 겪고 있는 것이다. 10명을 넘어서는 순간, 모호함은 더 이상 유연함이 아니다.

이 문제들의 해결책이 전혀 복잡하지 않다는 점이 역설적이다. '업무마다 담당자를 정하라', '회의를 효율적으로 하라', '정보를 투명하게 공유하라'. 누구나 고개를 끄덕이는 당연한 이야기들이다. 그런데 대부분의 스타트업이 이 당연한 것들을 실천하지 못하는 이유는 '다들 알고 있으니까', '바빠서 나중에', '작은 팀이니까 괜찮아' 같은 착각 때문이다.

초기 스타트업일수록 빠르게 움직이는 것과 명확한 원칙을 대립 개념으로 보는 경향이 있다. 하지만 실제로는 명확한 원칙이 있어야 더 빠르게 움직일 수 있다.

앞선 장들에서 조직의 방향을 잡는 법을 다루었다. 미션과 비전으로 '왜', '무엇을', '누구와' 할지 정의했고, OKR로 비전을 측정 가능한 목표로 만들었으며, 조직문화로 함께 일하는 방식을 고민했다. 하지만 아름다운 미션 선언문이 있어도, 정작 월요일 아침 회의에서는 누가 무엇을 언제까지 해야 할지 모호한 경우가 많다. 훌륭한 OKR을 세워도, 회의는 여전히 2시간씩 끌고 결론은 나지 않는다. 방향을 아는 것과 그 방향으로 실제로 움직이는 것은 완전히 다른 문제다.

좋은 소식은 이 혼돈을 극복한 조직들에는 공통점이 있다는 것이다. 그들은 복잡한 매뉴얼이나 경직된 규칙으로 문제를 해결하지 않았다. 대신 당연해 보이는 원칙들을 진짜로 실천했다. 매일, 예외 없이.

이번 장에서는 30명의 팀이 300명의 생산성을 만들어 내는 7가지 핵심 원칙을 다룬다. 책임, 인재, 학습, 소통, 문화, 효율, 위기. 각 원칙은 단순히 '무엇을 해야 하는가'가 아니라 '어떻게 실행하는가'에 초점을 맞춘다. 당연해 보이는 것들을 당연하게 실행하는 것이 혼돈 속에서 질서를 만드는 가장 확실한 방법이다.

▌ 1. 업무 실행 원칙

효율적인 의사결정 구조: RACI 프레임워크

회의실에서 문제가 발생하는 원인은 단순하다. 누가 결정권자인지, 누가 실행자인지 정하지 않았기 때문이다. 모두가 관여했지만 아무도 책임지지 않는 상태. 스타트업에서 시간을 가장 많이 잡아먹는 것이 바로 이 '애매한 책임 구조'다.

RACI는 이 문제를 해결하기 위한 도구다. 거창한 방법론이 아니라 모든 업무와 의사결정에 대해 네 가지 역할을 미리 정해두는 것이 전부다.

네 가지 역할은 다음과 같다.

R(담당자, Responsible)은 '이 일을 직접 하는 사람'이다. 실제로 손을 움직이는 사람으로, 기획서를 쓰고, 코드를 짜고, 미팅을 잡는다. 모든 업무에는 반드시 R이 있어야 한다. R이 없으면 그 일은 절대 진행되지 않는다. 다 같이 하자는 말은 아무도 안 한다는 것과 같은 뜻이다.

A(책임자, Accountable)는 '최종 결정을 내리고, 결과에 책임지는 사람'이다. 가장 중요한 역할로, 이 사람이 '하자' 또는 '하지 말자'를 결정한다. 일이 잘되면 칭찬받고, 잘못되면 책임진다. A는 반드시 한 명이어야 한다. 공동 책임이라는 건 현실에서 무책임과 같다. 둘 다 책임자면 의견이 갈릴 때 누구 말을 들어야 하는지 알 수 없고, 결국 또 회의를 하고 또 시간을 낭비하게 된다.

C(자문, Consulted)는 '결정하기 전에 의견을 물어야 하는 사람'이다. 전문 지식이 있거나, 이 결정에 영향을 받는 사람이다. 예를 들어 마케팅 예산을 정할 때 재무 담당자의 의견을 듣는 것이다. 중요한 점은 C는 의견을 주는 사람이지 결정권자가 아니라는 것이다. C의 의견을 참고하되, 최종 결정은 A가 내린다. C가 반대해도 A가 '그래도 이렇게 간다'고 하면 그렇게 가는 것이다.

I(공유 대상, Informed)는 '결정된 후에 알려주면 되는 사람'이다. 결정 과정에 참여할 필요는 없지만, 결과는 알아야 하는 사람이다. 예를 들어 신규 채용이 확정되면 팀원들에게 '다음 주부터 새 동료가 옵니다'라고 알려주는 것이다. I에게는 사전 동의를 구할 필요가 없다. 통보하면 된다.

신규 개발자를 채용하는 상황을 예로 들어보면, R(담당)은 HR 담당자로 공고를 올리고, 이력서를 검토하고, 면접 일정을 잡는다. A(책임)는 CTO로 최종적으로 '이 사람을 뽑는다/뽑지 않는다'를 결정한다. C(자문)는 CEO와 해당 팀 리더로 면접에 참여하거나 의견을 주지만, CTO가 이 사람으로 가겠다고 하면 그것이 최종이다. I(공유)는 개발팀 전원으로, 채용이 확정되면 '새 동료가 온다'고 알려준다.

이렇게 역할이 정해져 있으면 HR 담당자는 자기가 뭘 해야 하는지 알고, CTO는 최종 결정권이 자기에게 있다는 걸 알며, CEO는 의견을 줄 수 있지만 결정을 뒤집을 권한은 없다는 걸 안다. 팀원들은 결정되면 알려줄 테니 기다리면 된다는 걸 안다. 혼란이 사라진다.

🔅 명확한 책임과 일정 관리: Task 오너십

모든 핵심 업무(Task)에는 반드시 오너(Owner), 예산(Budget), 마감일(Due Date)을 명확히 설정한다. 여기서 오너는 RACI의 책임자(Accountable)를 의미한다.

오너는 해당 업무의 궁극적인 성공과 실패에 대한 책임을 지는 1명을 지정한다. 예산은 시간(예상 소요 시간) 및 비용(필요 예산)을 구체적으로 명시하여 자원의 효율적 배분을 유도한다. 마감일은 현실적이면서도 도전적인 구체적인 완료 기한을 설정하고, 진행 상황을 주 단위로 투명하게 공유한다.

회의 방식

회사에서 동료들과 함께하는 가장 많은 업무는 회의(미팅)다. 회의가 전체 일과의 70~80%를 차지할 수 있는 만큼, 회의의 효율성이 곧 회사 전체 업무 생산성으로 직결된다. 단순한 원칙 몇 가지만 지켜도 회의의 생산성을 크게 높일 수 있다.

회의 준비 단계에서는 회의의 목적을 명확하게 정의하고, 회의 자료는 미리 공유한다. 업무와 직접적인 관련이 없는 사람은 참석할 필요가 없다는 점을 명확히 하여 필요한 사람만 참석하도록 한다.

회의 운영 단계에서는 회의에 대한 가장 큰 책임이 있는 사람(RACI의 책임자)이 회의를 리드해야 하며, 회의에서 명확한 결론을 도출해야 한다.

회의 이후 처리 단계에서는 진행해야 할 액션 아이템을 설정하고, 각 액션 아이템의 RACI 역할을 누가 담당할지를 정하고 날짜까지 확정하여 최종 마무리한다.

2. 인재 관리 원칙

상호 성장을 위한 수습 및 온보딩

모든 신규 팀원은 예외 없이 3개월의 수습 기간을 가지며, 이 기간을 조직 적응과 역량 강화를 위한 적극적인 온보딩 과정으로 활용한다.

수습 기간 단계별 목표는 다음과 같다. 1개월 차에는 조직문화, 핵심 가치, 주요 업무 시스템 및 기본 역할 적응과 이해를 목표로 하며, 온보딩 체크리스트 80% 완료를 기준으로 삼는다. 2개월 차에는 실질적인 업무 기여 시작 및 팀워크 발휘 역량을 평가하고, 특정 단기 프로젝트 참여를 독려한다. 3개월 차에는 설정된 목표 달성 여부, 조직 적응도, 미래 성장 가능성을 포함한 종합 평가 및 정식 전환 여부를 결정한다.

수습 기간 중 매주 1:1 피드백 세션을 통해 신규 팀원의 성장을 지원하고, 애로사항을 조기에 파악하여 해결한다. 체계적인 온보딩 체크리스트를 마련하여 신규 팀원이 조직에 빠르게 녹아들도록 돕는다.

성과와 성장을 위한 성과 관리

명확한 목표 설정과 주기적인 피드백을 통해 개인과 조직의 동반 성장을 추구한다.

분기별 OKR(Objectives and Key Results) 설정 및 평가를 통해 회사-팀-개인 목표를 정렬하고 달성도를 측정한다. 매월 1:1 성과 리뷰 미팅을 진행하여 진행 상황 점검, 피드백 교환, 성장을 위한 코칭을 제공한다. 성과 평가 기준을 사전에 명확히 정의하고 공유하여 공정성과 투명성을 확보한다. 이는 단순히 숫자가 아닌, 기여도, 협업, 학습 태도 등을 종합적으로 포함한다.

주의할 점은 초기 10명의 창업자 마인드 인재는 다르게 접근해야 한다는 것이다. 그들은 높은 주인의식과 자율성, 회사 성공에 대한 공동 책임을 기대하며 합류한다. 지나치게 엄격한 수습 기간은 신뢰와 오너십을 저해할 수 있으므로, '상호 적응 및 성공적인 안착을 위한 집중 지원'의 프레임으로 전환해야 한다.

💡 수습 기간에 잠재한 문제점

첫째, '창업자 마인드'와의 괴리가 있다. 초기 스타트업에서 '창업자 마인드'를 가진 인재는 높은 주인의식, 자율성, 그리고 회사의 성공에 대한 공동 책임을 기대하며 합류한다. 3개월의 엄격한 수습 기간은 마치 검증의 성격이 강하게 비칠 수 있어, 이러한 인재들이 느끼는 신뢰와 오너십을 저해할 수 있다. 창업자의 관점에서 함께 회사를 만들어 갈 인재에게 수습 탈락 가능성이라는 압박감은 오히려 독이 될 수 있다.

둘째, 고용 안정성 우려가 있다. 이러한 제도는 인재들에게 불필요한 불안감을 줄 수 있다. 특히 시니어인 경우 이직을 고려하게 만들 수 있다. 초기 멤버에게는 더욱 높은 수준의 심리적 안정감과 신뢰가 필요하다.

셋째, 초기 스타트업의 특성을 고려해야 한다. 초기 10인의 합류는 단순히 인력이 충원되는 것을 넘어, 회사의 문화와 기반을 함께 다지는 과정이다. 이 시기에는 정의된 역할에 대한 평가보다는, 불확실성 속에서도 함께 문제를 해결하고 빠르게 적응하며 기여하는 협력과 성장에 더 초점을 맞춰야 한다.

개선 방안으로는 '수습' 의미 재정의 및 프레임 전환이 필요하다. 3개월의 기간을 평가의 개념보다는 상호 적응 및 성공적인 안착을 위한 집중 지원 기간 또는 상호 탐색 기간으로 프레임을 전환하는 것이 좋다. 회사의 문화와 업무 수행 방식에 빠르게 적응하도록 적극적으로 지원하고, 신규 팀원 또한 회사가 본인에게 적합한지 탐색하는 기간임을 강조한다. '수습 기간' 대신 '초기 협력 기간(Initial Collaboration Period)' 또는 '온보딩 몰입 기간' 등으로 명칭을 변경하는 것도 고려해 볼 수 있다. 매주 1:1 피드백 세션 및 체계적인 온보딩 체크리스트는 매우 긍정적이므로, 이 부분의 지원을 더 강화하고 이를 성장 지원의 관점에서 진행한다.

결론적으로, 인재 관리 원칙 중 수습 단계의 접근 방식이 초기 창업자 마인드를 가진 인재 유치에는 다소 경직될 수 있으니, 이를 상호 협력적이고 지원 중심적인 온보닝 과정으로 재정의해야 한다.

3. 학습 및 개선 원칙

지속적인 성장을 위한 체계적 회고 및 피드백

모든 중요 이벤트 및 주기적인 시점에 체계적인 회고를 실시하고, 이를 통해 얻은 학습 내용을 정리하여 조직의 자산으로 축적하고 다음 행동에 반영한다.

정기 회고는 다음과 같이 진행한다. 주간 회고는 팀별로 30분간 진행하며, 지난주 성과, 다음 주 계획, 이슈 공유를 다룬다. 월간 회고는 전체 조직이 1시간 동안 진행하며, 월간 목표 달성도, 주요 프로젝트 진행 상황, 전사적 이슈 공유 및 논의를 다룬다. 분기 회고는 2시간 동안 심층 분석 및 개선 방안을 도출하며, 분기 OKR 평가, 주요 전략 점검, 다음 분기 계획 수립을 진행한다. 연간 회고는 반나절에서 하루 동안 전략적 방향성 점검 및 비전 재정립을 위해 회사의 성장, 문화, 비전에 대한 전사적 논의를 진행한다.

이벤트 기반 회고도 중요하다. 주요 프로젝트 완료 후에는 포스트모 템(Post-mortem)을 통해 성공/실패 요인을 분석하고 학습한다. 중요한 실패나 문제 발생 시에는 즉시 회고하여 빠른 원인 분석 및 재발 방지 대책을 마련한다. 핵심 고객 피드백 수집 후에는 회고를 통해 고객의 목소리를 제품/서비스 개선에 반영한다. 회고 결과는 반드시 문서화한다.

개인이 업무를 통해 얻은 경험과 노하우는 그 사람만의 것으로 남겨두지 않고, 조직 전체가 활용할 수 있는 지식으로 전환해야 한다. 이를 위해 모든 회고 결과, 프로젝트 결과 보고서, 의사결정 기록 등은 팀 위키나 Notion 같은 공유 플랫폼에 체계적으로 축적하여 누구든 필요할 때 접근하고 활용할 수 있도록 한다.

성공 사례뿐 아니라 실패 사례도 적극적으로 공유하고 학습 자료로 활용하는데, 이는 실패를 숨기거나 비난하는 것이 아니라 실패를 통한 성장을 장려하는 문화를 만들기 위함이다. 또한 점심시간 스터디나 내부 콘퍼런스와 같은 정기적인 지식 공유 세션을 운영하여 팀원 간의 노하우와 정보 교류를 활성화한다.

4. 소통 및 투명성 원칙

완전한 정보 공유: 투명성

회사의 중요 정보와 맥락은 투명하게 공유하여 모든 팀원이 회사의 방향성을 이해하고 주인의식을 가질 수 있도록 해야 한다. 이를 위해 회사의 재정 상황, 핵심 성과 지표(KPI), 전략적 방향성을 월별 전시 공유 세션 등을 통해 정기적으로 공유한다.

또한 중요한 결정 사항이 있을 때는 무엇을 결정했는지뿐 아니라 왜 그렇게 결정했는지 그 배경까지 전체에게 명확히 설명하여 오해를 줄이고 공감을 얻는다. 나아가 개인과 팀의 성과가 조직 전체의 목표 달성에 어떻게 기여하는지를 명확히 연결하여 보여줌으로써, 각자의 일이 회사 전체에 어떤 의미를 갖는지 이해할 수 있게 한다.

💡 효과적인 소통 규칙: 존중과 명확성

명확하고 효율적인 소통 방식을 통해 시간 낭비를 줄이고 생산성을 높여야 한다. 모든 내부 커뮤니케이션은 메시지든 이메일이든 24시간 내 응답을 원칙으로 하되, 긴급한 사항은 4시간 내에 응답하도록 한다.

회의를 할 때는 명확한 아젠다와 목표를 사전에 공유하고, 꼭 필요한 인원만 참석하여 효율성을 극대화하며, 모든 회의는 30분을 기본 시간으로 설정한다. 또한 모든 중요한 논의와 의사결정은 서면으로 요약하고 공유하여 기록을 남김으로써 정보 격차를 방지한다.

💡 성과를 내는 팀의 가장 중요한 의외의 요소: 심리적 안전감

구글(Google)의 '프로젝트 아리스토텔레스(Project Aristotle)'는 고성과 팀의 핵심 요소를 찾기 위해 수년간 진행된 대규모 연구 프로젝트다. 이 연구는 팀원의 개별적인 능력, 성격, 배경 등 '누가 팀원인가'보다 '팀원들이 어떻게 상호작용을 하는가', 즉 팀의 역동성(team dynamics)이 팀 성공에 더 중요하다고 결론 내렸다.

프로젝트 아리스토텔레스의 배경을 살펴보면, 2012년 구글의 인사팀은 매년 고성과를 내는 팀이 바뀌는 것이 아니라 특정 패턴을 보인다는 것을 발견하고, 이 성공적인 팀들의 공통점을 찾기 위해 심리학자, 사회학자, 통계학자들을 포함한 연구팀을 구성하여 약 4년간 구글

내 180개 이상의 팀을 대상으로 광범위한 분석을 진행했다. 초기에는 팀원들의 성격 유형, 학력, 성별 구성 등 다양한 요소들을 분석했으나, 유의미한 패턴을 발견하지 못하였다.

연구팀은 다양한 데이터와 인터뷰를 통해 결국 고성과 팀의 공통적인 5가지 핵심 요소를 밝혀냈으며, 그중에서도 심리적 안전감(Psychological Safety)이 가장 중요한 요소임을 알아냈다.

첫째, 심리적 안전감(Psychological Safety)은 팀원들이 자신의 의견을 자유롭게 표현하고, 실수나 실패를 했을 때 비난이나 불이익에 대한 두려움 없이 학습 기회로 받아들일 수 있다는 믿음이다. 다시 말해, 팀 내에서 개인적인 위험을 감수해도 안전하다고 느끼는 공유된 믿음이다. 구글 연구에서 심리적 안전감은 팀 성과 변동의 43%를 설명할 정도로 가장 강력한 예측 변수였다. 심리적 안전감이 높은 팀들은 19% 더 높은 생산성, 31% 더 많은 혁신, 27% 낮은 이직률을 보였다. 팀원들이 솔직하게 자신의 약점이나 실수를 드러낼 수 있을 때, 팀 전체가 더 나은 해결책을 찾고 빠르게 학습할 수 있기 때문이다.

둘째, 신뢰성(Dependability)은 팀원들이 서로에게 고품질의 작업을 제때 완료할 것이라고 믿는 정도다. 즉, '팀원들은 약속을 지킨다'라는 믿음이다. 서로 신뢰하고 의지할 수 있을 때 팀의 생산성과 효율성이 높아진다. 각자가 자신의 역할을 충실히 수행할 것이라는 확신이 팀워크의 기반이 된다.

셋째, 구조와 명확성(Structure & Clarity)은 팀의 목표, 역할, 실행 계획이 명확하게 정의되어 있는 정도다. 팀원들이 자신의 업무가 팀 목표에 어떻게 기여하는지 명확히 알고 있어야 한다. 명확한 목표와 역할은 팀원들의 혼란을 줄이고, 자원을 효율적으로 배분하여 목표 달성에 집중할 수 있도록 돕는다. 이는 특히 빠르게 변화하는 스타트업 환경에서 중요하다.

넷째, 일의 의미(Meaning of Work)는 팀원들이 자신의 업무에서 개인적으로 의미나 가치를 찾는 정도다. 단순히 돈을 벌기 위한 수단이 아니라, 자신이 하는 일이 중요하고 보람 있다고 느끼는 것이다. 업무의 의미는 개인적이며 다양할 수 있다. 예를 들어 재정적 안정, 가족 부양, 팀의 성공 지원, 또는 각 개인의 자기표현 등이다. 의미 있는 일을 한다고 느낄 때 직무 만족도와 몰입도가 높아지고, 이는 결과적으로 더 높은 성과로 이어진다.

다섯째, 일의 영향력(Impact of Work)은 팀원들이 자신들의 일이 실제로 변화를 만들고 있다는 것을 체감하는 정도다. 자신의 노력이 고객이나 회사에 긍정적인 영향을 미친다는 것을 아는 것이다. 자신의 업무가 중요한 영향을 미친다고 느낄 때 팀원들은 더 큰 책임감과 동기를 부여받는다.

프로젝트 아리스토텔레스의 가장 큰 시사점은 개별 팀원의 뛰어난 능력보다 팀 내부의 상호작용과 문화가 훨씬 더 중요하다는 것이다. 특히 심리적 안전감은 팀원들이 자신의 잠재력을 최대한 발휘하고, 혁

신을 끌어내며, 실패로부터 학습하고 성장할 수 있는 근본적인 토대가
된다.

이 연구 결과는 전 세계 기업들이 팀 빌딩과 조직문화를 설계하는
방식에 큰 영향을 미쳤으며, 심리적 안전감의 중요성을 전면에 내세우
는 계기가 되었다.

▌5. 문화 및 가치 원칙

 핵심 가치: 스타트업 DNA

일하는 방식과 태도를 규정하는 핵심 가치를 내재화한다. 실험과 실
패를 장려하는 것이 첫 번째다. 실패를 통한 빠른 학습과 개선을 추구
하며, 완벽함보다 신속한 실행과 검증을 우선시한다. 두 번째는 데이
터 기반 의사결정이다. 추측보다는 명확한 데이터와 근거를 기반으로
판단하고 실행한다. 세 번째는 고객 중심 사고다. 모든 결정의 기준은
고객에게 제공할 수 있는 최고의 가치에 초점을 맞춘다. 네 번째는 주
인의식(Ownership)이다. 자신의 업무를 넘어 회사의 성공에 기여한다는
공동의 책임감과 열정을 갖게 한다.

건강한 협업 문화: 함께 성장

서로를 존중하고 배우며, 최고의 시너지를 위한 협업 환경을 조성한
다. 건설적 갈등은 환영한다. 아이디어와 의견의 충돌을 두려워하지
않고, 더 나은 결과를 위한 논의 과정으로 이해하며, 자유로운 피드
백 문화를 형성한다. 에고를 내려놓고 최선의 결과를 추구한다. 개인

의 주장보다는 팀과 회사의 목표 달성을 최우선으로 한다. 서로의 성장을 도우며 함께 발전한다. 동료의 성장을 나의 성장으로 여기고, 지식과 경험을 기꺼이 공유하며 돕는다.

6. 효율성 및 생산성 원칙

시간 관리: 집중과 절제

개인의 생산성을 극대화하고 불필요한 시간 낭비를 최소화한다. 불필요한 회의를 과감히 줄이고, 모든 회의는 30분을 기본으로 하며, 필요한 경우에만 연장한다. 집중 시간(Deep Work Time) 확보를 위해 방해 금지 시간대(예: 오전 10시~12시)를 설정하고 존중한다. 멀티태스킹보다는 한 번에 한 가지에 집중하여 업무의 완성도를 높인다.

프로세스 효율화: 스마트워크

반복 업무는 자동화하거나 표준화된 템플릿으로 만들어 시간과 노력을 절약한다. '2분 규칙'을 적용하여 2분 이내로 할 수 있는 일은 즉시 처리하여 미루지 않는다. 복잡한 업무는 작은 단위로 나누어 진행하고, 단계별로 명확한 목표를 설정하여 실행한다.

7. 위기 관리 원칙

문제 대응: 솔루션 지향

문제 발생 시 빠르게 인지하고, 투명하게 공유하며, 해결책 모색에 집중한다. 문제 발생 시 즉시 관련 팀원 및 리더에게 공유하고, 해결책을 함께 모색한다. '비난하기(Blame Game)'보다는 '해결책 찾기(Solution Finding)'에 집중하여 심리적 안전감 분위기를 조성한다. 위기 상황에서도 미리 정립된 원칙과 핵심 가치를 지켜 조직의 일관성을 유지한다.

리스크 관리: 선제적 대비

잠재적 위험을 사전에 파악하고 대비책을 마련하여 예측 불가능한 상황에 대비한다. 정기적으로 사업 및 운영상의 리스크를 점검하고, 각 리스크에 대한 대비책(Contingency Plan)을 마련한다. 특정 시스템, 인력, 고객 등에 대한 의존성이 높은 영역에 대해서는 백업 플랜을 반드시 준비한다.

원칙 실행을 위한 체크리스트

이 원칙들은 살아있는 문서로, 조직의 성장과 함께 지속적으로 발전시켜야 한다. 다음 체크리스트를 통해 원칙 준수 여부를 주기적으로 점검하고, 필요시 업데이트한다.

[주간 체크]

☐ 모든 중요 Task에 Owner, Budget, Due Date가 명확히 설정되었
   는가?
☐ 진행 중인 핵심 프로젝트들의 상태가 주간 단위로 업데이트되고
   공유되는가?
☐ 팀 회고가 정기적으로 진행되고, 액션 아이템이 도출되는가?
☐ 2분 규칙이 잘 지켜지고 있는가?

[월간 체크]

☐ 전체 조직 월간 회고가 진행되었는가?
☐ 모든 팀원의 1:1 성과 리뷰 미팅이 진행되었는가?
☐ 회사의 재정 상황 및 핵심 성과 지표(KPI)가 투명하게 공유되었는
   가?
☐ 주요 결정 사항이 문서로 만들어지고 전체 공유되었는가?

[분기 체크]

☐ OKR 설정 및 평가가 계획대로 진행되었는가?
☐ 분기 회고를 통해 심층 분석 및 개선 방안이 도출되었는가?
☐ 조직의 핵심 원칙들이 잘 준수되고 있는지 현황을 점검했는가?
☐ 필요시 원칙을 업데이트하고 팀원들에게 공유했는가?

7가지 운영 원칙으로 문화를 실행 코드로 만들었다. 그런데 문제가 있다. 10명일 때 통했던 방식이 50명이 되면 완전히 무너진다. 10명과 100명은 같은 회사가 아니다. 다음 장에서는 조직 성장 단계별 운영 가이드를 제시한다. 언제 공식 조직도가 필요한지, 언제 HR을 뽑아야 하는지, 언제 프로세스를 만들어야 하는지를 다룬다.

Chapter 12

조직 성장 단계별 운영 가이드

▌성장에는 위기가 따른다

R&D 중심의 딥테크, B2B SaaS, B2C, 바이오 등 모든 스타트업은 성장 속도가 제각기 다르고 이에 따른 운영 방식 또한 상이하다. 보편적으로 딥테크는 장기 R&D 사이클과 기술 검증이 중심이고, B2B SaaS는 고객 성공과 리텐션 관리가 핵심이며, B2C는 빠른 사용자 획득과 확장이 특징이다.

하지만 팀 규모가 커지면서 발생하는 조직의 구조적 문제들, 즉 소통 복잡도 증가, 의사결정 속도 저하, 책임 소재 불분명, 회사 문화 희석 등은 업종과 관계없이 유사한 패턴을 보인다.

각 조직의 성장 단계별로 위기가 발생하게 되는데, 이유는 과거에 유용하고 적합했던 수단과 방법이 더 이상 현재에 적합하지 않은 상태, 즉 '레거시(legacy)'가 축적되었을 때 나타나는 부작용 때문이다. 이러한 문제들이 적절한 시기에 개선되지 않고 누적되면, 조직과 구성원들이 체감하는 다양한 부작용과 함께 위기를 겪게 된다. 간단히 말해, '그때는 맞았지만, 이제는 틀린 방법'이 되는 것이다. 이는 성장하는 조직에 따라오는 필수 불가결한 '단계별 성장통'이다. 아울러 이런 성장통은 창업자로부터 시작된다.

창업자 역할 고착화의 위험

스타트업이 실패하는 가장 조용하고도 치명적인 원인은 창업자가 과거의 성공 방식에 고착되는 것이라고 라울 차우다리(Rahul Chaudhary)는 말한다.

0→1단계(창업기)에서 유용했던 '모든 일을 직접 하는' 방식이 1→10단계(확장기)에서는 성장의 병목이 된다. 리드 호프만(Reid Hoffman)이 말했듯이, 창업자는 18~24개월마다 자신을 재발명해야 한다.

제프 베조스(Jeff Bezos)가 보여준 창업자의 진화 과정을 보면, 초기에는 직접 실행하는 운영자였고, 중기에는 시스템을 구축하는 설계자로, 후기에는 장기 전략을 수립하는 비전가로 변화했다. 단계별 가이드라인과 함께 창업자 본인의 역할 진화를 동시에 관리해야 성공적인 스케일업이 가능하다.

성장에 중요한 두 가지 원칙

첫째, 단계를 건너뛰지 않아야 한다. 현재 단계에 맞지 않는 미래 프로세스를 선제적으로 도입하지 말고, 팀의 성숙도에 맞춰 점진적으로 진화시켜야 한다.

둘째, 조직 확대는 최후의 수단이다. 그 전에 현재 자원의 최적화를 충분히 시도해야 한다. 이는 비용 절약뿐 아니라, 시장 변화에 빠르고 유연하게 대응할 수 있는 조직의 민첩성을 유지하는 핵심 동력이다.

이제 조직이 현재 어느 단계에 있는지, 그리고 다음 단계로 넘어가기 위해 무엇을 준비해야 하는지 단계별로 진단해 보겠다.

▎1단계: 창업팀(2~5명, PMF 달성 이전)

"일단 살아남기" – 핵심 원칙은 빠른 실행과 직접 소통이다.

정량적 기준을 보면, 창업자가 주 40시간 중 35시간 이상을 직접 실행에 투입하고, 의사결정에 24시간 이상 걸리는 안건이 월 1건 이하이며, 팀원 간 소통이 즉석에서 해결되는 비율이 90% 이상이어야 한다.

업종별 특화 포인트는 다음과 같다. 딥테크는 기술 검증 중심의 실험 설계와 결과 공유에 집중하고, B2B SaaS는 초기 고객과의 밀착 소통 및 피드백 즉시 반영이 중요하며, B2C는 사용자 행동 데이터 수집과 빠른 A/B 테스트가 핵심이다.

창업자의 역할은 올인원 리더십으로 개발부터 영업까지 모든 영역에 직접 관여하고, 비전 전파자로서 매일매일 팀원들에게 '왜 이 일을 하는지' 설명하며, 문제 해결사로서 막힌 일이 있으면 즉시 해결하는 것을 최우선으로 삼아야 한다. 의사결정 속도 면에서는 완벽하지 않아도 빠른 결정이 좋은 결정이다.

필수 도입 사항으로는 일일 스탠드업(15분)에서 어제 한 일, 오늘 할 일, 막힌 것을 공유하고, 주간 계획 회의(30분)에서 다음 주 우선순위를 정하며, 간단한 칸반 보드(Trello/Notion)로 할 일, 진행 중, 완료를 관리하고, 핵심 지표 1~2개를 일일이 체크한다. 피해야 할 것은 복잡한 프로세스, 문서화 강박, 긴 회의다.

흔한 실수들을 살펴보면, 과도한 미팅으로 "정기 회의가 필요해"라며 대화로 충분한 사안을 회의로 만드는 함정에 빠지거나, "출시 전에 완벽하게 만들어야 해"라며 시장 피드백 없는 완벽함을 추구하거나, 역할 고정으로 "나는 개발만, 너는 영업만"이라며 초기에 모든 영역을 함께 배우는 기회를 놓치거나, 역할 고착화로 "나만 할 수 있어"라며 다음 단계 준비 없이 현재 방식만 고집하면 성장의 병목이 된다.

2단계로의 전환 신호는 창업자가 핵심 업무(제품 개발, 전략 수립)에 집중할 시간이 부족해질 때다. 구체적으로 창업자가 주 40시간 중 20시간 이상을 운영/관리 업무에 쓸 때, 고객 대응, 채용, 운영 등으로 인해 제품 개발 속도가 눈에 띄게 느려질 때, 팀원들이 작은 의사결정도 창업자를 기다리는 빈도가 주 5회 이상일 때다.

▌2단계: 초기 확장(6~12명)

"혼돈에서 질서로" - 핵심 원칙은 소통 체계화와 역할 분담이다.

정량적 기준을 보면, 창업자가 개발/제품 업무에 쓰는 시간이 주 40시간 중 25시간 이하로 떨어질 때, 고객 문의나 요청이 창업자 개인이 처리하기 어려운 수준(일 3~5건)에 도달할 때, 팀원 간 업무 조율을 위한 대화가 하루 30분 이상 필요할 때다.

업종별 특화 포인트는 다음과 같다. 딥테크는 기술 문서화 시작과 실험 결과 체계적 기록이 필요하고, B2B SaaS는 고객 성공 지표 추적과 초기 고객 세분화가 중요하며, B2C는 사용자 퍼널 분석과 그로스 해킹 실험 체계화가 핵심이다.

창업자의 역할은 팀 빌더로서 개인이 아닌 팀으로 일하는 방법을 가르치고, 프로세스 디자이너로서 반복되는 업무의 효율화를 시작하며, 문화 창조자로서 팀의 협업 방식과 기본 가치를 정립하고, 성장 코치로서 팀원들의 역량 개발과 역할 확장을 지원해야 한다.

새로 도입할 것으로는 1~2주 스프린트로 짧은 주기 목표를 설정하고, 주간 데모/쇼케이스로 진행 상황을 공유하며, 격주 회고로 잘된 것과 개선할 것을 점검하고, 기능별 팀 구성으로 개발, 마케팅, 영업 등을 구분하며, 월간 목표 설정(OKR 전 단계)을 진행한다.

도구 업그레이드는 Slack 채널 구조화(general, dev, marketing, random), 이슈 트래커 도입(Jira/Linear/Asana 같은 체계적 태스크 관리), 간단한 문서화 시작(Notion/Confluence로 기본 프로세스 기록)이다.

흔한 실수들을 살펴보면, 성급한 OKR 도입으로 '구글처럼 OKR 해보자'라며 아직 목표 설정보다 실행이 우선인 시기에 무리하게 도입하거나, 과도한 미팅 증가로 '소통을 위해 회의를 늘리자'라며 오히려 생산성을 저하시키거나, 문서화 강박으로 '모든 걸 문서로 남기자'라며 변화가 빠른 시기에 금세 구식이 될 문서를 만들거나, 완벽한 후임자 기다리기로 '나만큼 잘하는 사람이 와야 맡길 수 있어'라며 기다리는 것이 아니라 찾아야 한다.

3단계로의 전환 신호는 일일 스탠드업이 30분을 넘기 시작할 때, 창업자가 하루에 받는 질문이 15개를 넘을 때, 팀 간 소통 미스가 빈번해지고 창업자 없이는 의사결정이 어려워질 때, 창업자가 하루에 받는 '승인 요청'이 8개를 넘을 때다.

▌3단계: 중간 관리 등장(13~25명)

"스케일링 준비" – 핵심 원칙은 체계적 목표 관리와 성과 측정이다.

정량적 기준을 보면, 창업자가 직접 관리하는 사람이 7명을 넘을 때, 부서 간 협업이 필요한 프로젝트가 월 3개 이상일 때, 의사결정 대기시간이 48시간을 넘는 안건이 주 2건 이상일 때다.

업종별 특화 포인트는 다음과 같다. 딥테크는 R&D 로드맵 수립과 기술 리스크 관리 체계가 필요하고, B2B SaaS는 고객 성공팀 구성과 CS/Sales/Product 협업 프로세스가 중요하며, B2C는 데이터 팀 구성과 사용자 세그먼트별 전략 수립이 핵심이다.

창업자의 역할은 비전 번역가로서 회사 비전을 각 팀의 구체적 목표로 번역하고, 중간 관리자 육성으로 팀 리더들을 코치하고 성장시키며, 성과 관리자로서 정량적 지표와 정성적 피드백의 균형을 맞추고, 조직 설계자로서 효율적인 조직 구조와 의사결정 체계를 구축해야 한다.

창업자의 가장 어려운 전환점이 바로 이 3단계다. '모든 걸 직접 하던 실행자'에서 '팀을 통해 성과를 내는 리더'로 변화해야 하기 때문이다. 제프 베조스(Jeff Bezos)의 진화 과정을 보면, 1~2단계에서는 직접 실행하는 운영자, 3~4단계에서는 시스템을 구축하는 설계자, 5단계에서는 장기 전략을 수립하는 비전가로 변화했다. 이 전환을 거부하거나 늦추면, 창업자 개인이 회사 성장의 가장 큰 병목이 된다.

본격 도입 사항으로는 OKR 시스템으로 조직 전체의 목표를 정렬하고 몰입도를 높이며, 팀/개인 1:1 미팅으로 격주 30분간 업무보다는 성장과 피드백 중심으로 진행하고, 정기 전체 회의로 월 1회 회사 전체 방향성과 성과를 공유하며, 리드/매니저 계층 구성으로 기능별 책임자를 지정하고, 온보딩 프로세스 체계화로 첫 주 계획, 멘토 배정, 체크리스트를 마련한다.

프로세스 고도화로는 코드 리뷰 의무화로 모든 코드 변경 사항에 최소 1명 리뷰를 거치고, 기획/개발/QA 프로세스 정립으로 요구사항 → 설계 → 개발 → 테스트 흐름을 만들며, 고객 피드백 수집 체계화로 정기적 고객 인터뷰와 피드백 태깅 시스템을 구축한다.

경영 조직의 필요성이 대두되는 시기이기도 하다. CEO Staff 역할이 시작되어 전략 기획, OKR 체계 구축, 부서 간 조정을 담당하고, 비즈니스 운영(Business Operator) 필요성이 대두되어 반복되는 운영 이슈들의 체계적 해결을 담당한다. 주의 사항은 두 역할을 한 명이 겸임하지 말 것이다. 역할 혼재로 인한 비효율이 발생한다.

흔한 실수들을 살펴보면, 성급한 중간관리자 임명으로 '일 많으니까 팀장 만들자'라며 관리 역량 없는 팀원을 관리자로 만들거나(개인 기여자로 두어야 한다), OKR 점수 집착으로 '70점 맞추기 위해'라며 목표 달성이 아닌 점수 맞추기에 집중하거나, 미팅 폭증으로 '조율을 위한 회의가 필요해'라며 회의를 위한 회의를 양산한다.

B2B인 경우 세일즈의 반복성(Repeatability)에 대한 착각을 주의해야 한다. 공격적인 재무 계획을 투자자들에게 제출하거나, 스프레드시트 상의 숫자에 근거하여 반복 가능한 영업 모델을 가지고 있다고 희망하거나 확신할 때 성급한 확장(Premature Scaling)이 발생한다. 여기서 반복 가능성이란, '표준적인 투입(Standard Input)에 표준적인 프로세스(Standard Process)를 적용하여 표준적인 산출(Standard Output)을 얻는 것'이다. 예를 들면, 만일 대표가 네트워크가 좋아서 기업의 회장 또는 임원진을

통해 세일즈를 하고 클라이언트가 서비스를 지속적으로 이용한다고 하자. 이런 경우, 일반 세일즈 팀원의 표준적인 투입에 표준적인 프로세스를 적용한 것이 아니기 때문에 반복성이 없다고 판단해야 한다.

4단계로의 전환 신호는 공식적인 조직 구조 없이는 운영이 어려워질 때다. 구체적으로 중간관리자들이 서로 다른 방식으로 팀을 운영할 때, 창업자 없이는 의사결정이 24시간 이상 지연되는 안건이 주 3건 이상일 때다.

4단계: 조직화 완성(26~50명)

"체계적 운영" – 핵심 원칙은 체계적 조직 운영이다.

정량적 기준을 보면, 부서가 5개 이상 생기거나 기존 부서 내 서브팀이 2개 이상 생길 때, 의사결정 체인이 3단계 이상(CEO → 부서장 → 팀리더 → 구성원)이 되어 승인 프로세스가 복잡해질 때, 각 부서의 독립적인 예산 관리가 필요해질 때, CEO가 모든 부서의 세부 사항을 직접 관리하기 어려워질 때다.

업종별 특화 포인트는 다음과 같다. 딥테크는 특허 관리, 기술 이전 프로세스, 연구개발비 관리가 필요하고, B2B SaaS는 고객 세그먼트별 Success 전략과 확장 매트릭스 정립이 중요하며, B2C는 사용자 생애주기 관리와 개인화 알고리즘 도입이 핵심이다.

창업자의 역할은 시스템 아키텍트로서 효율적인 조직 운영 시스템을 구축하고, 성과 최적화자로서 팀과 개인의 성과를 체계적으로 관리하며, 조직문화 설계자로서 확장 가능한 문화와 프로세스를 정립하고, 전략 실행자로서 비전을 구체적인 실행 계획으로 변환해야 한다.

본격 도입 사항으로는 부서별 OKR 체계로 각 부서의 독립적 목표 설정과 관리를 진행하고, 정기 성과 리뷰로 분기별/반기별 체계적 평가 시스템을 운영하며, 리더십 개발 프로그램으로 중간 관리자 역량 강화 교육을 실시하고, 전사 커뮤니케이션으로 월간 전체 회의와 분기별 타운홀을 진행한다.

고도화 영역으로는 HRIS 시스템 도입으로 인사관리 시스템에서 성과, 휴가, 급여를 통합 관리하고, 부서별 예산 관리로 각 부서의 독립적 예산 책임과 권한을 부여하며, 크로스펑셔널 프로젝트 관리로 부서 간 협업 프로젝트를 체계화한다.

전문화된 역할 분담으로는 CEO Staff가 순수 전략 업무(보드 보고, 전사 프로젝트 등)를 담당하고, 비즈니스 운영(Business Ops)은 독립팀으로 운영하며 프로세스 최직화, 시스템 구축 등을 담당한다. 협업 원칙으로 월 1회 정기 협업 회의를 통해 전략-운영 연결점을 관리한다.

흔한 실수들을 살펴보면, 프로세스 오버 엔지니어링으로 '더 체계적으로 만들자'라며 간단한 일도 복잡한 승인 과정을 거치게 하거나, 관료주의 확산으로 '규정을 만들어야 해'라며 유연성을 죽이는 경직된 규칙들을 만들거나, 성과 관리의 형식화로 '평가를 위한 평가'라며 개발이 아닌 평가 자체가 목적이 되거나, 창업자 미시관리로 '시스템을 만들었지만, 여전히 모든 걸 직접 체크'라며 시스템에 대한 신뢰가 부족하다.

5단계로의 전환 신호는 문화적 관리 체계 없이는 조직 정체성 유지가 어려워질 때다. 구체적으로 신규 입사자가 '회사 문화가 뭔지 모르겠다'라고 말할 때, 창업자가 모든 직원의 이름과 역할을 기억하기 어려워질 때다.

▌5단계: 스케일업(50명 이상)

"지속가능한 성장" – 핵심 원칙은 조직문화와 시스템 기반 운영이다.

정량적 기준을 보면, 창업자가 모든 직원의 이름을 기억하기 어려워질 때, 회사 전체 소통에 분기별 이상의 주기가 필요할 때다.

업종별 특화 포인트는 다음과 같다. 딥테크는 글로벌 기술 파트너십과 대기업 협업 체계가 필요하고, B2B SaaS는 엔터프라이즈 세일즈 조직과 글로벌 확장 전략이 중요하며, B2C는 글로벌 마케팅, 현지화 전략, 스케일 경제 실현이 핵심이다.

창업자의 역할은 문화 수호자로서 회사의 핵심 가치와 문화를 지키고 발전시키며, 전략적 사고자로서 장기적 관점에서 조직과 사업을 바라보고, 인재 개발자로서 차세대 리더들을 발굴하고 육성하며, 시스템 최적화자로서 효율성과 유연성의 균형점을 찾아야 한다.

고도화 영역으로는 부서별 독립적 OKR 운영으로 각 부서가 자율적으로 목표를 설정하고 달성하며, 피플 매니저 전담 역할로 관리와 실무를 분리한 전문 관리자를 두고, 정기 성과 리뷰 시스템으로 360도 피드백, 승진 체계, 경력 개발 계획을 운영하며, 멘토링/교육 프로그램으로 체계적인 인재 육성 시스템을 구축한다.

비즈니스 운영팀의 Operations Excellence는 전사 운영 지표 통합 관리로 모든 부서의 핵심 지표를 통합하여 실시간 모니터링하고, 프로세스 혁신 주도로 기존 워크플로의 근본적 개선과 자동화를 추진하며, 디지털 트랜스포메이션으로 업무 프로세스의 디지털화와 데이터 기반 의사결정 체계를 구축하고, 크로스펑셔널 최적화로 부서 간 경계에서 발생하는 비효율을 제거하며, 운영 인텔리전스로 예측 분석을 통한 사전 문제 방지 및 기회 발굴을 하고, 스케일링 인프라로 조직 확장 시에도 효율성이 유지되는 운영 시스템을 설계한다.

문화 정립 구체화로는 핵심 가치 정의를 통해 채용, 평가, 의사결정의 기준이 되는 3~5개 가치를 수립하고, 문화 측정 지표로 직원 만족도, 이직률, 추천 의향도 등을 정기 측정하며, 원격 근무 문화로 비동기 소통, 결과 중심 평가, 유연한 근무 환경을 조성한다. 주의 사항은 너무 많은 프로세스로 속도가 저하되지 않도록 해야 한다.

위험한 신호들은 관료주의 확산으로 '이걸 위해서는 3단계 승인이 필요해요'라고 말하거나, 혁신 정체로 '우리 회사는 안정적이에요'(도전하지 않는다는 의미)라고 말하거나, 문화 희석으로 '옛날 회사가 더 좋았어요'(성장 과정의 문화 관리 실패를 의미)라고 말하거나, 창업자 역할 희석으로 '예전처럼 빠른 의사결정이 안 돼요'라고 말할 때다. 이때 창업자가 문화 수호 역할에 집중해야 한다.

▌프로세스에 대한 오해와 진실

많은 스타트업이 '프로세스 = 관료주의 = 창의성 저해'라고 생각하는데, 이는 프로세스의 목적을 잘못 이해한 것이다.

프로세스는 조직의 애플리케이션이다. 같은 OS(문화)라도 어떤 프로그램(프로세스)을 설치하느냐에 따라 생산성이 달라진다. 여러 단계의 승인이 필요한 무거운 프로세스는 시스템을 느리게 만들지만, 명확한 권한위임으로 빠르게 실행되는 가벼운 프로세스는 조직의 속도를 높인다.

마찬가지로 아무리 뛰어난 인재들이 모여있어도 협업과 의사결정을 위한 기본적인 프로세스가 없으면 각자 따로 놀며 시너지를 내지 못한다. '프로세스 = 관료주의'라며 아무런 체계 없이 운영하는 것은 '자유로운 혼란'일 뿐이다.

창의성을 죽이는 '나쁜 프로세스'는 승인 지옥(작은 결정도 여러 단계 승인 필요), **과도한 문서화**(아이디어보다 문서 작성에 더 많은 시간 투자), **경직된 회의**(정해진 틀에서만 논의 가능), **미시관리**(모든 업무를 세세하게 관리하고 통제)**다.**

창의성을 살리는 '좋은 프로세스'는 **빠른 실험 체계**(아이디어를 신속하게 테스트할 수 있는 시스템), **효율적 소통**(불필요한 회의를 줄이고 창의적 시간 확보), **명확한 권한 위임**(각자의 영역에서 자율적 의사결정 가능), **심리적 안전망**(실패를 자연스럽게 공유하는 문화적 프로세스)**이다.**

좋은 프로세스는 많지만, 정착은 어렵다

세상에는 검증된 좋은 프로세스가 많다. 애자일, OKR, 린 스타트업, 디자인 씽킹 등이 있다. 하지만 아는 것과 실제로 조직에 정착시키는 것은 완전히 다른 문제다.

성공적인 프로세스 정착의 핵심 요소 중 첫째는 실무자의 체감 효과가 우선이라는 것이다. 프로세스 도입 후 실제로 업무 성과가 향상되어야 한다. '이전보다 일이 수월해졌다'는 개인적 경험이 축적되어야 자발적 참여가 시작된다. 초기에는 작은 성공 사례라도 팀원들과 적극적으로 공유해야 한다.

둘째는 창업자의 인내와 솔선수범이다. 초기 불편함은 불가피하며, 새로운 습관 형성에는 시간이 필요하다. 창업자가 먼저 프로세스를 철저히 따르며 모범을 보여야 한다. 창업자의 '바쁘다' 또는 '대표니까 괜찮아'라는 이유로 프로세스를 건너뛰는 순간, 전체 시스템이 무너진다.

'프로세스를 위한 프로세스'는 독이다. 잘못된 접근은 "다른 회사가 하니까 우리도 해야지", "프로세스가 많을수록 체계적인 회사", "일단 도입하고 나중에 개선하자"다. 올바른 접근은 "이 프로세스가 우리의 어떤 문제를 해결하는가?"를 먼저 정의하고, 프로세스 도입 전후의 측정 가능한 지표를 설정하며, 정기적으로 프로세스의 실효성을 검토하고 과감히 수정하는 것이다.

프로세스 정착의 단계별 전략을 보면, 1단계 문제 인식에서는 현재 업무에서 반복되는 비효율이나 갈등 지점을 파악하고, "왜 이 프로세스가 필요한가?"에 대한 팀 차원의 공감대를 형성한다. 2단계 점진적 도입에서는 한 번에 모든 것을 바꾸려 하지 말고 한 가지씩 차근차근 진행하며, 파일럿 프로젝트나 특정 팀에서 먼저 테스트한다. 3단계 지속적 개선에서는 '우리만의 프로세스'로 커스터마이징하고, 형식보다는 본질적 목적 달성에 집중한다.

검증된 프로세스들

첫째, 애자일(Agile)은 불확실한 환경에서 빠른 학습과 적응을 위해 사용된다. 스프린트 기반 개발로 2~4주 단위로 빠른 반복과 피드백을 진행하고, 데일리 스탠드업으로 15분 내 핵심 이슈만 공유하고 즉시 해결하며, 회고(Retrospective)로 지속적인 프로세스 개선과 학습을 진행한다.

둘째, 아마존 PR/FAQ는 신규 제품/서비스의 고객 가치와 사업성을 사전 검증하기 위해 사용된다. 제품 출시를 가정한 보도자료를 미리 작성하여 고객 관점에서 가치를 검증하고, FAQ 문서화로 예상되는 모든 질문과 답변을 통해 사업의 허점과 리스크를 사전 발견하며, 워킹 백워드로 고객이 원하는 결과부터 역산하여 개발 방향을 설정하고, 6 페이지 내러티브로 PPT 대신 완전한 문장으로 된 제안서로 깊이 있는 사고를 강제한다.

셋째, 퓨처백워드(Future Backward)는 장기적 비전과 현재 행동의 일치를 위해 사용된다. 10년 후 비전부터 시작하여 "10년 후 성공했다면 어떤 모습일까?"를 그리고, 역산 계획으로 미래에서 현재로 거꾸로 계획을 세워 필수 마일스톤을 도출하며, 장기적 사고로 단기 압박에 휘둘리지 않는 전략적 의사결정을 한다.

넷째, OKR(Objectives and Key Results)은 조직 전체의 도전적인 목표 정렬과 집중을 위해 사용된다. 목표 설정의 투명성으로 모든 구성원이 회사와 개인의 목표를 명확히 인지하고, 측정 가능한 결과로 주관적 평가가 아닌 데이터 기반 성과를 측정하며, 분기별 조정으로 빠르게 변하는 환경에 맞춰 목표를 유연하게 조정한다.

다섯째, 페이스북식 Move Fast and Break Things는 빠른 실행력과 실험 문화를 위해 사용된다. 'Ship Early, Ship Often'으로 완벽하지 않아도 일단 출시하고 개선하며, A/B 테스트 우선으로 의견 대신 데이터로 의사결정하고, 10% 실험으로 전체 트래픽의 10%로 새로운 기능을 지속 테스트한다.

여섯째, 스트라이프(Stripe)의 내부 도구 우선 개발은 개발 생산성 극대화를 위해 사용된다. 개발자 경험 최우선으로 엔지니어가 편한 도구부터 만들고, 내부 API 퍼스트로 모든 기능을 API로 먼저 만들고 UI는 나중에 개발하며, 문서화 강박으로 모든 의사결정과 코드에 대한 실시간 문서화를 진행한다.

이와 같은 좋은 프로세스들은 창의성을 제한하는 것이 아니라, 창의성이 결과로 이어질 수 있는 체계적인 환경을 만들어 준다. 각 프로세스는 특정한 목적과 상황에 맞게 설계되었으며, 조직의 현재 상황과 해결하고자 하는 문제에 따라 선택적으로 도입해야 한다.

▌위험 신호 질문들

아래 질문들에 '예'라고 답한다면 즉시 채용을 중단하고 내부 최적화부터 진행해야 한다.

- 요즘 모든 문제의 해답이 사람을 더 뽑자인가?
- 신규 채용자가 3개월 내 기여하지 못하는가?
- 팀원들이 할 일이 많다고 하지만 구체적 성과는 안 보이는가?
- 채용 이유를 한 문장으로 설명하기 어려운가?

가장 위험한 신호는 '팀 생산성이 떨어졌는데, 사람을 더 뽑으면 해결될 거야'다. 이는 생산성 저하를 인력으로 덮으려는 가장 위험한 사고방식이다. 채용은 마지막 수단이어야 한다. 그 전에 현재 자원의 최적화를 충분히, 그것도 아주 충분히 시도해야 한다.

일반적으로 공식 조직도는 3~4단계에서 필요하지만, C레벨 시니어를 영입할 때는 팀 규모와 관계없이 조직도가 반드시 필요하다.

조직도가 필요한 이유는 다음과 같다. 첫째, 권한과 책임 범위의 명확화다. 10명 회사에 CTO 영입 시 '기술 전체' vs '개발팀만' 관리하는지 불분명하고, 창업자가 기술 배경일 경우 역할 중첩으로 인한 갈등 가능성이 높다. 둘째, 기존 팀과의 관계 설정이다. "갑자기 내 위에 사람이 생겼다"는 기존 팀원들의 저항을 최소화해야 하고, 조직도로 역할 변화를 사전 공유하면 충격을 완화할 수 있다. 셋째, 빠른 온보딩과 의사결정 경로다. 나쁜 예는 "일단 와서 파악하세요"로 몇 주간 헤매며 비효율이 발생하고, 좋은 예는 '이 조직도를 보시면'으로 첫날부터 명확한 실행이 가능하다.

실무 권장 사항으로는 영입 전에 예상 조직도 작성 → 기존 팀 공유 → 피드백 수렴을 진행하고, 오퍼 단계에서 조직도 포함한 역할 정의서(Job Charter)를 제시하며, 온보딩 1주 차에 조직도 기반 1:1 미팅 일정을 구성한다.

10명, 30명, 50명, 100명. 각 단계마다 필요한 시스템이 다르다. 그런데 이상한 일이 벌어진다. 착한 직원이 팀장이 되더니 갑자기 권위적으로 변했다. 사람이 바뀐 걸까, 아니다. 배우는 없다. 대본만 있을 뿐이다. 다음 장에서는 조직의 상황극 이론을 파헤친다. 역할이 사람을 만든다. 포스트모템으로 시스템을 견고하게 만드는 법을 배운다.

Chapter 13

조직의 상황극 이론

스타트업이 성장한다는 것은 무엇일까. 대부분은 매출 증가, 직원 수 확대, 사무실 평수 늘리기를 떠올린다. 창업 초기, 첫 직원을 채용하고, 첫 사무실을 얻고, 첫 1억 매출을 달성했을 때 느꼈던 성취감은 생생하다. 성장하고 있다고 믿었다. 하지만 곧 깨달았다. 이런 외형적 성장은 모래 위에 지은 누각이었다.

▎무너지기 시작한 순간들

창업자 A 대표의 회사는 그가 직접 영업해서 월 1억을 달성했다. 팀은 환호했다. 그런데 A 대표가 2주간 해외 출장을 다녀온 사이 매출이 절반으로 뚝 떨어져 있었다. 시스템이 아니라 개인의 능력에 의존했던 것이다.

또 다른 회사는 개발자를 10명에서 30명으로 늘렸다. 더 많은 기능을 더 빠르게 만들 수 있을 거라 기대했다. 하지만 코드 리뷰 프로세스가 없어 버그가 5배로 증가했다. 더 심각한 건, 핵심 개발자 한 명이 퇴사하자 전체 시스템을 아무도 이해하지 못한다는 사실이었다. 사람만 많았지, 협업 시스템은 부재했다.

강남 대형 사무실로 이전한 회사도 있었다. 겉으로는 폼이 났다. 하지만 업무 프로세스는 여전히 카톡과 구두 전달이었다. 부서 간 소통이 더욱 어려워지면서 오히려 생산성이 떨어졌다. 공간은 늘렸지만, 소통 구조는 그대로였다.

이 모든 회사가 공통으로 보여준 위험신호가 있었다. CEO가 3일만 자리를 비워도 의사결정이 멈췄다. 베테랑 개발자가 휴가를 가면 배포를 못 했다. 영업 팀장이 아프면 고객 미팅이 전부 취소됐다. 회계 담당자가 퇴사하면 세무 처리를 아무도 하지 못했다. 겉보기엔 크고 화려했지만, 핵심 인물 몇 명이 흔들리면 전체가 무너지는 구조. 이것이 바로 사상누각이다.

오렌지를 짜면 무엇이 나올까

진정한 성장은 내실을 갖춘 성장이다. 사람이 바뀌어도 조직이 돌아가는 시스템을 만드는 것. 그런데 여기서 핵심 질문이 생긴다. 어떻게 하면 조직이 올바른 시스템을 장착할 수 있을까.

몇 년 전, 웨인 다이어(Wayne Dyer)의 강연 영상에서 그는 오렌지를 들고 청중에게 물었다. "오렌지를 짜면 무엇이 나올까요?" 너무나도 뻔한 질문이었다. 답은 "오렌지 주스가 나온다"이다. 몇 번을 반복해도 사과주스는 나오지 않는다. 오렌지 안에 오렌지 주스가 들어있기 때문이다.

"당신을 짤 때 나오는 것은, 당신 안에 들어있는 것입니다."

그의 다음 말이 머릿속을 떠나지 않았다. 누군가 불쾌한 말을 하거나 원하지 않는 방식으로 행동할 때, 분노, 불안, 스트레스가 나온다면 그것은 상대방 때문이 아니라, 이미 내면에 그것들이 들어있기 때문이다.

조직도 마찬가지다. 조직을 짜면, 조직 안에 들어있는 것만 나올 뿐이다. 서로 비난하는 문화를 가진 조직은 위기 상황에서 비난만 쏟아낸다. 함께 해결책을 찾는 문화를 가진 조직은 협력이 나온다. 그 이유는 간단하다. 조직 안에 이미 그런 운영 방식과 문화가 들어있기 때문이다.

▎압박 상황이 드러내는 진실

급작스러운 위기가 발생하거나 높은 압박이 가해질 때, 조직에서 무엇이 나오는지 살펴봐야 한다. 책임 회피, 부서 간 대립, 소통 단절, 개인 공격, 임시방편적 해결 같은 반응들이 쏟아진다면, 리더들은 즉시 특정 직원이나 외부 상황을 탓한다. '김 대리가 실수해서', '시장 상황이 나빠서' 문제가 생겼다고 생각한다.

하지만 진실은 다르다. 조직에서 나오는 이러한 반응들은 바로 조직 안에 이미 존재하던 시스템과 문화다. 만약 조직에서 나오는 반응이 마음에 들지 않는다면, 외부 상황이나 특정 개인을 탓할 게 아니라 조직 내부의 시스템과 문화를 바꿔야 한다.

성장하는 스타트업에 완벽한 시스템은 없다. 하지만 문제가 발생했을 때 어떻게 대응하는지가 그 조직의 미래를 결정한다.

기존 조직의 방식은 문제 발생 → 누구 잘못인가 → 개인 비난 → 임시방편 조치 순서로 진행된다. 성장하는 조직의 방식은 문제 발생 → 무엇이 원인인가 → 시스템 개선 → 재발 방지 순서로 진행된다. 이것이 바로 포스트모템(Post Mortem) 문화다.

질문을 바꿔야 한다. "누가 이 문제를 일으켰는가?"가 아니라, "조직 안에는 무엇이 들어있는가?"를 물어야 한다. 위기는 조직의 본질을 드러내는 기회를 제공한다.

사람이 아니라 상황을 바꾸는 사고

조직에서 발생하는 모든 이벤트는 '사람 + 상황'이라는 두 개 변수의 조합이다. 문제를 개선하려면 사람 또는 상황을 바꿔야 한다. 그런데 지금까지 상황은 운명으로 받아들이고, 사람을 원인과 해결책의 전부로 손쉽게 처리해 왔다.

일반적 접근은 문제 발생 시 사람을 바꾸자고 한다. 개인 교제, 교육, 처벌이 해결책이다. 포스트모템(Post Mortem) 접근은 다르다. 문제 발생 시 상황을 바꾸자고 한다. 시스템과 프로세스 개선이 해결책이다.

이것을 '조직의 상황극'이라고 부르기로 하자. 핵심 철학은 명확하다. 배우는 애초에 존재하지 않는다. 상황극에서는 대본과 연출만이 존재

한다. 개인이 아닌 역할과 프로세스만 분석 대상이다.

역할 중심으로 분석하면 "김 대리가 실수했다"가 아니라 "검수 역할에서 누락이 발생했다"고 본다. 프로세스 중심으로 해결하면 "더 주의 깊게 하자"가 아니라 "3단계 자동 검증 시스템을 구축한다"로 접근한다. 시스템 중심으로 설계하면 "역량 있는 사람을 배치하자"가 아니라 "누가 와도 실수할 수 없는 구조"를 만든다. 완전한 익명성을 유지하여 개인감정이나 관계가 전혀 개입되지 않는 순수 시스템 분석을 한다.

기존 방식은 '김 대리가 실수했으니 김 대리를 교육하자'였다. 결과는 김 대리만 개선되고, 박 대리가 와도 같은 실수가 가능하다. 상황극 방식은 "이런 실수가 나올 수 있는 상황을 어떻게 바꿀까?"를 묻는다. 결과는 시스템이 개선되어 누가 와도 실수하기 어려운 구조가 만들어진다.

이것이 바로 '비난없음 문화(Blameless Culture)'의 배경이다. 개인을 비난하지 않는 것이 목적이 아니다. 사람에게 의존하지 않는 시스템을 만드는 것이 목적이다.

회의 지각 문제로 보는 세 가지 접근

간단한 예시를 보자. 어느 팀에서나 마주하는 회의 지각 문제다.

첫 번째 접근은 개인 책임 전가다. 중요한 회의에 팀원이 10분 늦었다. 일반적 대응은 "왜 늦었어? 시간관념이 없네. 다음엔 미리 와. 알람을 더 일찍 맞춰."라고 말하는 것이다. 결과는 다음에도 또 누군가 늦고, 또 개인을 탓한다.

두 번째 접근은 깜찍한 해결책이다. 시스템 문제라기보다는 사람에 대한 페널티로 해결하는 방법이다. 팀원들의 합의로 벌금제를 도입한다. 지각 1분당 3천 원. 10분 지각하면 3만 원. 모인 벌금은 팀 워크숍이나 회식 비용으로 쓴다. 이유는 명확하다. 최근 지각으로 회의 시작이 평균 5~10분씩 지연됐고, 전체 업무 흐름과 집중도가 하락했으며, 팀원들의 개선 요청이 꾸준히 있었다. '시간도 팀의 자원'이라는 공감대가 필요했다. 예외 규정도 만들었다. 앞선 회의가 길어져 바로 이동 불가한 경우, 긴급 장애 대응 중인 경우, 사전 노티와 함께 합리적 이유를 밝힌 경우, 급한 화장실 같은 돌발 상황은 벌금을 면제했다.

세 번째 접근은 근본적 시스템 개선이다. 같은 상황에서 질문을 바꾼다. 회의 시작 10분 전에 리마인더가 갔나, 회의실 위치가 명확했나, 필수 참석자와 선택 참석자 구분이 되어 있었나, 교통상황이나 이전 회의 시간은 고려되었나를 묻는다. 시스템 개선 액션을 취한다. 회의 15분 전 자동 알림 시스템을 도입하고, 회의실 위치와 접속 정보를 초대장에 명시하며, 필수 참석자에게는 별도 확인 프로세스를 두고, 연속 회의 시 10분 버퍼 타임을 의무화한다. 결과는 담당자가 누구든 관계없이 회의를 정시에 시작한다.

이것이 포스트모템의 핵심이다. 누구 잘못인가를 묻지 않는다. 어떤 시스템을 만들면 이런 문제가 반복되지 않을까를 묻는다. 개인의 실수를 조직의 성장 기회로 바꾸는 것. 일회성 해결책이 아닌 영구적 개선책을 만드는 것. 사람에게 의존하는 조직에서 시스템으로 돌아가는 조직으로 진화하는 것이다.

이제부터 실제 사례를 보자. 이름은 바꿨지만 실제로 일어난 일을 각색한 것이다.

서로 다른 두 세계가 있다. 김테크 CTO와 박운영 운영팀장. 두 사람은 같은 회사에서 일하지만, 전혀 다른 세계에 살고 있다.

김테크는 전형적인 개발 덕후다. 35세. 코드로 말하고, 데이터가 진실이라고 믿으며, 감정보다 논리를 신뢰한다. 그의 말버릇은 "일단 로그부터 보자", "재현이 안 되면 버그가 아니야", "스펙이 명확해야 개발이 가능해"였다. 복잡한 시스템을 단숨에 파악하는 천재적 능력을 갖췄고, 새로운 기술 도입에 적극적이다. 하지만 약점도 명확하다. 커뮤니케이션에서 개발 용어를 남발하고, 비개발진과 온도차가 크다. 마음속으로 늘 궁금했다. "왜 이해 못 하지?"

박운영은 전형적인 현실주의자다. 32세. 고객이 우선이고, 일단 돌아가게 해야 하며, 완벽함보다 신속함이 중요하다고 믿는다. 그의 말버릇은 "고객이 뭐라고 하겠어요?", "비즈니스 임팩트가 얼마나 될까요?", "일단 빨리 해결부터"이다. 비즈니스 임팩트를 정확히 파악하고, 고객 관점에서 우선순위를 판단하는 탁월한 능력이 있었다. 하지만 약점도 있다. 개발의 복잡성에 대한 이해가 부족했고, 성급한 해결책을 요구했다. 마음속으로 늘 궁금했다. "왜 이렇게 오래 걸려?"

두 사람은 회사의 성장을 위해 최선을 다하고 있었다. 하지만 곧 충돌하게 될 운명이었다.

일요일 오후 2시. 김테크는 혼자 중얼거린다. "이번 LLM 모델 전환, 생각보다 Throughput이 떨어지네… 일단 핫픽스 하나 올려야겠다. 주말이니까 조용히 하자."

개발팀은 속으로 생각한다. "또 CTO님이 혼자 결정하신다… 뭐 큰 문제는 없겠지만, 운영팀한테 말은 해야 하는 거 아닌가?"

김테크는 결론을 내렸다. "별거 아닌 성능 개선이니까 굳이 소란 피울 필요 없어. 월요일에 보고하면 되지."

첫 번째 실수였다. 사전 공지 없는 프로덕션 핫픽스. 개발자의 오만함이 시작되고 있었다.

일요일 오후 7시 30분. 박운영은 모니터링 대시보드를 보다가 눈을 의심했다. "어? 민감 비율이 갑자기 튀었네? 이게 뭐지? 17%가 넘어간다고?"

그는 즉시 슬랙에 DM을 보냈다. "안녕하세요. 혹시 오늘 뭔가 배포하신 게 있나요? 민감 비율이 평소보다 3배 정도 높게 나오고 있어요. 확인 부탁드립니다."

두 번째 실수가 시작됐다. 개발팀의 늦장 대응. 개발자의 방어막이 올라가고 있었다.

일요일 오후 8시 15분. 개발팀 A가 슬랙에 답했다. "아 그거요? CTO님이 성능 개선 핫픽스 하나 올리셨는데, 별거 아닐 것 같은데요. 내일 아침에 자세히 보겠습니다."

박운영은 속으로 생각했다. '별거 아니라고? 지금 민감 콘텐츠가 3배나 늘어나고 있는데? 광고주가 보면 어떻게 생각할까? 브랜드 세이프티가 무너지면 매출이 얼마나 타격받는지 알기나 하나?'

하지만 슬랙에는 조심스럽게 썼다. "혹시 구체적으로 언제쯤 확인 가능하실까요? 이 수치가 계속 유지되면 비즈니스 임팩트가 클 것 같아서요."

개발팀 A의 답변. "음… 일단 월요일 오전에 CTO님 출근하시면 확인해 보겠습니다."

세 번째 실수였다. 서로 다른 우선순위 인식. 개발팀의 무관심 대 운영팀의 조급함.

🔦 불안감의 폭발

일요일 밤 10시. 박운영은 혼자 중얼거렸다. "이거 완전 큰일 날 판인데… 내일까지 이 상태로 두면 안 되는 거 아닌가? 고객사에서 컴플레인 들어오면 누가 책임질 건데?"

그는 김테크 CTO에게 카톡을 보냈다. "CTO님, 죄송합니다. 지금 시스템 이슈가 있는 것 같은데, 확인할 수 있을까요? 민감 비율이 평소의 3배가 넘어가고 있어서 정말 걱정됩니다."

네 번째 실수가 이어졌다. 김 테크 CTO의 개발자다운 대응. "네, 내일 아침에 보겠습니다. 로그 확인해 봐야 정확한 원인을 알 수 있어서요."

박운영은 속으로 외쳤다. '내일 아침까지 기다리라고? 지금 이 순간에도 문제가 계속 발생하고 있는데? 고객 입장은 생각 안 해?'

월요일 오전 8시. 박운영은 CEO에게 슬랙을 보냈다. "CEO님, 급하게 말씀드립니다. 어제부터 시스템 이슈가 발생했는데 개발팀에서 대응이 늦어져서 에스컬레이션 드립니다. 민감 콘텐츠 비율이 17%까지 올라가 있어서 브랜드 세이프티에 심각한 문제가 될 수 있습니다."

CEO의 답변은 짧았다. "뭐라고? 즉시 회의실로."

충돌의 순간

월요일 오전 9시 30분. 긴급회의가 시작됐다. CEO, 김테크 CTO, 박운영 운영팀장, 개발팀 리드가 참석했다.

CEO가 물었다. "도대체 무슨 일인가요? 처음부터 설명해 봐요."

김테크가 방어적으로 말했다. "CEO님, 단순 성능 개선 패치였는데 예상치 못한 사이드 이펙트가 발생했습니다. 개발적으로는…"

박운영이 끼어들었다. "개발적인 설명은 나중에 하고, 지금 당장 17%나 올라간 민감 비율을 어떻게 해결할 건지가 중요한 거 아닌가요?"

김테크가 짜증스럽게 반응했다. "그러니까 원인 분석을 먼저 해야 한다고요. 근본 원인을 모르고 어떻게 해결합니까?"

박운영의 목소리가 높아졌다. "원인 분석은 중요하지만, 일단 고객에게 영향 가는 걸 멈춰야 하는 거 아닌가요? 어제부터 계속 이 상황인데."

김테크가 차갑게 말했다. "어제 연락받았을 때 '확인해 보겠다'라고 했잖아요. 로그 분석 없이는 섣불리 롤백할 수도 없고…"

박운영이 폭발했다. "확인해 보겠다고요? 12시간 넘게 확인만 하고 계신 거예요? 그 사이에 얼마나 많은 고객이 영향받았는지 아세요?"

김테크가 차가운 목소리로 말했다. "감정적으로 접근하시지 마세요.

개발적 문제는 개발적으로 해결해야 합니다."

박운영이 반문했다. "감정적이라고요? 지금 비즈니스가 타격받고 있는데 감정적이면 안 되나요?"

최악의 순간이었다. 서로를 이해하지 못하는 두 전문가의 충돌. 그 방에 있던 모든 사람이 불편함을 느꼈다.

⚙️ 전환점

CEO가 손을 들며 말했다. "잠깐, 둘 다 멈추세요. 지금 서로 싸우는 게 해결책이 아닙니다. 일단 김테크님, 당장 시스템부터 정상화해요. 박운영 님, 비즈니스 임팩트 정확히 측정해 봐요."

김 테크가 고개를 끄덕였다. "네, 알겠습니다. 일단 기존 모델로 롤백하겠습니다."

CEO가 이어서 말했다. "그리고 이 문제가 해결되면, 포스트모템 프로세스를 제대로 도입해 보자고요. 이런 식으로 싸우는 건 너무 비생산적입니다."

박운영이 물었다. "포스트모템이 뭔가요?"

CEO가 설명했다. "서로를 비난하지 않고, 문제의 진짜 원인을 찾아서 재발하지 않도록 시스템을 개선하는 프로세스입니다. 구글, 넷플릭스 같은 회사들이 쓰는 방법이죠."

포스트모템(Post Mortem): 적에서 동료로

3일 후, 첫 번째 포스트모템 미팅이 열렸다. 진행자는 내부에서 초빙한 중립적인 엔지니어링 책임자였다. 참여자는 CEO, 김 테크, 박운영, 개발팀 리드, 제품팀 매니저였다.

안전한 공간 만들기

진행자가 시작했다. "오늘 목표는 '누구의 잘못인가'를 찾는 게 아닙니다. '무엇이 잘못되었고, 어떻게 개선할 수 있는가'를 찾는 겁니다. 구글에서는 이걸 '비난 없는 포스트모템(Blameless Post Mortem)'이라고 부릅니다."

박운영이 물었다. "그럼 김테크 님이 사전 공지 안 한 것도 비난 안 하나요?"

김테크가 움찔했다.

진행자가 설명했다. "박운영 님, 바로 그겁니다. '김테크 님이 공지 안 했다'가 아니라 '공지 프로세스가 없었다' 또는 '긴급 상황 커뮤니케이션 체계가 부족했다'고 접근해야 합니다."

김테크가 놀란 표정으로 말했다. "아… 그런 관점이 있군요."

타임라인 재구성

진행자가 계속했다. "각자 기억하는 상황을 시간 순서대로 정리해 보겠습니다. 이때 감정이나 판단은 빼고, 오직 '무슨 일이 일어났는가'만 말씀해 주세요."

김테크가 시작했다. "일요일 오후 2시, LLM 모델 전환 후 Throughput 저하를 발견했습니다. 핫픽스가 필요하다고 판단했습니다."

진행자가 물었다. "그 판단의 근거는 무엇이었나요?"

김테크가 답했다. "기존 경험상 성능 개선은 사이드 이펙트가 적을 거라고… 음… 지금 생각해 보니 근거가 부족했네요."

박운영이 이어갔다. "일요일 오후 7시 30분, 모니터링 대시보드에서 민감 비율 급증을 발견했습니다. 평소 5% 수준에서 17%로 상승했습니다."

진행자가 물었다. "그때 가장 우려했던 점은 무엇이었나요?"

박운영이 답했다. "브랜드 세이프티 이슈로 인한 광고주 이탈… 그리고 월요일까지 방치하면 더 큰 문제가 될 것 같았습니다."

김테크가 말했다. "아, 그런 비즈니스 임팩트를 생각하셨군요. 저는 그때 단순히 '개발적 문제'로만 봤거든요."

근본 원인 찾기

진행자가 '5 Whys' 방법을 설명했다. "이제 근본 원인을 찾아보겠습니다. '왜'를 계속 물으면서 표면적 문제가 아닌 시스템적 문제를 발견하는 겁니다."

문제는 명확했다. 민감 비율 급증으로 인한 비즈니스 리스크 발생.

첫 번째 Why, 왜 민감 비율이 급증했나? LLM 전환 과정에서 인터페이스 변화와 파싱 로직 오류가 발생했다. 두 번째 Why, 왜 파싱 로직 오류가 발생했나? 새로운 인터페이스에 대한 검증이 부족했다. 세 번째 Why, 왜 검증이 부족했나? E2E 테스트가 없었고, 컴포넌트별 테스트만 존재했다. 네 번째 Why, 왜 E2E 테스트가 없었나? 테스트 전략과 책임 범위가 명확하지 않았다. 다섯 번째 Why, 왜 테스트 전략이 명확하지 않았나? 급속한 성장 과정에서 프로세스보다 기능 개발을 우선시했다.

김테크가 놀라며 말했다. "와… 이렇게 보니까 제가 혼자 결정한 게 문제가 아니라 시스템 자체에 여러 허점이 있었네요."

박운영도 고개를 끄덕였다. "맞아요. 그리고 제가 개발적 복잡성을 이해 못 한 것도 커뮤니케이션을 어렵게 만들었던 것 같아요."

개선책 만들기

치열한 토론 끝에 구체적인 개선 방안이 나왔다.

개발적 개선은 김테크가 주도했다. E2E 테스트 파이프라인을 4주 내 구축하고, 인터페이스 버전 관리 시스템을 6주 내 도입하며, 배포 프로세스를 8주 내 표준화한다.

프로세스 개선은 박운영이 주도했다. 전략적 릴리즈 타이밍 가이드라인을 2주 내 수립한다. 주말과 공휴일 배포는 원칙적으로 금지하고, 화요일부터 목요일을 'Safe Zone' 배포 기간으로 설정한다. 금요일 오후 배포는 절대 금지한다. 긴급 상황 커뮤니케이션 가이드라인을 2주 내 수립하고, 비즈니스 임팩트 측정 대시보드를 4주 내 구축하며, 부서 간 월례 공유 세션을 즉시 시작한다.

문화적 개선은 CEO가 주도했다. 정기 포스트모템 프로세스를 즉시 시작하고, 크로스 기능 위주 교육 프로그램을 3개월 내 실시하며, 실패 공유 문화를 지속적으로 구축한다.

김테크가 말했다. "이렇게 체계적으로 접근하니까 훨씬 건설적이네요. 박운영 님 관점도 이해가 됩니다."

박운영도 웃으며 답했다. "저도요. 개발적 제약이 있다는 걸 이해 못 했어요. 앞으로는 서로 배경을 더 공유했으면 좋겠습니다."

예방책 만들기

마지막으로 재발 방지 장치를 논의했다.

김테크가 제안했다. "프로덕션 변경 시 반드시 운영팀에 사전 공지하는 체크리스트를 만들겠습니다."

박운영이 답했다. "저는 개발팀과의 정기 소통 채널을 만들어서 서로의 우선순위를 공유하겠습니다."

CEO가 마무리했다. "그리고 분기별로 이런 포스트모템을 정기적으로 합시다. 큰 문제가 없어도 작은 이슈들을 미리 점검하는 겁니다."

진행자가 웃으며 말했다. "훌륭합니다. 이제 한 명의 영웅에 의존하던 문화(Hero Culture)에서 함께 움직이는 시스템 중심의 문화(System Culture)로 진화하고 있네요."

6개월 후: 기적 같은 변화

3개월이 지났다. 박운영이 슬랙에 메시지를 남겼다. "오늘 김테크 님이 새로운 기능 배포 전에 미리 브리핑해 주셔서 미리 모니터링 준비할 수 있었습니다. 이제 정말 팀워크가 느껴지네요."

김테크가 답글을 달았다. "박운영 님 덕분에 비즈니스 임팩트를 미리 고려할 수 있어서 더 안전한 배포가 가능했습니다. 감사합니다."

CEO가 박수 이모지를 보냈다. "이런 게 진짜 조직의 성장이지. 포스트모템 문화 도입 정말 잘한 것 같아."

6개월 후, 정량적 성과가 나왔다. 장애 재발률이 85% 감소했다. 평균 장애 복구 시간이 70% 단축됐다. 부서 간 협업 만족도가 300% 증가했다. 직원 이직률이 40% 감소했다. 가장 놀라운 건, 주말과 공휴일 긴급 배포가 95% 감소했다는 것이다.

정성적 변화는 더 컸다. "누구 잘못이야?"가 "무엇을 개선하지?"로 바뀌었다. "내 탓, 네 탓"이 "우리가 함께 해결하자"가 되었다. 완벽한 개인을 찾던 조직이 완벽한 시스템을 만드는 조직으로 진화했다. '언제든 배포'하던 문화가 '전략적 배포 타이밍'을 고려하는 문화로 성숙했다.

세 사람의 깨달음

김테크가 말했다. "조그마한 개발적 오류가 비즈니스에 얼마나 큰 영향을 미치는지, 그리고 운영 담당자가 그걸로 얼마나 속앓이를 하는지를 처음으로 깨달았습니다. 내가 '별거 아닌' 코드 한 줄이 고객사 이탈과 매출 손실로 이어질 수 있다는 것, 그리고 그 무게를 혼자 짊어지고 있던 운영팀의 마음을 이제야 이해하게 됐어요. 이제 저는 '화-목 Safe Zone' 원칙을 종교처럼 지킵니다. 금요일 오후 배포 요청이 오면 '주말에 문제 터지면 누가 책임져요?'라고 물어봅니다. 개발적 완벽함도 중요하지만, 타이밍의 지혜가 더 큰 가치를 만들어 내더군요."

박운영이 고백했다. "너무 급한 나머지 개발팀에게 시스템을 롤백하라고 직접 요구했던 것을 후회합니다. 그건 명백히 나의 역할 범위를 벗어나는 일이었어요. 비즈니스 임팩트에 대한 우려를 전달하는 것까지가 제 역할이었는데, 해결 방법까지 지시하려 했던 것은 월권이었습니다. 이제는 '무엇이 문제인지'는 명확히 전달하되, '어떻게 해결할지'는 각 팀의 전문성을 신뢰하고 맡기는 방식으로 소통하고 있어요."

CEO는 확신을 얻었다. "직원들이 서로 싸우는 모습을 보면서 '조직

문화에 문제가 있구나'를 절실히 느꼈습니다. 개발팀은 개발팀대로, 운영팀은 운영팀대로 각자의 영역에서 최선을 다하고 있었는데 시스템이 그들을 적으로 만들고 있었어요. 포스트모템을 통해 '사람을 바꾸려하지 말고 시스템을 바꿔라'라는 경영의 핵심을 배웠습니다."

▍당신의 조직에 적용하기

포스트모템 리포트를 작성할 때는 몇 가지 핵심 원칙을 기억해야 한다.

첫째, 사건 기본 정보를 명확히 한다. 사건명, 발생일시, 심각도, 영향범위, 작성자, 검토자, 작성일을 기록한다.

둘째, 경영진용 요약을 3줄 이내로 작성한다. 문제가 무엇이었고, 비즈니스에 어떤 영향을 주었으며, 어떻게 해결했는지 명확하게.

셋째, 비즈니스 임팩트를 정량적으로 측정한다. 영향받은 사용자 수, 매출 손실, 서비스 다운타임, 추가 비용. 정성적 영향도 평가한다. 고객 만족도, 브랜드 신뢰도, 팀 사기에 미친 영향.

넷째, 타임라인을 객관적 사실만으로 재구성한다. 감정이나 판단은 배제하고 시간 순서대로 무슨 일이 일어났는지만 기록한다.

다섯째, 5 Whys 방법으로 근본 원인을 찾는다. "누가 잘못했나?"가 아니라 "어떤 상황이 이런 결과를 만들었나?"를 묻는다. 근본적 시스템 이슈에 도달할 때까지 꼬리에 꼬리를 무는 Why를 질문한다.

여섯째, 개선 액션 플랜을 구체적으로 만든다. 개발적 개선, 프로세스 개선, 문화적 개선을 나눠서 담당자와 완료 예정일, 중요도를 명시한다.

일곱째, 교훈과 인사이트를 정리한다. 잘했던 점, 개선할 점, 시도해 볼 점을 구분해서 기록한다.

마지막으로, 후속 조치 일정을 정한다. 1주 후, 1개월 후, 3개월 후 점검 일정과 담당자를 정한다.

포스트모템 진행 시 주의 사항

절대 하지 말아야 할 것들이 있다. "왜 확인 안 했어?" (개인 공격), "이런 실수는 있을 수 없다" (비난), "다음부터 조심해" (구체성 없는 당부), "시간이 없어서 어쩔 수 없었다" (변명) 같은 표현이다.

반드시 해야 할 것들이 있다. "어떤 프로세스가 이걸 방지할 수 있을까?" (건설적 접근), "비슷한 상황에서 어떻게 할까?" (예방 중심), "구체적으로 누가 언제까지 할까?" (실행 가능한 계획), "이번 실패에서 배운 점은 뭘까?" (학습 중심) 같은 접근이다.

마지막 메시지

조직에서 발생하는 모든 문제는 사람과 상황의 조합이다. 대부분의 조직은 사람을 바꾸려고 한다. 포스트모템은 상황극 사고로, 상황을 바꾸는 데 집중한다.

배우(사람)가 바뀌어도 대본(시스템)이 좋으면 좋은 연극(결과)이 나온다. 개인의 역량에 의존하던 것에서 시스템의 견고함으로 품질을 보장하게 된다. 일회성 해결책에서 영구적 개선책으로 진화한다.

포스트모템으로 사상누각이 아니라 견고한 시스템을 만들었다. 하지만 아무리 좋은 시스템이라도 조직 자체가 건강하지 않으면 소용없다. 직원 이탈률 20%, 부서 간 갈등, 비효율… 이런 성장통은 필연적으로 발생한다. 다음 장에서는 90%가 놓치는 조직 문제의 신호들을 조기에 진단하는 법을 배운다.

Chapter 14

스타트업 성장통,
조기 진단이 생존을 결정한다

스타트업의 성장은 숙명이다. 이 과정에서 성장통은 필연적으로 발생한다. 직원들의 잦은 이탈, 부서 간의 갈등, 비효율적인 업무 프로세스, 신규 채용자와 기존 직원 간의 문화적 갈등, 크로스 기능팀(Cross-functional team) 부재로 인한 부서 간 사일로 현상, 리더들의 의사결정 병목 등 경험하지 못한 다양한 증상들이 발생한다.

그런데 스타트업에서는 성장이 성장통을 덮어버리는 현상이 자주 관찰된다. 이를 '성장 마스킹 효과(Growth Masking Effect)'라고 부른다. 매출 급증, 투자 유치, 언론 주목 등의 성공 지표들이 마치 진통제처럼 작용하여 내부의 심각한 문제들을 보이지 않게 만든다. 빠른 성장에 취해 "성장하니까 혼란스러운 게 당연하다"라며 구조적 문제들을 간과하다가, 어느 순간 돌이킬 수 없는 상황에 직면하는 스타트업들이 적지 않다.

이러한 성장통은 기본적으로 자연스러운 현상이다. 하지만 중요한 것은 언제 개입이 필요한지를 정확히 판단하는 것이다. 모든 성장통에 즉각 대응할 필요는 없지만, 조직의 핵심 기능을 위협하거나 지속가능한 성장을 저해하는 문제들은 신속하게 해결해야 한다. 마치 신체의 통증 중에서도 자연치유가 가능한 것과 치료가 필요한 것을 구분하듯, 조직의 성장통도 선별적으로 대응해야 한다.

성장통을 감지하고 처리하는 것은 크게 사전 감지 시스템 구축과 신속하고 체계적인 대응으로 나눌 수 있다.

■ 성장통 사전 감지 시스템 구축

성장통은 갑자기 나타나기보다는 서서히 징후를 보인다. 특히 성장이 활발할수록 이러한 신호들이 성공의 그림자에 가려지기 쉬우므로, 더욱 정교한 감지 시스템이 필요하다.

정성적 정보 수집(소통 기반)

데이터만으로는 알 수 없는 조직 내부의 미묘한 분위기나 감정들을 파악하기 위해서는 정상적인 소통 채널이 필수적이다. 특히 성장기에는 '바쁨의 역설'로 인해 이런 소통이 더욱 소홀해지기 쉽다.

매니저가 팀원들과 격주 1:1 미팅을 필수로 진행한다. 이는 업무 외적인 고충, 커리어 고민, 회사에 대한 피드백을 솔직하게 들을 수 있는 시간이다. 1:1 미팅 가이드라인으로 '3가지 질문(업무/관계/성장)'을 활용한 구조화된 대화를 진행한다.

HR 담당자는 분기별 조직문화 서베이를 정기적으로 한다. 직원 만족도, 회사 생활 인식, 리더십 평가를 익명으로 조사하며, 특정 문항에서 부정 응답이 60% 이상일 때는 해당 영역을 집중적으로 개선한다. 성장 체감도 조사로 "회사의 성장이 개인의 성장으로 이어지고 있는가?"를 확인한다.

최소 월 1회 전사 타운홀을 진행하여 투명한 소통 문화를 구축한다. 직원들의 질문 패턴을 분석하여 관심사와 우려 사항을 파악하고, 성장 지표와 함께 내부 개선 사항도 동등하게 공유한다.

모든 퇴사자 인터뷰를 하여 구조적 문제점을 파악한다. 특히 '성장 과정에서 잃어버린 것들'에 대해 구체적으로 질문하고, 익명성이 보장된 솔직한 피드백을 수집한다.

조기 경보 신호(Early Warning Signals) 인식하기

성장통이 본격화하기 전에 나타나는 미묘한 신호들을 놓치지 말아야 한다.

첫째, 언어와 소통의 변화다. '우리가'에서 '그들이'로, '함께'에서 '각자'로 표현으로 변화하며 부서 간 분리감이 증가하고 협업 의식이 저하된다. 건설적 질문이 방어적/비판적 질문으로 변화하고, 업무 외 자연스러운 대화나 점심 동행 빈도가 급격히 감소한다.

둘째, 의사결정과 업무 패턴의 변화다. 이전에 빠르게 결정되던 것들이 계속 미뤄지거나 논의만 반복된다. 회의에서 침묵하는 사람들이 늘어나거나, 반대로 과도한 논쟁이 발생한다. '그건 내 업무가 아니다' 라는 식의 경계 긋기가 증가한다.

성장이 가리는 위험 신호들

'성장 때문에'라는 변명의 증가는 위험 신호다. "성장하니까 혼란스러운 게 당연해", "지금은 바쁘니까 나중에 정리하자" 같은 표현이 빈번해진다. 핵심 인재의 조용한 이탈도 위험 신호다. 초기부터 함께한 직원들이 "회사가 너무 커져서"라며 소리 없이 떠나기 시작한다. 외부 성과에 비해 내부 만족도가 급락하는 것도 주의해야 한다. 언론 보도는 좋을지라도, 직원들의 회사 자랑이 현저히 줄어든다.

감지된 성장통의 체계적 처리 방안

문제를 감지했다면, 단순히 알아차리는 것을 넘어 신속하고 체계적으로 해결하는 프로세스가 필요하다. 특히 성장기에는 '성장 때문에'라는 변명에 휘둘리지 않고 근본적 해결에 집중해야 한다.

문제의 본질 파악 및 정의

징후와 원인을 구분해야 한다. 나타나는 현상(징후)만 보고 판단하지 말고, 근본적인 원인이 무엇인지 5-Why 분석법을 활용해 깊이 파고들어야 한다.

성장기 이직률 증가 분석의 예시를 보면, 징후는 이직률 급증이다. 1차 원인은 '성장하면서 업무가 많아져서'이고, 2차 원인은 '역할이 불분명해지고 책임만 늘어남'이며, 3차 원인은 '성장에 맞는 조직 구조와 프로세스 부재'다. 근본 원인은 성장 계획과 조직 설계의 불일치다.

성장 마스킹 효과를 제거해야 한다. '성장하니까 당연하다'라는 변명을 배제하고 객관적 분석을 해야 한다. 다른 성공적인 스타트업의 같은 성장 단계와 벤치마킹하고, 성장률을 고려했을 때도 여전히 문제인지 확인한다.

🔆 우선순위 매트릭스를 활용한 대응 방안 수립

성장기에는 모든 것이 급하게 느껴진다. 이직률 급증, 부서 간 소통 단절, 업무 프로세스 혼란, 신규 입사자 적응 실패 등 여러 문제가 동시다발적으로 터져 나온다. 하지만 자원(시간, 인력, 예산)은 제한적이고, 모든 문제를 동시에 해결할 수는 없다.

잘못된 우선순위 설정은 상황을 더 악화시킨다. 덜 중요한 문제에 집중하느라 핵심 이슈를 놓치거나, 급하지 않은 일을 급하게 처리하느라 정작 시급한 문제가 방치되는 경우가 생긴다. 따라서 '무엇을 먼저 해결할 것인가'를 체계적으로 판단하는 기준이 필요하다.

영향도 × 긴급도 × 성장 지속선 매트릭스

긴급도/영향도	High(영향도)	Low(영향도)
High(긴급도)	즉시 성장 중단하고 해결 • 핵심 가치 훼손 이슈 • CEO 직접 개입	성장 속도 조절하며 해결 • 1주 내 임시 조치 • 병행 처리
Low(긴급도)	성장 계획에 반영하여 해결 • 3개월 내 구조적 개선 • 성장과 함께 점진적 해결	성장 안정화 후 처리 • 장기 개선 과제 • 백로그 관리

매트릭스 축의 정의를 보면, 영향도(Impact)는 이 문제가 조직의 핵심 기능, 문화, 비즈니스 성과에 미치는 영향의 크기다. High는 핵심 가치 훼손, 매출 직접 타격, 핵심 인재 이탈, 고객 신뢰 손상이고, Low는 불편하지만 우회 가능, 국지적 영향, 개선하면 좋은 수준이다. 긴급도(Urgency)는 이 문제를 얼마나 빨리 해결해야 하는가다. High는 방치 시 급속 악화, 즉각적 손실 발생, 회복 불가능한 상태로 진행이고, Low는 시간을 두고 개선 가능, 단기적 악화 위험 낮음이다.

영향도와 긴급도, 성장 지속성 매트릭스에서 성장과 안정성의 균형이 핵심이다. 영향도 High/긴급도 High인 경우 즉시 성장 중단하고 해결한다. 핵심 가치 훼손 이슈이며, CEO 직접 개입이 필요하다. 영향도 Low/긴급도 High인 경우 성장 속도를 조절하며 해결한다. 1주 내 임시 조치를 하고, 병행 처리한다. 영향도 High/긴급도 Low인 경우 성장 계획에 반영하여 해결한다. 3개월 내 구조적 개선을 하고, 성장과 함께 점진적으로 해결한다. 영향도 Low/긴급도 Low인 경우 성장 안정화 후 처리한다. 장기 개선 과제로 백로그에서 관리한다.

문제 해결을 위해 성장을 일시 중단할 수 있는 용기가 필요하다. 단기적 성장 둔화를 감수하더라도 장기적 지속가능성을 우선해야 한다. 시스템과 조직이 성장을 소화할 수 있는 속도를 유지해야 한다.

스타트업 성장통 관리 시스템 도입 로드맵

이러한 시스템은 10~50명 구간에 걸쳐 체계적으로 도입되어야 한다. 이 시점이 중요한 이유는 네 가지다. 창업자 혼자 모든 팀원을 챙기기 어려워진다. 팀장이나 매니저급이 생기면서 체계적 관리가 필요해진다. 의미 있는 패턴을 찾을 수 있을 만큼 데이터가 쌓이기 시작한다. 그리고 성장통들이 하나둘 나타나기 시작한다.

단계별로 살펴보면,

1단계인 10~20명 시점에 즉시 도입해야 하는 것이다. 1:1 미팅 가이드라인 작성 및 관리자 교육, 퇴사자 인터뷰 프로세스 문서화, 월별 기본 지표 추적 시작(이직률, 채용 현황)을 진행한다.

2단계인 20~35명 시점에는 3개월 내 도입해야 한다. 분기별 조직문화 서베이 도입, 월별 정량 지표 대시보드 본격 구축, 조기 경보 신호 체크리스트 작성을 진행한다.

3단계인 35~50명 시점에는 6개월 내 완성해야 한다. 데이터 분석 담당자 지정, 문제 해결 사례 아카이브 시스템, 체계적인 대응 프로세스 문서화를 진행한다.

Zero 단계인 극초기 단계에서는 기본 인프라 대신 간단한 소통 루틴만 유지한다. 극초기(0~10명)에는 최소한의 관리만 필요하다. 주 1회 전체 팀 미팅(30분), 창업자의 월 1회 개별 면담(비공식), 간단한 메모 형태의 문제 기록, 퇴사자와의 솔직한 대화(공식 프로세스 없이)를 진행한다.

도입 핵심은 '필요시 자연스럽게'하는 것이다. 너무 이르면 과도한 시스템이 되고, 너무 늦으면 이미 문제가 커진 후가 된다.

성장은 스타트업의 숙명이지만, 성장이 성장통을 가리는 함정에 빠져서는 안 된다. 진정한 성공은 일시적인 빠른 성장이 아니라 지속 가능한 성장에 있으며, 이를 위해서는 성장 속에서도 조직의 건강성을 냉정하게 진단하고 관리하는 능력이 필수적이다.

조직의 건강을 진단하는 시스템을 구축했다. 하지만 가장 비싼 실수가 하나 남았다. 대기업 출신 임원, 10년 경력, 화려한 이력. 3개월 후 퇴사. 총 비용 3억 이상. 왜 이런 일이 반복될까. 다음 장에서는 '역할 미스매치'의 함정을 파헤친다. 잘못된 자리에 훌륭한 사람을 두면 모두가 불행하다.

Chapter 15

'역할(Role) 미스매치'와 숨겨진 비용

▍명확하지 않은 역할이 부른 오해

몇 년 전, 한 스타트업의 창업자로부터 전화가 왔다. 그는 떨리는 목소리로 3개월 전에 영입한 HR팀장이 퇴사한다고 했다. 대기업에서 10년 넘게 일한 분인데 도대체 뭐가 문제인지 모르겠다는 것이었다.

그 HR팀장을 직접 만났다. 그의 말로는, 채용 공고에 '조직문화 구축 리드', '인재 육성 전략 수립'이 핵심 업무라고 되어 있었고, 면접에서도 대표가 'People First 문화를 만들고 싶다', '체계적인 육성 시스템을 만들어 달라'고 했다는 것이다. 그래서 그동안 해왔던 조직문화 프로젝트 경험을 바탕으로 합류했다.

그런데 막상 입사하니 HR 시스템 자체가 없었다. 급여는 엑셀로 수작업하고, 근태는 카톡으로 관리하며, 4대 보험 서류는 산더미처럼 쌓여 있었다. 3개월 동안 기본 인프라를 구축하느라 정신없이 보냈다. 그러고 나서 대표에게 "이제 조직문화 프로젝트를 시작해 볼까요?"라고 말씀드렸더니, "아직은 그런 걸 할 때가 아닌 것 같다, 일단 채용부터 빨리해 달라"는 답이 돌아왔다.

그는 전략적 HR을 하려고 왔는데, 회사가 원하는 건 결국 HR 운영자였던 것이다. 처음부터 그렇게 말해주었다면 지원하지 않았을 것이라고 했다.

창업자는 억울해했다. 면접 때 조직문화 이야기를 한 건 맞지만, 정말 그런 회사를 만들고 싶었기 때문이었다. 그런데 당장 해야 할 일들이 너무 많았고, 그것부터 정리해야 다음 단계로 갈 수 있다고 생각했다.

이 대화에서 양측 모두 선의가 있었고, 거짓말을 한 것도 아니다. 문제는 'HR'이라는 단어가 가진 함정 때문이다. 이 혼란의 근본 원인은 HR이라는 이름 아래 숨겨진 세 가지 전혀 다른 역할을 이해하지 못하기 때문이다.

HRM(인사관리, Human Resource Management)은 채용, 보상, 평가 등 인사관리에 집중한다. 시스템 구축, 법률 준수 등 운영 효율성이 핵심이며, 급여 계산, 4대 보험 처리, 근태 관리가 주요 업무다. HRD(인적자원개발, Human Resource Development)는 교육, 역량 개발, 경력 개발 등 인재 육성에 초점을 맞춘다. 리더십 프로그램, 온보딩 설계, 교육 체계 구축이 핵심이다. 조직문화(People & Culture)는 조직문화, 성과 관리, 직원 몰입 등 사람을 관리하는 영역을 포괄하며, People First 문화 구축과 조직 건강도 개선이 주요 업무다.

초기 스타트업에서는 이 모든 역할을 한 명이 담당해야 할 때가 많다. 비전문가 눈에는 HRM과 HRD, 조직문화의 경계가 모호하다. 하지만 지원자는 이 셋 중 하나에 전문성과 열정을 가지고 있다. 창업자가 HRM 실무자가 필요한데 HRD 전문가를 뽑으면, 서로가 불행해진다.

이것이 바로 스타트업이 겪는 가장 비싼 실수다. 역할(Role) 미스매치. 이상과 현실 사이, 잘못된 자리에 앉은 사람의 비극이다.

스타트업은 끊임없이 성장하고 이에 맞춰 변화해야 한다. 비즈니스 모델이 구체화되고, 제품과 서비스가 고도화되면서 자연스럽게 일의 양이 늘어나고 기존 업무가 분화된다. 새로운 팀원 영입이 필요해진다.

하지만 여기서 예상치 못한 그림자가 드리운다. 창업자가 '원하는 미래'와 '필요한 현재'를 혼동하는 순간, 명확하지 않은 역할 정의와 기대치 불일치가 시작된다. 이는 팀원의 빠른 이탈로 이어지고, 스타트업 성장에 막대한 기회비용을 초래한다.

역할 미스매치는 왜 일어나는가

문제의 근본 원인은 양측 모두에 있다. 먼저, 창업자들의 다양한 직무 경험 부족이다. 초고속 성장을 경험하는 스타트업은 필연적으로 다양한 전문 분야의 인재를 필요로 한다. 하지만 대부분의 창업자는 본인의 핵심 역량 외에, 회사가 성장하며 새롭게 필요해지는 다양한 직무에 대한 깊이 있는 경험이나 명확한 이해가 부족하다.

하지만 창업자만의 문제는 아니다. 지원자 측에도 심각한 착각이 존재한다. 대기업에서 10년을 일한 HR 전문가는 이렇게 생각한다. 조직 문화 구축은 대기업에서 했던 프로그램을 스타트업에 맞게 조금만 수정하면 된다고. 급여 계산이나 4대 보험 같은 건 할 수는 있지만 시간이 좀 걸릴 것이라고.

PO(Product Owner) 지원자는 CEO가 방향만 주면 나머지는 자신이 다 정의할 수 있다고 확신한다. 스타트업이니까 더 자유롭게 할 수 있을 것이라고 생각한다.

마케터는 브랜딩도 하고 퍼포먼스도 하면 된다고 기대한다. 자신이 마케팅 전문가니까 다 할 수 있다고 믿는다.

이런 자신감은 좋지만 위험하다. 대기업에서 조직문화 프로그램을 운영한 것과, 아무것도 없는 상태에서 HR 시스템부터 구축하는 것은 완전히 다른 일이다. 전략적 PO 역할을 수행하려면 기본 프로세스가 갖춰져 있어야 하는데, 스타트업에는 그게 없다. 브랜딩과 퍼포먼스 마케팅은 필요한 역량이 완전히 다르다.

'할 수는 있다'와 '잘할 수 있다', 그리고 '이 일을 하면서 행복할 수 있다'는 전혀 다른 문제다.

더 큰 문제는 선택적 듣기다. 면접에서 창업자가 "조직문화도 중요하지만, 당장은 시스템 구축이 급해요"라고 분명히 말했는데, 지원자는 '조직문화'만 듣는다. '당장은'이라는 단어는 '곧 할 수 있다'로 해석하고, '시스템 구축'은 '금방 끝낼 수 있는 일'로 치부한다.

결과는 양쪽 모두의 실망이다. 발생하는 업무에 대해 정확히 어떤 전문성을 가진 사람이 어떤 방식으로 수행해야 하는지, 그리고 그 역할의 핵심적인 책임과 기대치가 무엇인지 명확하게 정의하지 못하는 것이다.

이런 상황에서 '대충 이런 일을 해줄 사람'을 찾는 식으로 채용이 이루어진다. 입사한 팀원은 자신이 기대했던 역할과 실제 업무 사이의 괴리감에 혼란을 겪고, 결국 실망하며 조직을 떠난다. 악순환이 반복된다.

더욱 심각한 것은 시니어 인력일수록 피해가 상상을 초월한다는 사실이다. 하버드 비즈니스 리뷰(Harvard Business Review)의 분석에 따르면, 시니어 채용 실패의 67%가 역할과 기대치 불일치에서 기인한다. 반면 주니어 채용 실패의 주된 원인은 스킬 부족(45%)이다. 이는 시니어 인력은 단순히 기술만 보고 오는 것이 아니라, 자신이 기여할 영역과 영향력을 중요하게 생각한다는 방증이다.

재정적 임팩트도 엄청나다. Center for American Progress(2012) 보고서는 시니어급 인력의 잘못된 채용 비용이 해당 연봉의 213%에 달할 수 있다고 경고한다. 주니어급 인력의 116%와 비교하면 그 격차는 압도적이다.

시니어 인재 한 명을 잘못 뽑거나 잃는 것은 단순히 한 달 치 월급을 낭비하는 것을 넘어, 회사의 자산을 통째로 날려버릴 수 있는 치명적인 손실이다.

이 악순환을 끊기 위해 실제 역할별 사례들을 통해 이 비극이 어떻게 반복되는지 살펴본다.

🔅 사례 1: PO라는데 왜 일정만 관리하지?

제품 개발 조직에서 가장 혼란스러운 부분 중 하나는 PM, PO, TPM 역할의 모호함이다. 각 직무는 매우 중요한 차이점을 가지며, 이를 명확히 하지 않고 채용할 경우 심각한 비효율과 팀원들의 좌절감을 초래한다.

PO(Product Owner)는 주로 애자일 방법론에서 사용되는 용어로, 제품의 비전과 전략, 우선순위를 정의하고 백로그를 관리하며, 제품의 가치를 극대화하는 역할이다. P&L(손익)에 대한 책임을 지는 경우가 많으며, '무엇을 만들 것인가'에 집중한다. 제품의 미니 CEO라고 할 수 있다.

PM(Product Manager)은 PO와 혼용되기도 하지만, 국내에서는 비교적 '어떻게 만들 것인가'에 더 집중하는 경향이 있다. 제품의 기획부터 출시, 운영까지 전 과정을 관리하며, 여러 이해관계자 간의 커뮤니케이션과 조율을 통해 프로젝트를 성공적으로 이끈다.

TPM(Technical Product Manager)은 PM과 유사하나, 기술적 배경이 강하고 엔지니어링 팀과 긴밀하게 협력하여 기술적 복잡성을 해결하고 기술 로드맵을 수립하는 데 중점을 둔다.

실제로 PM, PO, TPM의 역할 정의는 기업의 규모, 문화, 그리고 제품의 특성에 따라 매우 유동적이다. 해외에서는 PO가 PM보다 상위 개념이거나 유사하게 사용되는 경우가 많지만, 국내에서는 PM이 더 포괄적인 개념으로 사용되거나, PO가 PM의 한 유형으로 간주 되기도 한다.

중요한 것은 용어의 정의보다 '우리 조직에서 이 역할이 무엇을 기대하는가'를 명확히 하는 것이다.

한 스타트업에서 PO로 채용된 사람을 만났다. 그는 대기업에서 신규 서비스를 기획하고 사업적 성공까지 책임진 경험이 있었다. 제품의 전략을 수립하고, 시장 기회를 발굴하고, 비즈니스 모델을 설계하는 일에 흥미를 느꼈다.

하지만 입사 후 그에게 주어진 업무는 개발 일정 관리, 이슈 트래킹, 회의 조율, 스프린트 진행 상황 체크였다. 제품의 전략이나 비전을 논의할 기회는 거의 없었다. CEO가 이미 모든 제품 방향을 결정하고 있었기 때문이다.

3개월 후 그는 말했다. 자신은 PO라고 들었는데, 실제로는 PM도 아니고 그냥 프로젝트 담당자 같다고. 전략은 CEO가 다 정하고, 자신은 그냥 일정만 관리하고 있다고.

이 구분이 혼동되면, 기대했던 전략가는 일정 관리자가 되고, 기술 전문가는 단순 기획자가 되어버리는 비극이 발생한다.

💡 사례 2: 코드만 찌고 싶은데 통계까지 해야 해?

스타트업은 빠르게 성장하면서 데이터의 중요성을 인지하고, 복잡한 기능 구현을 위해 전문 개발자를 채용한다. 하지만 이 과정에서도 예상치 못한 미스매치가 발생한다.

백엔드 개발자는 주로 서버, 데이터베이스 등 서비스의 핵심 로직을 구현한다. 안정적인 시스템 구축과 효율적인 코드 작성에 집중하며, 비즈니스 지표 분석보다는 기능 구현 자체에 강점이 있다. 프론트엔드 개발자는 사용자에게 보이는 화면을 구현하고 사용자 경험을 최적화하는 데 집중한다. 디자이너와의 협업이 중요하며, 시각적인 완성도와 인터랙션에 능숙하다. 데이터 사이언티스트는 방대한 데이터를 분석하여 인사이트를 도출하고, 예측 모델을 개발하며, 비즈니스 의사결정을 지원하는 역할이다. 통계학, 머신러닝, 프로그래밍 역량을 모두 요구한다.

한 스타트업은 사용자 행동 데이터 분석의 중요성을 느끼고 개발자를 채용했다. 지원자는 백엔드 개발에 흥미를 느꼈다. 서버 아키텍처를 설계하고, 효율적인 API를 만들고, 시스템을 최적화하는 일을 하고 싶었다.

하지만 입사 후 그에게 주어진 주요 업무는 데이터 추출 및 가공, 그리고 비즈니스 지표 분석 보고서 작성이었다. SQL 쿼리와 통계 프로그램 사용에 많은 시간을 할애해야 했고, 정작 개발 역량을 활용한 코딩 업무는 줄어들었다.

개발자는 특정 언어와 프레임워크를 이용해 '만드는' 역할에 집중하는 반면, 데이터 사이언티스트는 데이터를 '분석하고 인사이트를 도출하는' 역할에 집중한다. 물론 개발자가 데이터 분석 툴을 다룰 줄 아는 것은 큰 강점이지만, 주 업무가 될 경우 역할 미스매치가 발생한다.

그는 정교한 시스템을 만들고 싶었는데, 엑셀 차트만 들여다보고 있다고 토로했다. 이런 불만이 쌓이면, 결국 핵심 개발 역량을 잃고 이직을 고민하게 된다. 특히 초기 스타트업에서는 데이터 파이프라인 구축과 데이터 분석 역량이 동시에 필요한 경우가 많아, 한 명의 개발자에게 이 모든 것을 기대하다가 두 마리 토끼를 모두 놓치는 결과를 초래할 수 있다.

🔅 사례 3: 브랜딩하고 싶은데 A/B 테스트 하기

마케팅 분야 역시 스타트업의 성장 단계에 따라 요구되는 역할이 크게 달라진다.

브랜드 마케터(Brand Marketer)는 기업이나 제품의 장기적인 이미지, 가치, 스토리를 구축하고 전달하여 고객과의 감성적 유대감을 형성하는 데 집중한다. 퍼포먼스 마케터(Performance Marketer)는 광고 캠페인 운영 및 최적화를 통해 직접적인 구매 전환, 유입 증대 등 수치적인 성과를 극대화하는 데 집중한다. 그로스 해커(Growth Hacker)는 제품의 성장을 목표로 데이터 분석, 실험, 마케팅, 제품 개발 등 다양한 영역을 넘나들며 폭발적인 성장을 주도한다.

한 스타트업은 서비스 초기 단계에 유저 확보가 중요하다고 판단하여 '마케터'를 채용했다. 지원자는 브랜드 캠페인을 기획하고 회사의 스토리를 알리는 일에 매력을 느꼈다. 장기적인 브랜드 가치를 만들고 싶었다.

하지만 입사 후 그는 매일 A/B 테스트를 돌리고, 광고 효율을 분석하며, 끊임없이 전환율을 높이는 실험에만 매달려야 했다. 정작 자신이 하고 싶었던 브랜딩 업무나 장기적인 마케팅 전략 수립에는 거의 참여할 수 없었다.

마케터는 그 범위가 매우 넓다. 특히 스타트업 초기에는 그로스 해킹과 같은 직접적인 성과를 내는 퍼포먼스 마케팅이 중요해지지만, 이 역할을 '마케터'라는 포괄적인 이름으로 채용하면 지원자의 기대와 실제 업무의 간극이 커진다.

그는 회사의 얼굴을 만들고 싶었는데, 숫자에만 갇혀 있다고 느꼈다. 이런 혼란은 결국 동기 저하와 이탈로 이어진다. 그로스 해커는 기술, 데이터 분석, 마케팅, 제품 이해가 결합된 특수한 역할이므로, 마케팅 전문성만을 가진 사람에게 이 역할을 기대하는 것은 무리다.

사례 4: 새로운 파트너십을 만들고 싶은데 전화 돌리기

B2B 스타트업이 성장하면서 가장 자주 발생하는 미스매치 중 하나다. 외형상 비슷해 보이지만 완전히 다른 역할이다.

세일즈는 기존 제품이나 서비스를 고객에게 직접 판매하는 역할이다. 명확한 타겟과 가격이 정해진 상황에서 "얼마나 많이, 얼마나 빨리 팔 것인가"에 집중한다. CRM 관리, 콜드콜, 제안서 작성, 계약 체결이 주요 업무다. 비즈니스 개발(BD)은 새로운 사업 기회, 파트너십, 시장 진출 방안을 모색하고 개발하는 역할이다. "어떤 새로운 비즈니스 모델을 만들 것인가"에 집중하며, 전략적 제휴, 신규 시장 탐색, 새로운 수익 모델 개발이 핵심이다.

한 스타트업은 '비즈니스를 확장할 사람'이 필요하다며 BD 전문가를 채용했다. 지원자는 대기업에서 전략적 파트너십을 구축한 경험이 있었고, 새로운 시장 기회를 발굴하는 일에 흥미를 느꼈다.

하지만 입사 후 그에게 주어진 업무는 매일 잠재 고객에게 콜드콜을 돌리고, 기존 제품의 판매량을 늘리는 것이었다. 전략적 사고를 할 시간도, 새로운 파트너십을 고민할 여유도 없었다.

BD는 장기적 관점에서 새로운 기회를 창출하는 전략적 역할이지만, 세일즈는 단기적 매출 목표 달성에 집중하는 실행 역할이다. 그는 새로운 비즈니스 생태계를 설계하고 싶었는데, 매일 판매 실적만 쫓고 있다고 느꼈다. 이런 좌절감은 결국 핵심 인재의 이탈로 이어진다. 특히 초기 스타트업에서는 당장의 매출 확보가 시급해 BD라고 채용해 놓고 세일즈 업무를 시키는 경우가 빈번하다.

🔆 사례 5: 사용자 경험을 설계하고 싶은데 배너 제작하기

디자인 분야에서도 심각한 역할 혼동이 발생한다. 특히 스타트업에서는 '디자이너'라는 이름으로 모든 시각적 업무를 한 명에게 맡기려는 경우가 많다.

UX 디자이너는 사용자의 니즈와 행동을 분석하여 사용자 경험을 설계한다. 사용자 리서치, 와이어프레임 작성, 프로토타이핑, 사용성 테스트가 주요 업무다. UI 디자이너는 UX 설계를 바탕으로 실제 인터페이스의 시각적 요소를 디자인한다. 컬러, 타이포그래피, 아이콘, 레이아웃 등 구체적인 화면을 설계한다. 그래픽 디자이너는 브랜드 아이덴티티, 마케팅 소재, 인쇄물 등 시각적 커뮤니케이션 전반을 담당한다. 로고, 브로셔, 배너, SNS 콘텐츠 제작이 주요 업무다.

한 스타트업은 '사용자 경험을 개선할 디자이너'를 찾는다며 UX 디자이너를 채용했다. 지원자는 사용자 리서치와 데이터 기반 디자인에 관심이 많았고, 제품의 사용성을 근본적으로 개선하고 싶었다.

하지만 입사 후 그는 대부분의 시간을 마케팅 배너, SNS 이미지, 브로셔 디자인에 할애해야 했고, 정작 사용자 리서치나 UX 개선 작업은 '나중에 여유가 생기면'이라는 말만 들었다.

UX 디자이너는 사용자의 문제를 해결하는 전략가적 성격이 강하지만, 그래픽 디자이너는 시각적 표현에 특화된 전문가다. 그는 사용자의 불편을 해소하고 싶었는데, 예쁜 그림만 그리고 있다고 느꼈다. 이런 실망감은 디자이너의 전문성 발휘를 막고, 결과적으로 제품의 사용성 개선 기회를 놓치게 된다.

🔅 사례 6: 브랜드 스토리를 만들고 싶은데 광고 문구 작성하기

콘텐츠의 중요성이 커지면서 '글 잘 쓰는 사람'에 대한 수요가 늘고 있지만, 역할에 대한 이해 부족으로 미스매치가 자주 발생한다.

콘텐츠 마케터는 브랜드의 스토리와 가치를 담은 장기적인 콘텐츠 전략을 수립하고 실행한다. 블로그 포스팅, 뉴스레터, 웨비나, 백서 등을 통해 잠재 고객과의 관계를 구축하고 브랜드 인지도를 높이는 것이 목표다. 카피라이터는 즉각적인 행동을 유도하는 설득력 있는 문구를 작성한다. 광고 헤드라인, CTA(Call to Action) 버튼, 이메일 제목, 랜딩 페이지 문구 등 직접적인 전환을 목표로 하는 텍스트를 전문으로 한다.

한 스타트업은 '브랜드 인지도를 높일 콘텐츠 전문가'를 채용했다. 지원자는 깊이 있는 인사이트와 스토리텔링으로 독자들과 공감대를 형성하는 콘텐츠를 만들고 싶었다.

하지만 실제로는 매일 성과 광고용 짧은 카피, 이메일 제목, 배너 문구 작성에만 매달려야 했고, 정작 브랜드 스토리나 깊이 있는 콘텐츠는 '우선순위가 낮다'는 이유로 미뤄졌다.

콘텐츠 마케터는 브랜드의 철학과 가치를 전달하는 스토리텔러인 반면, 카피라이터는 즉각적인 액션을 끌어내는 설득 전문가다. 그는 사람들의 마음을 움직이는 이야기를 쓰고 싶었는데, 클릭만 유도하는 문구만 쓰고 있다고 느꼈다. 이런 괴리감은 창의적 에너지를 소진하고, 장기적인 브랜드 구축 기회를 놓치게 만든다.

🔅 사례 7: 비즈니스 프로세스를 최적화하고 싶은데 회의 일정 조율하기

스타트업이 성장하면서 관리에 대한 니즈가 생기지만, 어떤 종류의 관리가 필요한지 명확하지 않은 경우가 많다.

운영 매니저는 비즈니스 프로세스 전반의 효율성을 개선하는 역할이다. 워크플로 최적화, 시스템 구축, 성과 지표 관리, 리소스 배분 등을 통해 조직의 생산성을 높인다. 프로젝트 매니저는 특정 프로젝트의 시작부터 완료까지 전 과정을 관리한다. 일정, 예산, 리소스, 위험 요소를 관리하며 프로젝트 목표 달성을 책임진다.

한 스타트업은 "조직이 커지면서 관리가 필요하다"며 운영 매니저를 채용했다. 지원자는 비효율적인 프로세스를 분석하고 개선하여 조직 전체의 생산성을 높이는 일에 관심이 많았다.

하지만 실제로는 각종 회의 일정 조율, 프로젝트 진행 상황 체크, 단순 보고서 취합 등의 업무에만 시간을 보내야 했고, 정작 프로세스 개선이나 시스템 구축은 '여유가 생기면'이라는 말만 들었다.

운영 매니저는 조직의 시스템과 프로세스를 설계하는 전략적 역할이지만, 프로젝트 매니저는 정해진 목표를 달성하기 위한 실행 관리자다. 그는 조직의 DNA를 개선하고 싶었는데, 단순한 진행 상황 관리만 하고 있다고 느꼈다. 이런 실망감은 시스템적 사고를 하는 인재의 역량 낭비로 이어지고, 조직 효율성 개선의 골든타임을 놓치게 만든다.

💡 사례 8: 고객의 성공을 설계하고 싶은데 고객문의 처리하기

SaaS 비즈니스가 확산하면서 중요해진 역할이지만, 여전히 많은 스타트업에서 혼동하고 있는 영역이다.

고객 성공 매니저(Customer Success Manager)는 고객이 우리의 제품이나 서비스를 통해 원하는 목표를 달성하도록 돕는 역할이다. 온보딩, 사용량 모니터링, 추가 기능 제안, 갱신율 관리 등을 통해 고객의 장기적 성공과 만족을 책임진다. 고객 지원(Customer Support)은 고객의 문제나 문의 사항을 신속하게 해결하는 역할이다. 기술적 문제 해결, FAQ 답변, 불만 처리 등 즉각적인 고객 서비스에 집중한다.

한 스타트업은 '고객 만족도를 높이고 이탈을 방지할 사람'이 필요하다며 고객 성공 매니저를 채용했다. 지원자는 고객의 비즈니스 목표를 이해하고, 데이터를 분석하여 고객이 제품에서 더 많은 가치를 얻도록 돕는 일에 관심이 많았다. 하지만 실제로는 하루 종일 고객 문의 이메일에 답변하고, 기술적 문제를 해결하며, 불만 사항을 처리하는 일만 반복해야 했다.

고객 성공은 사후 대응이 아닌 사전 예방과 능동적 관리가 핵심이다. 고객 지원이 '문제가 생겼을 때 해결하는' 수동적 역할이라면, 고객 성공은 '문제가 생기기 전에 가치를 창출하는' 능동적 역할이다.

그는 고객의 성공 스토리를 만들고 싶었는데, 하루 종일 문제만 해결하고 있다고 느꼈다. 이런 좌절감은 전략적 고객 관리 기회를 놓치게 하고, 결과적으로 고객 이탈률 증가로 이어질 수 있다.

🔅 사례 9: 전략 업무를 하고 싶은데 임시방편 처리하기

스타트업이 성장하면서 가장 애매모호하면서도 치명적인 미스매치가 발생하는 영역이다. 겉으로는 모두 '고급 인력'이고 '전략적 역할'처럼 보이지만, 실제 업무의 성격과 기대치는 완전히 다르다.

CEO 스태프(CEO Staff)는 CEO의 개인 참모진으로, CEO 업무의 연장선에서 움직인다. 전략 기획, 이사회 보고(Board Report), CEO 일정 관리, 크로스펑셔널 프로젝트 조율이 주요 업무다. CEO 권한으로 움직이며 라인 조직 없이 정보 접근성이 높은 것이 특징이다. 평가는 CEO 효율성 증대 기여도로 측정된다.

사업 개발(Corp Dev)은 회사의 성장 엔진 역할로 신사업과 M&A를 전담한다. M&A, 아웃바운드 투자, 전략적 파트너십, 신시장 진출이 핵심 업무다. 딜메이킹 중심으로 외부 네트워킹에 집중하며 장기 프로젝트를 다룬다. 딜 성사율, 파트너십 가치, ROI로 평가받는다.

비즈니스 운영(Business Operations, Biz Ops)은 회사 운영의 빈 곳을 메우는 역할이다. 프로세스 개선, 임시 프로젝트, 부서 간 협업 지원이 주요 업무다. 과도기적·보완적 성격으로 다양한 영역을 동시에 담당하며, 운영 효율성과 프로젝트 완성도로 평가받는다.

한번은 한 스타트업에서 일어난 혼란을 목격했다. 창업자는 '전략적 사고로 회사 성장을 이끌 고급 인력'이 필요하다며 채용 공고를 냈다. 지원자 K 씨는 대기업에서 전략 기획 경험을 쌓았고, CEO와 함께 회사의 중장기 비전을 수립하고 핵심 의사결정을 지원하는 CEO Staff 역할을 기대했다.

하지만 입사 후 그에게 주어진 업무는 달랐다. 웹사이트 기획과 제작(아무도 안 해서), B2B 마케팅과 홍보(마케터 채용 전까지 임시로), BD 사업개발(BD 담당자가 없어서), 파트너십 업무(Corp Dev 없어서), 세일즈 내러티브(영업팀이 바빠서), 세일즈 옵스(운영팀이 없어서) 등 그가 할 것은 생각보다 많았다.

　K 씨의 혼란은 깊어졌다. 자신이 CEO Staff인지, Corp Dev인지, 비즈니스 운영인지도 모르겠다고 했다. 회사에서는 CEO Staff라고 하는데, 실제로는 그냥 빈자리만 메우는 것 같다고.

　스타트업 초기에는 이 세 역할의 경계가 모호해지기 쉽다. 하지만 각각의 핵심 차이점을 이해하지 못하면 심각한 문제가 발생한다.

　첫째, 시간 지평선의 차이다. CEO 스태프는 즉시부터 6개월 정도의 CEO 당면 과제 해결에 집중한다. 사업 개발(Corp Dev)은 6개월에서 3년의 장기 성장 동력 확보에 초점을 맞춘다. 비즈니스 운영(Biz Ops)은 1주에서 6개월의 당장 필요한 것들을 해결 후 넘겨주는 역할이다.

　둘째, 성과 지표의 차이다. CEO 스태프는 CEO 만족도, 전략 실행률, 조직 정렬도로 평가받는다. 사업 개발(Corp Dev)은 딜 파이프라인, 파트너십 가치, 신사업 매출로 평가받는다. 비즈니스 운영(Biz Ops)은 프로세스 개선율, 핸드오프 성공률, 운영 효율성으로 평가받는다.

　셋째, 필요한 역량의 차이다. CEO 스태프는 전략적 사고, 커뮤니케이션, 정치력이 필요하다. 사업 개발(Corp Dev)은 딜메이킹, 네트워킹, 재무 분석이 필요하다. 비즈니스 운영(Biz Ops)은 실행력, 시스템 사고, 멀티태스킹이 필요하다.

　K 씨는 성과 보고도 어려웠다. 자신이 한 일들이 성과인지 아닌지도 모호하다고 했다. 웹사이트 만든 건 성과인지, 그런데 이게 자신의 전

문 영역도 아니고, 보고를 어떻게 해야 할지 모르겠다고.

커리어 패스도 혼란스러웠다. 전략 전문가로 성장하고 싶었는데, 이런 식으로 일하면 자신이 어디로 가는 건지 모르겠다고 했다. 이력서에 뭐라고 써야 하는지도 모르겠다고.

조직 내 위치도 애매했다. 다른 팀원들도 자신이 정확히 뭐 하는 사람인지 몰라 한다고 했다. 어떤 때는 CEO 대신 결정하라고 하고, 어떤 때는 '그건 네 일이 아니다'라고 한다고.

번아웃과 역량 분산도 문제였다. 모든 걸 다 해야 하니까 깊이 있게 할 수 있는 게 없다고 했다. 새벽 3시까지 일해도 뭔가 제대로 된 성과를 냈다는 느낌이 안 든다.

그는 회사의 두뇌가 되고 싶었는데, 손발 역할만 하고 있다고 느꼈다. 이런 좌절감을 방치하면, 결국 가장 능력 있는 인재가 가장 먼저 떠나게 된다.

💡 사례 10: 거래를 성사하고 싶은데 신규 고객 찾기

영업 조직에서 흔하게 발생하는 미스매치 중 하나다. 같은 '영업'이라는 이름 아래 있지만 완전히 다른 전문성이 필요한 역할이다.

세일즈 AE(Account Executive)는 발굴된 잠재고객을 실제 고객으로 전환하는 역할이다. 적격 리드(Qualified Lead)를 받아서 "얼마나 효과적으로 거래를 성사시킬 것인가"에 집중한다. 고객 니즈 파악, 제안서 작성, 협상, 계약 체결이 주요 업무다.

잠재고객 발굴(Lead Generation/SDR, Sales Development Representative)은

새로운 잠재고객을 찾아내고 초기 관심을 끌어내는 역할이다. "어떻게 더 많은 적격 리드(Qualified Lead)를 만들 것인가"에 집중하며, 타겟 리스트 작성, 콜드 아웃리치, 초기 스크리닝이 핵심이다.

한 스타트업은 '매출을 늘릴 사람'이 필요하다며 세일즈 AE를 채용했다. 지원자는 대기업에서 거래 성사와 고객 관리 경험이 있었고, 깊이 있는 고객 관계를 통해 큰 거래를 만드는 일에 흥미를 느꼈다.

하지만 입사 후 그에게 주어진 업무는 매일 잠재고객 발굴과 초기 아웃리치였다. 리스트를 만들고, 콜드콜을 돌리고, 초기 반응을 확인하는 일의 반복이었다.

영업 프로세스는 두 단계로 나뉜다. SDR이 잠재고객을 찾아 구매 가능성을 검증하면, AE가 그 고객과 관계를 구축하고 거래를 성사한다. 세일즈 AE가 신규 고객 발굴에 투입하는 시간은 20% 미만으로 최소화해야 하며, 상위 10개 전략 고객이나 파트너사 등 기존 고객을 대상으로 해야 한다.

그는 고객과 깊은 관계를 통해 큰 거래를 성사하고 싶었는데, 매일 신규 고객 찾기만 하고 있다고 느꼈다. 이런 좌절감은 결국 핵심 인재의 이탈로 이어진다. 특히 초기 스타트업에서는 당장의 리드 확보가 시급해 AE라고 채용해 놓고 SDR 업무를 시키는 경우가 빈번하다.

숨겨진 비용의 실체

이런 역할 미스매치는 단순히 개인의 불만족에 그치지 않는다.

높은 이직률로 인재 유출의 악순환이 시작된다. 기대했던 업무와 달라 흥미를 잃거나, 자신의 역량을 제대로 발휘할 수 없다고 판단하면 조기 퇴사로 이어진다.

실제로 국내 노동시장의 '미스매치 지수'는 2010년 상반기 4% 수준에서 2024년 상반기 8%대로 2배 이상 증가했다. 이로 인한 고용 손실은 같은 기간 1만 2천 개에서 7만 2천 개로 6배 증가했다(연합뉴스, 산업연구원 자료, 2025년 4월).

스타트업의 이직률은 전국 평균의 거의 두 배에 달하며, 신입사원의 3분의 1이 6개월 이내에 퇴사한다는 통계는 이 문제를 더 이상 외면할 수 없음을 경고한다.

생산성 저하와 막대한 기회비용도 발생한다. 잦은 퇴사는 팀의 사기를 저하하고, 새로운 인재를 채용하고 온보딩하는 데 막대한 시간과 비용을 낭비하게 만든다. 잘못된 채용 한 건당 미국 기준 평균 14,900달러(약 2천만 원)의 손실이 발생한다.

핵심 인력의 이탈은 제품 개발 속도를 늦추고, 시장의 변화에 민첩하게 대응할 기회를 잃게 한다. 놓친 골든타임의 기회비용은 숫자로 환산할 수 없을 만큼 크다.

문화적 충돌로 팀워크가 파괴되기도 한다. 역할이 불분명한 상태에서 팀원이 합류하면, 기존 팀원과의 업무 경계가 모호해져 갈등이 발생하기 쉽다. "이건 네 일 아니었어?", "내가 왜 이걸 해야 해?" 같은 불만이 터져 나오며 조직 전체의 협업 분위기를 해치고 비효율을 초래한다.

해결의 시작: '명확함'이 곧 성장이다

역할을 모를 때는 '문제'를 정의하라

창업자 자신도 명확히 정의하기 어려운 역할이 있다. 완벽한 역할 정의 대신, 해결해야 할 '문제'와 '기대하는 결과'에 초점을 맞춰 직무 기술서(JD)를 작성해야 한다.

핵심 질문은 세 가지다. 현재 겪고 있는 가장 고통스러운 비즈니스 문제 또는 기회는 무엇인가. 이 문제를 해결함으로써 비즈니스에 어떤 변화가 생길 것인가. 이 변화를 만들어 내기 위해 어떤 지식과 경험이 필요한가.

예시를 들면 이렇다. '우리 서비스의 사용자 이탈률이 지난 3개월간 15% 증가했다. 이 문제를 분석하고, 개선 방안을 실험하며, 궁극적으로 이탈률을 5% 미만으로 낮출 전략과 실행을 주도할 분을 찾는다. 필요 역량은 데이터 분석, 사용자 심리 이해, 그로스 해킹 경험이다.'

역량 기반 채용을 강화해야 한다. 특정 직무명에 갇히기보다, 문제 해결에 필요한 핵심 역량을 중심으로 인재를 찾는다. 문제 정의 능력(스타트업 인재의 기본), 가설 수립 및 검증, 커뮤니케이션, 실행력, 학습 민첩성. 이름은 PO가 아니어도, PO의 역할을 수행할 수 있는 사람을 발견하는 것이 중요하다.

직무 기술서는 진화한다는 명확한 메시지를 전달해야 한다. '이 직무 기술서는 현재 우리가 생각하는 바이며, 함께 이 역할의 정의를 더

구체화하고 발전시켜 나가길 기대한다.'

☀ 솔직하게 말하라: 환상이 아닌 현실을

막연한 환상을 심어주거나, 실제와 다른 기대를 하게 하는 소통 방식은 오히려 독이 된다. 스타트업이 직면한 불확실성과 도전 과제를, 있는 그대로 공유하고, 함께 해결해 나갈 동료를 찾는다는 메시지를 전달해야 한다.

불확실성과 성장 기회를 동시에 제시한다. "우리 회사는 아직 모든 것이 명확하지 않다. 특정 역할의 경계가 모호할 수도 있고, 예상치 못한 문제에 부딪힐 수도 있다. 하지만 이러한 불확실성 속에서 전례 없는 성장의 기회와 함께 문제를 정의하고 해결하며, 자신만의 영역을 개척할 수 있다."

문제 해결자 관점의 인터뷰를 진행한다. "이 문제에 직면한다면 어떻게 접근하고 해결할 것인가?" 같은 질문을 통해 지원자의 문제 해결 능력과 불확실성 관리 역량을 심층적으로 파악한다.

문화적 적합성을 최우선으로 한다. 단순히 스킬셋이 맞는 사람보다, 변화에 유연하고, 협업을 중요시하며, 스스로 문제를 찾고 해결하려는 성장 마인드셋을 가진 사람을 찾아야 한다.

경험하며 배우게 하라: 온보딩을 재설계하라

직무 기술서가 불명확한 상황에서는 이론적 온보딩보다 작은 성공 경험을 통한 온보딩에 집중하고, 빠른 피드백 루프를 만들어야 한다.

미니 프로젝트 기반 온보딩을 실시한다. 신규 팀원에게 입사 초기부터 비교적 작은 규모의 문제 해결 프로젝트를 맡긴다. HR 담당자라면 '직원 만족도 개선을 위한 3개월 프로젝트'를, PO라면 '특정 기능의 사용자 이탈 원인 분석 및 개선안 제안' 등을 부여하고, 이 과정에서 필요한 지원과 자율성을 제공한다.

매일 또는 주간 체크인 시스템을 운영한다. 팀 리더나 CEO가 신규 팀원과 정기적으로 짧게 대화하며 업무 진행 상황, 어려움, 그리고 본인이 생각하는 역할에 대한 피드백을 주고받는다. 초기에는 '어떤 역할을 하고 싶은지'를 함께 찾아가는 과정이라는 인식을 심어주는 것이 중요하다.

블레임리스 포스트모템을 조기에 도입한다. 작은 실패나 혼선이 발생했을 때, 개인의 잘못을 따지기보다 '무엇이 문제였고, 어떻게 개선할 수 있을까?'에 집중하는 문화를 일찍부터 정착시킨다. 이는 역할의 모호함에서 오는 시행착오를 두려워하지 않게 만든다.

핵심 직군은 먼저 정의하라

용어의 혼란이 심한 핵심 직군을 효과적으로 채용하고 관리하려면, 용어의 사전적 정의보다는 '우리 회사가 이 역할로부터 기대하는 가장 핵심적인 가치와 성과는 무엇인가'에 집중해야 한다.

CEO의 제품과 비즈니스 비전을 명확화한다. PO, PM 등을 채용하기 전에, CEO가 제품과 비즈니스가 나아가야 할 방향에 대한 최소한의 그림을 명확히 제시해야 한다. 이 그림이 있어야 PO가 비전을 구체화하고, PM이 효율적으로 실행할 수 있다.

'선(先) 정의, 후(後) 채용' 원칙을 따른다. 핵심 직군일수록 채용 전에 이 역할이 비즈니스에 어떤 영향을 미치고, 누구와 어떻게 협업하며, 어떤 성과를 낼 것인지 내부적으로 충분히 논의하고 합의를 이룬다. 모르면 전문가의 자문을 구하는 것도 현명한 방법이다.

Appendix: 대기업 임원, 우리 스타트업에 독인가 약인가

"우리 회사도 이제 좀 컸으니, 대기업 임원 모셔 와서 스케일업해야지!" 이런 생각을 하고 있다면 잠시 멈춰야 한다. '대기업 DNA'가 독이 될 수도, 약이 될 수도 있다.

수많은 스타트업이 대기업 출신 임원을 영입하고 쓰디쓴 실패를 경험한다. 핀테크 기업들이 은행권 출신 임원들을 영입하거나, 이커머스 스타트업들이 수십 년 경력의 대형 유통사 임원을 영입하는 경우가 대표적이다. 수십 년간 몸에 밴 대기업의 관성이 스타트업의 속도, 유연성, 생존 본능과 정면충돌하기 때문이다.

대기업 임원이 스타트업에 합류하면, 이상하게도 호흡이 잘 맞지 않는다. 능력이 부족해서가 아니다. 서로가 움직이는 리듬이 다르기 때문이다.

첫째, 의사결정의 속도 차이다. 대기업은 완벽을 향해 달린다. 모든 리스크를 통제하고, 여러 단계를 거쳐야 비로소 결재 도장이 찍힌다. 반면 스타트업은 완벽보다 '속도 안에서의 학습'을 중시한다. 데이터가 다 모이지 않아도 움직이고, 실패를 통해 방향을 수정한다. 임원은 보고서를 기다리고, 창업자는 그 기다림이 답답하다. 이 작은 시차가 쌓이면, 스타트업의 생명인 타이밍이 사라진다.

둘째, 자원을 다루는 방식의 간극이다. 대기업의 임원은 풍부한 자원에 익숙하다. 예산이 있고, 담당팀이 있고, 외부 컨설턴트도 있다. 하지만 스타트업은 언제나 부족하다. 디자이너가 마케터가 되고, 개발자가 영업을 뛰는 곳이 스타트업이다. 임원은 "왜 이렇게 준비가 안 됐지?"라며 당황하고, 창업자는 "그 준비할 사람이 저희밖에 없어요"라며 웃는다. 이건 단순한 환경 차이를 넘어, 문제를 푸는 사고의 프레임이 다르다는 신호다.

셋째, 성과를 바라보는 기준이 다르나. 대기업은 장기적인 비전과 시장 점유율을 본다. 시간이 걸리더라도 브랜드 이미지를 다듬는 게 우선이다. 하지만 스타트업은 한 달, 일주일 단위로 산다. 이번 주 유저 유입이 떨어지면 내달 월급이 위험할 수도 있다. 그래서 대기업식 전략이 스타트업에서는 '느린 전략'으로 보인다. 임원은 '방향이 중요하다'라고 말하지만, 팀은 '속도가 생존이다'라고 외친다. 둘 다 옳지만, 무게 중심이 다른 것이다.

넷째, 소통의 문화가 충돌한다. 대기업은 보고 체계가 명확하다. 결재선이 있고, 회의록이 있고, 말 한마디에도 형식을 갖춘다. 스타트업은 다르다. 닉네임으로 부르고, 채팅으로 의견을 주고받고, 회의보다 빠른 피드백을 선호한다. 임원은 "왜 아무도 보고하지 않지?"라고 의아해하고, 팀원은 "왜 다 회의로 풀려고 하지?"라며 답답해한다. 이 차이를 모르면, 결국 서로를 오해하게 된다.

▎ 4단계 검증 시스템

묻지마 채용 대신 리스크를 최소화하는 현명한 방법이 있다. 가인즈 TV(https://youtu.be/raH5oKnc7uU)에서 소개된 대기업 임원 단계별 검증 시스템을 소개한다.

1단계는 특강으로 간 보기다. 소정의 강의료(100만 원 내외)를 주고 1~2시간 특강을 요청한다. "우리 회사 ○○○ 문제를 해결할 아이디어를 주세요"라는 구체적인 주제를 던진다. 이 단계에서 확인할 것은 세 가지다. 스타트업에 대한 진짜 이해도가 있는가, 최신 트렌드를 알고 있는가 아니면 대기업 얘기만 하는가. 추상적인 이야기가 아닌 당장 적용 가능한 구체적인 솔루션을 제시하는가. 젊은 직원들의 눈높이에 맞춰 설명할 수 있는가.

2단계는 현장 자문으로 맛보기다. 퇴근 후 3~4시간, 특정 부서 소그룹을 대상으로 자문을 요청한다. "우리 마케팅팀의 인스타그램 팔로워를 늘릴 수 있을까요?" 같은 명확한 미션을 준다. 4회 정도, 회당 80만 원 선에서 시작한다. 실제로 직원들에게 도움이 되는가, 개선점을 찾아내는가, 무엇보다 중요한 것은 직원들의 반응이다. 직원들이 임원과의 만남을 긍정적으로 평가한다면, 이건 좋은 신호다.

3단계는 프로젝트로 진짜 협업이다. 신사업이나 신상품 개발 같은 중요한 프로젝트를 담당하게 한다. 3개월간 1,500만 원 정도의 수수료를 지급하고, 사무실 공간과 핵심 데이터 접근 권한을 준다. 이제 진짜 함께 일해보는 것이다. 주어진 목표를 달성하는가, 기존 팀원들과 잘 어울려 시너지를 내는가, 스타트업의 빠르고 변덕스러운 환경에 유연하게 대처하는가, 무엇보다 월급쟁이 마인드가 아닌 진짜 내 일처럼 몰입하는가.

4단계는 검증된 인재를 정식으로 맞이하는 것이다. 앞선 모든 단계를 성공적으로 통과했다면, 이제 정식으로 팀원으로 맞이한다. 이미 서로를 충분히 이해하고 신뢰가 쌓인 상태다. 묻지마 채용으로 인한 시행착오와 리스크는 극단적으로 줄어든다.

대기업 출신 임원의 경험과 노하우는 분명 스타트업에 엄청난 자산이 될 수 있다. 하지만 아무나 데려온다고 성공하는 건 아니다. 치밀한 검증, 단계적 접근, 그리고 상호 존중과 명확한 소통만이 성공적인 협력을 끌어낸다.

"그냥 대기업 출신이라 뽑았다"라는 변명 대신, "우리는 이렇게 검증해서 최고의 인재를 모셨다"라고 자신 있게 말할 수 있어야 한다.

4단계 검증을 통해 역할 미스매치를 최대한 줄였다. 이것으로 사람(Man)에 대한 여정을 마무리한다.

이제 시선을 비즈니스 모델(Model)로 옮길 차례다. 유니콘을 만든 창업자들은 복잡한 대시보드를 들여다보지 않는다. 대신 매일 아침, 단 네 가지만 확인한다.

Man, Market, Model, Money.

이 네 가지가 어긋나는 순간, 성장은 멈춘다.

Part 4
Model
감이 아닌 시스템으로
승부하는 성장 공식

Chapter 16

스타트업 경영 만트라 4M

이 책의 전체 구조는 5M으로 구성되어 있다. Mindset(Part 1)은 창업자의 사고방식으로 모든 것의 출발점이다. Market(Part 2)은 시장과 고객에 대한 내용이다. Man(Part 3)은 조직과 사람을 다룬다. Model(Part 4)은 비즈니스 모델, 즉 어떻게 돈을 벌 것인가를 다룬다. Money(Part 5)는 자금과 재무, 어떻게 지속할 것인가에 대한 이야기다.

5M은 창업자가 어디서부터 어디까지 생각해야 하는지를 보여주는 상위 프레임(전체 지도)이고, 4M은 5M 중 Model 파트에서 실제로 매일 점검하며 운영해야 하는 실행 프레임(체크 시스템)이다.

이런 관점에서 보면, Model 파트에서 4M이 다시 언급되는 것은 5M와 다른 개념을 새로 제시한다기보다는, 그만큼 4M이 중요하고 반복적으로 관리되어야 한다는 점을 강조하는 확장의 의미다.

올바른 마인드셋을 가진 창업자가 실제로 회사를 운영할 때 매일 체크해야 할 핵심 4가지. 이것이 바로 경영 만트라 4M이다.

새벽 3시, 한 창업자가 사무실 책상에 앉아 중얼거린다. 오늘만 해도 회의를 열 번이나 했다. 새로운 기능 개발, 마케팅 채널 테스트, 투자자 미팅 준비, 신규 채용… 모두 급하고 중요해 보였다. 그런데 저녁이 되니 정작 무엇 하나 제대로 진전된 게 없었다.

이건 그만의 이야기가 아니다.

어제는 "AI 기능을 추가해야 해!"라고 외치다가, 오늘은 "바이럴 마케팅이 답이야"라며 방향을 바꾸고, 내일은 또 다른 트렌드에 휩쓸린다. ChatGPT가 뜨면 우리도 AI를 넣어야 할 것 같고, 경쟁사가 시리즈 B를 받았다는 소식을 들으면 우리도 당장 투자받아야 할 것 같다.

그 사이, 정작 중요한 것들은 조용히 무너진다. 핵심 개발자가 "더 이상 비전이 안 보여요"라며 사표를 낸다. 고객 10명에게 전화를 걸어봐야 하는데 3주째 미루고 있다. 런웨이가 6개월밖에 안 남았는데 "돈이 중요한 게 아니야"라고 생각한다.

스타트업이 실패하는 이유는 노력이 부족해서가 아니다. 잘못된 곳에 에너지를 쏟기 때문이다.

폴 그레이엄(Y Combinator 창업자)은 "스타트업이 죽는 이유는 한 가지다. 사람들이 원하지 않는 걸 만들기 때문이다"라고 말했다.

하지만 이건 절반의 진실이다. 더 정확히 말하면 이렇다. 스타트업은 매일 수백 개의 선택 앞에서 방향을 잃고, 결국 잘못된 것에 몰빵하다가 죽는다.

완벽한 제품을 만들겠다고 6개월을 쓰다가, 막상 출시하니 아무도 원하지 않는다. 마케팅에 5천만 원을 쏟았는데, 알고 보니 제품이 문제다. A급 인재를 찾아야 하는데, 당장 급하다며 B급을 뽑았고, 그 사람이 팀 문화를 망친다. 투자 유치에 매달렸는데, 정작 고객은 떠나가고 있다. 모두 급한 것에 매달리다가 중요한 것을 놓친 경우다.

그렇다면 무엇이 중요한가.

많은 스타트업을 관찰한 결과, 성공하는 회사들에는 공통점이 있었다. 그들은 복잡한 상황 속에서도 단순한 원칙으로 돌아갔다. 올바른 사람들과 함께하고 있는가(Man), 시장과 고객이 원하는 것을 만들고 있는가(Market), 지속 가능한 구조를 만들고 있는가(Model), 올바른 돈의 흐름을 만들어 내고 있는가(Money). 이 네 가지다. 그 이상도, 그 이하도 아니다.

4M은 스타트업 경영의 기본 4요소이며, 매일 아침 확인해야 할 생존 체크리스트다.

새로운 기능을 추가할지 고민될 때는 "이게 고객(Market)이 원하는 거야?"라고 물어야 한다. 투자자 미팅을 준비하면서는 "우리 런웨이(Money)는 얼마나 남았지?"를 확인해야 한다. 급하게 사람을 뽑으려 할 때는 "이 사람이 우리 팀(Man)을 더 강하게 만들까?"를 고민해야 한다. 새로운 비즈니스 모델을 테스트하면서는 "이게 확장 가능한(Model) 구조일까?"를 검증해야 한다.

4M 만트라는 길을 잃었을 때 다시 중심으로 돌아올 수 있게 하는 나침반이다.

1. Man(팀): 최고의 복지는 동료다

초기 10명이 회사의 미래를 좌우한다

버스에 누구를 태울 것인가?

짐 콜린스는 《Good to Great》에서 "First Who, Then What"이라고 말했다. 먼저 적절한 사람을 버스에 태우고, 부적절한 사람은 버스에서 내리게 하고, 적절한 사람을 적절한 자리에 앉힌 다음, 그 후에 버스를 어디로 몰고 갈지 결정하라는 뜻이다.

스타트업도 마찬가지다. 무엇을 할지(What) 결정하기 전에, 누구와 함께할지(Who)를 먼저 정해야 한다. 초기 10명이 회사의 미래를 좌우한다. 잘못된 채용은 채용하지 않는 것보다 10배 더 해롭다(Wrong hire costs 10x more than no hire).

팀 빌딩의 시작은 2~4인으로 구성된 공동 창업자와 함께 할 것을 추천한다. 이들은 회사의 초기 비전을 실현할 핵심 역량을 반드시 갖추고 있어야 한다. 혼자 시작할 수도 있지만, 공동 창업자가 있으면 서로의 부족한 점을 보완하며 더 강력하게 시자할 수 있다.

초기 단계에서는 직접 실행이 중요하다. 버스를 어디로 몰지 정하기 전에, 운전대를 잡을 사람이 운전할 줄 알아야 한다. 초기에는 직원을 채용하기보다 창업자들이 직접 배우고 실행하는 게 좋다. 특히 기술 기반 회사라면 연구개발(R&D) 역량을 갖추어야 한다. 설령 B2C 서비스일지라도, 앱이나 웹 서비스 개발에 대한 핵심 역량이 없다면 속도가 조금 느리더라도 자체 역량을 갖추는 것을 강력히 추천한다.

초기 멤버의 중요성은 아무리 강조해도 지나치지 않다. 공동 창업자 이후 처음 합류하는 10명은 단순히 직원이 아니라 버스의 앞좌석을 채우는 핵심 탑승자이자 회사의 DNA를 형성하는 창립 멤버다.

트위치 창업자 마이클 세이벨(Michael Seibel)은 매번 채용할 때마다 현재 팀의 평균을 어떻게 높일 수 있을지 고민한다고 했다. 다시 말해, 현재의 팀원보다 더 좋은 인재와 함께하는 것을 목표로 해야 한다.

콜린스의 원칙대로, '적절한 사람을 적절한 자리에' 앉히는 것이 중요하다. 아무리 뛰어난 사람이라도 잘못된 자리에 앉으면 버스는 제대로 가지 못한다. 이들이 만들어 가는 문화와 가치관은 향후 수백, 수천 명 규모의 조직 전체에 막대한 영향을 미친다.

그렇다면 초기 10명은 구직 사이트에서 공고를 올려서 뽑는 것으로는 부족하다. 반드시 명심해야 한다. 사람이 먼저, 전략은 나중이다.

2017년 요세미티 국립공원에서, 마이리얼트립 창업자는 우연히 만난 대기업 대표에게 "사업이란 무엇입니까?"라고 물었다. 그의 답은 명확했다. "사업은 옳은 사람을 옳게 뽑아서 옳은 자리에 배치하면 되는 것입니다."

이는 짐 콜린스의 "First Who, Then What"과 정확히 일치한다. 올바른 사람들이 버스에 타면, 그들이 스스로 버스를 어디로 몰고 갈지 찾아낸다.

스타트업의 성공은 사람에게 달려 있다. 훌륭한 팀을 구성하는 것이 장기적인 성장을 위한 가장 중요한 투자임을 잊지 말아야 한다.

그렇다면 훌륭한 팀을 구성하기 위한 핵심 원칙은 무엇인가. 스타트업 채용에서 반드시 기억해야 할 원칙들을 정리했다.

정답 없는 문제를 끝까지 파고드는 DNA

스타트업은 본질적으로 몰입의 끝판왕이다. 황농문 교수의 이야기가 이를 잘 설명한다. 황농문 교수는 오랫동안 한 가지 미스터리에 사로잡혀 있었다. 서울대 대학원에서 만난 두 명의 제자 이야기다.

A와 B, 둘 다 학점은 거의 비슷했다. 시험 성적만 보면 누가 더 뛰어난지 구분하기 어려웠다. 하지만 연구실에서 실제 문제를 주고 해결하라고 하면 결과는 천지 차이였다. A는 아무도 풀어본 적 없는 문제에도 며칠, 때로는 몇 주를 매달려 창의적인 해답을 찾아냈다. 반면 B는 기존 논문이나 교과서에 비슷한 예시가 없으면 금방 포기하고 다른 문제로 넘어가 버렸다.

교수로서 수십 년을 보내면서도 이 차이가 궁금했던 황농문 교수는 마침내 두 학생의 과거를 파헤쳐 보기로 했다. 그리고 놀라운 사실을 발견했다.

A는 어린 시절부터 독특한 습관이 있었다. 수학 문제집을 풀 때 모르는 문제가 나와도 절대 뒤쪽 해답을 보지 않았다. 2시간이 걸리든, 하루 종일 고민하든 상관없이 스스로 답을 찾을 때까지 포기하지 않

았다. 심지어 며칠 동안 같은 문제를 붙들고 있는 경우도 있었다고 한다.

반대로 B는 전형적인 한국 학생이었다. 10분 정도 고민해 보다가 막히면 바로 해답을 확인하고, 그 풀이 과정을 달달 외워서 비슷한 문제에 적용하는 방식이었다. 효율적이고 빠르게 많은 문제를 푸는 것이 목표였다.

결과는 충격적이었다.

몇 년 후, A는 세계적인 연구자가 되어 아무도 시도해 보지 않은 혁신적인 이론을 발표하고 있었다. B는 여전히 남들이 한 연구를 따라하는 수준에 머물러 있었다.

황농문 교수는 이 발견에 전율했다. "이것이다! 이것이 바로 창의성의 비밀이었구나!"

그는 곧바로 실험에 들어갔다. 평소 깊이 생각하지 못하던 또 다른 제자에게 6개월간 '답 없는 문제'만 주고 끝까지 고민해 보라고 했다. 처음에는 고작 30분도 못 버티던 학생이 점차 2시간, 5시간, 결국 며칠씩 한 문제에 매달릴 수 있게 되었다.

6개월 후 그 제자는 완전히 다른 사람이 되어 있었다. 대기업 연구소에서 핵심 인재로 스카우트될 만큼 문제 해결 능력이 폭발적으로 향상된 것이다. 이것이 바로 스타트업이 필요로 하는 능력이다.

스타트업의 모든 순간이 A 학생이 어릴 때 풀던 '답 없는 수학 문제'와 똑같다. 시장에 검증된 정답은 없고, 고객이 원하는 게 뭔지 명확하지 않으며, 경쟁사가 시도해 보지 않은 혁신을 만들어 내야 한다.

 "생각하는 시간에 비례해 뇌에서 인출되는 기억의 양이 늘어난다"는 황농문 교수의 발견처럼, 5분 고민으로는 5분짜리 아이디어밖에 나오지 않지만, 5시간 몰입하면 혁신적인 솔루션이 탄생한다.

 스타트업이 성공하려면 팀원 모두가 A 학생처럼 '정답이 없어도 끝까지 파고드는' 몰입 DNA를 가져야 한다. 창의성은 타고나는 게 아니라 이런 훈련을 통해 후천적으로 발달한다는 것이 뇌과학의 결론이다.

 결국 스타트업은 황농문 교수가 발견한 '창의성 근육'을 매일 단련하는 최고의 도장인 셈이다. 하지만 몰입 능력만으로는 부족하다. 아무리 문제 해결 능력이 뛰어나도 회사의 비전과 문화에 맞지 않는다면 오히려 독이 될 수 있다.

완벽한 스킬보다 회사와의 궁합이 우선이다

 제프 베조스는 "아마존은 선교사를 뽑는다. 용병을 뽑지 않는다"고 말했다. 여기서 말하는 선교사란, 회사의 비전에 깊이 공감하고 제품과 일을 진심으로 사랑하며 스스로 몰입하는 사람을 뜻한다. 스타트업일수록 이런 태도를 가진 사람과 함께해야 한다. 보상이나 조건만을 보고 움직이는 용병형 인재는 단기적으로는 도움이 될 수 있어도, 조직의 문화와 방향성을 함께 만들어 가기에는 한계가 분명하다.

 채용 인터뷰 프로세스를 탄다면, 반드시 문화 인터뷰(Culture Interview)를 진행해야 한다. 1차는 서류 전형 및 기술 역량 기본 검증, 2차는 기술 인터뷰(코딩 테스트, 기술 면접), 3차는 문화 인터뷰, 4차는 최종 임원 면접으로 구성하는 것이 좋다.

이 모든 과정의 전제는 분명하다. 인재 바(기준)를 최대한 높게 설정해야 한다는 것이다. 평범한 사람 1만 명보다 업계 최고 가격의 세 배를 주고서라도 인재 한 명을 채용하는 것이 낫다.

채용이 끝났다고 안심해서는 안 된다. 수습 기간은 일방이 아니라 양방향 평가다. 'Hire slow, fire fast'라는 원칙을 기억해야 한다. 서로 맞는지 철저히 확인하고, 맞지 않으면 과감히 결별해야 한다. 수습 기간은 3개월이 적절하다. 1~2개월은 업무 파악에만 시간을 쓰게 되어 실질적 평가가 어렵고, 6개월 이상은 너무 길어 양측 모두 부담이 크다. 3개월이면 업무 적응과 문화 적합성을 충분히 판단할 수 있으며, 근로기준법상에서도 일반적으로 인정되는 기간이다.

잘못된 채용은 단순히 그 한 사람의 문제가 아니다. 팀 전체의 사기와 생산성을 떨어뜨리고, 회사 문화를 오염시킨다. 차라리 채용하지 않는 것이 10배 낫다.

이때 반드시 짚고 넘어가야 할 현실적인 주의점이 있다. 수습 기간 중이라도 성과 미달을 이유로 해고하려면, 사전에 준비된 평가 기준을 마련하고 이에 따라 객관적으로 성과 미달임이 확인되는 프로세스가 있어야 한다. 이런 프로세스가 없다면 수습인이 노동청에 고소하는 것을 당하고 민망한 일을 겪게 된다. 따라서 채용 시점부터 명확한 평가 기준과 절차를 문서화하여 대비해야 한다.

"평범한 사람 1,000명보다 천재 한 명이 낫다."

1983년, 스티브 잡스는 한 사람을 설득하기 위해 4개월을 쏟아부었다. 그 사람은 존 스컬리, 당시 펩시콜라 사장이었다. 잡스는 스컬리를 애플 CEO로 영입하고 싶었다.

스컬리는 거절했다. 펩시에서 성공 가도를 달리는 그가 굳이 회사를 옮길 이유는 없었다. 높은 연봉, 안정된 지위, 명확한 미래를 버리고 왜 불확실한 컴퓨터 회사로 가야 하나.

잡스는 포기하지 않았다. 매주 전화해서 만나길 청하고 설득했다. 그리고 마침내, 이 한 문장을 던졌다. "평생 설탕물이나 팔면서 살 건가요, 아니면 세상을 바꿀 기회를 잡을 건가요?"

흔들린 스컬리는 고민 끝에 애플로 왔다. (물론 나중에 잡스를 해고하는 아이러니가 발생하지만) 중요한 건, 잡스가 최고의 인재를 영입하기 위해 4개월을 투자했다는 점이다. 그에게 채용은 단순한 업무가 아니었다. 회사의 운명을 결정하는 가장 중요한 일이었다.

잡스는 한 인터뷰에서 이렇게 말했다. "대부분의 일에서 평범한 사람과 최고 사이의 차이는 2배 정도입니다. 택시 운전사를 생각해 보세요. 최고 운전사가 평범한 운전사보다 2배 빠르게 목적지에 데려다줄까요? 아마 20% 정도 빠를 겁니다. 하지만 소프트웨어는 다릅니다. 평범한 엔지니어와 최고의 엔지니어 사이의 차이는 10배, 아니 50배, 때로는 100배까지 벌어집니다. 최고의 엔지니어는 혼자서 평범한 엔지니어 50명이 하는 일을 해낼 수 있습니다."

그는 이것을 직접 경험했다. 맥(Mac) 개발팀에 천재 엔지니어 한 명이 합류했다. 그 사람이 3주 만에 다른 팀이 6개월 동안 못 푼 문제를 해결했다. 한 사람이 팀 전체를 바꾼 것이다. 그때부터 잡스는 확신했다. "A급 인재 한 명이 B급 인재 100명보다 낫다."

○ A급 인재는 A급 인재만 원한다

잡스는 또 이렇게 말했다. "A급 인재들의 특징이 있습니다. 그들은 자기보다 더 뛰어난 사람들과 일하고 싶어 합니다. 왜냐하면 그게 그들이 성장하는 방식이거든요. 그들은 서로에게서 배우고, 서로를 밀어붙이고, 서로를 더 나은 사람으로 만듭니다. 반대로 B급 인재는 C급 인재를 고용합니다. 왜냐하면 자기보다 뛰어난 사람을 위협으로 느끼거든요. 그래서 B급 인재 한 명을 잘못 뽑으면, 그 사람이 C급을 데려오고, C급이 D급을 데려옵니다. 조직이 무너지는 건 순식간입니다."

맥 팀이 전설이 된 이유도 이것이었다. 잡스가 A급 인재를 모았고, 그들이 다시 A급 인재를 데려왔다. 자체 통제 메커니즘이 작동한 것이다.

어느 날 한 엔지니어가 말했다.

"스티브, 저 사람은 우리 팀에 맞지 않아요."

"왜?"

"기술은 괜찮은데, 우리 수준은 아니에요. 프로젝트가 느려질 것 같아요."

잡스는 즉시 그 사람의 채용을 취소했다. A급 팀이 자신을 지킨 것이다.

CEO의 가장 중요한 일은 채용이다.

잡스는 이렇게 말했다. "내 시간의 25%는 채용에 씁니다. 일주일에 하루는 오롯이 사람을 만나고, 설득하고, 평가하는 데 쓰죠. CEO가

해야 할 가장 중요한 일입니다."

정말 그랬다. HP에서 핵심 엔지니어를 스카우트하는 데 1년이 걸렸다. 그 사람을 설득하기 위해 수십 번 만났다. 밥도 같이 먹고, 애플의 비전을 설명하고, 어떤 제품을 만들지 보여줬다.

왜 그렇게까지 하냐는 물음에 잡스는 답했다. "한 명의 천재가 회사를 바꿉니다. 그래서 타협하지 않습니다."

이를 통해 알 수 있는 교훈이 있다. 현재의 채용 프로세스를 생각해 보자. 구인 사이트에 공고를 올린다. 지원자가 오면 1시간 면접한다. 괜찮으면 뽑는다. 이것으로 A급 인재를 찾을 수 있을까. 절대 아니다.

A급 인재는 구직 사이트에 없다. 그들은 이미 좋은 곳에서 일하고 있다. 직접 찾아가야 한다. 설득해야 한다. 때로는 몇 달을 기다려야 한다. 잡스처럼 해야 한다. 최고의 인재 한 명을 위해 6개월을 쓸 각오가 되어 있는가? 그 한 명이 회사의 운명을 바꿀 수 있다. 평범한 사람 10명을 뽑을 시간에, 천재 한 명을 찾아야 한다.

훌륭한 어드바이저를 옆에 두기

한 바이오테크 스타트업 창업자가 있었다. 그는 2년 동안 FDA 승인 절차로 고생했다. 서류를 여섯 번 수정했고, 그때마다 거절당했다. 팀은 지쳐갔고, 현금은 바닥났으며, 투자자들은 불안해했다.

어느 날 그는 콘퍼런스에서 전 FDA 심사관을 만났다. 20년 경력의 베테랑인 그는 은퇴 후 바이오테크 기업을 자문하고 있었다. 창업자는 용기를 내어 물었다. "저희를 도와주실 수 있나요?"

그 심사관은 3개월 동안 일주일에 한 번씩 전화를 했다. 서류를 검토하고, 약점을 지적하고, 어떻게 고쳐야 할지 알려줬다. 그리고 FDA 내부의 담당자에게 직접 연락해서 "이 회사 검토해 주세요"라고 말했다.

결과는 놀라웠다. 4개월 만에 승인이 난 것이다. 2년 동안 해결하지 못한 문제가 한 사람의 도움으로 풀렸다.

그 창업자는 이렇게 말했다. "그분이 아니었다면 우리 회사는 없었을 겁니다."

이것이 어드바이저의 힘이다.

○ 어드바이저에게도 지분 보장하기

2023년, 스타트업 게놈(Startup Genome)은 40개국 10만 명 이상의 창업자를 대상으로 "어떤 요소가 스타트업을 성공으로 이끄는가?"를 조사했다.

놀랍게도 지분을 가진 어드바이저 3명 이상을 보유한 스타트업이 그렇지 않은 스타트업보다 15.3배 높은 확률로 5천만 달러 이상 가치평가를 달성했다. 15.3배다. 두 배도 아니고, 다섯 배도 아니고, 열다섯 배.

비교해 보면 이렇다. 스톡옵션을 모든 직원에게 제공하면 2.2배 효과가 있다. 글로벌 네트워크 5개 이상을 확보하면 8.5배 효과가 있다. 하지만 어드바이저의 효과는 15.3배다.

왜 이렇게 압도적인가?

답은 간단하다. 지분을 가진 어드바이저는 창업자의 성공이 곧 자신의 성공이기 때문이다. 시급을 받는 컨설턴트는 조언만 하고 떠난다. 하지만 지분을 가진 어드바이저는 밤에 창업자 생각을 한다. 주말에 아이디어가 떠오르면 문자를 보낸다. 자신의 네트워크를 기꺼이 연결해 준다. 그들은 단순한 조언자가 아니다. 공동 운명체다.

○ 어드바이저 선택에도 전략이 필요하다

어떤 어드바이저를 모셔야 할지 모르겠다는 어느 SaaS 창업자의 질문에 "당신 회사의 가장 큰 약점은 뭔가요?"라고 되물었다.

"세일즈입니다. 제품은 좋은데, 대기업 고객에게 어떻게 팔아야 할지 모르겠어요."

"그럼 답이 나왔네요. 대기업 세일즈 경험이 풍부한 사람을 찾으세요."

그는 3개월 동안 링크드인을 뒤져서 삼성과 LG에서 B2B 소프트웨어를 팔았던 전 임원을 찾았다. 그 임원은 은퇴 후 스타트업 자문에 관심이 있었다.

첫 미팅에서 창업자는 솔직하게 말했다. "저는 세일즈를 모릅니다. 도와주세요." 그 임원은 웃으며 답했다. "내가 20년 동안 배운 걸 가르쳐주겠습니다."

6개월 후, 그 스타트업은 첫 대기업 고객을 확보했다. 계약 규모는 3억 원. 이전 고객들의 평균 계약이 1천만 원이었던 것과 비교하면 30배 성장이었다.

어드바이저는 이렇게 말했다. "내가 한 건 소개와 조언뿐이에요. 실행은 모두 당신 팀이 했습니다." 하지만 창업자는 알고 있다. 그 소개와 조언이 없었다면 문전박대를 당했을 것이라는 걸.

또 다른 예를 보자. 한 AI 스타트업이 있다. 그들은 자연어처리 기술로 의료 기록을 분석하는 제품을 만들었다. 기술은 뛰어났지만 병원들은 믿지 않았다. "정말 정확한가요?" "환자 데이터 보안은 어떻게 하나요?"

창업자는 KAIST 자연어처리 분야의 최고 권위자 교수를 어드바이저로 모셨다. 그 교수는 주요 병원 세미나에 함께 가서 기술을 설명했다. "제가 검증했습니다. 이 기술은 믿을 만합니다."

교수의 말 한마디가 모든 걸 바꿨다. 병원들은 파일럿을 시작했다. 18개월 후, 그 스타트업은 시리즈 A에서 100억 원을 투자받았다.

B2C는 다르다. 한 푸드테크 스타트업 창업자는 배달의민족 초기 멤버였던 사람을 어드바이저로 모셨다. 그 어드바이저는 '사용자 경험'에 미친 사람이었다. 앱을 보더니 말했다. "이거 버튼 세 번 눌러야 주문되네요? 두 번으로 줄이세요."

창업자는 생각했다. '버튼 하나 줄인다고 뭐가 달라지나?' 하지만 A/B 테스트를 해보니 전환율이 40% 올랐다. 버튼 하나가 매출을 40% 올린 것이다.

어드바이저와의 첫 미팅을 망치지 않는 방법

○ 원하는 것을 확실하게 말하라

많은 창업자가 어드바이저를 만나고도 제대로 활용하지 못한다. 이유는 준비 없이 만나기 때문이다.

어느 창업자가 유명한 VC 출신 어드바이저와 첫 미팅을 했다. 그는 이렇게 시작했다. "우리 회사 소개부터 할게요…" 30분 동안 회사 소개를 했다. 어드바이저는 웃으며 말했다. "그런 얘기는 당신 홈페이지에서 다 봤어요. 내가 도와줄 건 뭐죠?"

창업자는 당황했다. 막연한 도움만을 기대했을 뿐, 무엇이 필요한지는 생각하지 않았다.

반대로 잘한 창업자도 있다. 그는 미팅 3일 전에 이메일을 보냈다. "이번 미팅에서 세 가지를 여쭙고 싶습니다. 첫째, 시리즈 A 투자 유치 전략. 둘째, 리드 투자자 선정 기준. 셋째, 밸류에이션 협상 팁. 참고로 저희 현재 상황은 이렇습니다…"

답변을 미리 준비한 어드바이저는 미팅 당일 1시간 동안 집중적으로 조언했다. 미팅이 끝날 때 어드바이저가 말했다. "다음 주에 제가 아는 VC 세 명에게 당신을 소개해 줄게요."

차이가 보인다. 첫 번째 창업자는 어드바이저의 시간을 낭비했다. 두 번째 창업자는 어드바이저의 시간을 존중했고, 그 대가로 네트워크를 얻었다.

○ 솔직하게 약점을 공유하라

한 창업자는 어드바이저에게 이렇게 말했다. "저희는 잘되고 있어요. 매출도 증가하고, 팀도 좋고…" 어드바이저는 속으로 생각했다. '그럼 나한테 왜 온 거야?'

진짜 도움받고 싶다면 솔직해야 한다. "저는 재무를 모릅니다. 투자자들이 손익계산서를 물어보면 식은땀이 납니다." "팀원들이 자꾸 그만둡니다. 제가 리더십이 부족한 것 같아요." "마케팅에 5천만 원을 썼는데 효과가 없습니다. 뭘 잘못한 건지 모르겠어요."

이렇게 말하면 어드바이저는 진짜 도움을 줄 수 있다. 약점을 숨기면 피상적인 조언만 받게 된다.

○ 정기적으로 업데이트하라

어떤 창업자들은 어드바이저를 한 번 만나고 한동안 연락하지 않다가 6개월 후에 갑자기 연락한다. "투자 유치 도와주세요!" 어드바이저는 당황한다. "지난 6개월 동안 뭐 했는지 모르는데 어떻게 도와주지?"

좋은 창업자는 다르다. 한 달에 한 번 현황과 문제점을 적은 이메일을 보낸다. 구구절절 쓸 필요 없이 4줄이면 충분하다.

지난달 목표: 고객 50명 확보 → 달성: 47명.

이번 달 목표: 첫 유료 전환 10명.

현재 고민: 가격 정책을 어떻게 설정해야 할지 모르겠습니다.

다음 미팅: 다음 주 화요일 가능하신가요?

이 정도면 된다. 어드바이저는 상황을 파악할 수 있고, 적절한 시기에 조언할 수 있다.

지분은 얼마나 줘야 하나

"어드바이저에게 몇 퍼센트를 줘야 하나요?" 이 질문을 자주 받는다.

업계 표준은 보통 일반적인 어드바이저는 0.1~0.25%, 핵심 어드바이저는 0.25~0.5%, 슈퍼 어드바이저는 0.5~1%(시드 투자 기준)다.

하지만 더 중요한 건 '언제' 주느냐다. 초기 투자 전이라면 1%도 큰 부담이 아닐 수 있다. 시리즈 B 이후라면 0.5%도 부담될 수 있다.

그리고 베스팅(Vesting)을 걸어야 한다. 보통 2년. 어드바이저가 2년 동안 기여하지 않으면 지분이 소멸된다. 이것은 보호장치다. 한 번 만나고 사라지는 어드바이저로부터 지분을 지키는 방법이다.

"도와주세요"라고 말할 용기

많은 창업자가 어드바이저를 구하지 못하는 이유는 자존심 때문이다. "내가 모른다는 걸 인정하기 싫어요." "거절당하면 창피해요."

하지만 가장 성공한 창업자들은 가장 많이 도움을 청한 사람들이다. 그들은 "저는 이걸 모릅니다. 가르쳐주세요"라고 말하는 걸 부끄러워하지 않는다.

한 유명한 창업자는 이렇게 말했다. "저는 100명에게 도움을 청했어요. 90명은 거절했죠. 하지만 10명이 도와줬어요. 그 10명이 제 회사를 여기까지 데려왔습니다."

누구나 할 수 있다. 오늘 당장 존경하는 사람에게 이메일을 보내라. "저는 ○○를 하고 있습니다. ○○ 분야에서 선배님의 경험이 필요합니다. 30분만 시간을 내주실 수 있을까요?"

10명 중 1명이라도 응답한다면? 이미 15.3배의 성공 확률을 얻은 것이다.

2. Market(시장): 고객이 사랑하게 만들어라

스타트업은 시장에 진출하는 게 아니다. 시장이라는 살아있는 생태계가 솔루션을 평가하고, 검증하고, 선택한다. 시장은 고정된 표적이 아니라 끊임없이 변화하는 능동적인 유기체다.

그렇다면 이 능동적인 시장에게 선택받기 위해서는 무엇을 해야 하는가.

첫째, 머릿속 아이디어가 아니라 시장에서 실제로 존재하는 기회를 발견해야 한다. 기술이 아무리 혁신적이어도, 시장이 필요로 하지 않으면 선택받지 못한다.

둘째, '모든 사람'이 아닌 구체적인 한 명을 정의(Ideal Customer Profile, ICP)해야 한다. 시장은 막연한 대중이 아니라 구체적인 개인들의 집합이다. 한 명을 압도적으로 만족시켜야 시장이 움직인다.

셋째, 경쟁사보다 10배 나은 솔루션을 만들어야 한다. 20% 개선으로는 시장이 기존 선택을 바꾸지 않는다. 시장이 주목하고 선택하려면 압도적 차이가 필요하다.

아이디어가 아니라 '시장에서 기회'를 발견하라

"우리 제품 정말 좋은데, 왜 아무도 안 사지?"

수많은 창업자가 이 질문 앞에서 절망하는 모습을 봤다. 6개월, 1년, 때로는 2년을 제품 개발에 쏟아부은 후에야 깨닫는다. 고객이 원하는 게 아니었다는 걸.

문제는 항상 같은 곳에서 시작된다. 창업자 자신의 머릿속이다. "이 기술 정말 혁신적이야", "이 기능 너무 멋지지 않아?", "경쟁사보다 3배 빠른데?" ― 모두 맞는 말이다. 하지만 고객은 기술이나 기능에 돈을 내지 않는다. 그들은 자기 문제의 해결책에 돈을 낸다.

한 딥테크 스타트업 창업자가 찾아왔다. "저희 AI 엔진은 정확도가 98%입니다. 경쟁사는 92%밖에 안 돼요." 물었다. "고객들은 92%에서 98%로 올라가는 게 얼마나 중요하다고 하나요?" 그는 잠시 멈칫했다. 고객에게 물어본 적이 없었다.

알고 보니 고객들이 진짜 원한 건 정확도가 아니었다. 기존 시스템과의 연동이었다. 아무리 정확해도 기존 워크플로를 다 바꿔야 한다면 도입할 수 없었다.

○ VC가 정말 묻고 싶은 질문

VC들이 "당신의 사업 아이디어는 무엇입니까?"라고 물을 때, 이런 답을 기대하지 않는다. "저희는 AI 기반 블록체인 솔루션으로…" "저희 기술은 특허 출원 중이며…" "저희 팀은 카이스트 출신으로…"

그들이 정말 듣고 싶은 건 이것이다.

"강남 3구 중소형 건축사무소 대표들이 밤잠을 못 자는 이유가 있습니다. 건축법 위반 판정을 받아 재설계를 하면 프로젝트가 2~3개월 늦어지고, 고객에게 위약금을 물어야 합니다. 작년에만 이런 일로 평균 3천만 원의 손실을 봤습니다. 우리는 이 문제를 자동화로 해결합니다."

차이가 보인다. 전자는 창업자 머릿속에 있는 것이고, 후자는 시장에서 발견한 것이다.

○ 고객이 왜 쓰지 않는지를 이해하는 게 더 중요하다

어떤 창업자들은 고객 10명을 만나서 10명이 '모두 좋네요!'라고 하면 성공했다고 생각한다. 하지만 실제로 출시하면 아무도 사지 않는다.
왜 그런가. '좋다'와 '산다'는 완전히 다른 행동이기 때문이다.

한 SaaS 스타트업은 데모를 본 고객들로부터 90%의 긍정 반응을 받았다. 하지만 실제 전환율은 5%에 불과했다. 왜 그랬을까. 다시 고객들을 만나서 물었다. "제품은 좋은데, 우리 팀을 설득할 자신이 없어요", "CFO가 예산 승인을 안 해줄 것 같아요", "기존 도구에서 데이터를 옮기는 게 너무 번거로워요."
제품의 문제가 아니었다. 구매 결정 프로세스를 이해하지 못한 게 문제였다.

스타트업이 풀어야 할 문제의 본질은 사무실 화이트보드에 있지 않다. 고객의 사무실, 고객의 집, 고객의 하루 속에 있다. 그곳으로 나가야 한다.

🔅 타겟 고객을 구체적으로 정의하라

모든 사람을 타겟으로 하는 순간, 아무도 타겟하지 않는 것이다.

성공하는 스타트업은 막연한 시장이 아니라 구체적인 '그 한 명'을 명확히 정의한다. 제품이 해결하는 문제를 가장 절실하게 느끼는 사람은 누구인가. 그 사람은 어디에 살고, 몇 살이며, 어떤 하루를 보내고, 무엇 때문에 밤에 잠을 못 자는가.

좁게 시작해서 넓게 확장해야 한다. 한 아파트 단지, 한 대학교, 한 직업군에서 압도적으로 사랑받는 제품이 결국 전국으로, 전 세계로 퍼져나간다.

○ 당근마켓은 판교 신도시 한 곳에서 시작했다

당근마켓 창업팀이 처음부터 '중고 거래하고 싶은 모든 한국인'을 타겟으로 삼았다면 어땠을까. 전국을 대상으로 하는 순간 물류 문제, 신뢰 문제, 사기 문제가 터져 나왔을 것이다. 게다가 이미 번개장터와 중고나라가 시장을 선점하고 있었다. 차별점도 불명확했다.

그들은 다르게 접근했다. '판교 신도시에 이사 온 2030 가구'라는 아주 좁은 타겟을 정했다. 왜 이 타겟이었을까. 이사를 막 온 사람들은 중고 가구와 가전을 사고팔 일이 많다. 신도시라 아파트 단지가 밀집되어 있어 걸어서도 거래할 수 있다. 무엇보다 같은 동네 이웃이니 익명 거래보다 훨씬 안전하다. 창업팀은 직접 아파트 단지 게시판에 전단지를 붙이며 고객 반응을 즉시 확인할 수 있었다.

결과는 놀라웠다. 판교에서 월간 활성 사용자가 80%에 달했다. 이 성공을 바탕으로 분당, 일산 등 다른 신도시로 확장했고, 결국 전국 1

위 중고 거래 플랫폼이 되었다.

O 마켓컬리는 강남 3구 워킹맘 한 명을 떠올리며 시작했다

마켓컬리 역시 '신선식품을 온라인으로 사고 싶은 모든 사람'을 타겟으로 삼지 않았다. 물류비용이 비싸서 모든 지역에 배송할 수 없었고, 가격에 민감한 고객은 어차피 마트가 더 저렴하다는 걸 알고 있었다. 대신 이렇게 질문했다. "새벽 배송이 정말 절실한 사람은 누구일까?"

답은 명확했다. 강남·서초·송파에 사는 30대 워킹맘, 맞벌이에 영유아 자녀가 있는 가구였다. 이들은 평일 저녁과 주말에 마트 갈 시간이 없다. 아이에게 좋은 식재료를 먹이고 싶어서 가격보다 품질을 중시한다. 맞벌이 고소득이라 프리미엄 가격을 기꺼이 지불한다. 출근전 현관 앞에서 신선식품을 받아 냉장고에 넣을 수 있다는 것 자체가 엄청난 가치다. 게다가 좁은 지역에 고밀도로 배송하니 물류비도 절감됐다. 이 타겟의 재구매율은 60%를 넘었다. 입소문이 퍼지면서 수도권 전역으로 확대됐고, 이제는 전국으로 서비스가 확장됐다.

O 페이스북은 하버드 기숙사 한 동에서 시작했다

이런 패턴이 한국만의 특수한 상황일까. 아니다. 전 세계 어디서나 동일하다.

마크 저커버그가 2004년에 '온라인으로 친구를 사귀고 싶은 모든 사람'을 타겟으로 삼았다면 어떻게 됐을까. 당시 이미 Myspace, Friendster 같은 소셜 네트워크가 수억 명의 사용자를 확보하고 있었다. 경쟁할 방법이 없었다.

저커버그는 극도로 좁게 시작했다. '하버드 대학교 학생들'만을 위한 서비스였다. 처음엔 하버드 학생증이 있어야만 가입할 수 있었다.

왜 이 타겟이었을까. 대학생들은 같은 캠퍼스에서 얼굴은 아는데 이름을 모르는 사람들과 연결되고 싶어 한다. 수업, 동아리, 파티에서 만난 사람들의 정보를 찾고 싶어 한다. 기숙사, 강의실, 식당에서 매일 마주치는 폐쇄된 커뮤니티라 신뢰도가 높다.

결과는 폭발적이었다. 한 달 만에 하버드 학생의 절반 이상이 가입했다. 이 성공을 바탕으로 예일, 컬럼비아, 스탠퍼드 등 다른 아이비리그 대학으로 확장했다. 그다음 모든 대학으로, 그다음 고등학생으로, 마침내 전 세계 모든 사람으로 확장했다.

만약 처음부터 모든 사람을 타겟으로 삼았다면 페이스북은 존재하지 않았을 것이다.

○ 성공하는 타겟 정의의 패턴

당근, 마켓컬리, 페이스북의 공통점은 무엇인가. 네 가지 조건이 보인다.

첫째, 지리적으로 좁게 시작했다. 판교, 강남 3구, 하버드 캠퍼스처럼 한 동네, 한 대학에서 시작했다.

둘째, 인구학적으로 구체적이었다. 30대 워킹맘, 하버드 대학생처럼 특정 연령, 직업, 라이프스타일을 가진 사람들이었다.

셋째, 그들이 느끼는 문제가 극명했다. '약간 불편하다' 정도가 아니라 '진짜 고통스럽다'는 수준이었다. 시간이 없어서, 같은 학교 친구 정보를 찾을 수 없어서, 제품이 없으면 하루가 너무 힘들었다.

넷째, 검증 가능했다. 창업자가 직접 찾아가서 만나고 인터뷰할 수 있는 사람들이었다. 가설이 아니라 현실이었다.

좁게 시작해야 한다. 한 명을 압도적으로 만족시켜야 한다. 그러면 세상이 따라온다.

💡 경쟁사보다 10배 나은 솔루션을 만들어라

'20% 더 좋은 제품으로는 아무도 갈아타지 않는다.'

피터 틸이 말한 10배 법칙은 단순한 마케팅 문구가 아니다. 이는 인간 본성에 대한 냉혹한 통찰이다.

지금 사용하는 제품이 있다고 생각해 보자. 조금 불편하긴 하지만, 익숙하다. 데이터도 쌓여 있고, 팀원들도 이미 사용법을 안다. 이때 누군가 찾아와서 '우리 제품은 20% 더 좋아요!'라고 말한다면 어떨까. 대부분은 '나중에요'라고 답한다.

브랜드 전환비용은 생각보다 크다. 새로운 도구를 배워야 하고, 기존 데이터를 옮겨야 하며, 팀원들을 설득해야 한다. 20%의 개선으로는 이 모든 불편함을 감수할 이유가 없다.

○ 우버(Uber)가 택시보다 10배 나았던 이유

우버는 택시보다 '조금 더 편리한' 서비스가 아니었다. 택시를 타면 이런 과정을 거친다. 길에서 손을 흔들며 기다린다. 오지 않으면 계속 기다린다. 기사에게 목적지를 설명한다. 현금이나 카드를 꺼내서 결제한다. 영수증을 챙긴다.

우버를 타면 이렇다. 앱을 연다. 목적지를 입력한다. 버튼을 누른다. 차가 온다. 내린다.

이것은 20% 개선이 아니다. 완전히 다른 경험이다. 어디서든 차를 부를 수 있고, 기사가 몇 분 후에 도착하는지 정확히 알고, 결제는 자동이며, 모든 기록이 남는다. 택시 잡느라 비 맞고 서 있던 사람들에게 우버는 마법처럼 느껴졌다.

○ 배달의민족이 전화 주문보다 10배 나았던 이유

배달의민족은 '음식 주문을 조금 편하게' 만든 게 아니었다. 전화 주문은 이런 과정을 거친다. 전단지를 찾는다. 전화한다. "여보세요?" 시끄러운 주방 소음. "잠시만요!" 다시 기다린다. 메뉴 설명한다. "짜장면 하나요" "짬뽕은요?" "곱빼기 되나요?" "여기 배달 되나요?" 주소 설명한다. "○○ 아파트 ○○동 ○○호" "카드 되나요?" "현금만 돼요" ATM으로 달려간다.

배달의민족은 이렇다. 앱을 연다. 사진 보고 고른다. 옵션 선택한다. 주문한다. 배달 오는 걸 실시간으로 본다.

○ 넷플릭스가 비디오 대여점보다 10배 나았던 이유

블록버스터(Blockbuster)에서 영화를 빌리려면 이런 과정을 거쳤다. 차를 몰고 가게에 간다. 원하는 영화가 대여 중이면 다른 걸 고른다. 2박

3일 이내에 반납해야 한다. 연체료를 낸다.

Netflix는 다르다. 소파에 앉아서 본다. 모든 영화가 항상 있다. 언제 봐도 상관없다. 연체료가 없다. 이것은 단순히 '편리함'의 차원이 아니다. 라이프스타일의 변화다. 이 10배의 변화는 금요일 저녁에 비디오 가게에 갈 필요가 없는 세상을 만들었다.

이제 우리 제품을 솔직하게 보자.

"고객이 기존 솔루션을 버리고, 데이터를 옮기고, 새로운 방식을 배우고, 동료들을 설득할 만큼 압도적으로 나은가?"

만약 "음… 우리 제품이 좀 더 빠르고, 디자인이 더 예쁘고, 가격이 조금 저렴해요"라고 답한다면 충분하지 않다.

10배 법칙의 핵심은 이것이다. 고객의 일상을 완전히 바꿔라. 개선이 아니라 혁명을 만들어라. 그래야 시장이 움직인다.

💡 실행 가이드: 사무실 밖으로 나가라

그렇다면 구체적인 타겟과 더 나은 솔루션은 어떻게 찾아야 할까?

한 창업자는 6개월 동안 완벽한 제품을 만들었다. 디자인도 아름답고, 기능도 빠르고, 버그도 없었다. 출시한 지 며칠이 지났지만, 아무도 쓰지 않았다.

"이렇게 좋은데 왜 아무도 안 쓸까요?"

당황한 그에게 물었다. "고객을 몇 명이나 만났어요?"

그는 대답했다. "아직 안 만났어요. 제품 먼저 완성하려고요."

반대로, 또 다른 창업자는 첫 달에 제품을 20%만 만들고 고객 50명을 만났다.

"이거 쓰실래요?" 30명이 "아니요"라고 했다.

이유를 물었다. "UI가 복잡해요", "우리 시스템이랑 안 맞아요", "가격이 비싸요."

두 번째 달에 피드백을 반영하고 다시 50명을 만났다. 이번엔 20명이 "예"라고 했다. 세 번째 달에는 40명이 유료 고객이 되었다.

차이가 보인다. 첫 번째 창업자는 6개월을 낭비했다. 두 번째 창업자는 3개월 만에 제품시장 적합성(PMF)을 찾았다. 실사용자를 만나야 우리 제품의 개선점을 찾을 수 있다.

○ 매주 최소 10명의 고객과 인터뷰하라

"고객 인터뷰를 어떻게 하나요?"라고 묻는 창업자들이 많다. 어렵지 않다.

월요일에 타겟 고객 10명의 연락처를 찾는다. 링크드인, 지인 소개, 업계 커뮤니티 어디든 좋다. 화요일에 10명에게 메시지를 보낸다. "○○ 분야에 계신 걸 봤습니다. 5분만 시간 내주실 수 있나요?" 수요일부터 금요일까지 만난다. 카페든, 전화든, 줌(Zoom)이든 상관없다.

질문은 간단하다. "○○ 할 때 가장 불편한 게 뭔가요?" 그게 전부다. 제품을 설명하지 말아야 한다. 그들의 고통을 들어야 한다.

한 SaaS 창업자는 이렇게 말했다. "매주 10명씩 6개월 동안 만났어요. 총 240명이죠. 그러다 보니 고객이 원하는 게 뭔지 자다가도 알 수 있게 됐어요. 그때부터 제품이 팔리기 시작했어요."

○ 단 하나의 지표에 집중하라

"우리 지표가 너무 많아요." 어떤 창업자가 말했다. "MAU, DAU, 전환율, 이탈률, NPS, ARR, MRR…"

그중에서 가장 중요한 거 하나만 고르라고 하니 그는 망설였다. 문제는 여기에 있다. 모든 지표를 추적하면 진짜 중요한 것을 놓친다.

에어비앤비(Airbnb)는 처음에 '예약 건수' 하나만 봤다. 페이스북은 '7일 안에 10명의 친구를 추가한 사용자 비율'만 봤다. 인스타그램(Instagram)은 '일간 활성 사용자 중 사진을 올린 비율'만 봤다.

이것을 북극성 지표(North Star Metric)라고 한다. 이 하나가 성장하면 회사가 성장한다. 이 하나가 멈추면 위기다.

우리 회사의 북극성 지표는 무엇인가? 모르겠다면, 일주일 동안 답이 나올 때까지 매일 팀과 물어보자. "우리 회사가 성장하는지 알려주는 단 하나의 숫자는?"

○ 직접 고객과 대화하라

한 CEO는 마케팅팀에서 엑셀 파일로 정리한 고객 조사면 충분하다고 생각하고 있었다.

"이렇게 앉아서 보고받지 마시고 고객을 직접 만나보세요."

"제가요? CEO가 그런 걸 해요?"

그렇다. CEO가 해야 한다.

에어비앤비 CEO 브라이언 체스키(Brian Chesky)는 초기에 직접 호스트 집에 찾아가서 사진을 찍어줬다. 드롭박스 CEO 드루 휴스톤(Drew Houston)은 MIT 도서관에서 학생들을 붙잡고 "이거 써볼래요?"라고 물었다. 정세주 대표(Noom 의장)는 지금도 매주 고객과 통화한다. 박소령 前 퍼블리 대표는 "사업의 속도나 밀도는 대표가 고객과의 접점에서 손발에 흙을 묻히는지 아닌지에 따라 크게 달라진다"고 느꼈다고 실패를 회고하며 자책했다.

2차 정보는 왜곡된다. 마케팅팀이 전달한 고객 의견은 필터링되어 있다. 엑셀 시트에는 고객의 표정, 목소리 톤, 망설임이 담기지 않는다. 한 달에 한 번이라도 좋다. 고객 5명을 직접 만나야 한다. 그들의 사무실에 가야 한다. 그들이 제품을 쓰는 모습을 지켜봐야 한다. 어디서 클릭을 망설이는지, 어디서 짜증을 내는지, 어디서 미소를 짓는지. 그곳에 답이 있다. 사무실 화이트보드가 아니라, 고객이 있는 현장에.

▌3. Model(모델): 가설-검증-피벗 무한 반복의 결과물

첫 번째 아이디어로 성공한 창업가를 본 적이 있는가?

많은 창업자를 만났고, 그중 첫 아이디어로 성공한 사람은 거의 없었다. 이미 유명한 서비스들도 마찬가지다.

디스코드는 처음엔 게임 개발 스타트업 Fates Forever였다. 게임 실패 후 게임 내 음성채팅으로, 다시 범용 커뮤니티로 피벗했다. 무신사는 패션 커뮤니티였다가 잡지를 거쳐 커머스로 진화했다. 핀터레스트는 쇼핑 앱 Tote였다가 쇼핑 카탈로그에서 이미지 수집으로, 다시 핀보드로 변했다. 그룹온(Groupon)은 사회운동 플랫폼 The Point였다가 집단행동 조직에서 공동 구매로, 다시 소셜커머스로 진화했다.

그들의 공통점은 무엇인가. 실패하고 무언가를 발견했다.

한 창업자가 물었다. "제 아이디어가 성공할 확률이 얼마나 되나요?" 솔직하게 답했다. "첫 아이디어지요? 거의 0%입니다. 하지만 10번 시도하면 확률이 올라갑니다."

비즈니스 모델을 찾아가는 구체적 과정(프리토타이핑→MVP →MLP→PMF)은 Chapter 7 '검증될 때까지 멈추지 말라'에서 상세히 다루었다. 이번 섹션은 그 과정의 결과물인 비즈니스 모델 자체에 초점을 맞춘다.

그렇다면 그 과정의 끝에서 발견되는 '작동하는 모델'은 어떤 모습인가.

O DNA 1: 확장 가능성(Scalability)—매출은 2배, 비용은 1.2배

2015년, 한 온라인 강의 플랫폼 창업자가 자랑했다. "월 매출이 1억에서 2억으로 늘었어요!"

"축하합니다. 그런데 비용은 얼마나 들었나요?"

"음… 강사료가 2배로 늘었고, CS 직원도 2배로 뽑았고, 서버 비용도 2배가 됐어요. 그래서 이익은 그대로네요."

이것은 확장 가능한 모델이 아니다. 선형 성장(Linear Growth)이다. 매출이 10배가 될 때 직원도 10배가 필요하다면, 종국에는 한계에 부딪힌다.

확장 가능한 모델의 특징은 매출 증가 시 한계비용(Marginal Cost)이 제로에 수렴한다는 것이다.

넷플릭스는 구독자가 1천만 명에서 2억 명으로 20배 늘었다. 콘텐츠 제작비는 증가했지만, 추가 고객 1명을 서빙하는 한계비용은 거의 0원이다. 2억 명째 고객에게 영화를 스트리밍하는 데 추가 비용이 거의 들지 않는다.

토스는 사용자가 100만 명에서 2천만 명으로 20배 늘었다. 초기 시스템 개발비는 많이 들었지만, 거래 1건당 추가 비용은 수십 원이다. 서버는 자동 확장되고, 1명이든 1천만 명이든 앱은 똑같이 작동한다.

반대 사례인 확장 불가능한 모델도 있다. 오프라인 은행은 고객이 2배가 되면 지점과 직원도 2배 필요하다. 수제 케이크 가게는 주문이 2

배가 되면 파티시에와 재료비도 2배다. 1:1 컨설팅은 고객이 2배가 되면 컨설턴트 시간도 2배 필요하다.

확장성 자가 진단

질문	확장 가능	확장 불가능
고객이 10배 늘면 직원도 10배?	No(2~3배면 충분)	Yes(비례 증가)
제품 복제에 추가 비용?	거의 0원	단위당 비용 발생
자동화 가능한가?	Yes(시스템/AI)	No(사람 필수)

확장성을 만드는 방법은 세 가지다.

첫째, 소프트웨어화다. 사람이 하던 일을 코드로 바꾼다. 피그마(Figma)는 디자인 협업을 오프라인에서 온라인으로 옮겼다. 야놀자는 숙박 예약을 전화에서 앱으로 옮겼다.

둘째, 플랫폼화다. 공급을 직접 만들지 말고 공급자와 소비자를 연결한다. 에어비앤비(Airbnb)는 숙소를 직접 소유하지 않는다. 우버는 차량을 직접 소유하지 않는다.

셋째, 자동화다. 반복 작업을 시스템으로 만든다. 아마존은 물류센터를 로봇화했다. 토스는 송금을 자동 처리한다.

O DNA 2: 네트워크 효과(Network Effect)—사용자가 사용자를 데려온다

2015년, 당근마켓이 판교에서 시작했을 때 사용자는 1,000명이었다. 중고 거래 성사율은 30%였다.

1년 후 판교에서 사용자가 10,000명이 됐다. 성사율은 70%로 올랐다. 왜 그랬을까. 사는 사람도 많고, 파는 사람도 많아졌으니까. 이것이 네트워크 효과다. 사용자 한 명이 늘면, 기존 사용자 모두의 경험이 좋아진다.

네트워크 효과의 종류는 네 가지다.

첫째, 직접 네트워크 효과(Direct Network Effect)다. 사용자가 많을수록 네트워크 가치가 기하급수적으로 증가한다. 메트칼프의 법칙에 따르면, n명의 사용자가 만들 수 있는 연결은 $n(n-1)/2$개다. 카카오톡 사용자가 10명이면 45개의 대화 연결이 가능하고, 100명이면 4,950개로 폭발한다. 사용자 10배 증가가 가치 100배 증가를 만든다.

둘째, 양면 네트워크 효과(Two-Sided Network Effect)다. 공급자와 수요자가 서로를 끌어당긴다. 배달의민족은 식당 리스트가 증가하면 고객이 몰리고, 고객이 몰리면 식당이 더 입점하고, 식당이 늘면 선택지가 증가하고, 선택지가 늘면 고객이 더 몰린다. 크몽은 프리랜서가 많으면 의뢰인이 몰리고, 의뢰인이 몰리면 프리랜서가 더 등록하고, 프리랜서가 늘면 전문성이 증가하고, 전문성이 늘면 의뢰인이 더 몰린다.

셋째, 데이터 네트워크 효과(Data Network Effect)다. 사용자가 많을수록 데이터가 쌓이고 서비스가 개선된다. 구글 검색은 검색이 많을수록 알고리즘이 개선되어 검색 결과 정확도가 상승한다. 넷플릭스 추천은 시청 데이터가 많을수록 추천 정확도가 증가한다. 웨이즈 내비는 사용자가 많을수록 실시간 교통정보가 정확해진다.

넷째, 임계 질량(Critical Mass)을 넘지 못하면 네트워크 효과는 의미 없다. 당근마켓이 성공한 이유는 판교 한 곳에 집중해서 임계 질량을 빠르게 확보했기 때문이다. 전국에 사용자 10,000명을 흩뜨렸다면 실패했을 것이다.

제프리 무어의 캐즘 이론에 따르면, 전체 시장의 16%(혁신가 2.5% + 얼리어답터 13.5%)를 확보해야 대중 시장(Early Majority)으로 넘어간다. 실전에서는 특정 지역 타겟 인구의 10~15% 확보가 기준이다. 당근마켓은 판교(타겟 인구 6만 명)에서 8,000~10,000명을 확보한 시점에 거래 성사율이 30%에서 70%로 폭발했다. 전국에 사용자 10,000명을 흩뜨리는 것보다, 판교 한 곳에 3,000명을 집중시키는 것이 네트워크 효과를 만든다.

네트워크 효과 자가 진단을 해보자.

질문	있음	없음
사용자 A가 늘면 사용자 B의 경험이 좋아지는가?	예	아니오
첫 고객보다 1000번째 고객이 더 만족하는가?	예	아니오
경쟁자가 똑같은 제품을 만들어도 이길 수 있는가?	예(네트워크 해자)	아니오

아무리 좋은 비즈니스 모델도 경쟁자가 3개월 만에 복제하면 의미
없다.

2017년, 한 음식 배달 앱이 등장했다. 배달비 무료, UI 깔끔, 프로
모션 많음. 초기 성장이 폭발적이었다. 6개월 후, 쿠팡이츠가 똑같은
모델로 진입했다. 배달비 무료, UI 더 깔끔, 프로모션 더 많음. 게다가
자본력은 100배. 그 스타트업은 1년 만에 사라졌다. 방어할 수 있는
해자(Moat)가 없었기 때문이다.

경쟁자가 쉽게 복제하지 못하는 해자 5가지 유형은 다음과 같다.

첫째, 네트워크 효과 해자다. 배달의민족은 30만 식당, 2,000만 사
용자를 확보했다. 쿠팡이츠가 뒤늦게 진입해도 따라잡기 어렵다. 카카
오톡은 5,000만 사용자가 있다. 새로운 메신저가 나와도 전환 비용이
너무 많이 든다.

둘째, 브랜드 해자다. 애플은 프리미엄 브랜드라서 중국 업체가 똑같
은 스펙으로 만들어도 못 이긴다. 나이키는 "Just Do It" 덕분에 똑같
은 운동화도 나이키면 더 비싸게 팔린다.

셋째, 기술/특허 해자다. 화이자 백신은 mRNA 특허 덕분에 경쟁자
가 쉽게 복제할 수 없다. 테슬라는 배터리 기술과 자율주행 데이터로
10년 선두를 유지한다.

넷째, 데이터 해자다. 구글 검색은 20년간 누적된 검색 데이터 덕분

에 신생 검색엔진이 따라잡기 불가능하다. 네이버 지도는 한국 도로 데이터가 풍부해서 구글도 한국에서는 못 이긴다.

다섯째, 전환 비용(Switching Cost) 해자다. SAP ERP는 한번 도입하면 교체 비용이 수십억 원이라 고객이 절대 안 떠난다. 어도비 포토샵은 10년간 쌓인 작업 파일과 익숙함 때문에 무료 대안이 나와도 안 바꾼다.

해자 실전 사례로 쏘카가 살아남은 이유를 보자.

카셰어링 시장에 쏘카, 그린카, 피플카가 경쟁한다. '차를 빌려준다'는 것은 이제 차별화가 없다. 하지만 쏘카가 압도적 1위이다. 왜 그럴까.

쏘카의 해자는 세 가지이다.

첫째, 거점 밀도 해자다. 서울 강남에만 500개 거점이 있어서 집 앞 5분 거리에 차가 있다. 경쟁사는 50개라서 집에서 20분 거리다. 고객 입장에서 '5분 vs 20분'이면 선택은 명확하다.

둘째, 데이터 해자다. 10년간 누적된 주차 거점 데이터가 있다. 어느 아파트 단지가 수요 많은지, 어느 시간대에 어느 차종이 필요한지 안다. 이 데이터로 최적 배치해서 가동률이 15% 높다.

셋째, 브랜드 해자다. '카셰어링 = 쏘카'라서 쏘카를 먼저 써본 고객은 익숙함 때문에 안 바꾼다.

방어 가능성 자가 진단을 해보자. 경쟁자가 우리 제품을 1년 안에 복제할 수 있는가. Yes라면 해자가 없다. 우리가 없으면 고객이 대체재를 쉽게 찾을 수 있는가. Yes라면 해자가 없다. 5년 후에도 우리가 1위일 확률은. 50% 미만이라면 해자가 약하다.

비즈니스 모델 검증 체크리스트

질문	예시	합격 기준
1. 확장 시 변동비가 하락하는가?	고객 10배 증가 시 비용 증가율	3배 이하
2. 이탈자보다 유입이 많은가?	월간 순 증가율	+20% 이상
3. 경쟁자가 1년 내 복제 가능한가?	독점 기술/데이터/네트워크	없음
4. 첫 고객이 10명을 추천하는가?	바이럴 계수 (K-Factor)	K 〉 1.0
5. 고객이 돈을 2배로 늘리는가?	재구매율 또는 업셀	50% 이상

바퀴를 다시 발명하지 마라(Do not reinvent the wheel)

한 창업자가 말했다. "저는 세상에 없던 완전히 새로운 비즈니스 모델을 만들 거예요!"

"왜요? 고객의 문제를 혁신하세요. 그러면 모델은 성취될 겁니다."

비즈니스 모델의 대부분은 이미 검증됐다. 플랫폼 모델(우버. 에어비앤비), SaaS 모델(세일즈포스, 줌), 마켓플레이스 모델(아마존, 쿠팡), Freemium 모델(스포티파이, 드롭박스), 구독 모델(넷플릭스. 뉴욕타임스)이 있다.

4. Money(자금): 투자는 선택

‘돈’은 스타트업의 심장이자 산소다. 심장이 멎으면 죽고, 산소가 없으면 질식한다. 투자 유치는 선택일 수 있지만, 현금 흐름 관리는 생존의 필수 조건이다.

이 섹션은 단순히 ‘투자 유치 잘하는 법’이 아니라, 창업자가 재무적 독립을 위해 돈의 흐름(Cash Flow)을 어떻게 설계하고 통제해야 하는지에 대한 이야기다.

돈의 흐름은 무엇이 만들어 내는가. 이에 대한 답은 앞에서 언급한 비즈니스 모델(Model)의 결과물로 만들어진다. 흐름에 따라 선택할 수 있는 스타트업의 주요 성장 전략은 3가지다.

첫째, 부트스트래핑(Bootstrapping)이다. ‘부츠의 끈(bootstraps)을 잡고 끌어 올린다’라는 비유적 표현에서 유래한 것으로, 외부자금 없이 비용을 극도로 절감하고 수익성이 높은 모델에 집중하며, 최소 기능 제품(MVP, Minimum Viable Product)을 빠르게 출시하여 시장의 반응을 확인하는 등 효율적인 운영을 최우선으로 하는 전략이다. 스타트업은 무조건 투자를 받아야 한다는 고정관념은 저 멀리 버려야 한다.

부트스트래핑의 전제조건은 출시 초기부터 즉각적인 유료 고객이나 현금 흐름을 창출할 수 있는 확실한 제품시장 적합성(PMF)과 수익 모델이 필요하다는 것이다.

딜라이트룸(알라미)은 전 세계 1위 알람 앱 ‘알라미’를 개발 및 운영하는 회사다. 초기부터 외부 투자 없이 광고 및 프리미엄 서비스(구독)를 통해 현금 흐름을 확보하며 성장했다. 사용자 경험 개선과 수익성 있는 비즈니스 모델에 집중하여 자생력 있는 기업의 대표 사례로 꼽힌다.

릴리스AI(https://lilys.ai)는 부부 창업자 2명이 창업한 생산성 도구 회사로, 압도적인 국내 1등 인공지능 요약 서비스다. 사용자가 30만 명 규모까지 창업자 2명이 성장시켰으며, 초기부터 유료 모델을 도입하여 손익분기점을 넘기며 자생력 있는 비즈니스를 구축한 부트스트래핑의 성공 사례다. 인공지능 시대 스타트업의 전형을 보여준다.

둘째, 블리츠스케일링(Blitzscaling)이다. 외부 자금(투자금)을 공격적으로 사용하여 시장을 선점하는 공격적인 성장 속도 전략이다.

블리츠스케일링의 전제조건은 압도적인 경쟁 우위를 확보할 만큼의 막대한 외부 투자금을 유치할 수 있는 역량(매력적인 비전, 시장성 등)이 필수이다. 전략의 목표가 시장 독점인 만큼, 투자된 자본을 정당화할 수 있는 충분히 크고 잠재력이 높은 시장이 존재해야 한다. 초기 스타트업의 이상향이다.

컬리(Kurly, 마켓컬리)는 신선식품 '샛별배송'이라는 차별화된 새벽 배송 서비스를 구축하기 위해 대규모 물류 및 콜드체인 시스템에 투자했다. 빠르게 시장의 1인자로 자리매김하기 위해 초기에는 수익성보다 시장 점유율 확보와 인프라 확장에 집중한 전략을 구사한 것이다.

블리츠스케일링의 최종 종착지는 스케일업(Scale-up)이고, 전략의 초점을 속도에서 효율과 규모의 경제에 따른 수익화로 옮겨야 한다. 이

전환의 성공 여부는 초기 경쟁 우위가 지속 가능한 이익으로 이어지는지에 달려 있다. 따라서 초기의 압도적 경쟁 우위를 유지하지 못한다면 블리츠스케일링의 막대한 투자와 기업의 밸류는 한순간에 물거품이 될 수 있다. 이는 블리츠스케일링의 가장 위험한 요인 중 하나다. 가령 컬리의 새벽 배송이라는 초기 핵심 경쟁력이 쿠팡, SSG, 롯데몰 등 모두가 한다면 앞으로의 컬리는 지금까지와는 다른 고난의 길을 걸어가야 한다.

셋째, 스케일업(Scale-up)이다. 매출액이 증가하는 것보다 비용 증가율이 낮아져(특히 변동비용) 수익성이 개선되면서 규모를 키우는 '확장 가능한 성장(Scalable Growth)'을 목표로 하는 전략이다. 스케일업은 PMF를 찾고 초기 성장에 성공한 스타트업이 채택하는 전략이다.

스케일업의 전제조건은 이미 고객이 돈을 지급할 의향이 있는 확실한 제품시장 적합성(PMF)을 찾아 초기 성장(Growth) 단계를 통과한 상태여야 한다는 것이다. 추가적인 매출 발생 시 변동 비용 증가율을 낮출 수 있는 자동화된 시스템이나 SaaS 기반의 솔루션 등 기술적 인프라를 갖추어야 한다.

야놀자와 여기어때는 숙박 예약 플랫폼으로 시작하여, SaaS 기반의 솔루션(PMS)을 숙박 시설에 제공하며 확장했다. 이 B2B 솔루션은 추가 비용 없이 플랫폼의 기능을 확장하고 안정적인 구독 수익을 창출하여, 예약 수수료라는 전통적인 수익 모델을 넘어선 확장 가능한(Scalable) 수익 모델을 구축하는 데 성공했다.

마켓컬리(블리츠스케일링)가 초기에 수익성을 무시하고 속도를 낸 이유는 시장을 선점하는 것이 생존보다 중요했기 때문이고, 딜라이트룸⁽ᵇᵘᵗ⁾ 이 투자를 거부한 것은 지분 희석 없이 통제된 성장이 가능했기 때문이다. 비즈니스 모델에 의해 만들어진 돈의 흐름을 인위적으로 바꾸는 것은 위험한 선택이 된다. 초기부터 '돈의 길'을 정확히 선택해야 한다.

🔅 런웨이(Runway)를 항상 계산하라

"우리 회사 언제 죽나요?"

한 창업자가 술자리에서 뱉어낸 농담이었다. 하지만 그의 표정은 농담이 아니었다. 눈빛에는 막막함과 불안함이 묘하게 뒤섞여 있었다.

"정확히는 모르겠어요. 매출은 늘고 있는데, 계좌는 계속 비어가요. 성장통이라고 생각해야 하는 건지, 아니면 파산의 징조인지 모르겠어요."

이어서 바로 물었다. "회계 장부 말고, 지금 당장 회사 통장에 찍혀 있는 인출 가능한 현금 잔고부터 말해봐요."

"음… 이번 달 월급 주고 나면 3억 정도요."

"매달 고정적으로 현금이 순유출되는 금액, 즉 순적자가 얼마죠? 서버 비용, 인건비, 사무실 임대료 다 합쳐서."

"월급, 임대료, 서버 비용 다 합쳐서 5천만 원쯤 될 거예요. 매출은 아직 적자를 메우지 못하고요."

차가운 현실을 직시하게 했다.

"대표님은 이미 답을 알고 있을 겁니다. 하지만 감정적으로 외면하고 있는 거죠. 3억 원의 현금이 월 5천만 원의 순적자로 녹아내리고 있다면, 산술적으로 회사는 지금 딱 6개월 뒤에 멈춥니다. 돈이 다 떨어져서 문을 닫아야 할 시점. 이게 바로 런웨이(Runway)입니다. 알고 있는 그 날짜가 현실이 되는 거죠."

그는 고개를 숙였다. "그, 그럼 이제 무엇을 해야 할까요? 6개월 안에 뭘 할 수 있죠?"

런웨이는 현재의 현금과 지출 속도로 회사가 버틸 수 있는 개월 수를 의미한다. 비행기가 이륙하기 위해 달리는 활주로처럼, 런웨이가 짧으면 이륙(투자 유치 또는 흑자 전환) 전에 추락한다.

스타트업 CEO가 매주 확인해야 할 가장 중요한 지표는 매출도, 고객 수도 아닌 런웨이다. 성장과 생존을 위한 시간이 얼마나 남았는지 정확히 아는 것이 모든 전략의 출발점이다.

런웨이별 행동 지침은 이렇다. 런웨이가 18개월 이상이면 안전하다. 제품 개발, 고객 확장, 팀 성장에 집중할 수 있으며 가장 이상적인 상태다. 런웨이가 12개월이면 주의가 필요하다. 투자 준비를 시작해야 하며 덱 제작, 투자자 미팅 등 다음 라운드를 준비해야 한다. 런웨이가 6개월이면 위험하다. 비상 모드로 투자 유치가 최우선이며, 모든 비용을 재검토하고 구조조정을 고려해야 한다. 런웨이가 3개월 이하면 임박한 상황이다. 마지막 기회로 즉시 구조조정 및 사업 정리를 결정해야 한다.

현금은 빨리 받고, 비용은 늦게 지급하라

같은 매출이라도 타이밍이 생사를 결정한다.

두 회사가 있다. 둘 다 월 매출 1억 원. 하지만 현금 흐름이 다르다.

A사는 고객이 서비스를 쓰고 30일 후에 돈을 낸다. 공급업체에는 즉시 지불한다. B사는 고객에게 선불을 받는다. 공급업체에는 60일 후불로 낸다. 같은 매출 1억 원이지만, A사는 런웨이가 3개월이고 B사는 9개월이다. 3배 차이이다.

한 SaaS 스타트업 창업자가 이 원칙을 깨닫고 가격 정책을 바꿨다. 기존에는 월 10만 원 구독이었는데, 연간 100만 원 선불 시 2개월 무료(총 120만 원이 100만 원이 됨)로 바꿨다. 고객으로서는 20만 원 할인이니 안 할 이유가 없었다. 회사로서는 12개월 치 현금을 즉시 받는다. 고객 100명만 연간 구독으로 전환해도 1억 원 현금이 즉시 들어온다. 현금이 생기자 런웨이가 6개월에서 12개월로 늘었다. 이 시간 동안 그는 시리즈 A를 성공적으로 유치했다.

고객으로부터 빨리 받는 방법은 세 가지다. 첫째, 선불 결제 인센티브를 제공해야 한다. 연간 구독 시 할인, 6개월 선결제 시 1개월 추가 제공 등이다. 둘째, 마일스톤 기반 결제를 해야 한다. 프로젝트를 단계별로 나누어 각 단계 시작 전에 선금을 받는다. "킥오프 시 30%, 중간 점검 시 40%, 최종 완료 시 30%" 같은 방식이다. 셋째, 자동 결제 시스템을 구축해야 한다. 월초 자동 결제로 현금 흐름을 예측할 수 있게 만든다. 고객이 깜빡할 일도 없다.

공급업체에 늦게 지불하는 방법도 있다. 첫째, 30~60일 후불을 협상해야 한다. 처음엔 어렵다. 하지만 신뢰 관계를 쌓으면 가능하다. "처음 3개월은 즉시 결제할게요. 그 후에 30일 후불로 바꿀 수 있을까요?"라고 제안할 수 있다. 둘째, 물품과 서비스를 구분해야 한다. 재고를 사는 건 후불, 인건비나 마케팅 비용은 선불. 협상 여지가 다르다. 셋째, 대량 구매 조건을 활용해야 한다. "6개월 치를 한 번에 주문하면 3개월 후불 가능한가요?" 공급업체도 큰 주문을 원한다.

인력비 최적화 방법도 있다. 스톡옵션 비중을 확대하면 현금 급여를 조금 낮추고 지분을 줄 수 있다. 초기 팀원에게는 매력적인 제안이다. 성과 연동 보너스를 도입하면 고정급을 낮추고 성과에 따라 성과급을 줄 수 있다. 매출이 늘면 같이 나누자는 것이다. 노트북 50대를 사면 1억 원이 한 번에 나가지만, 리스하면 월 200만 원이다. 초기 현금 부담이 50배로 줄어든다.

같은 매출이라도 현금 흐름 타이밍을 조정하면 3~6개월의 런웨이를 추가로 확보할 수 있다. 이 시간이 회사를 살린다.

돈 쓰는 순서가 운명을 결정한다

"투자받았다! 이제 뭐부터 할까?"

한 창업자가 시드 투자로 10억 원을 받았다. "드디어 우리도 제대로 할 수 있겠어!"

6개월 후 다시 만난 창업자의 표정이 어두웠다. "돈이 벌써 반밖에 안 남았어요."

"뭐에 사용했나요?"

"강남에 30평짜리 사무실 얻었어요. 보증금이랑 인테리어에 2억 들었어요. 맥북 프로도 최신형으로 20대 샀고, 직원도 10명 뽑았어요. 마케팅 에이전시랑 계약했고요. 해외 콘퍼런스도 다녀왔어요…"

한숨을 쉬었다. "매출은요?"

"아직 없어요. 제품 개발 중이에요."

이것은 실패로 가는 전형이다. 투자금을 성장이 아니라 허세에 쓴 것이다.

투자금 배분 황금비율이 있다. 성공하는 스타트업들은 60%를 매출 성장(마케팅, 세일즈, 제품 개발)에, 30%를 핵심 인력 확보(A급 인재 채용 및 유지)에, 10%를 운영비(사무실, 시스템, 기타)에 쓴다.

10억 원을 받았다면 6억은 고객 확보와 제품 개발, 3억은 핵심 인력, 1억은 나머지에 써야 한다.

O 절대 하지 말아야 할 투자금 사용

멋진 사무실과 고급 인테리어에 쓰면 안 된다. 고객은 사무실에 돈을 내지 않는다. 최신형 장비와 불필요한 도구들에 쓰면 안 된다. 맥북 프로 최신형이 맥북 에어보다 2배 빠르다고 매출이 2배 늘지 않는다. 해외 콘퍼런스와 과도한 출장비에 쓰면 안 된다. '시장조사와 네트워킹'이라는 이름의 관광이다. 팀빌딩이라는 명목의 과도한 회식비에 쓰면 안 된다. 소고기 먹는다고 팀워크가 좋아지지 않는다.

O 올바른 투자금 사용 예시

디지털 마케팅 테스트에 써야 한다. 페이스북, 구글, 링크드인 등 다양한 채널에서 고객획득비용(CAC, Customer Acquisition Cost)을 테스트한다. 어느 채널이 가장 효율적인지 찾는다. 그 채널에 집중한다. 핵심 개발자 영입에 써야 한다. 제품 완성도와 개발 속도를 향상한다. 한 명의 시니어 개발자가 주니어 3명보다 낫다. 세일즈 도구 도입에 써야 한다. CRM, 자동화 도구로 영업 효율성을 증대한다. 영업 사원이 행정 업무 대신 고객과 대화하는 시간을 늘린다. 고객 성공 팀 구축에 써야 한다. 기존 고객 유지와 업셀 기회를 확대한다. 신규 고객 확보보다 기존 고객 유지가 5배 저렴하다.

투자금 사용의 함정, 느슨함의 비용과 원칙

6명이 창업한 회사가 빡빡한 비용 관리와 명확한 비즈니스 모델로 20억 원의 투자를 유치하는 데 성공했다. 투자받은 후 창업팀은 심리적인 여유를 갖게 되었고, 모든 결정이 '느슨함(Complacency)' 속에서 이루어졌다.

돈 관리를 느슨하게 하다 보니 지출에도 조금씩 관대해졌다. 조금 더 나은 워크숍, 급여 인상, 저녁 식대 상향 등이다. 처음에는 큰 비용 차이로 느껴지지 않는다. 개별적으로는 큰 문제가 아닌 것처럼 보이는 작은 결정들이다.

결과는 충격적이었다. 2년 후, 통장에는 돈이 남아있지 않았다. 20억이라는 큰 자금이 크게 어디에 쓴 것도 없이 공중분해 되었다.

○ 투자금 사용의 황금 원칙 – '성장 가속화에만 집중하라.'

투자금을 성장의 가속 페달로 사용하기 위해서는 '투자금 사용의 최종 테스트'를 통과해야 한다. 돈을 쓰기 전에 이 질문을 해야 한다. "이것이 6개월 이내에 매출을 늘릴까?"

강남 고급 사무실 임대는 테스트 결과 No다. 미뤄야 한다. 고객은 어디서 일하는지 모른다. 성장에 기여하지 않는다.

최신형 고가 장비 구매도 테스트 결과 No다. 미뤄야 한다. 맥북 에어로도 충분하다. 장비의 사양이 매출 증가와 직결되지 않는다.

효율적인 마케팅 캠페인은 테스트 결과 Yes다. 써야 한다. 고객이 늘면 매출이 늘어난다. 성장 가속화에 직접적으로 기여한다.

핵심 시니어 개발자 영입도 테스트 결과 Yes다. 써야 한다. 제품의 완성도와 개발 속도를 높여 고객 만족과 증가를 유도한다.

오버헤드 코스트를 최소화하라

두 스타트업의 이야기가 있다.

A사와 B사는 같은 시기에 시작했다. 둘 다 시드 투자로 5억 원을 받고 SaaS 제품을 만들었다. 하지만 1년 후 운명이 갈렸다.

A사는 정규직 15명을 뽑았다. 강남에 월세 500만 원짜리 사무실을 얻었고 서버는 자체 구축했다. 초기 비용은 5천만 원이고 고정비가 매달 8천만 원씩 나갔다.

B사는 핵심 팀 5명만 정규직으로 뽑았다. 그 외 필요한 인력은 프리랜서로 계약했다. 사무실은 공유오피스에 들어가 월 200만 원씩 냈다. 서버는 쓴 만큼만 비용을 내는 AWS 종량제를 이용했다. 고정비는 매달 3천만 원이었다.

1년 후, 둘 다 월 매출 5천만 원을 달성했다. 하지만 A사는 매달 3천만 원씩 손해를 봤고, B사는 매달 2천만 원씩 이익을 냈다.

2년 후, B사는 시리즈 A를 받았고 A사는 문을 닫았다.

차이는 고정비 관리였다.

인력 구조 최적화다. 코어 팀만 정규직으로 해야 한다. 개발자 3명, 세일즈 2명. 이들은 회사의 심장이다. 비싸게 주더라도 확보해야 한다. 디자인, 마케팅, 콘텐츠 제작 등 서포트 업무는 프리랜서로 필요할 때만 쓴다. 프로젝트가 끝나면 비용도 끝난다. 법무, 회계, HR 등의 전문 영역은 외부 전문가를 쓴다. 같은 경력을 가진 사람을 풀타임으로 뽑으면 매달 500만 원이 들지만, 필요할 때만 찾으면 시간당 20만 원이면 충분하다.

공간 비용 최적화다. 초기에는 공유오피스를 사용하자. 월 30만 원부터 시작할 수 있고 미팅룸도 무료로 쓸 수 있다.

기술 인프라 최적화다. 서버는 클라우드 종량제를 써야 한다. AWS, Google Cloud 등을 사용하면 좋다. 사용자 1,000명일 때는 월 50만 원. 10,000명 되면 월 300만 원. 인원이 증가할수록 자동으로 스케일된다. 소프트웨어는 오픈소스 우선이다. GitHub은 무료, Slack은 월 8천 원, Notion은 월 1만 원이면 업무에 충분히 활용할 수 있다. 팀이 커지면 유료로 업그레이드한다. 도구들은 무료 플랜을 최대한 활용한다. Zoom의 경우 무료 이용은 40분 제한이 있지만 내부 미팅에는 충분하다. 고객 미팅이 있을 때만 유료로 쓰면 된다.

그렇다고 모든 걸 절약하면 안 된다. A급 인재 채용비는 아껴서는 안 된다. 좋은 사람은 비싸도 데려와야 한다. 평범한 개발자 3명 연봉으로 천재 개발자 1명을 뽑는 게 낫다. 고객 확보 마케팅비도 아껴서는 안 된다. 단, 검증된 채널에만. CAC가 LTV의 1/3 이하인 채널은 과감하게 투자해야 한다. 핵심 제품 개발비도 아껴서는 안 된다. 차별화 포인트 만드는 데는 아끼지 말아야 한다. 고객이 선택하는 이유다. 법무/회계 전문가 비용도 아껴서는 안 된다. 초기에 5백만 원 아끼려다가 나중에 5억 원 소송당한다. 전문가 비용은 보험이다.

유닛 이코노믹스를 증명하라: 고객 한 명의 가치

스타트업이 돈을 벌고 있는지, 잃고 있는지 알려주는 가장 중요한 지표는 바로 유닛 이코노믹스(Unit Economics)다. 이는 고객 한 명을 데려오는 데 드는 비용(CAC)과 그 고객이 회사에 가져다주는 평생 가치(LTV)를 비교하는 것이다.

CAC(Customer Acquisition Cost)는 고객 한 명을 확보하는 데 드는 총비용이다. LTV(Lifetime Value)는 고객 한 명이 제품을 사용하는 동안 회사에 기여하는 총수익이다.

VC의 핵심 질문은 이것이다. "고객 한 명당 돈을 벌고 있습니까, 잃고 있습니까?"

LTV가 CAC보다 작으면, 고객을 데려올 때마다 손해를 보는 구조다. 이는 구멍 뚫린 양동이에 물을 붓는 것과 같다.

건강한 스타트업은 LTV/CAC 비율이 최소 3 이상이어야 한다. 그래야 마케팅 비용을 회수하고 운영비와 이윤까지 창출할 수 있다.

핵심 전략은 두 가지다.

첫째, LTV를 올려야 한다. 재구매율 상승, 객단가 높이기, 구독 기간 연장 등을 통해 고객 한 명의 가치를 높이는 것이 최우선이다.

둘째, CAC를 낮춰야 한다. 효율 낮은 광고를 줄이고, 입소문(바이럴)이나 추천 프로그램, SEO 등을 통해 돈 들이지 않고 고객을 확보해야 한다.

둘 다 안 되면 어떻게 해야 하는가. 지금 구멍 뚫린 양동이에 물을 붓고 있는 것이다. 당장 멈춰야 한다. 제품을 고쳐야 한다. 그다음 다시 시작해야 한다. 숫자는 거짓말하지 않는다.

(※ LTV와 CAC의 정확한 계산법, 그리고 이 두 지표를 극적으로 개선하는 3단계 전략은 뒷장 '유닛 이코노믹스' 섹션에서 다시 자세히 다룬다.)

돈이 필요 없을 때 투자자를 만나기 시작하라

대한민국 스타트업의 자금 조달 방식은 세 가지 유형이다. 투자(지분 투자)는 미래 가치에 대한 베팅이다. 고객(매출)은 현재 가치에 대한 검증이다. 정부 지원 및 보증 대출은 과거 가치에 대한 은행 대출이며 비추천한다.

○ 투자자의 주머니: 가장 추천하는 방식

투자는 단순히 돈을 받는 것이 아니라 파트너를 얻는 것이다. 한 창업자가 투자자 두 명에게 제안받았다. A 투자자는 30억 원, 지분 20%, 평가 가치 150억을 제시했다. B 투자자는 20억 원, 지분 15%, 평가 가치 133억을 제시했다.

A가 더 많은 돈을 준다. 하지만 창업자는 B를 선택했다. 왜 그랬을

까. B는 같은 업계에서 3개 회사를 엑시트 시킨 경험이 있기 때문이
다. B 투자자는 그의 포트폴리오 회사 10곳을 서로 연결해 줬다. 월 1
회 정기 미팅으로 전략을 함께 고민한다. 시리즈 A 때 리드 투자자를
직접 소개해 줬다. 돈은 10억 적게 받았지만, 그 이상의 가치를 얻었
다.

투자의 핵심 장점들은,

첫째, 상환 의무가 없다. 사업이 실패해도 돈을 갚을 필요가 없다.

둘째, 전문 멘토링을 받을 수 있다. 업계 경험이 풍부한 VC 파트너들
의 조언을 받는다.

셋째, 네트워크 효과가 있다. 포트폴리오 기업들과의 시너지 및 고객
연결이 가능하다. 다음 라운드 준비가 된다. 후속 투자 유치를
위한 교두보 역할을 한다.

투자 유치의 골든 타이밍은 돈이 필요 없을 때다. 이는 역설적으로
들리지만 가장 중요한 비밀이다.

한 창업자는 계좌에 3억 원만 남았을 때 투자 유치를 시작했다.
남은 런웨이는 고작 6개월. 그 조급함을 VC들은 단번에 알아본다.
"얼마나 급한지 보이네요." 그리고 제안은 그 말처럼 냉정했다. 지분
20%. 거절할 여유는 없었다. 그는 결국 그 제안을 받아들였다.

또 다른 창업자는 계좌에 10억이 있을 때 투자 유치를 시작했다. 런
웨이는 20개월로 여유로웠다. 5개 VC를 만나 조건을 꼼꼼히 비교해
가장 좋은 파트너를 선택했다. 덕분에 지분 10%에 합의할 수 있었다.

같은 밸류에이션이었지만, 첫 번째는 지분 20%, 두 번째는 10%로 2배 차이가 난다.

자금이 풍부할 때 투자자를 만나면 여유로운 협상이 가능하다. 급하지 않으니 더 좋은 조건을 받을 수 있다. 선택권을 확보할 수 있다. 여러 투자자 중 가장 적합한 파트너를 선택할 수 있다. 절박하지 않으니 회사 가치를 제대로 인정받을 수 있다.

고객의 주머니: 가장 건전한 방식

투자자는 미래를 베팅한다. 하지만 고객은 지금 당장 가치에 돈을 낸다.

한 SaaS 스타트업은 투자 없이 3년을 버텼다. 어떻게 했을까? 첫 고객 10명에게 연간 선불을 받았다. 각 1천만 원씩 1억 원이 모였다. 이 돈으로 제품을 개선했다. 6개월 후 고객이 50명이 되자 5억 원이 생겼다. 이 회사의 성장세를 눈여겨보던 투자자들이 연락해 왔다. "투자하게 해주세요."

창업자는 말했다. "지금은 필요 없습니다. 고객이 우리에게 투자하고 있거든요."

매출 기반 성장(Bootstrapping)의 장점으로는,

첫째, 지분 희석이 없다. 회사의 소유권을 포기하지 않고도 성장할 수 있다.

둘째, 시장 검증이 완료된다. 고객이 돈을 내는 것은 제품시장 적합성(PMF)의 확실한 증거다.

셋째, 지속가능한 성장이다. 외부 자금에 의존하지 않는 안정적인 성
장 모델이다.

넷째, 투자자에게 어필할 수 있다. 견고한 매출 기반은 투자 유치 시
강력한 무기가 된다.

○ 정부 보증 대출: 신중하게 접근

한국에서는 기보나 신보를 통한 정부 보증 대출이라는 독특한 옵션
이 존재한다. 이는 미국 스타트업 생태계에는 거의 없는 방식으로, 과
거의 실적이나 담보를 기반으로 한 전통적인 은행 대출의 변형이며 강
력하게 비추천한다.

그래도 생각해 볼 수 있는 단 하나의 상황은 성장할 때뿐이다. 매출
이 발생하고 현금 흐름이 있는 상황에서 더 빠른 성장을 위해 활용하
거나, 지분 희석을 피하면서 레버리지 효과를 얻고자 할 때, 또는 검
증된 비즈니스 모델을 스케일업하기 위한 자금으로 활용할 때다. 이외
에 생존 연명 목적으로 하는 것은 권하고 싶지 않다.

🔆 '현금이 왕이다(Cash is King)' 철학

2008년 금융위기 때, 많은 스타트업이 죽었다. 투자가 끊겼기 때문
이다. 하지만 어떤 스타트업은 살아남았다. 아니, 오히려 커졌다.

에어비앤비도 그중 하나다. 2008년, 그들은 거의 파산 직전이었다.
하지만 현금을 확보하기 위해 무엇이든 했다. 시리얼 박스 "Obama O'
s"와 "Cap'n McCain's"를 팔아서 번 3만 달러로 3개월을 버텼다. 그 3
개월 동안 제품을 개선했다. 위기에 생존함으로써 기업 가치를 높인

에어비앤비는 와이콤비네이터에 들어갔다. 나머지는 역사다. 현금이 그들을 살렸다.

현금이 가장 중요한 이유가 있다. 기회를 포착할 수 있다. 좋은 인재, 파트너, 고객이 나타났을 때 즉시 투자할 수 있다. 아울러 경제 위기에서 생존할 수 있다. 경쟁사들이 죽어 나갈 때 오히려 시장 점유율을 확대할 수 있으며, 협상력을 확보할 수 있다. 급하지 않으니 더 좋은 조건으로 거래할 수 있다. 그리고 다양한 전략적 선택을 할 수 있다. 여러 옵션 중에서 최적의 방향을 선택할 수 있다.

현금 확보 전략이 있다. 첫째, 매출의 20~30%는 항상 현금으로 보유해야 한다. 비상금 개념이다. 둘째, 크레딧 라인을 미리 확보해야 한다. 필요하기 전에 대출 한도를 설정해야 한다. 셋째, 다양한 자금원 관계를 구축해야 한다. 여러 투자자, 은행과 지속적 관계를 유지해야 한다. 넷째, 비상 시나리오별 현금 필요량을 계산해야 한다. 최악의 상황까지 대비해야 한다.

자금 관리의 최종 원칙이 있다. 매출이 나기 전까지 린하게 운영해야 한다. 불필요한 지출을 줄이고 핵심에만 집중해야 한다. 투자는 트랙션이 있을 때 받아야 한다. 좋은 지표와 성장 모멘텀이 있을 때 투자받는 것이 유리하다.

💡 정부 지원 프로그램 및 공모전: 선택과 집중

한국은 스타트업 관련 정부 및 민간 지원 프로그램들이 활발하다. 정부 지원 프로그램은 초기 운영 자금(돈의 흐름) 확보와 외부 공신력

획득이라는 긍정적 효과를 제공한다. 하지만, 부정적 측면으로는 조직이 지원금 수혜 기준에 최적화되어 본질적인 시장 경쟁력을 상실할 위험이 있으며, 과도한 행정 업무 부담이 발생하는 단점이 있다.

이와 별개로, 공모전에 지원하는 것은 주의가 필요하다. 연간 수백 개의 공모전이 개최되지만, 수상 경력이 곧 실제 사업 성공으로 연결되는 경우는 드물다. 이는 공모전이 창업팀의 실제 시장 검증이나 지속가능성보다는 주최 측의 아이디어 수집이나 홍보에 중점을 두기 때문이다.

지원받을 가치가 있는 정부 지원 프로그램

프로그램 유형	지원 규모	추천 여부	이유
TIPS	최대 5억	강력 추천	큰 금액, 민간 투자 연계, 신뢰도 확보
예비창업패키지	평균 5천만 원 (최대 1억)	추천	예비 창업자 대상, 창업 교육+멘토링 포함
초기창업패키지	평균 7천만 원 (최대 1억)	추천	창업 3년 이내, 사업화 자금에 적합
K-Startup	최대 1억	추천	초기 스타트업의 운영 자금에 적합
SBA (R&D)	프로젝트당 수억	딥테크만 추천	R&D 집약적 기업의 장기 기술 개발에 유리
각종 공모전	100~500만 원	비추천	시간 내비 효율이 낮음

정부 지원의 진짜 가치는 돈보다 시간에 있다. "TIPS 선정 기업"이라는 타이틀은 투자자들에게 강력한 신뢰 신호로 작용하지만, 더 중요한 것은 그 돈으로 확보한 8~12개월의 런웨이다. 런웨이 동안 혁신에 집중해야 한다. 그 시간이 스타트업을 살릴 수도, 죽일 수도 있다.

4M 만트라의 힘

만트라(Mantra)는 산스크리트어로 '마음을 보호하는 도구'라는 뜻이다. 불교 승려들이 매일 아침 수천 번 되뇌며 깨달음을 얻듯이, 창업자는 매일 아침 4M을 되뇌며 본질을 잃지 않아야 한다.

스타트업은 매일 죽을 수 있다. 오늘 살아남았다고 내일도 살아남는다는 보장은 없다.

스타트업이 죽는 순서가 있다.

1단계: Man이 무너진다. 잘못된 사람을 뽑거나, 핵심 인재가 떠나거나, 팀 문화가 망가진다.

2단계: Market을 잃는다. 고객을 만나지 않고, 고객 소리를 듣지 않고, 혼자 제품을 만든다.

3단계: Model이 깨진다. 검증되지 않은 가설에 매달리고, 피벗할 타이밍을 놓치고, 확장 불가능한 모델을 키운다.

4단계: Money가 바닥난다. 현금 흐름을 관리하지 않고, 런웨이를 계산하지 않고, 어느 날 갑자기 통장이 텅 빈다.

대부분의 창업자는 4단계에서야 문제를 인식한다. 하지만 그때는 이미 늦었다. 1단계에서 심각성을 파악하고 알아차렸다면 고칠 수 있었을 것이다. 문제는 항상 조용히 시작된다.

Man, Market, Model, Money는 매일 확인해야 할 본질이다. 이와는 별도로, '모든 서비스는 성장의 한계를 가지고 있다'라는 것을 알아야 한다. '오늘의 집' MAU가 600만에서 300만으로 떨어진 이유가 뭘까. 모든 비즈니스에는 보이지 않는 천장이 있다. 다음 장에서는 스타트업 천재들만 아는 성장한계 공식을 공개한다.

Chapter 17

스타트업 천재들만 아는
성장한계 공식

성장의 본질을 이해하라:
Carrying Capacity와 S-Curve

죽음의 계곡을 건넜다. MVP를 만들고, 시장에서 PMF를 확인하고, 필요하다면 과감하게 방향을 바꾸거나 서비스를 개선했다. 이 과정을 반복하며 마침내 진정한 성장의 곡선을 만났다.

그런데 여기서 꼭 명심해야 할 것이 있다. 성장 곡선이 생겼다고 무조건 좋아하기에는 이르다는 것이다. 성장 곡선의 최댓값이 어떻게 되느냐에 따라 회사의 크기가 결정되기 때문이다. 흥미로운 것은 '서비스마다 성장 곡선의 상한선은 태생적으로 정해진다'라는 것이다. 이것이 바로 한계 수용 능력(Carrying Capacity)의 개념이다.

🔅 옐로스톤의 늑대가 알려준 균형의 비밀

한계 수용 능력은 생태학의 환경수용력(Environmental Carrying Capacity)에서 나온 용어다. 옐로스톤 국립공원의 이야기가 이를 잘 설명한다.

1915년부터 미국 정부는 늑대를 '유해 동물'로 간주하여 본격적인 박멸 프로그램을 시행했고, 1926년경 옐로스톤 내 늑대는 대부분 절멸했다. 1930년대 늑대가 사라지자, 엘크의 개체수가 급격히 늘어 공원의 환경수용력을 넘어섰다. 엘크가 식물(버드나무, 포플러 등)을 과도하게 먹어 치워 강둑이 붕괴하고, 식생 감소로 강이 흐르는 경로까지 바뀌는 등 생태계 불균형 현상이 생겼다.

그래서 1995~96년 늑대를 다시 도입했다. 캐나다에서 포획한 14마리(95년), 추가 17마리(96년)를 풀어놓았다. 예상보다 빠르게 번식하여 두 해 만에 50여 마리 이상의 개체군이 형성되었다. 늑대가 포식자로서 엘크 등 초식동물의 개체수를 조절하고, 이후 식생이 회복되어 생태계 전체의 환경수용력이 정상화되는 효과가 관찰되었다. 늑대가 재도입되면서 포식–피식 관계가 회복되어 엘크 개체수가 자연스럽게 조절되고, 다양한 종의 개체수도 각각의 환경수용력 범위 내에서 유지되는 새로운 생태계 균형이 형성되었다.

이와 같이 서비스 또한 태생적으로 도달하는 시장의 수용 한계를 명확히 이해함으로써 경영진은 현재 모델의 지속 여부, 불필요한 마케팅 지출 관리 및 더 나아가 새로운 비즈니스 모델을 추가하여 한계 수용을 확장하는 전략도 도출하게 된다.

▌우리 서비스의 성장 한계, 얼마나 될까

서비스가 아무리 잘 돼도 결국 도달할 수 있는 사용자 수의 '최댓값'은 이미 태생적으로 정해져 있다. 이것이 한계수용능력(Carrying Capacity, CC)이다.

물웅덩이를 상상해 보자. 웅덩이에는 담을 수 있는 물의 양이 정해져 있다. 비가 와서 물이 계속 들어와도, 웅덩이가 가득 차면 더 이상 물이 쌓이지 않고 넘치거나, 이후 증발하고 땅으로 스며들면서 자연스럽게 균형점에 도달한다.

서비스도 마찬가지다. 신규 고객이 계속 유입(자연 유입 또는 광고)이 되어도, 동시에 기존 고객들이 이탈하면서 자연스럽게 균형점에 도달하게 된다. 이때 도달하는 최대 사용자 수가 바로 그 서비스의 CC다. 웅덩이 크기, 증발 및 토지 침투율 등이 물의 최댓값을 결정하듯, 서비스의 본질과 특성이 도달할 수 있는 사용자 수의 상한선을 결정한다.

한계 수용 능력을 구하는 공식은 이렇다.

CC = 신규 및 복귀 일일(또는 기간) 고객 수 ÷ 매일(또는 기간) 잃는 고객 비율

여기서 '고객'은 단순히 앱을 설치하거나 회원가입한 유저를 넘어, 실제로 서비스를 활발하게 사용하는 고객을 의미한다.

위 공식으로 서비스의 CC를 계산해 보니 10만 명이라고 하자. 현재 고객은 5만 명이다. 투자를 유치한 이후 신규 고객을 확보하기 위해 마케팅 비용을 쏟아부어 단기간에 8만 명까지 늘렸다고 가정해 보자.

마케팅을 멈추면 어떻게 될까. 사용자 수는 6~7만 명으로 줄어든다. 그러다 다시 자연스럽게 성장하며 결국 10만 명에서 멈춘다. 마치 돈을 써서 웅덩이에 물을 붓는 것과 같다. 돈이 떨어지면 원래의 CC로 돌아간다.

커뮤니티 기반의 커머스 플랫폼으로 인테리어 앱 시장에서 압도적인 1위를 차지하고 있는 '오늘의 집'은 2021년 상반기에 소녀시대 윤아를 모델로 TV 광고에만 500억 원을 쓰는 등 대대적인 매스 마케팅을 진행했다. 그리하여 2021년 8월, 월간 활성 이용자 수(MAU)는 약 600만 정점에 도달했다. 최근에는 약 300만 수준으로 절반이 떨어진 상태다. 원래의 CC로 돌아간 것이다.

왜 그런 것일까. CC는 단기적인 마케팅 효과로는 달성할 수 없는 서비스 자체의 본질이 만들어 내는 한계치이기 때문이다.

성장률 높이기 vs CC를 늘리기

가브릴로 보조빅(Gavrilo Bozovic)이 그린 그래프에서 핵심 인사이트를 얻을 수 있다.

성장률 높이기

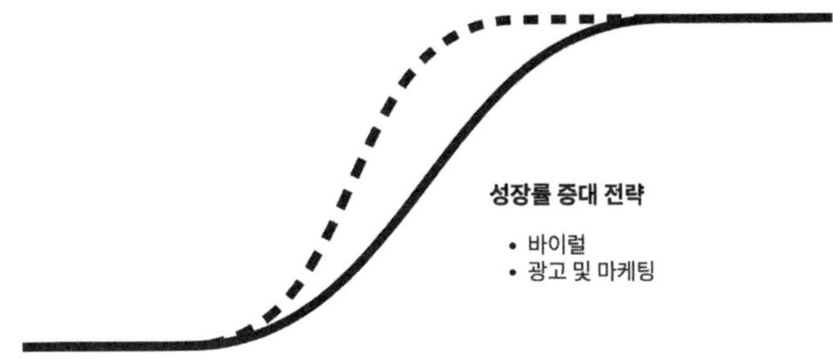

© Gavrilo Bozovic, 2020

성장률의 기울기는 바이럴, 광고 또는 마케팅으로 높일 수 있다. 하지만 이는 결국 CC에 도달하는 시간을 단축할 뿐 CC 자체를 높이는 것은 아니다. 투자자나 시장에 보여주기 좋은 방법이지만, 스타트업이 진정으로 해야 할 일은 CC를 증대시키는 것이다.

CC를 높이려면 다음 세 가지 중 하나 또는 모두를 개선해야 한다.

CC 증대하기

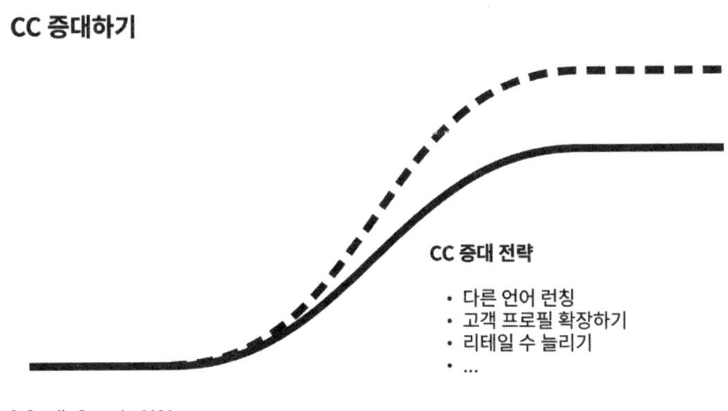

© Gavrilo Bozovic, 2020

첫째, 기존 고객과 프로필이 다른 고객을 추가로 확보해야 한다. 서비스를 더 쉽게 발견하게 만들고, 입소문이 나는 등 서비스 자체의 '발견력'을 높여야 한다. 마케팅이 아니다. 오가닉 유저여야 한다.

둘째, 떠났던 고객이 돌아오게 해야 한다. 한 번 떠났던 고객이 다시 돌아올 만한 새로운 기능이나 매력을 만들어야 한다.

셋째, 고객이 떠나지 않게 해야 한다. 이탈률 줄이기가 가장 중요하다. 사람들이 서비스를 계속 쓰게 만드는 '끈끈함'을 높여야 한다. 고객이 떠나는 비율인 이탈률(Churn rate)을 줄이는 것이 CC(한계수용능력)를 높이는 가장 강력한 방법이다.

CC를 증대하는 구체적인 방안들

첫 번째는 시장 확장(Market Expansion)이다. 지리적 확장으로 다른 지역이나 국가로 서비스를 확장한다. 언어 지원으로 다국어 서비스를 통해 글로벌 사용자층을 확보한다. 채널 다각화로 웹에서 모바일로, B2C에서 B2B로 확장한다.

두 번째는 사용자 세그먼트 확장(User Segment Expansion)이다. 연령대를 확장하여 기존 타겟에서 다른 연령층으로 확장한다. 예를 들어 성인에서 청소년으로 넓히는 것이다. 직업군을 다각화하여 특정 직업에서 일반 사용자로 확장한다. 사용 시나리오를 확장하여 개인용에서 기업용으로, 또는 그 반대로 확장한다.

세 번째는 제품/서비스 확장(Product Portfolio Expansion)이다. 기능을 추가하여 핵심 기능 주변의 보완 기능을 개발한다. 인접 시장에 진입하여 기존 역량을 활용한 새로운 서비스 라인을 개발한다. 플랫폼화하여 단일 서비스에서 생태계 플랫폼으로 진화한다.

네 번째는 네트워크 효과 강화(Network Effect Enhancement)다. 사용자 간 연결성을 증대하여 더 많은 사용자가 참여할수록 가치가 증가하는 구조를 구축한다. 데이터 기반 가치를 제공하여 사용자가 많아질수록 더 정확하고 유용한 서비스를 제공한다. 커뮤니티를 형성하여 사용자들이 상호작용을 하는 생태계를 구축한다.

다섯 번째는 사용 빈도 증대(Usage Frequency Increase)다. 습관을 형성하여 일회성 사용에서 일상적 사용으로 전환한다. 알림 및 리마인더를 활용하여 적절한 푸시 알림으로 재방문을 유도한다. 콘텐츠를 개인화하여 개인 맞춤형 콘텐츠로 지속적 관심을 유발한다.

여섯 번째는 고객생애가치(LTV) 증대다. 프리미엄 서비스를 제공하여 기본 서비스에서 유료 서비스로 업그레이드를 유도한다. 교차 판매(Cross Selling)를 통해 하나의 서비스 사용자에게 추가 서비스를 제공한다. 장기 계약을 유도하여 단기 사용에서 장기 구독으로 전환한다.

🔅 실제 사례로 보는 CC 증대 전략

토스는 송금 서비스에서 은행 서비스로, 다시 투자 서비스로, 그리고 보험 서비스로 확장했다. 개인 사용자에서 소상공인으로, 다시 기업 고객으로 세그먼트를 확장했다. 단순 결제에서 종합 금융 플랫폼으로 진화했다.

페이스북은 대학생에서 일반인으로, 다시 전 세계로 사용자를 확장했다. 소셜 네트워킹에서 메신저로, 다시 마켓플레이스로, 그리고 메타버스로 서비스를 확장했다. 개인 사용자에서 기업 광고주로 고객 세그먼트를 확장했다.

아마존은 온라인 서점에서 종합 이커머스로, 다시 클라우드 서비스(AWS)로, 그리고 물류 서비스로 확장했다. 개인 소비자에서 기업 고객으로, 다시 개발자와 스타트업으로 확장했다. 미국에서 전 세계로 지리적 확장을 했다.

CC 증대 시 주의 사항

중요한 것은 순서다. 현재 시장에서 검증된 PMF를 확보하고 안정적인 성장을 달성한 후에 CC 확장을 시도해야 한다. 너무 이른 확장은 리소스 분산과 핵심 사업의 약화를 가져올 수 있다.

단계적 접근법은 이렇다. 1단계로 현재 시장에서 PMF를 달성하고 안정적인 사용자 기반을 확보한다. 2단계로 핵심 서비스를 최적화하여 높은 잔존율과 만족도를 달성한다. 3단계로 인접 영역으로 점진적 확장을 하여 기존 역량을 활용한 확장을 한다. 4단계로 새로운 시장과 세그먼트에 도전하여 검증된 모델을 새로운 영역에 적용한다.

모든 성장은 이 모양으로 자란다: S-Curve

세상에 존재하는 모든 것들의 확산은 놀랍게도 S자 곡선(S-Curve)을 따른다. 새로운 기술, 아이디어, 심지어 질병의 확산까지도 이 곡선을 그린다.

S-Curve는 5단계로 구성된다.

S-커브의 구조

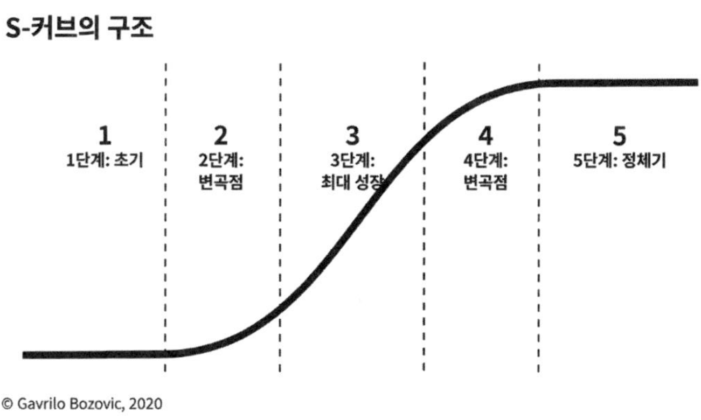

© Gavrilo Bozovic, 2020

1단계는 초기다. 이제 막 시작하는 단계로, 고객도 적고 성장도 느리다. MVP가 PMF를 찾아 헤매는 시기다.

2단계는 첫 번째 변곡점(Inflection point)이다. 드디어 PMF를 찾았을 때 성장이 급격히 빨라지기 시작한다.

3단계는 최대 성장기(Maximal growth)다. 가장 빠르게 성장하는 시기로, 곡선이 거의 직선처럼 보인다.

4단계는 두 번째 변곡점(Inflection point)이다. 성장이 둔화하기 시작한다. 이제 서비스를 이용할 만한 사람들은 거의 모두 사용해 봤다.

5단계는 정체기(Plateau)다. 더 이상 성장하지 않고 안정되는 시기로, 바로 CC에 도달한 시점이다.

S-Curve를 그리는 이유는 아무리 좋은 제품이라도 모든 사람이 한 번에 채택하지 않기 때문이다. 혁신가, 얼리어답터, 일반 대중, 그리고 보수적인 사람들까지, 사람들이 새로운 것을 받아들이는 속도가 다르기 때문에 자연스럽게 S-Curve를 그리게 된다.

페이스북의 S-Curve

페이스북은 초기에 빠르게 성장하다가 어느 순간 성장세가 둔화할 것이라는 예측이 많았다. 하지만 페이스북은 계속해서 새로운 기능(메신저, 인스타그램 인수 등)을 추가하고, 전 세계로 서비스를 확장하며 CC 자체를 계속해서 늘려나갔다. 그래서 예측보다 훨씬 더 크게, 그리고 오랫동안 성장할 수 있었다.

'이거다!' 싶을 때, 진짜 성장이 시작된다
: PMF와 Retention

스타트업 성공의 가장 중요한 지표는 PMF(제품시장 적합성)다. PMF는 사용자 잔존율(Retention)이 일정 수준 이상에서 안정적으로 수렴(Plateau)하는 것을 의미한다. 쉽게 말해, 광고 없이도 사람들이 서비스를 자발적으로 계속 사용할 때 비로소 PMF를 찾았다고 말할 수 있다.

이런 맥락에서 투자자들이 보는 관점도 달라진다.

명심해야 한다. 서비스 출시 전, 투자자들에게는 시장의 크기가 중요하다. 런칭 후에는 서비스의 본질적 크기(CC)만이 중요하다.

PMF는 '잔존율 곡선'으로 확인한다(코호트 분석)

서비스의 사용자들이 시간이 지나도 얼마나 남아 있는지를 그래프로 그려보면, PMF를 찾았는지 명확하게 알 수 있다. 이 잔존율 곡선을 그리는 핵심적인 방법이 바로 코호트(Cohort) 분석이다.

코호트 분석 사례를 살펴보자. 이 분석을 통해 특정 시점에 유입된 사용자 그룹이 시간이 지남에 따라 얼마나 남아 있는지를 한눈에 파악할 수 있다.

코호트 잔존율 분석은 매월 신규 가입한 사용자 코호트의 월별 잔존율을 보여준다. 각 행은 특정 월에 가입한 사용자 그룹을 나타내고, 열은 가입 시점으로부터 경과된 개월 수를 의미한다.

가입 월	가입 시점	1개월	2개월	3개월	4개월	5개월
2024년 1월	100%	60%	45%	35%	30%	28%
2024년 2월	100%	58%	42%	33%	29%	
2024년 3월	100%	62%	48%	38%		
2024년 4월	100%	65%	50%			
2024년 5월	100%	66%				
2024년 6월	100%					

‘2024년 1월 코호트’의 ‘1개월 후 잔존율’이 60%라는 것은, 1월에 가입한 사용자 중 2월에도 여전히 서비스를 사용하고 있는 비율이 60%라는 뜻이다.

💡 표에서 PMF 신호 읽기

위 데이터를 통해 다음과 같은 인사이트를 얻을 수 있다.

잔존율 하락 추세를 보면, 대부분의 코호트가 가입 초기(1~2개월)에는 잔존율이 크게 하락하는 것을 볼 수 있다. 이는 신규 사용자들이 서비스를 탐색하다가 이탈하는 자연스러운 현상이다.

수렴(Plateau) 형성을 보면, 2024년 1월 코호트의 경우 3개월 후 35%에서 4개월 후 30%, 5개월 후 28%로 감소 폭이 점차 줄어들고 있다. 이는 대략 28~30% 수준에서 잔존율의 수렴이 형성되고 있을 가능성을 시사한다. 이 코호트의 사용자 중 약 30%는 서비스에 만족하여 꾸준히 사용하고 있다는 의미다. 이는 ‘20% 이상’이므로, 어느 정도 PMF를 찾았다고 볼 수 있는 수준이다.

PMF 개선 노력의 효과를 보면, 2024년 1월 코호트의 1개월 후 잔존율은 60%였는데, 2월은 58%로 조금 낮아졌다. 하지만 3월 코호트는 62%, 4월 코호트는 65%로 점차 1개월 후 잔존율이 개선되고 있는 모습을 보여준다.

만약 3월, 4월 코호트가 시간이 지나면서 1월 코호트보다 더 높은 수렴 구간을 형성한다면(예: 40% 이상), 이는 PMF를 개선하기 위한 노력이 성공적이었다는 강력한 증거가 된다. 새로운 기능 추가, 온보딩 개선, 버그 수정 등 프로덕트 개선이 실제 잔존율에 긍정적인 영향을 미쳤음을 의미한다.

이처럼 코호트 분석표를 활용하면, 서비스의 PMF 현황을 정확하게 파악하고, 어떤 개선 활동이 유의미한 성과를 가져왔는지 객관적으로 판단할 수 있다.

▌잔존율 수렴의 높이가 중요한 이유(B2C 기준)

이 잔존율 수렴의 높이는 스타트업의 잠재력을 가늠하는 핵심 지표다.

20% 이상이면 '괜찮네' 수준이지만, 아주 큰 비즈니스를 만들기에는 한계가 있을 수 있다. 40% 이상이면 유니콘 기업(기업 가치 1조 원 이상)으로 성장할 잠재력을 충분히 가지고 있다고 평가받을 수 있다. 70% 이상이면 세상을 바꾸고 산업을 혁신할 수 있는 파괴력을 가진 서비스다. 초기 토스의 송금 서비스나 페이스북, 인스타그램 등이 이 정도의 놀라운 잔존율을 보였다.

업종과 비즈니스 모델에 따라 적정한 코호트 잔존율을 달성하는 것이 투자 유치와 지속 가능한 비즈니스의 중요한 지표가 된다.

실제 업계 기준을 보면, SaaS는 월 잔존율 90% 이상(연 잔존율 60~80%)이다. 모바일 게임은 1일 차 40~60%, 7일 차 15~25%, 30일

차 8~15%다. 소셜 앱은 1일 차 25~35%, 7일 차 10~15%다.

잔존율을 높이는 비법: '아하 모멘트' 찾기

아하 모멘트는 사용자가 "아! 이 서비스 진짜 좋네!"라고 느끼며, 서비스의 핵심 가치를 경험하는 결정적인 순간이다. 이 순간을 경험한 사용자는 서비스를 계속해서 사용하게 된다.

💡 토스의 '아하 모멘트'

초기 토스 송금 서비스의 아하 모멘트는 '4일 이내에 두 번 이상 송금'이었다. 사용자가 앱을 설치하고 4일 안에 이 핵심 기능을 두 번 이상 사용했을 때, 토스의 압도적인 편리함을 체감하고 계속 사용하게 된다는 것을 발견했다. 페이스북도 초기에는 '처음 10일 동안 7명의 친구와 연결'이 아하 모멘트였다.

아하 모멘트를 찾았다면 이 순간을 'XX라는 행동을 YY라는 날짜 안에 ZZ번 한다'와 같이 정량적으로 명확히 정의해야 한다. 그리고 팀원 모두가 이 목표를 이해하고, 사용자가 이 '아하 모멘트'를 최대한 쉽고 빠르게 경험하게 만드는 데 집중해야 한다.

첫인상이 중요하다: 활성화(Activation)

활성화(Activation)는 단순히 회원가입이 아니라, 고객이 서비스를 통해 '첫 번째로 행복한 경험(The First Happy Experience)'을 하는 순간을 의미한다. 바로 위에서 말한 '아하 모멘트'가 여기에 해당한다.

활성화가 중요한 이유는 서비스가 고객을 얼마나 잘 꼬시고, 핵심 가치를 느끼게 하는지 나타내는 지표이기 때문이다. 활성화 단계에서 많은 고객이 이탈한다면, 아무리 좋은 서비스를 만들어도 빛을 볼 수 없다.

☀ 카카오톡의 활성화

카카오톡은 가입 절차가 거의 없거나 매우 간편하다. 친구가 전화번호부에 있으면 자동으로 친구로 추가되고 바로 메시지를 주고받을 수 있다. 이런 간편함이 '친구와 즉시 소통하는 편리함'이라는 아하 모멘트를 빠르게 경험하게 만들어 활성화율을 극대화한 대표적인 사례다.

활성화율을 높이려면 세 가지에 집중해야 한다.

첫째, 아하 모멘트를 쉽게 만들어야 한다. 고객이 서비스의 핵심 가치를 가장 빠르고 쉽게 경험하도록 온보딩 과정을 설계해야 한다.

둘째, 시간을 단축해야 한다. 고객이 아하 모멘트에 도달하는 시간을 최대한 줄여야 한다.

셋째, 퍼널 분석을 해야 한다. 고객이 가입부터 아하 모멘트까지 가는 과정에서 어디서 가장 많이 이탈하는지, 화면 단위, 신지어 버튼 단위까지 꼼꼼하게 분석해서 개선해야 한다.

고객이 고객을 부른다:
바이럴 성장과 네트워크 효과

지속적인 성장을 위해서는 고객이 스스로 다른 고객을 데려오거나, 고객이 많아질수록 서비스 가치가 올라가는 현상을 만들어야 한다.

입소문의 힘: Viral Growth

바이럴 성장은 기존 사용자가 다른 새로운 사용자를 데려오는 현상을 말한다. 그냥 '입소문'과는 다르다. '입소문'은 측정이 어렵지만, 바이럴 성장은 측정 가능한 '추천'을 통해 이루어진다.

드롭박스의 바이럴 마케팅

클라우드 저장 서비스 드롭박스는 친구를 초대하면 초대하는 사람과 초대받는 사람 모두에게 추가 저장 공간을 제공했다. 이 전략 덕분에 엄청난 바이럴 성장을 이룰 수 있었다. 사용자들이 자발적으로 드롭박스를 퍼트린 것이다.

바이럴 성장이 CC에 미치는 영향은 크다. 바이럴 성장은 사용자가 많아질수록 새로운 유입이 비례해서 늘어나기 때문에, 이론적으로 CC를 무한히 성장하게 만들 수 있다.

많을수록 더 좋다: Network Effect

네트워크 효과는 서비스 사용자가 늘어날수록 서비스 자체의 가치가 증가하는 현상이다.

○ 카카오톡과 당근마켓

카카오톡은 친구가 많아질수록 나에게 더 유용해진다. 당근마켓도 판매자와 구매자가 많아질수록 동네 직거래가 활발해져서 서비스 가치가 올라간다. 이렇게 사용자 수가 많아질수록 서비스의 가치가 높아지면, 사람들은 서비스를 떠날 이유가 줄어들어 이탈률이 감소하고, 이는 결국 CC를 무한히 성장하게 만들 수 있다.

가장 이상적인 조합은 바이럴 성장과 네트워크 효과를 함께 갖추는 것이다. 바이럴 성장은 새로운 고객을 계속 데려오고, 네트워크 효과는 기존 고객이 떠날 수 없도록 만드니, 이 둘을 함께 가지고 있는 서비스는 강력하게 성장할 수 있다.

단기적인 인기 말고, 진짜 '롱런'하는 법

진정한 승리는 단순히 반짝하는 일시적 사용자를 모으는 것이 아니라, 지속 가능한 성장을 만들어 내는 데 있다.

MAU에 속지 말고 CC를 목표로

단기적인 프로모션이나 눈속임 같은 방법으로는 MAU(월간 활성 사용자 수)를 잠시 늘릴 수 있지만, 이런 성장은 오래가지 못한다. 결국 서비스의 본질적인 매력으로 결정되는 CC가 낮으면 MAU도 다시 떨어지게 되어 있다. 처음부터 CC를 목표로 해야 불필요한 노력을 줄이고 효율적인 성장을 할 수 있다.

성장 지표를 개선할 때는 다음 순서로 집중하는 것이 좋다.

가장 먼저 이탈(Churn)에 집중해야 한다. 고객이 왜 떠나는지를 파악하는 것이 가장 중요하다. 그다음 잔존(Retention)에 집중한다. 고객이 왜 계속 서비스를 사용하는지를 이해해야 한다. 그다음 활성화(Activation)에 집중한다. 고객이 서비스를 처음 써보고 '아하!'를 외치게 만드는 방법을 찾아야 한다. 마지막으로 획득(Acquisition)에 집중한다. 어떻게 하면 더 많은 고객을 데려올지는 그 이후의 문제다.

이런 개념들을 깊이 이해하고 스타트업에 적용한다면, 단기가 아니라, 지속 가능하고 의미 있는 성장에 도달하게 될 것이다.

Appendix: CC vs SOM
: 헷갈리지 말아야 할 결정적 차이

스타트업에서 시장의 크기를 말할 때 자주 등장하는 용어가 있다. TAM, SAM, SOM인데 그중 SOM(Serviceable Obtainable Market)은 얼핏 CC와 비슷해 보인다. 둘 다 '도달할 수 있는 최대치'를 말하는 것처럼 들리니까. 하지만 이 둘은 근본적으로 다른 개념이다.

핵심 차이점

구분	SOM (Serviceable Obtainable Market)	CC (Carrying Capacity)
정의	현실적으로 획득 가능한 시장 규모	서비스가 자연적으로 수용할 수 있는 최대 사용자 수
관점	시장 중심적 – "시장이 얼마나 클까?"	제품 중심적 – "우리 서비스의 본질적 한계는?"
측정	주로 매출액이나 고객 수로 표현	활성 사용자 수(MAU/DAU)로 표현
성격	정적(Static) – 특정 시점의 시장 크기	동적(Dynamic) – 사용자 유입과 이탈의 균형점
영향 요인	경쟁사, 마케팅 예산, 유통 채널, 브랜드 인지도 등	제품의 본질적 매력, 사용자 경험, 리텐션율 등

배달앱으로 보는 SOM과 CC의 차이

같은 배달앱 서비스를 두고도 SOM과 CC는 완전히 다른 이야기를 한다.

SOM의 시각은 이렇다. "한국 배달 시장 규모는 연간 20조 원입니다." "우리가 점유할 수 있는 시장은 5조 원 정도로 추정됩니다." "경쟁사 대비 우리 목표 점유율은 15%입니다."

CC의 시각은 이렇다. "우리 앱이 자연적으로 수용할 수 있는 월 활성 사용자는 최대 500만 명입니다." "현재 월 300만 명이 사용 중이며, 매일 1.5만 명이 유입되고 9,000명이 이탈합니다(일일 이탈률 0.3% = 9,000/300만). 사용자가 500만 명에 도달하면 이탈도 1.5만 명으로 증가하여 유입과 균형을 이룹니다. 마케팅을 중단해도 자연스럽게 500만 명에서 균형점을 형성할 것입니다."

같은 서비스를 보지만, SOM은 시장의 크기를, CC는 서비스의 본
질적 한계를 말하고 있다.

실무에서 드러나는 결정적 차이

전략적 접근의 차이가 있다. SOM을 늘리려면 마케팅 예산을 증가
시키고, 경쟁사 대비 차별화를 하고, 시장 점유율을 확대해야 한다.
외부로 향한다. CC를 늘리려면 제품을 개선하고, 새로운 기능을 추가
하고, 사용자 경험을 향상하고, 이탈률을 감소시켜야 한다. 내부로 향
한다.

측정 방식의 차이가 있다. SOM은 '총 시장 규모 × 점유 가능 비율'
로 계산한다. 정적이다. CC는 '신규 유입률 ÷ 이탈률'로 계산한다. 동
적이다.

시간적 특성의 차이가 있다. SOM은 외부 환경 변화에 따라 변동한
다. 경제 상황이 좋아지면 커지고, 규제가 강화되면 작아진다. 완전히
통제할 수 없다. CC는 제품 자체의 개선이나 확장을 통해서만 변한
다. 스스로의 손에 달려 있다.

CC가 더 중요한 세 가지 이유

첫째, 지속가능성이다. SOM은 마케팅 비용으로 일시적 확장이 가
능하다. 하지만 돈이 떨어지면 다시 원점으로 돌아간다. CC는 제품의
본질적 가치를 반영한다. 한 번 올리면 쉽게 떨어지지 않는다.

둘째, 투자 효율성이다. CC 증대는 장기적 성장 기반을 만든다. 한 번 투자하면 계속 효과가 지속된다. SOM만 추구하면 마케팅 비용 의존도가 높아진다. 돈을 계속 쏟아부어야 한다.

셋째, 실제 비즈니스 규모다. 아무리 큰 SOM이라도 CC가 낮으면 실제 달성 가능한 규모는 제한적이다. 시장이 아무리 커도 서비스가 담을 수 있는 그릇이 작으면 소용없다.

○ 실제 사례: 카카오톡

카카오톡의 SOM은 한국 문자메시지 시장 규모 1.5조 원이다. 카카오톡의 CC는 네트워크 효과로 이탈률이 0에 근접하여 한국 인구의 95%인 4,275만 명이다. 이것이 제품이 담을 수 있는 그릇의 크기다.

카카오톡의 성공은 SOM을 늘린 것이 아니라, 네트워크 효과로 이탈률을 극소화하여 CC를 극대화한 것이다.

따라서 스타트업은 SOM을 의식하되 CC에 집중해야 한다. SOM은 시장 기회를 파악하는 지표이지만, CC는 실제 구축 가능한 비즈니스 규모를 결정하는 더 근본적인 지표이기 때문이다.

이 챕터에서 CC, S-Curve, PMF. 성장의 본질을 이해했다.

위워크는 470억 달러에서 6개월 만에 80억으로 추락했다. 광고를 멈추는 순간 매출이 반토막 나는 회사가 수두룩하다. 다음 장에서는 가짜 성장의 덫을 피하는 법을 배운다. 구멍 뚫린 양동이로 물을 퍼 나르고 있지는 않은가?

Chapter 18

가짜 성장의 덫

그럴듯한 성장 지표에 취하지 말고, 가짜 성장을 정면으로 마주하라

스타트업의 성장 측정은 왜 이렇게 어려운가

16세기 항해사들은 배의 속도를 측정하기 위해 '로그 라인(Log Line)' 이라는 방법을 사용했다. 배 뒤쪽에서 밧줄에 매달린 나무 조각을 바다에 떨어뜨리고, 일정 시간 동안 풀려나간 밧줄의 길이로 속도를 계산했다.

하지만 경험 많은 항해사들은 알고 있었다. 겉으로 보이는 속도가 전부가 아니라는 것을. 바다의 조류나 바람의 영향을 제대로 보정하지 않으면, 빠르게 항해하는 것 같아도 실제로는 조류에 휩쓸려 목적지에서 멀어지고 있을 수 있었다. 나침반이 북쪽을 가리켜도, 배는 남쪽으로 흘러가고 있었던 것이다.

🔆 타이태닉: 완벽한 속도계가 만든 완벽한 착각

1912년 4월 14일 밤, 타이태닉호는 대서양을 가로지르며 신기록을 세우고 있었다. 선장 에드워드 스미스는 자신감에 차 있었다. 엔진 회전수(RPM)는 완벽했고, 모든 계기판은 순조로움을 가리켰다.

하지만 그들이 측정한 것은 엔진 회전수(RPM), 즉 얼마나 빠르게 엔진이 돌아가는가였다. 그들이 측정하지 않은 것은 해류와 바람을 고려한 실제 속도(실제로 얼마나 빠르게 목적지로 향하는가), 빙산까지의 실제 거리(위험 요소가 얼마나 가까이 있는가), 회피할 수 있는 시간(문제를 발견했을 때 대응할 수 있는 시간이 얼마나 남았는가)이었다.

침몰 2시간 전까지도 선장은 본부에 순조롭게 항해 중이라고 보고했다. 계기판의 모든 숫자가 좋았기 때문이다. '우리는 빠르게 가고 있다'라는 착각 속에서, 빙산을 피할 시간은 이미 사라지고 있었다.

타이태닉은 '불침선'이라 불렸다. 가장 앞선 기술, 가장 완벽한 설계, 가장 화려한 내부였다. 하지만 정작 중요한 것, 진짜 속도와 진짜 위험을 측정하지 못했다. 결과는 역사가 증명한다.

현대 스타트업의 성장 측정도 놀랍도록 비슷하다. 스타트업의 74%가 '너무 이른 사업 확장' 때문에 실패한다. 2023년 스타트업 게놈 보고서(Startup Genome Report)는 더 구체적으로 말한다. 스타트업의 90%가 실패하는 주요 원인 중 하나는 '조급한 스케일링(Premature scaling)', 즉 가짜 성장을 진짜 성장으로 착각하여 성급하게 규모를 키우다가 무너지는 것이라고.

2023년 CB Insights의 분석도 충격적이다. 실패한 스타트업 중 70%
가 좋은 지표를 근거로 투자 유치나 사업 확장을 결정했다. 문제는 이
들이 측정한 지표가 항해사가 조류를 무시하고 측정한 속도와 같았다
는 점이다. 타이태닉의 선장이 엔진 회전수만 보고 안심했던 것처럼,
겉으로는 빠르게 성장하는 것 같았지만 실제로는 침몰을 향해 가고
있었다.

좋은 지표들은 많은데, 왜 망할까

스타트업들이 추적하는 지표는 정말 많다. 비즈니스 지표로는 ARR,
MRR, CAC, LTV, Churn Rate가 있다. 제품 지표로는 DAU, MAU,
Feature Adoption, User Engagement가 있다. 기술 지표로는 모델 성
능, API 응답시간, 시스템 안정성이 있다. 조직 지표로는 직원 만족도,
생산성이 있다. 혁신 지표로는 R&D 프로젝트, 논문 수, 글로벌 PMF
성과가 있다.

지표가 이렇게 많은데도 망한다니, 이상하지 않은가?

흥미롭게도, 부트스트래핑(Bootstrapping) 스타트업은 이 함정에 잘 빠
지지 않는다. 이들의 핵심 지표는 단순 명료하다. 영업이익만을 보기
때문이다. 매달 은행 잔액을 확인하며 생존해야 하므로 가짜 성장에
속을 여유가 없다.

반면 투자 유치 스타트업은 다음 라운드를 위한 성장 스토리가 필요
하다. 그래서 창업경진대회 수상, 총 가입자 수, 언론 보도 건수, 목적
없는 CES·MWC 참가 같은 허영지표(Vanity Metrics)에 집중한다. 글로
벌 진출이라는 그럴듯한 포장 뒤에서 정작 실제 활성 사용자 비율, 유

료 전환율, 현금 소진 속도 같은 핵심 지표는 놓치면서 말이다.

물론 부트스트래핑에도 위험은 있다. 단기 영업이익에만 집중하다 보면 장기 성장 기회를 놓칠 수 있다. 하지만 적어도 '가짜 성장'이라는 환상에는 빠지지 않는다.

2023년 퍼스트 라운드 캐피탈의 스타트업 현황(State of Startups) 보고서는 충격적인 사실을 밝혔다. 이런 지표들을 모두 꼼꼼히 추적하는 스타트업 중에서도 68%가 '성장하고 있다고 생각했지만 실제로는 가짜 성장'에 빠져있었다는 것이다.

베세머 벤처 파트너스(Bessemer Venture Partners)의 분석은 더 구체적이다. SaaS 스타트업의 42%가 MRR 증가에만 집중하다가 실제 현금 흐름 위기를 겪었다. 마치 16세기 항해사가 나침반만 보고 항해하다가 암초에 부딪히는 것과 같은 상황이었다. 타이태닉의 엔진 회전수처럼, 하나의 지표만으로는 진실을 볼 수 없다.

▎가짜 성장의 다섯 가지 얼굴

여러 스타트업이 가짜 성장으로 무너지는 것을 봤다. 그들은 저마다 다른 이유로 실패했지만, 공통점이 있었다. 모두 가짜 성장에 속았다는 것. 가짜 성장은 다섯 가지 모습으로 나타난다.

첫째, 광고 의존 성장이다. 고객획득비용(CAC)이 고객생애가치(LTV)보다 크고, 유료 마케팅을 멈추면 매출이 급락하는 경우다.

둘째, 장부상 매출 착각이다. 월간반복수익(MRR)은 증가하지만 미수금, 연체, 대규모 할인으로 실제 현금 흐름이 악화되는 경우다.

셋째, 허수 DAU/MAU다. 광고 및 이벤트성 회원 유입, 좀비 유저, 봇이나 크롤러 트래픽 포함, 직원들의 테스트나 업무용 사용을 실제 고객 사용으로 계산하는 경우다.

넷째, 투자금 이자 착각이다. 투자금 예치로 발생한 이자수익을 마치 본업의 매출처럼 착각하여 영업 적자를 방치하는 경우다.

다섯째, 매출 착각이다. 총 거래액(GMV)을 실제 매출로 착각하는 경우다.

이 다섯 가지 중 하나라도 해당한다면, 지금 조류에 휩쓸리고 있을 가능성이 높다.

위워크(WeWork): 470억 달러가 6개월 만에 80억으로

가짜 성장의 가장 극적인 사례를 하나 살펴보자. 바로 위워크다. 2019년 초, 위워크는 실리콘밸리의 슈퍼스타였다. 투자자들과 언론이 본 것은 매출 3년간 10배 성장(1.8억 달러에서 18억 달러), 전 세계 111개 도시 진출, 회원 수 40만 명 돌파, 기업가치 470억 달러(약 63조 원)였다.

소프트뱅크의 손정의 회장은 '위워크는 세상을 바꿀 것'이라며 수십억 달러를 투자했다. 모두가 이 회사를 유니콘을 넘어선 데카콘(Decacorn)이라 불렀다. CEO 아담 노이만은 우리는 부동산 회사가 아니라 기술 회사라며 미래를 약속했다.

겉으로 보기에 위워크의 성장은 완벽했다. 타이태닉의 엔진 회전수처럼, 모든 지표가 빠르게 성장 중을 가리키고 있었다.

6개월 후의 위워크: 실사 과정에서 드러난 진실

2019년 8월, 위워크는 상장을 추진했다. 그리고 JP모건과 골드만삭스의 실사팀이 들어왔다. 그들이 발견한 것은 충격적이었다.

공헌이익률은 −40%였다. 임대료가 회원 수익보다 훨씬 많았다. 고객 1명을 유치할 때마다 평균 2,500달러 손실이 발생했다. 광고비 없으면 신규 고객 유입이 90% 감소했다. 회계 트릭도 있었다. 커뮤니티 매니저 급여를 '성장 비용'으로 분류하여 영업비용에서 제외했다. 'We(우리)'를 CEO 개인 소유로 등록 후 회사에 상표권료를 청구했다. 현금 소각률은 월평균 7억 달러(약 9,000억 원) 손실이었다.

더 충격적인 것은, 위워크의 핵심 비즈니스 모델 자체가 근본적으로 깨져 있었다는 점이다.

단위경제학의 완전한 파괴가 일어났다. 평균 임대료(변동비)는 월 1,000달러/석이었고, 평균 회원 수익은 월 600달러/석이었다. 좌석마다 400달러 손실이었다. 규모가 커질수록 적자가 기하급수적으로 증가하는 구조였다. 팔면 팔수록 손해를 보는 비즈니스였다.

전환점: 단 두 개의 질문

JP모건 실사팀의 수석 애널리스트가 경영진 회의에서 질문했다.

"광고를 중단하면 어떻게 되나요?"

경영진은 답하지 못했다. 실제로 신규 회원의 90%가 유료 광고를 통해 유입되고 있었다. 광고를 멈추는 순간, 성장은 멈췄다.

"임대료를 회원 수익으로 나누면 얼마죠?"

이 질문에 대한 답은 명확했다. 공헌이익률 −40%. 즉, 회원이 늘어날수록 회사는 더 빨리 망하는 구조였다.

추락: 470억에서 80억으로

이 두 가지 질문에 답하지 못하면서 위워크는 추락했다. 2019년 9월 기업가치가 470억 달러에서 150억 달러로 하향되며 상장이 연기됐다. 2019년 10월 CEO 아담 노이만은 퇴출이 되고, 17억 달러 보상금을 수령했다. 2019년 11월 기업가치가 80억 달러로 재평가되어 6개월 만에 1/6 수준이 됐다. 2020년에는 직원 8,000명이 해고됐다(전체의 40%). 2024년 현재 여전히 회생 중이며, 시가총액은 전성기의 5% 수준이다.

위워크가 던지는 질문

위워크는 타이태닉과 놀랍도록 닮았다. 모든 지표가 성장을 가리켰지만, 정작 중요한 단위경제학, 진짜 수익성, 지속가능성을 측정하지 않았다.

지금, 이 순간, 스스로에게 똑같이 물어봐야 한다.

첫째, 광고 없이 2주를 버틸 수 있는가. 오가닉 성장률이 30% 이상인지, 재구매율과 추천율은 얼마인지 확인해야 한다.

둘째, 고객 한 명의 진짜 공헌이익은 얼마인가. 서버 사용료, API비, 결제수수료를 다 빼고 계산했는지, 위워크처럼 핵심 비용을 '성장비용'으로 숨기고 있지는 않은지 점검해야 한다.

셋째, 장부상 매출과 통장에 찍히는 현금의 차이는 얼마인가. 미수금과 연체가 얼마나 되는지, 실제 현금 전환율은 얼마인지 확인해야 한다.

넷째, 투자금 이자를 매출로 계산하고 있진 않은가. 영업이익과 영업외수익을 구분했는지, 투자금이 고갈되면 어떻게 되는지 점검해야 한다.

위워크의 교훈: 가짜 성장 체크리스트

위워크의 실수	우리가 확인해야 할 것	즉시 확인 방법
임대료 > 회원수익	변동비를 정확히 파악했는가?	고객 1명당 변동비(서버 사용료, API 비 포함) 계산
광고 의존 성장	오가닉 성장률이 30% 이상인가?	2주간 광고 중단 테스트
회계 트릭	영업이익과 영업외수익 구분했는가?	손익계산서에서 이자수익 제외하고 재계산
미수금 급증	현금 전환율을 추적하고 있는가?	장부 매출 vs 실제 입금액 비교
단위경제학 파괴	공헌이익률이 업종 기준(70%+) 이상인가?	(매출 − 변동비) / 매출 × 100%

첫 번째 함정: 광고비로 산 허상

패션 커머스 스타트업 이야기를 해보자. 매달 마케팅으로 1,000만 원을 지출해서 400명의 신규 고객을 얻었다. CAC는 2만 5천 원이다. 첫 구매 평균 금액은 4만 원, 마진율은 25%다. 그리고 재구매율은 20%에 불과했다. 계산해 보니 이 고객들이 평생 가져다주는 순이익(LTV)은 약 1만 5천 원이었다. 고객 한 명을 확보할 때마다 1만 원씩 손해를 보는 구조다.

문제는 단기적으로는 이게 성장처럼 보인다는 것이다. 매출은 늘어난다. 사용자 수도 증가한다. 투자자들 앞에서 발표할 지표도 좋아 보인다. 하지만 이건 마약과 같다. 계속 맞을수록 중독되고, 끊는 순간 모든 게 무너진다.

이것이 바로 단위경제학의 파괴다. 고객 한 명당 손익계산서가 적자인 것이다. 위워크가 좌석마다 400달러를 손해 본 것과 정확히 같은 구조다.

생존을 위한 진단으로 LTV:CAC 비율이 3:1 이상은 되어야 한다. 고객이 가져다주는 가치가 그 고객을 확보하는 비용의 최소 3배는 되어야 한다는 뜻이다. 그리고 광고비를 포함한 모든 변동비용 대비 매출 마진을 확인하는 순 공헌이익률(Net CMR) 분석이 필요하다. 무엇보다 중요한 것은 스트레스 테스트다. 2주간 모든 마케팅을 중단해 보라. 비즈니스가 자생할 수 있는가.

건강한 비즈니스라면 기존 고객의 재구매로 매출의 60~70%를 유지할 수 있어야 한다. 자연 유입(검색, 추천, 입소문)으로도 일정 수준의 신규 고객이 들어온다. 위험한 신호는 광고 중단 즉시 신규 고객 유입이 완전히 멈추거나, 재구매율이 낮아 매출이 급격히 감소하거나, 마케팅 없이는 비즈니스가 작동하지 않는 경우다.

위워크도 마찬가지였다. 광고를 멈추면 신규 회원 유입이 90% 감소했다. 이것이 JP모건이 묻고 싶었던 진짜 질문이다.

두 번째 함정: 월간 반복 매출(MRR)은 늘어나는데 돈은 없다

B2B SaaS 스타트업 H사의 이야기다. 매달 MRR이 15%씩 성장했다. 투자자들은 만족했고, 팀은 축배를 들었다. 그런데 6개월 후 갑자기 현금 부족 위기가 찾아왔다.

어떻게 된 일일까. 장부상으로는 매출이 계속 늘어났지만, 실제로 통장에 찍히는 돈은 그보다 훨씬 적었다. 고객들이 결제를 연체하고 있었고, 대규모 할인을 제공한 고객들이 많았으며, 미수금이 쌓여가고 있었다. 장부와 현실 사이에 거대한 괴리가 생긴 것이다. 진짜 지표는 이것이다.

실제 성장 = 순증가 고객 × 평균 결제액 × 현금 전환율

장부상 MRR이 아니라, 통장에 실제로 찍히는 현금 수령액을 기준으로 성장률을 추적해야 한다. 그리고 30일 연체 시 서비스를 중단하거나 선불 정책으로 전환해야 한다. 예외는 없다. 예외를 두는 순간, 그 예외가 회사를 무너뜨린다.

세 번째 함정: 허수 사용자의 유혹

DAU 10만, MAU 50만. 멋진 숫자다. 하지만 자세히 들여다보면 어떨까. 광고로 유입된 이벤트성 사용자들이 대부분이다. 앱을 다운받고 한 번 켜본 후 다시는 쓰지 않는 좀비 유저들이다. 더 나쁜 경우도 있

다. 봇이나 크롤러 트래픽을 실제 사용자로 계산하거나, 직원들의 테스트 사용을 고객 사용으로 집계하는 것이다.

이런 허수는 IP 주소로 걸러내야 한다. 그리고 진짜 참여도를 측정해야 한다. 사람들이 얼마나 자주, 얼마나 깊이 서비스를 사용하는가. 이것이 진짜 지표다.

네 번째 함정: 이자수익이 매출인가

이건 정말 위험한 착각이다. 투자금을 단기 금융상품에 예치해서 매달 몇천만 원의 이자를 받는다. 그리고 이걸 마치 본업에서 번 돈처럼 생각한다. 영업 적자가 나도 "그래도 전체적으로는 플러스잖아"라고 안심한다. 이는 경영의 기본을 무시하는 중대한 오류다.

실제 제품 매출이 5천만 원이고 투자금 이자수익이 5천만 원일 때, 이를 합산해서 '우리 매출은 1억'이라고 말하면 안 된다. 회사의 실제 영업력은 절반에 불과한데 전체 규모가 커 보이게 만드는 착시 효과다.

더 큰 문제는 공헌이익률(CMR) 분석이 무력화된다는 것이다. 이자수익은 변동비나 고정비와 전혀 관계없이 발생한다. CMR을 계산할 때 이자수익을 포함하면 CMR이 비정상적으로 높아져서 단위경제학의 실제 문제점을 숨기게 된다.

투자금이 고갈되기 시작하면 이자수익도 급속히 사라진다. 이것은 지속 가능한 현금 흐름이 아니다. 이자수익에 기대어 영업 적자를 덮는 것은 곧 자본 잠식을 가속하는 것이다. 진짜 영업이익만 봐야 한다.

진짜 영업이익 = 매출액 − 매출원가 − 판매비와 관리비

투자금 이자수익은 이 계산에 단 1원도 포함되어서는 안 된다. 이자수익을 제외한 영업이익이 마이너스라면, 현재 비즈니스 모델은 자생능력이 없다는 명확한 신호다. 투자금이 소진되는 순간 회사는 곧바로 현금 위기에 직면한다.

다섯 번째 함정: 총 거래액(GMV)을 매출로 착각하기

플랫폼 비즈니스에서 흔한 착각이다. "우리 플랫폼에서 월 10억 원어치가 거래됩니다!" 멋지게 들린다. 하지만 실제 매출은 그 중 수수료인 10%인 1억 원이다. GMV(총거래액)와 실제 매출을 혼동하면 안 된다.

투자자들과 이야기할 때도 마찬가지다. GMV가 크다는 건 시장의 잠재력을 보여주지만, 실제로 가져가는 건 수수료다. 이 차이를 명확히 인식하지 못하면, 규모는 커 보이지만 실제로는 돈을 못 버는 비즈니스가 된다.

공헌이익률: 가짜 성장을 가르는 칼

여기서 중요한 개념 하나를 짚고 넘어가야 한다. 바로 공헌이익률(Contribution Margin Ratio, CMR)이다.

많은 창업자가 착각하는 것이 있다. "매출이 늘어나면 비용이 효율화되어 이익률이 늘어날 거야."라고 규모의 경제를 기대하는 것이다. 하지만 초기부터 공헌이익을 통한 적극적인 이익 구조 점검을 하지 않으면, 후일의 규모 경제를 통한 효율화를 경험하지 못하게 된다.

추가하면 규모 경제 달성 시 효율화를 해줄 파트너가 있는 비즈니스 모델과 그렇지 않은 모델이 있다. 오프라인 위주의 비즈니스보다는 그나마 온라인 위주의 비즈니스 모델은 가능성이 있다. 가령 AWS 서버 비용이 초기에 많이 들어가더라도 트래픽이 많아지면 가격 협상력이 발생해서 규모의 경제 효과를 이룰 수가 있다.

도시락 구독 서비스였던 위잇(WeEat)은 매출액이 2022년 132억 원까지 성장했음에도 영업 손실이 78억 원에 달했다(영업 손실률 59%). 위잇은 2019년부터 공헌이익이 계속 마이너스였고, 심지어 상품 원가 자체가 매출액을 초과하여 상품 원가율이 102%를 기록하는 등 많이 팔수록 손실이 커지는 구조적 한계를 안고 있었다. 결국 2024년 6월 서비스 운영을 중단했다.

공헌이익률이란 무엇인가

공헌이익은 매출액에서 변동비를 뺀 금액이다. 쉽게 말해서, 제품이나 서비스를 하나 더 팔면 회사에 얼마나 도움이 되는지를 알려주는 지표다.

공헌이익 = 매출액 − 변동비 = 고정비 + 이익
공헌이익률(CMR) = (매출액 − 변동비) / 매출액 × 100%

여기서 매출액은 수수료 베이스인 에이전시 모델인 경우, 총매출보다는 수수료(순매출)로 계산하는 것이 유의미하다. 변동비는 제품 판매량이나 서비스 제공량에 비례하여 변하는 비용(원재료비, 직접 인건비, 물류비, 포장비 등)이다. 고정비는 판매량과 관계없이 일정하게 발생하는 비용(사무실 임차료, 정규직 직원 급여, 서버 이용료 등)이다.

공헌이익률 50%의 의미는 이렇다. 제품이나 서비스를 팔아 100원을 벌면, 변동비를 빼고 50원이 남아 회사의 고정비와 이익에 기여한다는 뜻이다. 하나를 팔면 50원이 남으니 많이 팔수록 인건비를 충당하고 이후로는 이익으로 남길 수 있다.

그런데 만약 공헌이익률이 마이너스라면 어떨까. 이것은 심각한 이슈다. 제품을 포장해서 판매한 금액이 포장지 가격보다 적다는 것이다. 팔면 팔수록 손해다. 당장 구조를 개선해야 한다.

위워크의 공헌이익률 −40%가 의미하는 것은 이렇다. 회원 1명이 월 600달러를 지불하고, 변동비(임대료 등)가 월 1,000달러다. 회원 1명 늘어날 때마다 400달러 손해다. 규모가 커질수록 파산이 가속화된다.

공헌이익률은 현재의 가격과 비용 구조가 본질적으로 수익성이 있는지를 판단하는 가장 중요한 단위경제학 지표다. 공헌이익률이 낮으면 규모가 커질수록 적자가 누적되어 가짜 성장의 덫에 빠진다.

IT 기업의 딜레마:
서버 비용은 고정비인가, 변동비인가

IT 기업들이 자주 헷갈리는 부분이 있다. 서버 이용료를 고정비로 봐야 할까, 변동비로 봐야 할까. 답은 "상황에 따라 다르다"이다.

구분	변동비의 성격	고정비의 성격
정의	매출량에 비례하여 직접적으로 변하는 비용	매출량에 관계없이 일정하게 발생하는 비용
주요 사례	클라우드 서비스(AWS, Azure, GCP 등)의 종량제 요금	물리적 서버 구매 및 임대 비용(IDC 입주) 또는 월별 정액제
트래픽 연관성	트래픽, 데이터 전송량, 컴퓨팅 시간 등 사용량에 따라 즉시 증가	사용량과 무관하게 계약 기간 동안 고정
비즈니스 유형	커머스, SaaS, 미디어 스트리밍 등 트래픽 기반 수익 모델	초기 인프라 구축 비용이 큰 전통적인 IT 기업
경영 분석 시	제품/서비스 1단위의 수익성 (공헌이익률) 분석 시 변동비로 포함	손익분기점(BEP) 분석 시 고정비로 처리

특히 클라우드 기반 서비스의 경우, 서버 비용은 트래픽과 서비스 사용량에 따라 직접적으로 증가하므로 변동비로 분류해야 한다. 그래야만 실제 수익성을 정확히 알 수 있다.

위워크도 같은 실수를 했다. 임대료를 '성장을 위한 투자'로 보고 고정비로 분류했다. 하지만 실제로는 회원 수에 비례하여 증가하는 전형적인 변동비였다. 이 착각이 −40% 공헌이익률의 진실을 숨겼다.

실제 사례를 보자. SaaS 플랫폼 H사는 MRR이 매월 15% 성장하여 성공적으로 보였다. 하지만 공격적인 사용자 증가와 함께 클라우드 서버 이용료와 API 사용료가 급증하면서, 6개월 후 갑작스러운 현금 부족 위기에 직면했다. 이들은 서버 비용을 고정비로 간주하고 있었다. 공헌이익률 분석을 통해 가짜 성장의 정체를 파악해 보자.

항목 (월별)	금액 (천원)	비율	분석
평균 MRR (매출액)	100,000	100%	고객 1명당 평균 월매출
변동비 (매출에 비례하여 증가)			
외부 API 사용료	5,000	5.0%	횟수별 과금되는 외부 서비스 비용
카드 수수료/ PG 비용	3,000	3.0%	결제액에 비례하는 수수료
클라우드 서버 비용	10,000	10.0%	트래픽/사용량에 따라 증가하는 비용
총 변동비	18,000	18.0%	판매가 늘수록 이 비용도 늘어남
공헌이익	82,000	82.0%	공헌이익률(CMR)
고객 획득 비용 (CAC)	50,000	50.0%	유료 마케팅 비용
순 공헌이익	32,000	32.0%	CAC 회수 후 남는 금액

H사의 공헌이익률은 82.0%로 매우 건전해 보인다. 하지만 클라우드 서버 비용을 고정비로 착각했다면 CMR은 92.0%로 과대 평가된다. 실제로는 18.0%의 변동비가 지속적으로 발생하며, 공헌이익(82,000원)이 CAC(50,000원)를 회수하고 남은 순공헌이익(32,000원)이 H사의 고정비(개발팀 인건비, 사무실 임대료 등)를 충당해야 한다.

가짜 성장의 정체는 이렇다. MRR이 15% 성장할 때마다 변동비 18%도 같이 15%씩 증가한다. LTV가 기대치보다 낮을 경우 CAC 회수 기간이 길어져 현금 흐름에 치명타를 입힌다.

생존 정책으로 SaaS는 일반적으로 공헌이익률 70% 이상을 안정적인 기준으로 본다. H사는 82.0%로 양호하지만, 비용 최적화를 게을리하면 안 된다. 수수료 비즈니스인 경우는 총매출이 아닌 순매출(수수료) 기준으로 계산해야 한다.

CAC 회수 기간(Payback Period)도 관리해야 한다. 공헌이익으로 CAC를 회수하는 기간을 12개월 이내로 유지해야 한다. 계산식은 간단하다.

CAC ÷ 월별 공헌이익 = 회수 기간(개월)이다. H사의 경우 50,000원 ÷ 82,000원 ≈ 0.6개월(약 18일)로 매우 건전한 수준이다.

단위 변동비 절감도 필요하다. API 계약 재협상, 클라우드 리소스 예약 인스턴스 전환 등을 통해 변동비 비율을 지속적으로 줄여야 한다. 사용자가 증가함에 따른 단위당 비용 감소 효과를 극대화하고, 아키텍처 리팩토링, CDN 도입, 캐싱 전략 등으로 서버 비용을 효율화해야 한다.

☀ 업종별 공헌이익률 최소 기준

의도된 적자를 고려할 때도 업종별마다의 건전한 기준선은 알아야 한다.

분야	매출 기준	최소 기준
플랫폼/마켓플레이스	순매출	70-85%
결제 서비스	순매출	75-85%
배달 플랫폼	순매출	65-80%

차량공유 플랫폼	순매출	60-75%
숙박 플랫폼	순매출	70-85%
SaaS (광고 베이스)	순매출	85-95%
SaaS (B2B 소프트웨어)	총매출	75-85%
핀테크/금융서비스	총매출	70-80%
에듀테크/온라인 교육	총매출	60-70%
게임	총매출	60-75%
헬스케어/의료	총매출	50-60%
콘텐츠/미디어	총매출	40-60%
O2O/온디맨드 서비스	총매출	30-40%
모빌리티/차량공유	총매출	25-35%
이커머스/온라인 쇼핑	총매출	20-30%
배달/푸드테크	총매출	15-25%
물류/배송	총매출	15-25%

▌ 예외 케이스: 의도된 적자는 언제 허용되는가

여기까지 읽으면 이런 생각이 들 수 있다. "그럼 초기 스타트업은 어떻게 하라는 거야? 유튜브, 카카오, 우버도 초기에는 적자였잖아?"

맞다. 의도된 적자가 허용되는 경우가 있다. 하지만 전제조건이 있다. 일반적으로 마이너스 공헌이익률은 무조건 위험 신호지만, 특정 조건 하에서는 전략적으로 허용 가능하다. 핵심은 '검증된 성공 공식의 가속화(블리츠 스케일링)'와 '검증되지 않은 가정에 기반한 도박(조기 확장)'을 명확히 구분하는 것이다.

위워크(WeWork) vs 우버(Uber): 무엇이 달랐나

둘 다 초기에 막대한 적자를 기록했다. 하지만 결과는 달랐다.

우버의 경우 PMF가 확실했다. 서비스가 없으면 '매우 실망' 응답이 70% 이상이었다. 코호트별 개선이 있었다. 분기마다 공헌이익률이 5~10%P 개선됐다. LTV/CAC 구조가 건전했다. 3:1 이상을 유지했다. 18개월 내 도시별 수익성 전환이 이루어졌다.

위워크의 경우 PMF가 불명확했다. 대체재가 많고 고착도가 낮았다. 코호트별 악화가 있었다. 신규 지점마다 손실이 증가했다. LTV/CAC 구조가 파괴됐다. 1:3으로 역전됐다. 24개월이 넘어도 개선이 없었다.

의도된 적자가 허용되는 여섯 가지 조건

첫째, PMF(Product-Market Fit) 선행 달성이 필수다.

션 엘리스 테스트(Sean Ellis Test)를 해보라. "만약 이 제품/서비스를 더 이상 사용할 수 없다면 어떤 기분이 들까요?"라는 질문에 "매우 실망할 것이다" 응답이 40% 이상 나와야 한다(PMF의 황금 기준, 최소 40명 이상 실제 사용자 대상 측정).

자연적 바이럴도 있어야 한다. 추천율이 유료 획득률보다 높아야 한다. 그리고 코호트별 공헌이익률이 점진적으로 개선되어야 한다.

예를 들어보자. 2024년 1분기 가입 코호트는 -30% 공헌이익률, 2분기는 -20%, 3분기는 -10%, 4분기는 +5%(목표)로 개선되어야 한다. 이렇게 각 신규 사용자군의 수익성이 분기별로 지속 개선되어야 한다. 개선 추세가 없다면 그건 의도된 적자가 아니라 구조적 결함이다.

둘째, 유닛 이코노믹스(Unit Economics) 개선 경로가 명확해야 한다.

18개월 룰을 기억하라. 대부분의 성공 케이스는 18개월 이내에 플러스로 전환한다. 24개월을 초과하면 매우 위험하다. 각 신규 고객군

(코호트)의 공헌이익률이 지속적으로 개선되어야 한다. 개선 추세가 보이지 않으면 즉시 중단해야 한다.

셋째, LTV/CAC 구조적 건전성을 확보해야 한다.

최소 기준은 LTV/CAC ≥ 3:1이다. 장기적으로 달성할 수 있어야 한다. 투자 회수 기간(Payback Period) 관리도 중요하다. 공헌이익으로 CAC를 회수하는 기간을 12개월 이내로 관리해야 한다.

계산식은 이렇다. CAC ÷ 월별 공헌이익 = 회수 기간(개월)이다. 예시로 CAC 50,000원 ÷ 월 공헌이익 82,000원 ≈ 0.6개월(약 18일)은 매우 건전한 수준이다.

넷째, 규모별 허용 한계선을 지켜야 한다.

월 1,000만 원 규모는 −50%까지, 월 1억 원은 −30%까지, 월 10억 원은 −15%까지, 월 100억은 −5%까지, 월 1,000억 원은 반드시 플러스여야 한다.

원리는 간단하다. 규모가 클수록 마진 개선 압박이 증가한다. 작을 때는 실험할 수 있지만, 커지면서도 적자라면 구조적 문제가 있는 것이다.

위워크는 월 150M 달러 규모에서도 −40% 공헌이익률을 기록했다. 이것은 의도된 적자가 아니라 구조적 파산이었다.

다섯째, 긴급 중단 체계(Kill Switch)를 갖춰야 한다.

다음 중 하나라도 해당하면 즉시 중단해야 한다. 3개월 연속 코호트 개선 실패, CAC 폭증(지속적 상승), 보조금 중단 시 고객 대량 이탈

(50% 이상), 런웨이 6개월 미만 남음.

여섯째, 규모를 통한 공헌이익률 개선이 가능해야 한다.

일부 비즈니스는 초기 공헌이익률이 마이너스이지만, 규모 증가와 함께 자연스럽게 개선되는 구조로 되어 있다.

변동비 절감의 경우, 클라우드 사용료, 결제 수수료, 물류비 등은 거래량이 늘어나면 단가 인하 협상력을 갖게 된다. 초기 단가 대비 50% 이상 절감도 가능하다. 예를 들어 AWS는 월 트래픽 10TB 달성 시 볼륨 디스카운트가 적용되고, 100TB를 넘으면 전담 매니저와 맞춤 계약으로 초기 대비 70% 수준까지 단가를 낮출 수 있다.

광고 단가 상승의 경우, 트래픽이 증가하면 CPM(1,000회 노출당 광고비)과 광고 단가 협상력이 개선된다. 월 10만 페이지뷰일 때 CPM 2달러였던 것이, 1,000만 페이지뷰 규모에서는 프리미엄 광고주 유치로 CPM 12달러까지 상승할 수 있다. 소규모일 땐 광고 네트워크에 의존하지만, 규모가 커지면 브랜드 광고주들이 직접 찾아오게 된다.

네트워크 효과의 경우, 플랫폼이 성장하면 자연 유입이 증가하고 CAC(고객 획득 비용)가 감소한다. 사용자 1,000명일 때 CAC 50,000원이었던 것이 10만 명 규모에서는 입소문, SEO, 바이럴 효과로 CAC 15,000원까지 낮아질 수 있다. 배달의민족은 초기 음식점 확보에 막대한 마케팅을 투입했지만, 임계점을 넘자, 음식점들이 먼저 입점을 요청하게 되었다.

핵심은 공헌이익률 개선 메커니즘이 명확하다는 점이다. '규모가 커지면 언젠가 나아지겠지'가 아니라, '이런 이유로 단위당 수익성이 X% 개선된다'를 구체적으로 설명할 수 있어야 한다.

예시를 보자. 현재 클라우드 비용이 거래당 0.50달러(AWS 정가)라고 하자. 월 10만 거래 달성 시 0.35달러(30% 할인 확정), 월 100만 거래 달성 시 0.25달러(50% 할인 확정)가 된다. 이에 따라 공헌이익률이 −10%에서 +5%로, 다시 +20%로 개선되는 경로가 명확해진다.

이것도 결국 '코호트별 공헌이익률 개선'의 구체적 메커니즘 중 하나다.

핵심 원칙

'의도된 적자는 명확한 원칙과 지속적인 모니터링 하에서만 허용되는 고위험 전략이다.'

우선순위는 이렇다. 첫째, PMF 먼저, 스케일 나중이다. 제품시장 적합성(Product−Market Fit)이 없는 확장은 조기 확장(Premature Scale)이다. 둘째, 구조적 건전성 확보다. LTV/CAC ≥ 3:1 구조를 반드시 확보해야 한다. 셋째, 개선 트렌드 필수다. 코호트별 마진이 지속 개선되어야 한다. 넷째, 자본 효율과 런웨이 관리다. 명확한 개선이 있다면 전환 시점은 유연할 수 있다. 단, 런웨이는 최소 18개월 이상 유지하고, 지속적 자본 조달 능력이 필수다. 다섯째, 중단 계획 준비다. 실패 시 즉시 중단할 수 있는 체계를 구축해야 한다.

결론적으로 말하자면, 무지성 '성장만을 위한 부사'가 아니라 '검증된 가정에 기반한 전략적 손실'이어야 한다. 이것은 대부분의 스타트업에 권장하지 않는 고위험 전략이다. 하지만 성공한다면 그 보상은 엄청나다.

막대한 초기 자본과 지속적인 적자를 견뎌낸다는 것 자체가 강력한 진입장벽이 된다. 경쟁자들은 같은 규모의 자본과 인내심을 동원해야

만 따라올 수 있다. 우버, 배민, 토스, 쿠팡이 쌓아 올린 성벽이 바로 이것이다. 시장을 선점하고, 규모의 경제를 달성하며, 네트워크 효과를 극대화한 플레이어는 사실상 대체 불가능한 위치를 차지한다. 단, 이 게임에 참여하려면 위 여섯 가지 조건을 모두 충족해야 한다. 하나라도 빠지면 그것은 전략이 아니라 도박이다.

가짜 성장을 구분하는 여섯 가지 핵심 지표

그렇다면 구체적으로 무엇을 측정해야 할까. IT 기업에 최적화된 여섯 가지 핵심 지표를 소개한다.

첫째, 오가닉 성장률(Organic Growth Rate)이다.

광고나 프로모션 없이도 지속되는 성장이다. 오가닉 성장률이 30% 미만이면 광고에 의존하고 있다는 위험 신호다. 진짜 성장은 마케팅비를 쓰지 않아도 자연스럽게 일어난다.

위워크의 경우 오가닉 성장률이 10% 미만이었다. 신규 회원의 90%가 유료 광고를 통해 유입되었다.

둘째, 진짜 고객 생애 가치(Real LTV)와 LTV/CAC 비율이다.

기준은 Real LTV/CAC ≥ 3이다. 여기서 중요한 건 Real LTV를 산정할 때 총매출이 아닌 공헌이익을 기준으로 계산해야 한다는 점이다. 그래야 순수 마진을 반영할 수 있다.

셋째, 코호트 리텐션(Cohort Retention)이다.

동일 시점에 가입한 고객 그룹(코호트)이 시간이 지나도 서비스를 계속 이용하는 비율이다.

측정 방법은 간단하다. 1월에 가입한 100명의 고객 중 3개월 후, 6개월 후, 12개월 후에도 남아있는 비율을 추적하는 것이다.

건강한 기준은 업종별로 다르다. B2C SaaS는 6개월 후 사용자 유지율 35% 이상, B2B SaaS는 12개월 후 매출 유지율(GRR) 85% 이상, 모바일 앱은 30일 후 사용자 유지율 20% 이상이다.

위험 신호는 리텐션 커브가 급격히 하락하거나 0%에 가까워지는 경우다. 이것은 제품시장 적합성(PMF) 부재를 의미한다. 신규 고객 유입만으로 매출을 유지하는 '구멍 뚫린 양동이' 상태인 것이다. 핵심은 이것이다. 초기 코호트의 리텐션이 점차 개선되어야 진짜 성장이다. 리텐션이 개선되지 않으면 마케팅비만 증가하는 가짜 성장이다.

넷째, 현금 기준 성장률(Cash-Based Growth)이다.

실제 현금이 최고의 지표다. 장부상 매출이 아니라 현금 수령 기준 매출 증가율을 봐야 한다. SaaS의 경우 특히 중요하다. 통장에 찍히는 돈이 진실을 말해준다.

다섯째, 단위 경제학 선선싱(Unit Economics Health)이다.

핵심은 공헌이익률 70% 이상(SaaS 기준)이다. 위험한 건 서버 비용 등 트래픽 기반 비용을 고정비로 착각하여 공헌이익을 과대평가하는 것이다. 클라우드 시대에 서버 비용은 대부분 변동비다.

여섯째, 건전한 DAU/MAU 비율이다.

DAU/MAU 비율은 사용자의 앱 고착도(Stickiness)를 측정하는 핵심 지표다. 일반적인 기준은 10% 미만이면 저조한 수준(월평균 3일 접속), 20% 이상이면 양호한 수준, 25% 이상이면 아주 좋은 수준, 50% 이상이면 세계적 수준이다.

카카오톡이나 페이스북 메신저, 왓츠앱 같은 메시징 서비스는 빈도가 높고 유지율이 높다. 반면 회계 소프트웨어가 아무리 훌륭해도 사람들이 매일 사용하는 카카오톡보다 참여율과 리텐션을 높일 수는 없다.

빈도가 낮은 서비스(회계, ERP, 특정 업무 도구 등)는 구독료(SaaS) 모델, 거래당 수수료 모델, 프리미엄 기능 유료화 등 서비스 자체의 가치로 직접 수익화해야 한다.

좋은 예시가 Notion이나 Slack인데, 이들도 광고가 아닌 구독/유료 플랜으로 수익화한다. 사용 빈도와 수익 모델의 정합성이 중요하다.

경영진을 위한 가짜 성장 탐지 체크리스트

이론은 충분하다. 이제 실전이다. 매주, 매월, 분기별로 체크해야 할 구체적인 항목들을 정리했다.

매주 체크해야 할 세 가지 항목

첫째, 오가닉 vs 유료 채널 성장 비율이다. GA4에서 직접 확인한다. Acquisition 〉 Traffic acquisition에서 매주 화요일 오전 10시에 고정 체크한다. 오가닉 비율이 30% 미만이면 위험 신호다. 30% 미만일 경우 즉시 SEO 콘텐츠 제작을 시작하고, 추천 시스템을 강화(기존 고객 인센티브)하며, 바이럴 기능 개발 우선순위를 상향해야 한다.

둘째, 신규 가입 대비 핵심 기능 사용 전환율이다. 가입 후 7일 내 핵심 기능 사용률을 측정한다. Mixpanel이나 Amplitude로 퍼널 분석을 한다. 업종별 기준은 SaaS 40% 이상, 플랫폼 25% 이상이다. 기준 미달 시 온보딩 프로세스를 긴급 개선하고, 첫 사용 인센티브를 강화하며, 고객 성공팀과 신규 유저 1:1 온보딩을 진행한다.

셋째, 현금 기준 매출 vs 장부 매출 격차다. 회계팀에 매주 현금 수취 현황을 요청한다. 30일 이상 연체 고객 리스트를 확인한다. 격차가 20% 이상이면 위험하다. 20% 이상 격차 시 결제 조건을 즉시 강화(선불 전환)하고, 연체 고객에게 개별 연락을 시작하며, 신용평가 시스템 도입을 검토한다. B2B SaaS에서 결제 연체는 시간이 지날수록 회수율이 급락한다. 30일 연체 시점에 대응하지 않으면 악성채무로 고정될 확률이 크게 높아진다.

분기별 체크해야 할 네 가지 항목

첫째, '광고비 제로' 시뮬레이션이다. 2주간 모든 유료 광고를 중단하는 테스트를 한다. 매출 감소율 30% 미만이 목표다. 오가닉 채널 성장률을 별도 측정한다. 50% 이상 감소 시 오가닉 마케팅 전담팀을 구성하고, SEO/콘텐츠 마케팅 예산을 3배 증액하며, 추천 프로그램을 즉시 런칭한다.

둘째, 서버/API 공헌이익 하락 시뮬레이션이다. 고객 10배 증가 시 서버 비용을 계산한다. 공헌이익률이 50% 이하로 떨어지는 지점을 확인한다. 스케일링 한계점을 사전 파악한다. 한계점 근접 시 아키텍처 리팩토링을 즉시 시작하고, CDN 도입 및 캐싱 전략을 강화하며, 프리미엄 요금제로 고객 단가를 상승시킨다.

셋째, 단위당 변동비 트렌드(공헌이익률 변화)다. AWS 및 GCP 비용을 고객 수로 나눈 값을 확인한다. API 사용료의 매출 연동성을 확인한다. 공헌이익률이 전월 대비 5%P 이상 하락하면 경고다. 5%P 이상 하락 시 클라우드 비용 최적화 긴급회의를 열고, API 사용량 모니터링 시스템을 구축하며, 아키텍처 리팩토링을 검토한다.

넷째, 가짜 성장 요소 제거 시 진짜 성장률이다. 광고, 프로모션, 이벤트 효과를 모두 제거한다. 순수 제품력만으로 성장률을 계산한다. 월 5% 이상이 건전한 기준이다. 5% 미만 시 제품 개발에 모든 리소스를 집중하고, 고객 피드백 수집 시스템을 강화하며, PMF 재검증 프로세스를 시작한다.

경영진을 위한 실질적 해결책

CFO가 없다면 재무회계를 아는 어드바이저를 활용해야 한다.

창업자가 개발이나 영업/마케팅 등 공격적인 영역에만 강점을 보일 게 아니다. 재무 구조를 이해하고 공격과 수비를 조화롭게 어울리는 '미드필터 형' 대표가 되어야 한다. 또는 공동 창업자 중에 재무 역량이 없다면 어드바이저를 활용하는 전략도 고려할 만하다.

단계별 어드바이저 활용 전략

1단계는 즉시 실행 가능(예산 100~300만 원/월)하다. 파트타임 재무회계를 채용한다. 주 1~2일, 경력 10년 이상 재무 전문가를 영입한다.

2단계는 네트워크 활용(예산 50~150만 원/월)이다. 스타트업 재무회계 모임에 참여한다. 매월 첫째 주 목요일 강남 스타트업 CFO 정기 모임 같은 곳이다. 대학 동문 중 회계사를 찾는다. 링크드인에서 '회계사 + 대학명'을 검색한다.

3단계는 전문 서비스 활용(예산 200~500만 원/분기)이다. 회계법인 스타트업 전담팀을 활용한다.

○ 인공지능을 활용해서 파악하자

송길영 작가는 그의 저서 《시대예보: 경량문명의 탄생 2025》에서 현 인류가 경량 문명의 시대에 진입했으며, 이 새로운 시대의 생존과 성장을 위해 인공지능(AI)의 적극적인 활용이 필수라고 말한다.

경량 문명은 개인이 AI라는 무기로 증강되어 스스로 힘을 키우고, 소수의 구성원만으로도 전문가나 조직만큼 유사하거나 더 나은 퀄리티의 결과물을 만들 수 있는 새로운 형태의 협력 시스템이다.

조직의 경쟁력은 철저히 속도(민첩성)에 달려 있다. AI는 밥을 먹지 않고 노조에 가입하지 않으며 24시간 일할 수 있는 '똑똑하고 착한' 동료로서, 지능의 범용화를 통해 업무의 단계와 지연을 축약시킨다.

과거에는 오랜 도제식 양성 기간이 필요했던 CFO나 재무 전문가 같은 숙련된 인력 없이도, 적절한 프롬프트를 활용하면 AI를 통해 상당한 수준의 전문 재무 분석을 신속하게 수행할 수 있다.

재무제표(손익계산서, 재무상태표, 현금흐름표)를 첨부해서 가짜 성장을 탐지하는 프롬프트 예시는 다음과 같다.

"당신은 스타트업 재무 분석 전문가입니다. 첨부된 반기별 재무제표(손익계산서, 재무상태표, 현금흐름표)를 분석하여 다음을 확인해 주세요. 우리 기업의 특성에 대해서도 간단하게 기술해 주세요. 가짜 성장을 탐지하고 분석해 주세요.

1. 영업수익 vs 영업외수익 분리 분석: 이자수익, 배당수익 등 영업외수익이 전체 수익에서 차지하는 비율, 순수 영업활동만으로 발생한 매출 성장률
2. 변동비 vs 고정비 분류 및 공헌이익률 계산: 매출 증가에 비례하여 증가하는 비용(변동비) 식별, 공헌이익률 = (매출−변동비)/매출 × 100% 계산, 업종별 권장 기준과 비교(SaaS: 70%+, 플랫폼: 70~85%)
3. 현금흐름 vs 손익 괴리 분석: 영업활동현금흐름 vs 당기순이익 비교, 매출채권, 미수금 증가율 vs 매출 증가율 비교, 실제 현금 유입과 장부상 매출의 차이
4. 위험 신호 체크: 광고비/마케팅비가 매출에서 차지하는 비율(30% 이상 시 위험), R&D비 대비 무형자산 증가율, 단기차입금, 미지급금 급증 여부

출력 형식: 위험도(높음/중간/낮음), 핵심 문제점 3가지, 즉시 조치 사항 5가지, 3개월 내 개선 방안"

구멍 뚫린 양동이로는 아무리 많이 퍼 날라도 샘을 소유할 수 없다.

먼저 구멍을 막아야 한다. 공헌이익률을 확인하고, 단위경제학을 검증하고, 진짜 현금 흐름을 측정해야 한다.

위워크는 470억 달러였다가 6개월 만에 80억으로 추락했다. 화려한 지표 뒤에 숨은 단 두 가지 질문, "광고 없이 생존할 수 있나?", "고객 1명당 공헌이익은 얼마인가?"에 답하지 못해서였다.

타이태닉은 '빠르다'고 믿었지만, 빙산을 피하지 못했다. 엔진 회전수가 아니라 진짜 속도를 측정했어야 했다. 겉으로 보이는 지표가 아니라 본질적인 건전성을 확인해야 한다.

가짜 성장을 탐지하는 법을 배웠다. 겉보기 지표가 아니라 본질적 건전성이 중요하다.

이제 진짜 성장을 할 준비가 되었다. 그런데 질문이 남았다. 얼마나 빨리 달려야 할까. 우버는 블리츠 스케일링으로 성공했지만, 99%는 현금 소진으로 망한다. 다음 장에서는 초고속 확장의 유혹과 대가를 파헤친다. 스타트업의 74%가 '너무 이른 확장'으로 실패한다. 거북이가 되어야 할까, 토끼가 되어야 할까.

Chapter 19

초고속 확장의 유혹, 그리고 그 대가

스타트업의 74%는 '너무 이른 사업 확장' 때문에 실패한다

스타트업 게놈 프로젝트의 이 보고서를 처음 봤을 때, 너무나 많은 창업가의 얼굴이 떠올라 한동안 멍하니 앉아 있었다. 화려한 투자 유치 소식을 전하던 그들의 들뜬 표정, 그리고 불과 2년 뒤 서비스 종료를 알리던 그들의 지친 눈빛. 무엇이 이들을 이토록 빠르게 무너뜨린 걸까.

실리콘밸리가 만든 환상

실리콘밸리의 성공 스토리들은 마치 마법처럼 들린다. 우버가 전 세계 도시를 동시에 점령하던 순간, 페이스북이 대학 기숙사에서 시작해 불과 몇 년 만에 전 세계를 연결하던 드라마. 이런 이야기들 앞에서 창업가들은 자신도 모르게 생각한다. "우리도 저렇게 빨리 커야 하는 거 아닐까?"

이것이 바로 '블리츠 스케일링(초고속 확장)' 신화가 작동하는 방식이다.

링크드인 창업자 리드 호프만이 제시한 블리츠 스케일링은 불확실성과 비효율성을 감수하고서라도 속도를 최우선으로 하는 극단적인 확장 전략이다. 문제는 이 전략이 마치 모든 스타트업의 성공 공식처럼 포장되면서, 수많은 창업가가 잘못된 시기에 잘못된 방법을 시도하고 있다는 점이다. 그 대가를 너무 많이 봤다.

▎몰락의 서사들

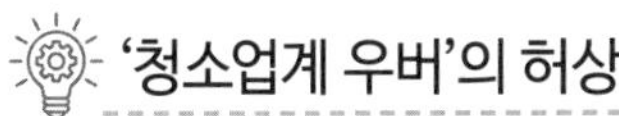

‘청소업계 우버’의 허상

2012년, 홈조이라는 스타트업이 등장했다. 가사도우미와 고객을 연결하는 O2O 서비스로, ‘청소업계의 우버’라는 화려한 수식어를 달고 나타난 이 회사는 모든 것을 갖춘 듯 보였다. 와이콤비네이터, 구글벤처스, 앤드리슨 호로위츠(Andreessen Horowitz) 같은 톱티어 벤처캐피털들로부터 4천만 달러를 투자받았고, 영국, 프랑스, 독일까지 진출했으며, 유명 배우를 내세운 대규모 마케팅 캠페인을 펼쳤다.

2015년, 불과 3년 만에 홈조이는 돌연 문을 닫았다.

무엇이 잘못됐을까. 그들은 가장 기본적인 질문에 답하지 않은 채 달렸다. 우리 서비스가 정말 고객에게 필요한가, 한 번 쓴 고객이 다시 찾아오는가, 돈을 벌 수 있는 구조인가. 이런 질문들에 답하기 전에 그들은 신규 고객 숫자만 쫓았다. 마케팅비를 쏟아부으며 할인 혜택으로 고객을 끌어모았지만, 정작 서비스 품질은 형편없었다. 고객들은 한 번 써보고 다시는 돌아오지 않았다. 수익성을 증명하기 전에 지역 확대에만 집중한 결과였다.

220억 달러 에듀테크 유니콘의 몰락

인도 최고의 스타 강사가 설립한 에듀테크 기업 바이주스(Byju's)의 사례는 가짜 성장의 위험을 극명하게 보여준다.

바이주스는 CAT 시험 스타 강사였던 바이주 라빈드란이 설립하여, 개념 이해에 초점을 맞춘 온라인 앱 '더 러닝 앱(The Learning App)'으로 폭발적으로 성장했다. 2018년 인도 최초의 에듀테크 유니콘이 되었고, 코로나19 특수와 마크 저커버그 재단, 세쿼이아 캐피탈, 미래에셋 등으로부터 막대한 투자를 유치하며 2022년 220억 달러의 기업 가치에 도달했다.

그러나 성장의 이면에는 공격적인 확장 전략의 폐해가 숨어 있었다.

첫째, 무리한 영업과 손실 구조다. 수백 명의 영업사원을 고용해 부모의 불안감을 자극하는 강압적인 방문 영업을 펼쳤다. 영업 목표를 달성하지 못하면 즉시 해고하는 등 강도 높은 압박을 가했다. 실제 수익 분석 결과, 영업 활동으로 인한 순손실이 막대했으며, 회사는 확장할수록 적자가 커지는 구조였다.

둘째, 본질 왜곡이다. 기업은 에듀테크를 표방했지만, 2021년 실적 보고서가 1년 반 늦게 공개되었을 때, 총손실이 매출의 두 배인 4억 5천만 달러에 달했음이 드러났다. 심지어 매출의 80%가 콘텐츠 스트리밍이 아닌 태블릿 판매에서 발생하여, 사실상 '태블릿 판매 회사'에 가까웠음이 밝혀졌다.

셋째, 환상의 붕괴다. 막대한 마케팅 비용으로 만들어 낸 사용자 수는 허상이었으며, 팬데믹이 끝나자, 부모들의 신뢰는 추락했다. 12억 달러 대출 이자 미납, 직원 급여 연체, 그리고 스폰서 계약금 미지급 소송이 이어졌다.

결국 바이주스의 기업 가치는 최고치인 220억 달러에서 99% 하락한 2,500만 달러 수준까지 추락하며 파산 절차가 시작되었다. 이는 수익성을 담보하지 않은 성급한 확장이 어떻게 한때의 유니콘을 순식간에 무너뜨릴 수 있는지를 보여준다.

268일 만의 파산

1990년대 후반, Pets.com이라는 온라인 펫용품 쇼핑몰이 있었다. 8,200만 달러를 투자받은 이 회사는 슈퍼볼 광고에만 300만 달러를 쏟아부었다. 전국 배송망을 구축하기 위해 막대한 돈을 썼다.

2000년, 불과 268일 만에 회사는 문을 닫았다.

이유는 너무나 명백했다. 배송비가 상품값보다 비쌌다. 이런 구조적 문제를 안고 있으면서도 그들은 화려한 마케팅과 빠른 확장에만 몰두했다. 시장도 준비되지 않았다. 당시는 온라인 쇼핑 인프라가 아직 성숙하지 않은 시대였다. 오프라인 대형마트 대비 명확한 우위점도 없었다.

이런 일들이 먼 나라 이야기만은 아니다. 한국 스타트업들도 비슷한 실수를 반복하고 있다.

국내에서조차 제대로 된 견인력을 찾지 못한 상태에서 "글로벌하게 빨리 가야 한다"며 해외로 나간다. 결과는 뻔하다. 언어도, 문화도, 규제도 다른 시장에서 어디서도 제대로 된 성과를 내지 못한 채 돌아온다.

"팀을 빨리 키워야 성장할 수 있다"며 조기에 대규모 채용을 한다. PMF가 불확실한 상태에서 번 레이트(Burn rate)만 급증한다. 조직이 커지면서 의사결정은 느려지고, 정작 피벗이 필요할 때는 유연성을 잃는다.

"일단 사용자부터 늘리고 보자"며 마케팅비를 과다 투입한다. 고객 획득 비용은 비싼데 생애 가치는 낮다. 마케팅을 중단하면 사용자 수가 급감한다. 진짜 PMF가 있는지조차 파악하지 못한 채 돈만 태우는 것이다.

유니콘 환상이 만든 함정

왜 이런 일이 반복될까. 그 이유를 세 곳에서 찾는다.

가장 먼저 창업자 자신의 조급함이다. 기회를 놓칠 것 같은 불안감(FOMO, Fear of Missing Out)이 창업가를 짓누른다. 경쟁사가 저만큼 앞서가는데 우리는 왜 이 모양인가. 투자자들은 빠른 성장을 원하는데 우리는 너무 더딘 건 아닌가. 이런 생각들이 머릿속을 맴돌면서 성급한 확장으로 내몬다.

미디어가 만든 환상도 한몫한다. 언론은 유니콘 기업들의 성공담만 부각한다. 콘퍼런스에 가면 블리츠 스케일링으로 성공한 사례들이 쏟아진다. 조용히 꾸준히 성장하는 회사들의 이야기는 아무도 다루지 않는다. '유니콘 = 성공'이라는 등식이 점점 강화된다.

투자자들의 압박도 무시할 수 없다. '3년 내 50배 성장'처럼 높은 기대치를 제시한다. 분기별 성과 보고에서는 오직 빠른 성장 지표만 중시한다. 회의 때마다 블리츠 스케일링 성공 사례를 언급하며 압박한다. 창업가들은 점점 더 조급해진다.

▌ 진짜 성공의 공식

그렇다면 제대로 된 순서는 무엇일까.

수많은 성공 사례를 분석하면서 깨달았다. 진짜 성공하는 스타트업들은 세 단계를 철저히 밟아간다는 것을.

첫 번째 단계는 기초 다지기다. 국내 시장에서 명확한 PMF를 달성하는 것부터 시작한다. B2C라면 최소 20~30% 이상의 코호트 잔존율을 확보해야 한다. 고객 한 명을 데려오는 데 드는 비용보다 그 고객이 평생 가져다주는 가치(LTV, LifeTime Value)가 최소 3배는 되어야 한다. 이 기초가 없으면 어떤 확장도 모래성 위에 집을 짓는 것과 같다.

두 번째 단계는 검증이다. 마케팅비를 쓰지 않아도 사용자가 자연스럽게 늘어나는지 확인한다. 어떻게 돈을 벌 것인지 명확한 경로를 찾는다. 10명이 할 수 있는 일을 100명, 1,000명도 할 수 있도록 시스템을 만든다. 이번 달 성과가 좋았다면 다음 달에도 재현할 수 있어야 한다. 예측 가능하고 반복 가능한 성장의 패턴을 찾는 것이다.

세 번째 단계에서 비로소 확장을 결정한다. 하지만 여기서도 선택지는 두 가지다. 대부분은 안정적 확장을 선택하는 게 현명하다. 이미 검증된 비즈니스 모델을 지속 가능하게 키워가는 것이다. 블리츠 스케일링은 시장 특성상 속도가 수익성보다 절대적으로 중요한, 정말 극소수의 경우에만 선택해야 한다.

💡 안정적 확장과 블리츠 스케일링의 차이

안정적 확장과 블리츠 스케일링. 이 두 전략은 겉으로는 비슷해 보이지만 본질적으로 다르다.

안정적 확장은 지속 가능성을 우선한다. 돈을 쓸 때마다 "이 지출이 정말 필요한가?"를 따진다. 비효율성을 최소화하며 체계적으로 키워간다. 한 계단을 충분히 검증한 후에야 다음 계단으로 올라간다. 유닛 이코노믹스를 개선하며 성장한다. 느려 보여도 탄탄하다.

블리츠 스케일링은 속도를 우선한다. 시장을 선점하기 위해서라면 모든 것을 희생한다. 지금 당장은 돈을 잃더라도 시장을 장악하면 된다는 논리다. 단기적 비효율을 감수하고 규모의 경제를 추구한다. 불확실성 속에서도 과감하게 투자한다. 수익성보다 시장 지배력을 우선한다. 빠르지만 위험하다.

언제 어떤 전략을 선택해야 할까. 솔직히 말하자면, 스타트업 10곳 중 9곳은 안정적 확장을 선택해야 한다. 일반적인 B2B 비즈니스를 한다면, 수익성이 중요한 비즈니스를 한다면, 오래 지속되는 회사를 만들고 싶다면 안정적 확장이 답이다.

블리츠 스케일링은 정말 특별한 경우에만 고려해야 한다. 승자독식 구조의 네트워크 효과 비즈니스여야 하고, 시장 선점의 중요성이 수익성을 압도해야 하며, 엄청난 자본과 위험을 감수할 능력이 있어야 한다. 이런 조건을 모두 충족하는 것은 스타트업의 숙명이지만 흔한 것은 아니다.

▌블리츠 스케일링이 정말 필요한 순간

그렇다면 구체적으로 언제 블리츠 스케일링이 필요할까. 앞서 한계 수용 능력(CC)에 대해 자세히 살펴봤다. 서비스가 자연적으로 도달할 수 있는 최대 사용자 수 말이다. 블리츠 스케일링을 고려하기 전에 가장 먼저 확인해야 할 것이 바로 이것이다.

서비스의 CC가 충분히 큰가. CC가 작은 웅덩이에 아무리 많은 물을 퍼부어도 웅덩이는 작은 웅덩이일 뿐이다. 블리츠 스케일링도 마찬가지다. CC가 작은데 엄청난 마케팅비를 쏟아붓는다면 돈을 태워 잠깐 사용자를 늘릴 수는 있지만, 마케팅을 멈추는 순간 원래의 CC로 돌아간다. 많은 창업기기 이 함정에 빠진다. "우리는 빠르게 확장해야 해"라고 외치지만, 정작 자신의 웅덩이가 얼마나 큰지는 모른다. 블리츠 스케일링은 큰 웅덩이를 빨리 채우는 전략이다. 작은 웅덩이를 위한 전략이 아니다.

B2C 비즈니스의 경우

B2C에서 블리츠 스케일링을 고려하려면 다음 조건들이 모두 충족되어야 한다.

첫째, CC가 유니콘 급으로 커야 한다. '한국의 모든 스마트폰 사용자' 같은 규모의 잠재 시장이 있어야 한다. 니치 마켓, 특정 지역에만 국한된 서비스라면 애초에 블리츠 스케일링을 고려할 필요가 없다.

둘째, 높은 잔존율이 이미 검증되어 있어야 한다. B2C 기준으로 최소 40% 이상, 가능하면 70% 이상의 코호트 잔존율이 필요하다. 사용자들이 계속 돌아와서 쓰는 서비스가 아니라면, 아무리 빨리 확장해 봐야 밑 빠진 독에 물 붓기다. 토스가 초기 송금 서비스로 70% 잔존율을 달성했을 때, 그들이 공격적 확장을 고려할 수 있었던 이유는 '한국의 모든 스마트폰 사용자'라는 큰 CC와 함께 사용자들이 떠나지 않는다는 확신이 있었기 때문이다.

셋째, 네트워크 효과가 극도로 강한 플랫폼이어야 한다. 사용자가 늘어날수록 서비스 가치가 기하급수적으로 증가하고, 1등이 시장 전체를 가져가는 승자독식 구조여야 한다. 카카오톡처럼 친구가 많을수록 가치가 올라가는 구조, 배달의민족처럼 음식점과 소비자가 많을수록 거래가 활발해지는 구조 말이다. 이런 구조에서는 먼저 시장을 장악하는 것이 결정적으로 중요하다.

넷째, 이를 뒷받침할 막대한 벤처캐피털 자금이 있어야 한다. 블리츠 스케일링은 엄청난 자본을 태우는 전략이다. 충분한 자금 없이 시도하면 중간에 무너진다.

B2B 비즈니스의 경우

솔직히 말하자면, B2B에서 블리츠 스케일링은 거의 불가능하다. B2B는 본질적으로 블리츠 스케일링과 맞지 않는다. 고객 한 명을 확보하는 데 몇 개월씩 걸리고, 신뢰 구축이 필수적이며, 고객마다 맞춤화가 필요하다. B2C처럼 '가입 버튼 하나로 수백만 명 확보'가 불가능하다.

그나마 블리츠 스케일링에 가까운 시도를 한 경우는 제품 주도 성장(Product-Led Growth) 모델을 가진 경우다. 슬랙이나 줌처럼 개별 사용자나 팀이 먼저 쓰기 시작해서, 조직 전체로 퍼져나가는 바이럴 효과가 있는 제품들이다. 하지만 이것도 엄밀히 말하면 블리츠 스케일링보다는 '공격적 확장'에 가깝다.

대부분의 B2B 스타트업은 안정적 확장이 답이다. 검증된 세일즈 프로세스를 만들고, 고객 성공 사례를 쌓으며, 점진적으로 확장하는 것. 조급하게 블리츠 스케일링을 시도하다가는 고객 서비스 품질이 무너지고, 결국 평판까지 잃게 된다.

대부분의 스타트업이 착각하는 것

대부분의 스타트업은 이런 조건을 충족하지 못한다. 특히 CC를 과대평가한다. '우리 서비스는 잠재 고객이 수천만 명'이라고 생각하지만, 실제로는 수만 명에 불과한 경우가 많다. 높은 잔존율도 검증하지 않은 채 '사람들이 좋아할 거야'라고 가정한다.

그럼에도 블리츠 스케일링을 시도하다가 무너진다. 왜일까. 자신을 과대평가하기 때문이다. 작은 웅덩이인데도 큰 호수라고 착각하고, 물이 새는 웅덩이인데도 튼튼하다고 믿는다.

블리츠 스케일링을 고려하기 전에 먼저 확인해야 한다. 웅덩이는 정말 큰가, 물이 새지는 않는가. 이 질문에 확신을 가지고 답할 수 없다면, 블리츠 스케일링은 시기상조다.

숫자가 말하는 진실

성공을 측정하는 지표에 대해서도 다시 생각해 봐야 한다.

MAU나 DAU 같은 사용자 수 지표도 맥락 없이 보면 오해받기 쉽다. 하지만, 이 지표들이 정말 아무 의미가 없을까. 그렇지 않다. 맥락에 따라 의미가 완전히 달라진다. 초기 단계에서 품질 없이 숫자만 늘리는 건 무의미하다. 하지만 PMF를 달성한 후라면 확장 규모와 시장 침투도를 측정하는 유용한 지표가 된다. 특히 플랫폼 비즈니스라면 네트워크 효과를 측정하는 핵심 지표다.

언론 노출이나 화제성은 어떨까. 제품 완성도가 낮을 때 과도한 노출은 독이다. 잘못된 첫인상을 남겨 나중에 제대로 된 제품을 내놔도 사람들이 돌아보지 않는다. 하지만 B2C 서비스를 런칭할 때는 초기 인지도를 구축하고 바이럴 효과를 만드는 데 중요한 역할을 한다. 펀드레이징을 할 때도 투자자들의 관심을 끌고 브랜드를 알리는 데 도움이 된다.

투자 유치 금액은 어떨까. 투자받았다고 해서 성공한 건 아니다. 하지만 검증된 모델을 확장할 자본이 필요할 때, 전문 투자자들이 비즈니스 모델을 인정했다는 신호로 읽을 수는 있다.

빠른 매출 증가율도 마찬가지다. 유닛이코노믹스를 무시한 채 마케팅비만 쏟아부어 만든 성장은 지속될 수 없다. 하지만 건전한 유닛이코노믹스를 기반으로 성장한다면 그건 시장에서 정말 경쟁력이 있다는 증거다.

반면 어떤 지표들은 언제나 중요하다. 3개월, 6개월 후에도 사용자가 남아 있는지 보여주는 코호트 잔존율. 사용자들이 얼마나 자주, 얼마나 깊이 서비스를 이용하는지 보여주는 참여도, 고객 한 명이 가져다주는 가치와 그 고객을 확보하는 데 드는 비용의 비율. 마케팅비를 안 써도 자연스럽게 늘어나는 사용자 수. 실제로 현금이 얼마나 들어오고 나가는지 보여주는 현금 흐름. 그리고 무엇보다 서비스의 CC가 얼마나 큰지, 그리고 그것을 어떻게 키울 수 있는지. 이런 지표들은 비즈니스의 본질적인 건강함을 보여준다.

첫째, 맥락을 봐야 한다. 같은 지표라도 지금 어느 단계에 있는지, 어떤 업종인지, 시장 상황이 어떤지에 따라 의미가 완전히 달라진다.

둘째, 여러 지표를 함께 봐야 한다. 하나만 봐서는 전체 그림을 그릴 수 없다.

셋째, 흐름을 봐야 한다. 지금 당장의 숫자보다 그 숫자가 어떻게 변하고 있는지가 더 중요하다.

넷째, 행동으로 이어질 수 있는 지표인지 확인해야 한다. 측정은 개선을 위한 것이지, 자기만족을 위한 게 아니다.

해외 진출을 고려하는 한국 스타트업에게

한국 스타트업들에 세 가지를 조언하고 싶다.

첫째, 현실적으로 접근해야 한다. 솔직히 말해서, 대부분은 안정적 확장이 블리츠 스케일링보다 훨씬 현명한 선택이다. 국내에서 확고한 기반을 쌓고, 고객들이 정말 제품을 원한다는 걸 증명한 후에 해외를 생각해도 늦지 않다. 특히 해외에 나갈 준비가 되었다면, 현지 시장의 복잡성을 이해하고 적응할 수 있도록 팀 구성을 현지화할 것을 강력히 추천한다. 단순히 한국팀이 외국어를 사용하며 진출하는 것을 넘어, 현지 시장과 문화를 깊이 이해하는 로컬 인재를 핵심 멤버로 확보하는 것이 성패를 가른다.

둘째, 장기적으로 생각해야 한다. 3년 이내에 유니콘이 되는 것보다

10년 후에도 여전히 사람들에게 필요한 회사로 남아 있는 게 더 중요하다. 언론이 뭐라고 하든, 투자자들이 뭐라고 하든, 고객이 만족하고 팀이 지속 가능하게 일할 수 있다면 그게 진짜 성공이다. 빠르게 타오르고 사그라지는 불꽃보다 오래 타는 장작이 돼야 한다.

셋째, 투자자와 건전한 관계를 맺어야 한다. 단기 성과에만 집착하는 투자자가 아니라, 장기적 비전을 진심으로 이해하고 지지하는 투자자를 찾아야 한다. 분기마다 압박받으며 성급한 결정을 내리느니, 때로는 성장 속도를 늦추더라도 올바른 방향으로 가는 게 낫다는 데 합의할 수 있는 파트너가 필요하다.

▎거북이의 지혜

"빨리 가려면 혼자 가고, 멀리 가려면 함께 가라"는 아프리카 속담이 있다.

블리츠 스케일링의 화려한 성공 사례에 현혹되지 말아야 한다. 진짜 성공하는 스타트업은 속도보다 방향을, 규모보다 깊이를, 화제성보다 지속 가능성을 추구한다.

역설적으로, 블리츠 스케일링을 의식하지 않고 그저 고객 가치를 만드는 데 집중한 회사들이 결과적으로 더 빠르고 건강하게 성장하는 걸 수없이 목격했다. 조급해하지 않았기에 오히려 더 빨리 갈 수 있었다.

진정한 유니콘이 되고 싶은가. 그렇다면 우선 조급함을 버려라. 기초를 단단히 다져라. 서비스의 웅덩이가 얼마나 큰지, 물이 새지는 않는지 먼저 확인하라. 화려해 보이지 않아도 괜찮다. 느려 보여도 괜찮다. 진짜 가치를 만들고 있다면, 속도는 자연스럽게 따라온다.

블리츠 스케일링의 함정을 피했다. 느려 보여도 괜찮다.

그런데 성공 후에 더 큰 함정이 기다린다면? 2010년 노키아, 세계 1위. 5년 후 사라졌다. 터치스크린 프로토타입은 서랍 속에 갇혔다. 성공이 혁신을 죽인다. 다음 장에서는 성공이라는 달콤한 함정에서 빠져나오는 법을 배운다. 국내 1등에 안주하면 글로벌 시장에서 사라진다.

Chapter 20

성공이라는 달콤한 함정

2010년, 노키아는 세계 휴대폰 시장 점유율 1위였다. 무려 40%가 넘었다. 핀란드 GDP의 25%를 차지하는 거대 기업. 누구도 그들을 막을 수 없어 보였다.

하지만 내부는 달랐다. 한 엔지니어가 터치스크린 프로토타입을 만들어 경영진에게 보여줬다. "이것이 미래입니다." 경영진은 웃으며 말했다. "우리는 이미 1위야. 왜 위험하게 바꿔야 하지?"

2년 후, 아이폰이 나오고, 5년 후, 노키아는 마이크로소프트에 헐값으로 팔렸다. 80억 달러. 전성기 기업가치의 10분의 1에도 미치지 못하는 금액이었다.

무엇이 문제였을까. 바로 성공이 혁신을 죽인 것이다.

성공한 조직일수록 혁신을 두려워한다. "지금 잘되고 있는데 왜 이 시스템을 바꿔?", "고객들이 충분히 만족하고 있지 않은가?", "경쟁사도 아직 우리를 못 따라오는데?"

하지만 시장은 단 1초도 멈추지 않는다. 고객의 기대치는 매년 복리 이자처럼 올라가며, 경쟁사는 밤낮없이 핵심을 연구한다. 그리고 어느 날 갑자기, 생각지도 못한 곳에서 파괴적인 혁신이 나타난다.

스타트업도 이 위험에서 예외는 아니다. 오히려 더 위험하다. PMF를 찾고, 시리즈 B를 받고, 100명 규모로 커지면서, 조직은 알게 모르게 관성에 빠진다. 창업 초기의 '미친 아이디어'는 사라지고, '작년에 했던 방식'이 안전지대로 군림한다. 실제 데이터가 이를 증명한다. 시리즈 A 이후, 제품 실험 빈도는 평균 40%나 뚜렷하게 감소한다는 연구 결과가 있고, 직원이 50명 이상이 되면 스타트업의 67%는 혁신보다 '실행 효율'을 우선시하게 된다. 심지어 팀 규모가 두 배로 늘어날 때마다 혁신 아이디어 제안 횟수는 약 30%씩 줄어든다는 분석도 있다.

이 장은 바로 그 성공의 관성을 깨고, 혁신을 일상의 습관으로 만드는 법에 관한 이야기다. 중요한 것은 완벽한 시스템이 아니다. 혁신을 멈추지 않겠다는 의지와, 팀에 맞는 방법을 끊임없이 찾아가려는 실험 정신이다.

혁신을 죽이는 7가지 함정

 '우리는 너무 바쁘다'라는 가장 위험한 변명

한 스타트업 CEO가 말했다. "혁신하고 싶은데, 저희는 너무 바빠요. 당장 내일 출시할 기능도 못 만들고 있는데요."

이것이 가장 흔하고 파괴적인 변명이다. 하지만 진실은 이것이다. 바쁜 게 아니라 혁신이 최우선 순위가 아닌 것이다.

"혁신할 시간이 없다"는 말은 곧 "혁신이 생존과 연결되어 있지 않다"는 뜻이다. 하지만 6개월, 1년 후에도 똑같은 방식으로 일하고 있다면, 스타트업은 이미 천천히 죽어가고 있다.

실패를 처벌하는 문화

한 스타트업에서 주니어 개발자가 새로운 기술 스택을 제안하며 시도했다가 실패했다. 2주간의 일정이 지연되었다. 팀장이 면박을 줬다. "왜 검증도 안 된 걸 시도해서 일정을 망쳤나?"

그 개발자는 다시는 새로운 것을 시도하지 않았다. 다른 팀원들도 이 장면을 보고 '새로운 시도는 처벌받는다'라는 메시지를 학습했다.

혁신은 본질적으로 불확실하다. 10번 시도해서 1번 성공하면 대박이지만, 9번의 실패를 처벌하면 아무도 10번째 시도를 하지 않는다.

'창업자 천재론'에 갇힌 조직

스타트업이 50명 규모로 커졌어도 모든 제품 결정이 창업자 1인의 입에서 나온다. "이 기능 넣자", "이거 빼자", "디자인은 이렇게 하자."

팀원들은 점점 지시를 기다리는 수동적인 존재가 된다. 창의성은 사라지고, 그저 시키는 대로 움직이는 실행 부서가 된다. 혁신의 속도는 창업자 1인에 의해 제한되어 1/50로 줄어든다.

혁신은 민주화되어야 한다. 모든 팀원이 혁신을 제안하고, 실험하고, 실행할 수 있는 권한을 가져야 한다.

⚙️ 단기 성과에 대한 맹목적인 집착

시리즈 A를 유치한 순간부터 압박이 시작된다. 투자자들이 분기마다 "매출은?", "사용자 증가율은?", "이번 분기 목표 달성 여부"를 묻는다.

모든 에너지가 단기 성과로 쏠리면서, 장기 혁신은 후순위로 밀려난다. 혁신은 6개월, 1년 이상 걸릴 수 있고, 실패할 위험도 크기 때문이다. "일단 급한 불부터 끄고 나중에 하자."

단기 성과만 쫓으면, 장기 혁신은 반드시 죽는다.

⚙️ 고객 피드백에만 의존하는 근시안

"고객의 소리를 들어라"라는 조언은 반은 맞고 반은 틀렸다.

헨리 포드가 말했다. "내가 고객에게 물었다면, 그들은 더 빠른 말을 원한다고 했을 것이다." 스티브 잡스도 "고객이 원하는 걸 물어보기 전에, 우리가 먼저 보여줘야 한다"라고 했다.

고객은 현재의 불편함과 문제점을 명확하게 말할 수 있다. 하지만 미래의 혁신적인 솔루션은 상상하기 어렵다. 2005년, 고객에게 "어떤 폰이 필요하세요?"라고 물었다면, '더 작은 폴더폰'이나 '배터리가 더 오래가는 폰'이라고 답했을 것이다. 아무도 손가락으로 터치하는 스크린을 요구하지 않았다.

고객 피드백은 현재의 제품을 개선하는 데 중요하지만, 파괴적 혁신은 고객이 아직 상상하지 못한 것을 만드는 것에서 온다.

지나친 프로세스가 낳는 관료주의

조직이 커지면 효율을 위해 프로세스가 생긴다. "신규 기능 제안 →
PM 승인 → 디자인 리뷰 → 개발 리소스 배정 → QA → 출시"가 일
반적이다.

처음에는 효율적이었던 이 프로세스가 점점 관료주의가 된다. 작은
아이디어 하나를 실행하는 데 7단계를 거쳐 2주가 걸리던 일이 2개월
이 걸린다. 결국 아무도 새로운 아이디어를 내지 않는다. "어차피 복잡
하고 승인도 안 날 거야. 귀찮아." 프로세스가 혁신 그 자체보다 중요
해지는 순간, 조직은 서서히 죽는다.

과거 성공 경험에 갇히는 감옥

"작년에 이 방식으로 대박 났잖아. 올해도 똑같이 하자."

이것이 가장 위험한 함정이다. 과거의 성공이 미래의 감옥이 된다.
블랙베리는 물리 키보드로 성공했다. "사용자들이 키보드를 좋아해.
터치스크린은 타이핑이 불편해." 끝까지 키보드를 고집하다 시장에서
사라졌다. 코닥은 디지털 카메라를 최초로 발명했음에도 "필름 사업
을 망칠 수 없다"는 이유로 출시를 미뤘고, 10년 후 파산했다.

과거의 성공은 미래를 보장하지 않는다. 오히려 과거에 집착하면 미
래의 기회를 잃는다.

▌혁신을 일상으로 만드는 법

먼저 명확히 하자. 구글의 20% 룰 같은 완벽한 시스템을 만들 필요
는 없다. 사실 구글도 20% 룰은 2013년경 사실상 폐지되었고, 공개
상장 후 단기 실적 압박으로 유지할 수 없었다.

중요한 것은 완벽한 혁신 시스템이 아니다. 팀의 상황에 맞는 작은
실험을 시작하고, 계속 개선해 나가는 것이다. 혁신은 거창한 이벤트
가 아니라 일상의 습관이다.

혁신 시간을 현실적으로 내장하라

시작은 작게 하는 것이 좋다. 분기별 1일로 충분하다.

호주 스타트업 아틀라시안(Atlassian, Jira와 Confluence 개발사)은 팀원이
20명일 때부터 분기별 24시간 해커톤 'ShipIt Days'를 운영했다. 목표
는 24시간 안에 아이디어를 실제 작동하는 프로토타입으로 만들기다.
규칙은 평소 업무와 무관해도 OK, 혼자 해도 OK, 실패해도 OK다.
결과는 지라(Jira)의 핵심 기능 다수가 여기서 탄생했다.

연간 4일(4 × 24시간 = 96시간). 이것은 업무시간의 약 5%다. 20%는
너무 많다. 5%로 시작하라. 작동하면 늘리면 된다.

소셜미디어 관리 스타트업 버퍼(Buffer)는 팀원이 15명일 때부터 매주
금요일 오후 2시~5시를 자유 시간으로 지정했다. 주당 3시간(업무시간
의 약 7.5%)을 배정한다. 기존 제품 개선, 신규 아이디어 실험, 기술 학
습 모두 가능하다. 핵심은 대표가 이 시간을 절대 침해하지 않는다는

것이다. 금요일 2시만 되면 슬랙 알림을 꺼도 된다. 회의도 잡지 않는다.

버퍼의 창업자 조엘 개스코인(Joel Gascoigne)은 말한다. "3시간도 없다고 말한다면, 당신은 혁신을 원하지 않는 것이다."

팀 규모에 맞는 방법을 찾아야 한다. 10명 미만이라면 월 1회 오전 반나절 자유 시간을 배정하라. 10~30명이라면 분기별 24시간 해커톤을 진행하라. 30~100명이라면 반기별 1회 금요일 오후 3시간을 활용하라.

정답은 없다. 시작하고, 피드백 받고, 조정하라. 중요한 것은 정기성이다. '시간 나면 한다'는 절대 안 된다.

💡 실패를 기록하고 공유하는 문화

DevOps 플랫폼 GitLab(전 직원 원격근무 스타트업)은 모든 실패를 공개 문서화한다. 실패한 프로젝트는 Company Handbook에 기록한다. "무엇을 시도했는가? 왜 실패했는가? 무엇을 배웠는가?"를 적는다. 전 직원이 볼 수 있으며 심지어 외부에도 공개된다.

초기 스타트업도 노션이나 위키에 '실패 일지' 페이지를 만들 수 있다. 비용은 단돈 0원이다.

핀란드 게임회사 수퍼셀(Supercell)은 프로젝트가 실패하면 샴페인을 터뜨리는 실패 파티를 연다. "축하합니다! 6개월 만에 이게 안 된다는 걸 알았네요. 2년을 낭비하지 않아서 다행이에요!" 수퍼셀은 14개 프로젝트 중 13개를 죽이고, 살아남은 클래시오브클랜(Clash of Clans) 하나로 연 매출 2조 원을 달성했다.

샴페인이 비싸다면 치킨을 시켜라. 중요한 것은 실패를 숨기지 않고 배움으로 전환하는 문화다.

매달 1시간, 실패 회고 미팅을 캘린더에 고정하라. 실패가 없다면 '충분히 위험한 시도를 안 하고 있다'는 신호다.

🔆 혁신을 모든 팀원에게 민주화하라

많은 회사가 '누구나 아이디어를 내세요'라고 말하고, 결정은 임원들이 한다.

베이스캠프(Basecamp, 프로젝트 관리 툴)는 50명 규모일 때 다음 규칙을 도입했다. 누구나 제품 아이디어를 슬랙 채널 'ideas'에 올릴 수 있다. 다른 팀원 3명 이상이 '좋아요'를 누르면 다음 주 회의 안건에 자동 등록된다. CEO가 아니라 제안자가 직접 발표한다. 팀 투표로 이번 분기 실행 여부를 결정한다. 인턴이 낸 아이디어도 CEO 아이디어와 똑같은 과정을 거친다.

'실험 예산'을 모든 팀에 배분하는 방법도 있다. 자피어(Zapier, 자동화 툴)는 각 팀에 분기당 2,000달러 실험 예산을 준다. PM 승인이 필요 없다. 실패해도 OK다. 단, 실험 결과는 반드시 공유한다.

마케팅팀이 새로운 채널을 테스트하거나, 개발팀이 신기술을 시도할 때 CEO에게 허락을 구할 필요가 없다. 예산이 부담스럽다면 월 500

달러, 아니 200달러부터 시작하라. 중요한 것은 금액이 아니라 '허락 없이 실험할 수 있다'는 문화다.

고객을 넘어 시장을 읽어라

평균적인 고객이 아닌 극단적인 사용자를 찾아야 한다. 이것이 선도 사용자 방법론(Lead User Method)다.

한 SaaS 스타트업은 협업 툴을 개선하기 위해 일반 기업이 아닌 24시간 실시간 대응이 필요한 병원 응급실 팀을 인터뷰했다. "3초 안에 알림을 받지 못하면 환자가 죽습니다." 이 극한 환경의 요구사항을 반영하여 만든 '초저지연 알림 시스템'은 일반 기업에서도 큰 호응을 얻었다. 평균 고객은 현재 제품의 개선을 말하지만, 극단 사용자는 미래의 요구사항을 보여준다.

인접 산업에서 배우는 것도 중요하다. 핀테크 스타트업이라면, 다른 핀테크만 보지 마라. 헬스케어, 에듀테크, 모빌리티를 봐라. 헬스케어의 개인정보 보호 방식은 금융 프라이버시에 응용할 수 있다. 에듀테크의 게이미피케이션은 금융 리터러시 교육에 응용할 수 있다. 모빌리티의 실시간 매칭은 대출 매칭에 응용할 수 있다.

매달 1명씩 완전히 다른 산업의 창업자나 PM을 만나라. 혁신은 경계 밖에서 온다.

프로토타이핑을 일상화하라

디자인 컨설팅 회사 IDEO는 '1 Day Prototype' 룰이 있다. 어떤 아이디어든 하루 만에 종이, 피그마 목업, 엑셀 시뮬레이션 등 형태로 빠르게 만들고 테스트한다. 중요한 것은 속도와 학습이다.

한 스타트업 PM은 신규 기능 아이디어를 피그마 목업으로 먼저 만들었다. 그리고 개발에 들어가기 전, 동료 10명에게 테스트한 결과, 8명이 "필요 없다"라고 답했다.

이 결정으로 개발 시간은 0시간, 비용은 0원이 들었다. 대신 2주를 벌었다. 만약 바로 개발에 들어갔다면, 그 2주는 그대로 사라졌을 것이다. 검증이 빠를수록 실패 비용은 줄어든다. 만들지 않은 기능이 가장 값싼 성공이다.

No Code Tools도 적극 활용해야 한다. 모든 아이디어를 개발자가 코딩할 필요는 없다. 피그마(Figma)로 인터랙티브한 UI/UX 프로토타입을 만들고, 웹플로우(Webflow)나 프레이머(Framer)로 코딩 없이 웹사이트 MVP를 만들 수 있다. 자피어(Zapier)나 메이크(Make)로 워크플로 자동화 프로토타입을 만들고, 에어테이블(Airtable)로 데이터베이스 기반 서비스 프로토타입을 만들 수 있다.

PM과 디자이너도 직접 프로토타입을 만들 수 있다. 개발자는 정말 검증된 아이디어만 코딩하면 된다.

혁신 지표 추적하기

혁신도 측정하면 관리할 수 있다. 하지만 복잡하게 만들지 마라.

가장 단순한 3가지 지표면 충분하다. 첫째, 실험 횟수(Experiment Count)다. 팀이 이번 분기에 몇 번의 새로운 시도를 했는지 측정한다. 목표는 분기당 팀당 최소 1개다. 둘째, 프로토타입 소요 시간(Time to Prototype)이다. 아이디어에서 프로토타입까지 평균 며칠 걸리는지 측정한다. 목표는 2주 이내다. 셋째, 아이디어 참여율(Idea Participation Rate)이다. 전체 팀원 중 몇 %가 아이디어를 냈는지 측정한다. 목표는 50% 이상이다.

이 3개면 충분하다. 지표를 위한 지표를 만들지 마라.

스타트업 생태계와 협업 전략

혼자 하는 시대는 끝났다: 파트너십의 가속

2015년, 스트라이프(Stripe)는 결제 API 시장에서 경쟁이 치열했다. 스트라이프는 전략을 바꿔 다른 스타트업 도구들과의 통합에 집중했다. 쇼피파이, 슬랙, 자피어 등 수많은 서비스와 통합을 통해 파트너의 고객을 공유했다.

혼자 영업하는 대신, 파트너 생태계를 구축하여 성장을 가속한 것이다. 결과, 5년 만에 밸류에이션 950억 달러를 달성했다. 혼자 모든 것을 하려 하지 말고, 생태계를 만들어야 한다.

🔅 스타트업 간 협업: Win-Win 모델

공동 마케팅(Co-Marketing)은 비용은 1/2, 리드는 2배를 가져온다. 프로젝트 관리 SaaS 스타트업 A와 시간 추적 SaaS 스타트업 B가 있다고 가정하자. 타겟 고객이 겹친다. 경쟁 대신 협업한다. 함께 웨비나를 열고 마케팅 비용과 확보된 리드를 반씩 나눈다. A와 B는 마케팅 비용은 절반, 리드 확보는 2배의 효율을 얻는다. 참가자는 두 필수 도구를 함께 사용하는 법을 배운다. 모두가 이기는 전략이다.

번들 프라이싱(Bundle Pricing)도 효과적이다. 두 스타트업이 제품을 묶어 할인된 가격에 제공한다. A 단독은 월 50달러, B 단독은 월 30달러인데, A+B 번들은 월 60달러(25% 할인 효과)다. 고객으로서는 이득이며, 스타트업 입장에서는 교차 판매(Cross-sell)가 자동으로 일어난다.

성장 전략으로서의 통합(Integration as a Growth Strategy)도 있다. 피그마는 슬랙, 노션, 지라 등 고객이 이미 이용하는 도구 수십 개와 통합했다. 고객이 기존 워크플로를 바꾸지 않고도 피그마를 쓸 수 있게 만들어 전환 장벽을 낮추는 것이다. "피그마를 새로 배워야 해? 귀찮아…"에서 "어, 노션에서 바로 파일 볼 수 있네? 편한데?"로 바뀐다.

통합 하나를 만드는 데 1주일이 걸릴지라도, 그 통합을 통해 유입되는 고객은 수천 명이 될 수 있다.

대기업과의 협업: 코끼리와 춤추기

많은 스타트업이 대기업을 두려워하지만, 현실적으로 대기업은 내부 혁신이 절실하며 외부 스타트업과의 협업을 필요로 한다.

대기업 협업은 3단계 전략으로 접근한다. 첫째, 파일럿(Pilot) 단계다. "한 부서에서 3개월 무료 파일럿을 진행해 보시죠"라고 제안한다. 목적은 매출이 아니라 레퍼런스다("○○ 대기업이 우리 제품을 씁니다"). 둘째, 케이스 스터디 단계다. 파일럿 성공 시 정량적 숫자로 정리한다. "A 부서 업무 효율 37% 증가, 비용 절감 연 2억 원" 같은 식이다. 셋째, 전략적 파트너십 단계다. 리셀러(Reseller) 계약, 화이트 라벨(White Label), 또는 인수(Acquisition) 논의로 이어진다.

단계별 주의사항이다. 파일럿 단계에서는 레퍼런스 확보가 최우선이다. 대기업의 추가 요구사항은 거절하기보다 적극적으로 경청한다. 파일럿 단계에서 대기업의 커스터마이징 요구는 오히려 제품의 진짜 방향을 발견할 기회다.

대기업 담당자가 "이 기능 추가해 달라"고 할 때, 그 요청 자체보다 왜 필요한지를 깊이 파고들어야 한다. "현재는 어떻게 해결하고 계신가요?", "그 작업에 하루 몇 시간을 쓰시나요?"라고 물으면 기존 제품이 놓친 핵심 문제, 시장 전체가 원하지만 아무도 해결 못한 니즈, 경쟁사 대비 차별화할 수 있는 포인트가 드러난다.

케이스 스터디 단계에서는 속도 관리가 중요하다. 대기업의 의사결정은 느리다. 담당자가 긍정적이어도 내부 품의, 보안 검토, 법무 검토를 거치면 6개월이 훌쩍 지나간다. 런웨이가 빠듯한 스타트업이라면 대기업 딜 하나에 운명을 걸지 말고, 병행해서 다른 고객군도 확보해야 한다.

전략적 파트너십 단계에서는 의존도 관리가 핵심이다. 특정 대기업 매출이 전체의 50%를 넘으면 협상력이 급격히 약해지고, 해당 고객의 요구에 끌려다니게 된다. 이 단계에 진입했다면 두 번째, 세 번째 대기업 고객을 적극적으로 확보해 매출 포트폴리오를 분산시킨다.

▌혁신의 최종 보스: 자기 파괴

스스로를 파괴하지 않으면 남이 파괴할 것이다

넷플릭스의 리드 헤이스팅스는 2011년 DVD 우편 대여 사업을 버리고 스트리밍으로 완전히 전환하는 미친 결정을 내렸다. 당시 DVD 사업은 여전히 수익성이 좋았지만, 그는 알았다. "스트리밍이 미래다. 우리가 우리를 죽여야 한다."

주가는 폭락했고, 고객은 떠났지만, 10년 후 넷플릭스는 2억 명 구독자를 가진 엔터테인먼트 제국이 되었다.

제품이 성공했다면, 지금 당장 자기 파괴(Self-Disruption)의 질문을 던져야 한다. 제품을 공짜(Freemium)로 만들면 어떻게 될까. 제품을 10배 빠르게 만들면 어떻게 될까. 제품을 1/10 가격으로 만들면 어떻게 될까. 만약 내가 경쟁사라면, 우리 회사의 핵심 비즈니스를 어떻게 파괴할까.

경쟁사보다 먼저 답을 찾고, 먼저 실행하라.

매년 하나의 기능을 제거하라

한 SaaS 스타트업은 독특한 룰을 운영한다. 매년 인기 기능 중 하나를 죽인다. 오래된 기능은 기술 부채가 되며, 유지보수에 시간을 빼앗겨 새로운 기능을 추가하는 것을 어렵게 만든다. 6개월 전에 고객에게 공지하고 기능을 정리하면, 제품은 더 가벼워지고, 팀은 더 빠르게 움직인다.

혁신은 완벽한 시스템이 아니라 의지다

이 장에서 소개한 모든 방법을 따라 할 필요는 없다. 분기별 해커톤을 할 수도 있고, 주간 자유 시간을 만들 수도 있고, 실패 파티를 열 수도 있고, 아니면 완전히 다른 방법을 찾을 수도 있다.

중요한 깃은 '팀에 맞는 방법'을 찾아가는 과정 그 자체다.

질문	Yes/No
팀원들이 정규 업무 외에 자유롭게 실험할 정기적인 시간이 있는가?	
실패한 프로젝트를 숨기지 않고 공유하는 문화가 있는가?	
주니어 직원도 CEO에게 직접 아이디어를 제안할 수 있는가?	

아이디어를 1주일 이내에 프로토타입으로 만들 수 있는가?	
다른 스타트업이나 대기업과의 파트너십이 있는가?	
작년에 성공한 제품/비즈니스를 죽일지 논의한 적 있는가?	
우리 팀만의 혁신 실험을 이번 분기에 시도했는가?	

- 5개 이상 "Yes": 좋다. 계속 실험하라.
- 3~4개 "Yes": 방향은 맞다. 실행력을 높여라.
- 2개 이하 "Yes": 위험하다. 지금 당장 한 가지 실험을 시작하라.

▌혁신은 선택이 아니라 생존이다

시장은 기다려 주지 않는다. 어제 통했던 성공 방식이 오늘은 목을 조르는 밧줄이 된다. 혁신을 멈추는 순간, 죽는다. 빠르게는 6개월, 느리면 3~5년, 하지만 그 결말은 필연적이다. PMF를 찾고, 시리즈 A를 받았다고 안심하고 있는가. 그 순간이야말로 가장 위험한 순간이다. 성공이 혁신을 죽인다.

지금까지 소개한 방법들은 전사적인 혁신 문화를 만드는 것이다. 해커톤, 실패 파티, 자유 시간 등은 모두 조직 전체가 혁신하는 DNA를 심는 작업이다.

여기에 더해, 한정된 자원을 어떻게 배분할 것인가도 중요하다. 맥킨지의 시간 지평 순 3단계 성장 모델을 기억해 두자. 1단계(70%)는 현재 핵심 사업으로 당장의 매출과 생존이다. 2단계(20%)는 떠오르는 기회로 1~2년 내 성장 동력이다. 3단계(10%)는 미래의 씨앗으로 2~3년 후 게임체인저다.

70%로 오늘을 지키고, 20%로 내일을 준비하고, 10%로 모레를 준비하자. 이 균형이 무너지면 단기 생존이나 장기 성장 중 하나를 놓친다.

50명 규모 SaaS 스타트업이라면 1단계로 35명이 현재 제품 개선에 집중하고, 2단계로 10명이 신규 시장/기능 확장 프로젝트를 하고, 3단계로 5명이 미래 기술 R&D를 한다(혹은 20% 시간으로 전 직원 참여).

핵심은 균형이다. 1단계만 하면 점진적 개선에 갇히고, 3단계만 하면 당장의 생존이 위험하다. 세 가지를 동시에 운영하되, 스타트업의 성장 단계에 따라 비율을 조정하라.

시드~시리즈 A 단계에서는 생존 자체가 혁신이다. 시리즈 B~C 단계에서는 70-20-10으로 성장과 혁신의 균형을 잡는다. 시리즈 D 이상에서는 60-25-15로 미래 투자를 확대한다.

이 프레임워크를 분기별 OKR이나 로드맵 수립 시 활용하면, 단기 실행과 장기 혁신을 체계적으로 관리할 수 있다.

지금부터 시작하라. 이번 주 금요일 오후 3시간을 자유 프로젝트 시간으로 선언하라. 다음 달에 24시간 해커톤을 캘린더에 넣어라. 실패한 프로젝트를 기록하는 노션 페이지를 만들어라. "우리가 우리를 어떻게 죽일까?" 질문을 팀 회의에서 던져라.

이제 마지막 M, Money로 넘어갈 시간이다. 다음 장에서는 VC의 숨겨진 속마음을 파헤친다. "돈이 필요 없는 회사에 투자한다"는 역설. 이게 무슨 뜻일까

창업천재의
스타트업
운영 매뉴얼

Part 5
Money

자본을 성장의
연료로 바꾸는 전략

Chapter 21

창업자가 알아야 할 VC의
숨겨진 속마음

많은 창업자는 VC를 자금을 제공하는 ATM기나 스타트업을 돕는 후원자로 오해하는 경향이 있다. 하지만 VC의 본질은 이와는 전혀 다르다.

벤처캐피털의 본질

돈 놓고 돈 먹기: 수익이 최우선이다

"대표님의 꿈을 응원합니다.", "함께 성장하시죠." VC들은 투자 미팅에서 이런 말을 자주 한다. 그런데 속마음은 "이 회사로 몇 배를 벌 수 있을까?"이다.

VC는 기본적으로 펀드에 출자한 투자자들(LP)에게 더 큰 수익을 돌려주는 것을 직업 윤리로 삼는다. 스타트업에 투자하는 것은 높은 위험만큼 높은 수익을 추구하는 행위다. 결과적으로 스타트업에 도움이 될 수는 있지만, 도움을 주는 것 자체가 VC의 목적은 아니다.

창업자들이 자주 착각하는 것이 있다. '우리가 어려울 때 VC가 도와줄 것'이라는 기대다. 하지만 현실은 정반대다. 어려울 때 VC는 추가 투자를 거부하거나, 심지어 회사를 정리하자고 제안하기도 한다. 그게 그들의 펀드 수익률에 더 유리하기 때문이다.

투자자들은 철저히 자신에게 이익이 되는 비즈니스 결정을 내린다. 이것은 냉혹하지만, 게임의 규칙이다. 이 규칙을 이해하지 못하면, 평생 VC를 원망하며 살게 된다.

투자의 역설: 돈이 필요 없는 회사에 투자한다

"자금이 절실합니다. 이번 달 말까지 투자를 받지 못하면 회사 문을 닫아야 합니다."

이런 말을 투자 미팅에서 하는 순간, 펀딩은 실패한다. VC는 돈이 절실한 회사에 투자하지 않기 때문이다.

VC는 자신이 돕지 않아도 스스로 성공할 수 있는 회사를 찾아 투자한다. 이미 90점 정도의 역량을 가진 기업에 투자하여 100점까지 끌어올리는 것을 밸류애드(value-add)라고 생각한다. 50점짜리 회사를 90점으로 만드는 것은 그들의 일이 아니다.

자금이 절박한 상황에서 투자 유치에 나서는 것은 창업자에게 불리하다. 절박함은 협상력을 약화한다. 목소리 톤이 달라지고, 눈빛이 흔들리고, 조건을 수용하는 태도가 달라진다. 투자자는 이 모든 것을 읽는다.

반대로 성과가 우수한 스타트업에는 여러 VC가 경쟁적으로 접근한다. 이때 VC들은 '다른 VC가 투자하기 전에 우리도 투자해야 한다'는 강한 FOMO(Fear of Missing Out)를 느낀다.

실리콘밸리에는 이런 우스갯소리가 있다. "좋은 스타트업은 펀딩을 안 받으려고 해도 VC들이 쫓아다닌다. 나쁜 스타트업은 펀딩을 받으려고 VC를 쫓아다닌다."

그렇다면 어떻게 해야 하는가. 간단하다. 투자가 필요하기 전에 투자받아라. 런웨이가 18개월 남았을 때 펀딩을 시작하라. 자금이 바닥나기 3개월 전에 시작하면 이미 늦다.

💡 VC는 갑이 아니다: 슈퍼 갑의 환상을 깨라

창업자들 대부분은 VC를 돈을 쥐고 있는 슈퍼 갑으로 인식한다. 투자 미팅에서 긴장하고, 눈치를 보고, 거절당할까 전전긍긍한다. 하지만 이것은 착각이다.

VC의 실제 위치를 보면 권력 구조가 명확해진다. VC는 펀드를 출자한 LP들에 수익을 책임져야 하는 완전한 을의 처지다. LP들은 "수익률이 안 나오면 다음 펀드는 없다"는 냉혹한 압박을 가한다. 이 압박은 그대로 심사역에게 전달된다.

심사역의 진짜 고민은 이것이다. "올해 안에 유니콘 씨앗을 못 찾으면 내 커리어가 끝난다." 그래서 그들은 성과를 내기 위해 좋은 스타트업을 찾아 헤매고, 발견하면 "제발 우리에게 투자받게 해달라"고 구걸하는 처지가 된다. 실리콘밸리에서는 유명 VC 파트너가 유망 스타트업 대표에게 '커피라도 한잔하자'며 먼저 연락하는 것이 일상이다.

역설적이지만, 정말 좋은 스타트업을 만들면 VC와의 권력관계는 완전히 뒤집힌다. 그들은 창업자의 일정에 맞춰 미팅을 잡고, 조건을 수용하고, 다른 VC가 투자하기 전에 서둘러 텀시트(Term sheet)를 내민다.

결국 VC 생태계에서 진짜 갑은 성과를 내는 스타트업이다. 좋은 회사를 만들면, VC가 줄을 서서 부탁한다. 이것이 게임의 진짜 룰이다.

벤처캐피털은 복권을 사는 사업이다

"우리 회사는 절대 망하지 않습니다. 안정적으로 성장할 것입니다."

투자 미팅에서 이렇게 말하는 창업자를 만나면, 경험 많은 VC는 속으로 고개를 젓는다. 그들은 안정적인 회사를 원하지 않기 때문이다.

VC는 모든 투자 기업이 성공한다고 믿지 않는다. 오히려 투자 포트폴리오 대부분이 실패할 것을 전제로 한다. 실제로 벤처 투자 수익은 멱함수(Power Law) 분포를 따른다. 10개를 투자하면 1~2개가 대성공해서 나머지 8~9개의 손실을 만회하고도 남는 구조다.

이것은 단순한 이론이 아니라 실제 데이터로 입증된 사실이다. 호슬리 브리지 파트너스(Horsley Bridge Partners)는 1985년부터 수백 개의 VC 펀드에 투자해 온 세계 최고의 펀드 중 하나다. 이들이 2015년 앤드리슨 호로위츠(Andreessen Horowitz)가 공개한 30년산의 역사직 데이터에 따르면, 전체 투자의 약 6%(투자 금액 기준 4.5%)가 전체 수익의 60%를 창출했다.

업계 데이터를 보면 벤처 투자 엑시트의 수익 분포가 얼마나 극단적으로 쏠려 있는지 명확히 드러난다. 절반 이상의 투자는 원금 손실이다. 20% 정도만이 2~3배의 작은 수익을 낸다. 5~10배 이상의 의미 있는 수익을 내는 투자는 10% 미만이다. 20배 이상의 대박은 전체의 3% 정도에 불과하다.

더 놀라운 것은 '홈런'의 규모다. 우수한 펀드의 홈런은 평균 20배 수익을 내지만, 최고 수준의 펀드는 거의 70배에 달한다. 벤처 캐피탈은 홈런 사업인 것이다.

세쿼이아 캐피탈의 전설적인 파트너 마이클 모리츠는 이렇게 말했다. "우리는 실패를 두려워하지 않는다. 우리가 두려워하는 것은 미래의 구글을 놓치는 것이다."

따라서 VC는 "이 회사가 유니콘이 될 가능성이 10%라도 있는가?"를 묻지, "이 회사가 100% 성공할 것인가?"를 묻지 않는다. 그들은 타율이 높은 안타보다는 대량 득점을 내는 홈런을 원한다.

⚙️ VC도 유행을 탄다: 투자 트렌드라는 함정

2021년 어느 날, 한국의 거의 모든 VC가 메타버스 스타트업을 찾아다녔다. 2023년에는 생성형 AI가 아니면 투자 검토조차 하지 않는 분위기였다. 2024년 말부터는 AI 에이전트가 새로운 유행이 되었다.

VC들도 집단사고의 영향을 받는다. AI가 주목받으면 모든 VC가 AI 스타트업을 찾고, 메타버스가 화제가 되면 VR/AR 회사에 몰린다. 이것은 합리적인가. 전혀 그렇지 않다. 하지만 그들도 인간이고, 인간은 트렌드를 따르는 동물이다.

더 솔직하게 말하면, VC에게는 트렌드를 따라야 하는 구조적 이유가 있다. LP들에 투자 유치를 할 때 "우리는 AI에 집중합니다"라고 말하면 돈이 모인다. "우리는 남들이 안 보는 틈새시장에 투자합니다"라고 말하면 돈이 안 모인다.

이런 시기에는 역발상으로 접근하는 창업자가 기회를 잡을 수 있다. 모든 VC가 똑같은 분야만 주시하고 있을 때, 다른 영역에서 조용히 성과를 내는 스타트업이 오히려 더 주목받을 수 있다. 경쟁이 덜하고, 밸류에이션도 합리적이고, 진짜 실력 있는 VC를 만날 확률도 높다.

역사를 보면 명확하다. 닷컴 버블이 꺼진 2001년에 구글은 첫 수익을 냈다. 금융위기가 한창이던 2009년에 우버가 창업했다. 모두가 메타버스에 미쳐있던 2021년에 ChatGPT의 기반이 된 GPT-3가 조용히 개발되었다.

🔆 엑시트 압박: 언젠가는 팔아야 한다는 불편한 진실

"우리는 평생 함께할 파트너입니다."

투자 계약서에 사인하는 날, VC 파트너는 손을 꽉 잡으며 이렇게 말한다. 그런데 7년 후, 그는 "회사를 팔거나 상장을 서둘러야 한다"고 압박한다. 뭐가 잘못된 것일까.

아무것도 잘못되지 않았다. VC 펀드에는 보통 7년(+연장 1~2년)의 존속기간이 있고, LP들에 투자 수익을 돌려줘야 하는 구조적 압박이 있다. 법적으로 반드시 지분을 매각해야 하는 것은 아니지만, 실무적으로는 펀드 만기 전에 엑시트 하려는 강한 동기가 생긴다.

펀드 만기가 다가오면 VC가 선택할 수 있는 옵션은 IPO나 M&A를 통한 엑시트 추진, 세컨더리 매각(다른 투자자에게 지분 매각), LP들에게 지분 현물 분배, 펀드 연장 협상(LP 동의 필요) 등이다.

문제는 이 타이밍이 창업자의 타이밍과 다를 수 있다는 것이다. 창업자는 "아직 2년만 더 키우면 10배는 더 크게 키울 수 있는데"라고 생각한다. 하지만 VC는 "지금 팔아야 내 펀드 수익률이 나온다"고 생각한다.

실리콘밸리에는 이런 농담이 있다. "VC가 '우리는 장기 투자자입니다'라고 말하면, 그것은 '우리는 7~10년은 기다릴 수 있습니다'라는 뜻이다. '평생 함께하겠습니다'는 뜻이 아니다."

투자받을 때 반드시 확인해야 할 것들이 있다. 펀드의 빈티지(결성 시기)를 확인하라. 이미 5년 이상 지난 펀드는 시간이 촉박하다. 펀드의 존속기간과 연장 옵션을 확인하라. LPA(Limited Partnership Agreement)상 몇 년인지 확인해야 한다. VC의 포트폴리오 상황도 봐야 한다. 다른 투자가 잘 안되고 있다면 엑시트 압박이 더 클 수 있다.

이것은 나쁜 것이 아니라 게임의 룰이다. 창업자는 장기적인 파트너십보다는 7~10년의 전략적 동반자 관계로 접근하는 것이 현실적이다.

💡 브랜드 VC의 딜레마: 유명세의 양날의 검

"세쿼이아에서 투자받았습니다!" "소프트뱅크 비전펀드가 우리에게 투자했습니다!"

이런 뉴스가 나오면 업계가 술렁인다. 축하 메시지가 쏟아지고, 다른 VC들도 관심을 보이고, 인재 채용도 쉬워진다. 이것이 브랜드 VC의 파워다.

유명한 VC에서 투자받으면 시그널링 효과로 다음 라운드가 수월해진다. "A급 VC가 검증했다"라는 것만으로도 강력한 마케팅이 된다. 불확실성 속에서 신뢰의 배지를 얻는 것이다.

하지만 여기에는 숨겨진 대가가 있다. 브랜드 VC일수록 포트폴리오가 많다. 세쿼이아는 한 해에 수백 개 회사에 투자한다. 그중 하나일 뿐이다. 잘되면 그들은 챙기지만, 어려우면 다른 회사에 집중한다.

한 창업자의 고백이다. "우리는 유명한 VC에서 시리즈 A를 받았습니다. 처음 6개월은 좋았어요. 분기마다 미팅하고, 조언도 받고, 네트워크도 소개받았습니다. 그런데 1년이 지나자, 연락이 뚝 끊겼어요. 나중에 알고 보니 그 VC는 우리 분야에서 경쟁사에 더 큰 투자를 했더군요."

반대로 덜 유명하지만 집중도 높은 VC는 포트폴리오가 10~20개 정도다. 그들의 탑 3 투자저일 수 있다. 그들의 성공은 투자한 회사의 성공에 달려 있다. 그들은 적극적으로 움직인다.

또 하나의 전략도 있다. 브랜드 VC를 리드로 하고, 집중도 높은 VC를 공동 투자자로 구성하는 것이다. 이름은 앞에 있는 VC로 얻고, 실질적 도움은 뒤에 있는 VC에게 받는다. 이것이 영리한 창업자들의 선택이다.

투자자 관계의 기술

투자자를 전략적으로 귀찮게 하라: 소통 빈도의 과학

"투자받고 나면 조용히 일만 하면 되는 거죠?" 많은 창업자가 이렇게 생각한다. 투자자를 귀찮게 하면 안 된다고 믿는다. 하지만 이것은 치명적인 실수다.

투자자들은 스타트업에서 일어나는 일들을 실시간으로 알 수 없다. 그들의 처지에서 생각해 보자. 그들은 20~30개 포트폴리오 회사를 관리한다. 연락하지 않으면, VC의 레이더에서 사라진다. 레이더에서 사라지면 후속 투자에서 빠지고, 위기 때 도움받지 못하고, 좋은 기회를 소개받지 못한다.

투자 업계에서는 "업데이트를 자주 보내는 창업자가 투자자 레이더에 오래 남는다"는 경험칙이 있다. 지속적으로 소통하는 스타트업은 VC의 기억에 남고, 좋은 기회가 생겼을 때 가장 먼저 떠오르는 회사가 된다.

더 중요한 것이 있다. '나쁜 소식도 빨리 전하는 창업자'를 VC는 더 신뢰한다. 문제가 생겼을 때 숨기려 하지 않고 솔직하게 공유하는 것이 장기적으로 더 좋은 관계를 만든다.

한 VC 파트너의 고백이다. "저는 분기 보고서를 3페이지로 예쁘게 만들어 보내는 CEO보다, 카톡으로 '이번 주 큰 거래 날렸습니다. 이유는 이것입니다. 대응책은 이것입니다'라고 빠르게 알려주는 CEO를 더 신뢰합니다."

다만 적당한 선을 지켜야 한다. 매일 연락하는 것은 과도하고, 분기에 한 번 형식적인 보고만 하는 것은 불충분하다. 월 1~2회 정도의 의미 있는 업데이트가 적절하다.

의미 있는 업데이트란 무엇인가. "이번 달 매출이 20% 성장했습니다"는 좋다. "이번 달 우리는 A를 시도했고, B를 배웠고, C로 피벗할 예정입니다"는 더 좋다. "안녕하세요, 별일 없습니다"는 의미 없다.

'5-15 Report'라는 개념이 있다. 5분 안에 쓰고, 15분 안에 읽을 수 있는 보고서다. 이것이 이상적인 투자자 업데이트 포맷이다. 긴 보고서를 한 달에 한 번 보내는 것보다, 짧은 업데이트를 2주에 한 번 보내는 것이 훨씬 효과적이다.

💡 단순 보고를 넘어, 오더를 주는 창업자를 선호하는 이유

"이번 달 매출은 500만 원이었고, 신규 고객은 30명입니다. 다음 달 목표는 700만 원입니다."

이런 업데이트를 받으면 VC는 '읽음' 표시민 남기고 넘어간다. 액션 아이템이 없기 때문이다.

이제 이것과 비교해 보자. "이번 달 매출은 500만 원이었습니다. 기업 고객 전환율이 개인 고객보다 3배 높다는 것을 발견했습니다. 혹시 심사역님 네트워크에서 B2B 세일즈 경험이 있는 VP Sales 급 인재를 추천해 주실 수 있나요? 다음 주 중으로 2~3명과 미팅하고 싶습니다."

후자가 더 매력적이다. VC에게 명확한 오더를 주기 때문이다.

투자자들은 단순히 상황을 보고받는 것을 넘어 구체적인 도움이나 연결을 요청하는 창업자를 더 선호하는 경향이 있다. 이는 투자자의 역할을 단순한 자금 제공자를 넘어 스타트업의 성장을 돕는 전략적 파트너로 인식한다는 의미이기 때문이다.

VC 파트너 대부분은 매일 이런 고민을 한다. "내가 포트폴리오 회사에 어떤 가치를 더하고 있지?" 그들도 자신의 존재 이유를 증명하고 싶어 한다. 창업자가 구체적인 도움을 요청하면, 그들은 기뻐한다. "드디어 내가 도울 일이 생겼구나!"

한 VC는 이렇게 말했다. "저는 아무것도 요청하지 않는 CEO보다, 매달 2~3개씩 구체적인 도움을 요청하는 CEO를 10배 더 좋아합니다. 전자는 저를 ATM으로 생각하는 것이고, 후자는 저를 파트너로 생각하는 것입니다."

💡 통계적 근거: 오더를 주는 창업자가 실제로 더 성공한다

"도움을 많이 요청하면 귀찮아하지 않을까요?"

이것은 한국 문화에 깊이 박힌 걱정이다. 하지만 데이터는 정반대를 말한다. 와이콤비네이터의 포트폴리오 분석 결과, 멘토나 투자자에게 구체적이고 적극적으로 도움을 요청한 스타트업의 3년 생존율은 78%

였고, 수동적으로 보고만 하는 스타트업의 3년 생존율은 52%였다. 차이는 26%로, 이는 생존 확률이 50% 더 높다는 의미다.

퍼스트 라운드 캐피탈의 10년 투자 데이터에서도, 분기당 평균 3개 이상의 구체적 요청(채용, 고객 소개, 전문가 연결 등)을 한 창업자의 시리즈 A 성공률은 65%였고, 분기 보고만 하는 창업자의 시리즈 A 성공률은 38%였다.

이 수치들이 말해주는 것은 명확하다. 투자자에게 적극적으로 도움을 요청하는 행위 자체가 스타트업의 성공 확률을 유의미하게 높인다는 것이다.

실리콘밸리 및 투자 생태계 전반에는 Ask Culture(요청하는 문화)가 매우 중요하게 여겨진다. 성공적인 창업가들은 자신이 모든 것을 다 할 수 없음을 인정하고, 필요한 도움을 주저 없이 요청한다.

와이콤비네이터의 폴 그레이엄은 이렇게 말했다. "성공한 창업자들의 공통점은 뻔뻔함이다. 그들은 필요한 것을 요청하는 데 주저함이 없다. 실패한 창업자들의 공통점은 지나친 겸손이다. 그들은 도움이 필요해도 요청하지 않는다."

효과적인 오더 만들기: 나쁜 요청 vs 좋은 요청

요청에도 기술이 있다. 나쁜 요청과 좋은 요청의 차이를 보자.

나쁜 요청의 예시다. "요즘 마케팅이 어렵습니다. 조언 부탁드립니다." 너무 막연하다. VC는 "그래서 내가 뭘 해주길 바라는 거지?"라고 반문하게 된다.

조금 나은 요청의 예시다. "B2B 마케팅 전문가를 소개해 주실 수 있나요?" 낫지만 여전히 부족하다. 구체성이 떨어진다.

좋은 요청의 예시다. "B2B SaaS 고객 획득 비용이 목표 대비 30% 높습니다. 퍼포먼스 마케팅으로 CAC를 낮춘 경험이 있는 전문가나 유사한 경험을 가진 포트폴리오 CEO를 소개받을 수 있나요? 다음 주까지 2~3명과 미팅을 잡고 싶습니다." 문제가 구체적이고, 원하는 도움이 명확하고, 타임라인이 있다.

더 좋은 요청의 예시다. "시리즈 A 준비 중인데, 저희와 비슷한 단계에서 성공적으로 투자받은 포트폴리오 사의 피치덱을 참고할 수 있을까요? 특히 유닛이코노믹스 부분 표현 방식이 궁금합니다. 이번 주 금요일까지 받을 수 있다면 다음 주 투자 미팅에 반영하고 싶습니다." VC의 입장에서 "이건 내가 쉽게 도울 수 있는 일이구나"라고 느껴지기 때문에 더 좋다.

최고의 요청 예시다. "글로벌 진출을 위해 싱가포르 법인 설립을 검토 중입니다. 혹시 현지 법무법인이나 회계법인을 추천해 주실 수 있나요? 그리고 싱가포르에서 성공한 포트폴리오 CEO와 30분 정도 대화가 가능할까요? 준비한 질문 리스트를 미리 공유해 드릴 수 있습니다." 구체적이고, 실행 가능하고, 준비된 모습을 보여주기 때문에 최고다.

오더 시 주의 사항: 도움 요청도 전략이다

무턱대고 요청하면 역효과가 난다. 몇 가지 원칙을 지켜야 한다.

타이밍을 명시하라. 급하지 않은 요청도 '언제까지 필요한지' 명시해야 한다. '다음 주 수요일까지'가 '이른 시일 내에'보다 훨씬 좋다. 사람들은 데드라인이 있어야 움직인다.

일방적이면 안 된다. 도움받은 후 결과나 진행 상황 공유는 필수다. "소개해 주신 A 대표님과 미팅했습니다. B를 배웠고, C를 실행할 예정입니다. 정말 감사합니다"라는 피드백을 보내라. 이것이 다음 도움의 문을 연다.

질문할 권리를 남용하지 마라. 월 2~3개의 핵심 이슈만 요청하고, 사소한 것들은 자체 해결해야 한다. "카카오톡 플러스친구 만드는 법 알려주세요"는 ChatGPT에 물어봐야 할 질문이다. VC는 ChatGPT가 아니다.

연결해 준 분들께 반드시 감사하라. VC가 누군가에게 소개해 줬다면, 그 사람에게도 감사 메시지를 보내고 결과를 공유하라. 이것이 VC의 체면을 살려주는 길이다.

준비된 모습을 보여라. 요청할 때는 이미 내부적으로 충분히 고민하고 준비한 상태여야 한다. "우리 전략이 뭐가 좋을까요?"는 나쁜 질문이다. "A 전략과 B 전략 중 고민입니다. 심사역님이라면 어떤 것을 선택하시겠습니까?"는 좋은 질문이다.

투자자가 보는 스타트업

제품시장적합성(PMF) 이전: 팀과 꿈의 크기가 핵심

"우리 제품은 혁신적입니다. 기술력도 뛰어나고, 시장도 크고, 수익모델도 명확합니다."

투자 미팅에서 이렇게 말하는 창업자들이 많다. 하지만 PMF 이전 단계에서 VC가 정말 보는 것은 이것이 아니다. 그들은 창업자를 본다. 팀을 본다. 품은 꿈의 크기를 본다.

제품은 피벗할 수 있고, 시장은 바뀔 수 있으며, 수익모델은 진화한다. 하지만 팀의 근본적인 역량(집념, 행동력, 실행력)과 꿈의 크기는 쉽게 바뀌지 않는다. 이것이 VC가 베팅하는 진짜 대상이다.

○ VC의 최우선 평가 기준: 압도적인 '실행력'

최근 글로벌 VC 시장 통계와 하버드 & MIT 공동 연구는 초기 단계 투자에서 팀의 실행력(Execution Capability)과 행동력이 다른 모든 지표를 압도한다는 것을 명확히 보여준다(How Do Venture Capitalists Make Decisions? Gompers, Gornall, Kaplan, Strebulaev, 2020).

빠른 실행력을 보인 창업팀에 대한 투자 성공률(4년 이내 성공 인식)이 46~52%로 유의미하게 높으며, 실행력이 뛰어난 팀이 평균적으로 2.5~3배 빠르게 다음 라운드 투자를 유치한다는 연구 결과도 있다.

VC는 PMF 이전 단계에서 사업의 구체적인 실적보다 창업팀의 '행동력'을 바탕으로 잠재적인 성장 가능성을 판단하며, 이는 빠른 의사결정 속도와 약속 이행 능력이라는 정성적 신호로 여겨진다.

VC 투자 결정에서 팀의 역량과 빠른 실행력(Speedy Execution)이 가장 높은 기여도(평균 40% 이상)를 보이고, 그다음이 시장 규모 및 성장성(Market), 제품의 독창성/차별성(Product)과 비즈니스 모델의 실현 가능성(BM)은 상대적으로 낮다.

○ 대표의 세일즈 능력이 모든 것을 결정한다

"저는 개발자입니다. 세일즈는 잘 못합니다."

이 말을 하는 순간, 투자 유치 확률은 급격히 떨어진다. 대표의 세일즈 능력이야말로 PMF 이전 단계에서 가장 중요한 역량이기 때문이다.

여기서 세일즈는 단순히 제품을 파는 것을 의미하지 않는다. 세일즈의 진정한 의미는 타인을 통해 대체할 수 없는 결과물을 만들어 내는 능력이다.

창업자(특히 대표)가 직접 해야 하는 핵심 세일즈 업무는 세 가지다. 첫째, 인재 모으기다. 유능한 사람들을 설득하여 미친 꿈에 동참하게 만드는 능력이다. A급 창업자는 A급 인재를 데려오고, B급 창입자는 C급 인재를 데려온다. 둘째, 투자 유치하기다. 투자자들에게 비전과 가능성을 설득력 있게 전달하는 능력이다. 세쿼이아가 구글에 투자한 이유는 래리 페이지가 검색 알고리즘을 잘 설명해서가 아니다. 그가 "세상의 모든 정보를 조직화하겠다"라는 비전을 설득력 있게 전달했기 때문이다. 셋째, 판매하기다. 초기 고객을 확보하고 시장을 개척하는 능력이다. 초기 스타트업은 브랜드도 없고 신뢰도 없다. 대표가 직접 발로 뛰며 첫 고객들을 설득해야 한다.

에어비앤비의 브라이언 체스키는 초기에 엔지니어 한 명을 채용하기 위해 6개월 동안 설득했다. 페이스북의 마크 저커버그는 셰릴 샌드버그를 영입하기 위해 수십 번 미팅했다. 이것이 위대한 창업자들의 공통점이다. 그들은 집요한 세일즈맨이다.

○ 문제 정의와 사명감: 꿈의 크기를 보여줘라

"우리는 배달 앱을 만듭니다."
"우리는 사람들의 식사 경험을 혁명적으로 바꿉니다."

둘 중 어느 쪽이 더 매력적인가. 당연히 후자다. 전자는 기능을 설명하고, 후자는 비전을 말한다.

투자자들이 정말 알고 싶은 것은 어떤 문제를 푸는지다. 이에 따른 문제 해결이 세상에 미칠 임팩트의 크기를 상상한다. 이것을 꿈의 크기라고 하고, 대표의 사업적 그릇의 크기로 판단한다.

심각한 문제를 기발하게 풀고, 그 문제 해결에 대한 사명감을 가진 팀에 주목한다. 세쿼이아가 투자한 회사들을 보라. 구글(세상의 모든 정보를 조직화), 에어비앤비(어디서나 집처럼), 줌(세상을 더 가깝게). 모두 거대한 비전을 가지고 있다.

한 VC는 이렇게 말했다. "저는 창업자에게 항상 이 질문을 합니다.

'10년 후 회사가 성공했다면, 세상은 어떻게 달라져 있을까요?' 이 질문에 설득력 있게 대답하는 창업자는 10명 중 1명도 안 됩니다. 하지만 그 1명이 우리가 투자하는 사람입니다."

○ 지적 정직성과 실행력: 실패는 부끄러운 것이 아니다

"저는 창업이 처음입니다. 실패 경험이 없습니다."

이것을 자랑으로 생각하는 창업자가 있다. 하지만 투자자로서는 "이 사람은 아직 큰 좌절을 경험하지 못했구나. 앞으로 힘들 텐데"라고 생각한다.

과거의 창업 실패 경험은 실패를 통해 얻은 교훈과 분석 능력을 명확히 설명할 수 있다면 오히려 플러스다. 스티브 잡스는 애플에서 쫓겨났다가 돌아왔다. 일론 머스크는 여러 번 파산 직전까지 갔다. 잭 마는 30번 넘게 투자 거절을 당했다.

자신이 부족한 부분을 솔직하게 인정하고 투명하게 공유할 수 있는 능력이 중요하다. "저는 재무를 잘 모릅니다. 그래서 CFO 급 인재를 찾고 있습니다"는 좋은 신호다. "저는 모든 걸 다 잘합니다"는 나쁜 신호다.

투자자의 최종 확신을 얻는 확실한 방법은 말한 것 이상의 실행력을 보여주는 것이다. "다음 달까지 베타 버전 완성하겠습니다" → 2주 만에 완성. "이번 분기 매출 목표는 1억입니다" → 1.5억 달성. 투자자의 기대를 넘어서는 팀의 실행력이 반복되면, 초기 부정적 인식도 긍정으로 변화시키게 된다.

○ VC가 정말 원하는 대표의 사고방식: 가설 기반 사고

하버드 비즈니스 스쿨의 연구에 따르면, 가설 기반 접근법 (Hypothesis-Driven Entrepreneurship)을 따르는 '린 스타트업' 사고 및 화법을 구사하는 대표를 투자자들이 훨씬 더 매력적으로 평가한다.

CB Insights 분석에 따르면, 스타트업 실패의 35%가 '시장 수요 없음'으로 인한 것이다. 이는 가설 검증 없이 제품을 만들었을 때의 결과다. Pre-Series A 단계를 통과하는 스타트업의 성공률은 30~40%에 불과하며, 이 단계의 핵심 과제가 바로 비즈니스 가설 검증이다.

VC가 체크하는 가설 사고의 핵심 요소가 있다. 모든 행동이 검증 목적을 가지는가. "이 기능을 만드는 이유가 무엇인가?", "어떤 가설을 검증하려는가?", "검증의 성공 기준은 무엇인가?"를 명확히 해야 한다. 데이터 기반 의사결정 능력도 중요하다. 성공적인 가설 검증을 위해서는 테스트 전에 명확한 지표와 성공 기준을 설정해야 한다. 빠른 반복 실행 능력도 필수다. CB Insights 데이터에 따르면 스타트업의 29%가 자금 고갈로 실패하는데, 이는 검증되지 않은 가설에 너무 오래 매달린 결과다. 슬랙, 트위터, 인스타그램 같은 성공 사례들은 모두 초기 가설 검증을 통해 완전히 다른 제품으로 피벗했다.

VC 미팅에서 가설 사고를 보여주는 방법이 있다. 투자자들은 다음과 같은 설명 구조를 선호한다. "우리의 초기 가설은 [X]였습니다" → "이를 검증하기 위해 [Y] 실험했습니다" → "결과는 [Z]였고, 이를 통해 배운 것은…” → “따라서 다음 가설은 [A]이며, 검증 계획은…”

실제 예시를 보자. “고객이 배달 시간 단축을 원할 것이라는 가설로 시작했습니다. 100명 대상 MVP 테스트 결과, 실제로는 정확한 도착 시간 예측을 더 중요시했습니다. 이를 바탕으로 AI 기반 배달 시간 예측 기능을 개발했고, NPS가 45에서 72로 상승했습니다.”

가설 검증 역량의 구체적 지표로, 바이럴 계수(K-factor)처럼 논쟁의 여지가 없는 강력한 지표 하나를 제시하는 것이 중요하다. 드롭박스의 경우, 초기 투자 미팅에서 “바이럴 계수 0.4”라는 단 하나의 지표로 세쿼이아 투자를 유치했다. 업계 평균(0.1~0.2)을 크게 웃도는 수치였기 때문이다.

한 실리콘밸리 VC 파트너의 말이다. “우리가 투자하는 창업자의 공통점은 한 가지입니다. 그들은 자신이 틀렸다는 것을 인정하는 속도가 빠르고, 새로운 가설로 전환하는 속도는 더 빠릅니다. 이것이 바로 ‘지적 정직성’과 ‘실행력’의 교집합입니다.”

○ PMF 이후: 시장과 데이터가 모든 것을 말한다

PMF를 찾는 순간, 게임의 룰이 바뀐다. 이제 VC는 꿈이 아니라 숫자를 보기 시작한다.

시장 규모에 대해 먼저 살펴보자. “우리의 타겟 시장은 연 매출 100억 원 규모입니다.” 이 말을 듣는 순간 VC의 관심은 사라진다. 너무 작기 때문이다. VC는 100배, 1,000배 성장할 가능성이 있는 시장을 원한다. 한국 VC의 최소 한국 TAM(총 시장 규모)은 2,000억~1조 원 이상이다.

투자자들이 선호하는 시장은 두 가지다. 매우 크고 매년 빠르게 성장하는 시장, 그리고 현재는 작지만 매년 폭발적으로 성장하는 시장이다. 피하는 시장도 두 가지다. 시장은 크지만 이미 성숙하고 경쟁이 치열한 레드오션, 그리고 시장 규모가 작고 심지어 줄어들고 있는 시장이다.

2007년 스마트폰 시장은 작았다. 하지만 연 300% 성장하고 있었다. 이때 모바일 앱에 투자한 VC들은 대박을 터트렸다. 2015년 웨어러블 시장은 컸다. 하지만 성장이 정체되었다. 이때 투자한 VC들은 대부분 손실을 봤다.

데이터와 트랙션도 중요하다. VC는 스타트업 대표가 자신의 사업에 대해 어떤 데이터를 봐야 하는지 명확히 알고 있는지, 그리고 핵심 지표들을 어떻게 추적하고 있는지 보고 판단한다. 지금 당장 회사의 핵심 지표가 무엇인지 헷갈린다면 투자자의 돈은 저 멀리 있다고 생각해야 한다.

성장의 절대 숫자와 기울기 모두 중요하다. VC는 선형적인 성장보다 가파르고 폭발적인 성장 기울기를 선호한다. 예를 들어 두 회사를 비교해 보자. A 회사는 1월 100명 → 2월 110명 → 3월 120명 → 4월 130명(매달 10명씩 꾸준히 증가)이다. B 회사는 1월 100명 → 2월 120명 → 3월 150명 → 4월 200명(매달 20%, 25%, 33% 증가)이다. B 회사가 더 매력적이다. 절대 숫자는 A가 더 예측할 수 있지만, 기울기는 B가 훨씬 가파르다.

미친 듯한 성장률(예: 전달 대비 50% 성장 후 이번 달 100%, 다음 달 200% 성장)은 투자 유치를 매우 쉽게 만든다. 와이콤비네이터의 폴 그레이엄은 "스타트업의 이상적인 성장률은 주당 5~7%"라고 말했다. 이것을 월 환산하면 약 22~30%다. 이런 성장을 6개월만 유지하면 투자자들이 줄을 선다.

회사의 본질도 잊지 말아야 한다. 회사는 영리를 목적으로 하는 조직임을 명확히 인지해야 한다. 단순히 매출이 많다고 돈을 버는 것이 아니라, 비용을 제외한 이익이 남아있어야 진정으로 돈을 버는 것이다.

💡 딥테크 특별 케이스: 교수 창업의 함정과 해법

"저는 KAIST 교수이고, 15년간 이 기술을 연구했습니다. 이제 상용화하려고 회사를 만들었습니다."

한국에서 흔한 딥테크 창업 스토리다. 그런데 5년 후를 보면 대부분 실패했거나 고전하고 있다. 교수가 CEO를 하면서 발생하는 구조적 문제 때문이다. 교수는 훌륭한 연구자이지만, 대부분 비즈니스 경험이 없다. 학생을 대표로 앉히고 교수가 실권을 쥐는 경우는 더 최악이다.

실리콘밸리에서는 이 문제를 명확히 해결한다. 운영팀(경영진)을 별도로 셋업한다. VC가 경험 있는 비즈니스 경영진(CEO 또는 COO 등)을 채용하거나 영입하여 회사의 실제 운영 및 성장, 투자 유치, 시장 확장을 담당하게 한다. 교수/창업자는 CTO 등으로 기술 전담 역할을 한다. CTO나 Chief Scientist로서 혁신 기술개발 및 연구를 집중적으로 담당하며, 언제든지 학교 교수직에 복귀할 수 있는 유연한 구조를 제공한다.

실제 사례를 보자. 구글의 래리 페이지와 세르게이 브린은 초기에 CEO를 했지만, 에릭 슈밋을 CEO로 영입하면서 폭발적으로 성장했다. 그들은 기술 리더로 남았고, 슈밋이 비즈니스를 책임졌다.

지분 구조에 대해 실리콘밸리에는 교수 창업의 지분 배분에 대한 경험칙이 있다. 20-80 프레임워크다. 창조자(Creators) 20% 할당으로, 교수/연구자는 발명을 주도하고 연구를 밀접하게 지휘하면 창조자 몫의 절반(약 10%)을 받는다. 대학원생/연구팀은 나머지 창조자 몫을 공유(약 10%)한다. 경영진 및 직원 80% 할당으로, 경험 있는 CEO는 전체의 약 27%, VP 급 경영진들은 약 27%, 팀원들은 약 26%를 받는다.

한국에서 교수 창업인 경우 대표를 학생이 하고 지분은 교수가 더 많이 가지는 케이스들이 종종 있다. 이는 최악의 케이스다. 권한과 책임이 불일치하면 조직은 망가진다.

효과적인 펀딩 전략

투자자가 줄을 서게 만드는 핵심

먼저 기본을 점검하자. 꿈의 크기가 충분한가. 창업자가 3명 이상인가. 풀고자 하는 문제가 명확한가. 대표의 세일즈 능력은 있는가. 팀의 실행력이 검증되었는가. 성장 지표들은 매력적인가. 이번이 처음이라면, 유사 창업 경험은 있는가. 어드바이저는 3명 이상인가.

이것들은 기본이다. 이것만으로는 부족하다. 투자자들을 설레게 만들려면 무엇이 더 필요한가.

O FOMO(Fear of Missing Out) 유발: 투자자의 본능을 자극하라

투자자들이 가장 두려워하는 것은 손실이 아니다. 그들이 정말 두려워하는 것은 다음 유니콘을 놓치는 것이다.

2004년 세쿼이아는 페이스북에 투자하려다 내부 논쟁 끝에 포기했다. 대신 액셀 파트너스가 투자했다. 그 결과, 액셀은 1,200만 달러 투자로 100억 달러 이상을 벌었다. 세쿼이아는 10년 동안 이 결정을 후회했다.

FOMO 조성의 실전 공식은 속도와 동시성이다. FOMO는 인위적 압박이 아니라, 짧은 기간에 여러 VC가 동시에 진척된 상태로 움직이는 구조에서 발생하는 자연스러운 경쟁심이다.

적정 펀딩 기간은 6~8주 타임라인 설정이다. 너무 짧으면 준비 부족하고, 너무 길면 모멘텀을 상실한다. 병행 미팅 전략으로 15~25개 VC와 2~3주 내 첫 미팅을 진행한다. 투명한 일정 공유로 '6주 내 리드 투자자 결정 예정'과 같은 현실적이고 신뢰할 수 있는 일정을 제시한다.

주의할 점이 있다. 허위로 '다른 VC가 텀시트를 냈다'고 블러핑하는 것은 업계에서 신뢰를 잃는 지름길이다. FOMO는 실제 스토리, 실적, 레퍼런스가 뒷받침될 때만 지속 가능하다.

텀시트(Term sheet) 하나가 나오면 실제로 분위기는 달아오르기 시작한다. 갑자기 VC들의 연락이 늘어나고, 미온적이던 투자자들의 태도가 전환되고, 의사결정 속도가 가속화된다.

○ 강력한 트랙션 하나: 논쟁의 여지가 없는 성장

"우리는 여러 지표에서 좋은 성과를 보이고 있습니다."보다는 "우리의 월 매출 증가율은 지난 6개월간 평균 40%였습니다"가 훨씬 강력하다. 구체적이고 측정 가능하고 논쟁의 여지가 없기 때문이다.

강력한 트랙션 하나는 열 개의 그럴듯한 이야기를 이긴다. 업계 평균의 2배 이상인 리텐션, 경쟁사의 1/3 수준인 CAC, 90% 이상의 NPS. 하나만 있으면 된다. 하지만 그 하나는 정말로 압도적이어야 한다.

○ 명확한 문제 정의: 누구나 공감하는 심각하고 큰 문제

VC들은 매일 수십 개의 피치를 듣는다. 그들이 투자를 결정하는 순간은 언제인가. "아, 이건 정말 큰 문제구나"라고 느낄 때다.

우버의 초기 피치를 보자. "택시를 잡을 수 없어 약속에 늦은 경험이 있나요?" 누구나 공감한다. "우리는 이 문제를 스마트폰으로 해결합니다." 명확하다. 에어비앤비의 초기 피치도 마찬가지다. "호텔은 비싸고 획일적입니다. 현지인처럼 여행하고 싶은데 방법이 없습니다." 많은 사람이 느끼는 문제다. "우리는 빈방을 여행자와 연결합니다." 명확하다.

문제 정의가 5초 안에 이해되는가? 듣는 사람이 "아, 나도 그 문제 겪어봤어"라고 말하는가?

○ 검증된 팀: 말보다 실행

"우리는 훌륭한 팀입니다." 모든 창업자가 이렇게 말한다.

차별화하는 방법은 실행으로 보여주는 것이다. "지난 3개월간 우리는 A를 약속했고, B를 달성했고, C를 배웠습니다. 다음 3개월 목표는 D입니다." 이것이 검증이다. 말이 아니라 트랙 레코드로 증명하는 것이다.

극소수의 초기 투자자를 제외하고, 대부분의 투자자는 한 번의 만남으로 바로 투자하지 않는다. 업프런트 벤처스(Upfront Ventures)의 마크 서스터(Mark Suster)가 말한 "투자자들은 점이 아닌 선에 투자한다(Investors invest in lines, not dots)."라는 원칙을 충실히 따른다.

투자자들은 기업이 하겠다고 한 것을 실제로 하는지(약속 이행 능력)를 판단하기 위해 월 또는 분기로, 지속적으로 업데이트를 받는다. 기간 동안 그들은 선을 그린다. 상승하는 선인가. 정체된 선인가. 하락하는 선인가.

따라서 허풍을 떨거나 과대 약속을 해서는 안 된다. 항상 적절히 약속하고, 약속한 것보다 더 나은 결과를 내는 것이 중요하다. "다음 달까지 3개 기업 고객을 확보하겠습니다" → 5개 확보. "분기 매출 5천만 원 달성하겠습니다" → 7천만 원 달성. "베타 버전을 6주 내 완성하겠습니다" → 4주 만에 완성. 이런 패턴이 몇 번 반복되면, 투자자는 "이

팀은 실행력이 뛰어나다"고 확신하게 된다.

펀딩 실행의 기술

○ 명확한 펀딩 계획: 얼마가 필요하고, 왜 필요한가?

"3억에서 5억 정도 투자받고 싶습니다." 이 말을 하는 순간 VC는 "이 사람은 계획이 없구나"라고 판단한다.

대신 이렇게 말하라. "우리는 정확히 4.2억이 필요합니다. 이 중 2.5억은 개발 인력 3명 채용, 1.2억은 마케팅, 0.5억은 18개월 운영비입니다. 이 자금으로 6개월 내 월 매출 1억, 12개월 내 손익분기점 달성이 목표입니다."

필요한 자금 규모와 그 자금으로 달성할 구체적인 마일스톤을 명확히 제시해야 한다. 포괄적인 금액 범위는 창업자가 충분히 고민하지 않았다는 인상을 준다. 투자자들은 "왜 하필 이 금액인가?"라는 질문에 대한 논리적인 답을 원한다.

○ 추천(Referral) 활용: 소개받는 것이 가장 빠르다

"콜드 이메일로 VC 100곳에 연락했는데, 아무도 답하지 않습니다."

많은 초기 창업자가 이렇게 토로한다. 그러나 이는 놀라운 일이 아니다. VC들은 매일 수십 통의 콜드 이메일을 받는다. 그중 실제 미팅으로 이어지는 비율은 1%에도 미치지 않는다. 대부분의 투자 미팅은 여전히 기존 네트워크와 추천을 통해 이루어진다.

추천은 단순히 효율적인 접근 방식을 넘어선다. 그것은 창업자의 신

뢰 구축 능력, 관계 형성 능력, 그리고 설득의 품격을 보여주는 지표
다.

액셀러레이터를 활용하는 방법이 있다. 와이콤비네이터, 500
Startups, 테크스타 같은 액셀러레이터 프로그램은 창업자가 스스로
신뢰를 증명할 수 있는 가장 명확한 관문이다. 한국에서도 2025년 기
준 약 230개의 액셀러레이터가 활동 중이며, 이들을 졸업한 기업의 후
속 투자율은 60~70%에 달한다. 한국에는 프라이머, 스파크랩스, 옐
로우독 등이 있다.

창업자 추천이 가장 강력하다. VC들이 가장 신뢰하는 추천은 언제
나 자신이 이미 투자한 창업자에게서 나온다. NFX의 조사에 따르면,
창업자 추천을 통한 투자 성사 확률은 일반 접근 대비 3.5배 높다.
"포트폴리오 창업자의 추천이라면 일단 한 번은 만나본다." 이것은 업
계의 통념이자 신뢰의 규칙이다.

VC의 관심사를 읽는 능력도 중요하다. VC들은 종종 인터뷰나 칼
럼을 통해 자신이 주목하는 산업 분야를 드러낸다. "최근 인터뷰에서
핀테크 분야에 관심이 있다고 말씀하셨는데, 우리 팀이 바로 그 분야
에서 새로운 시도를 하고 있습니다." 이 한 문장은 '숙제해 온 창업자'
라는 신호다. 실제 통계에 따르면, 이런 맞춤형 메시지는 일반 콜드 이
메일보다 응답률이 5~10배 높다.

백채널(Back Channel)도 중요하다. VC가 창업자를 평가하듯, 창업자

도 VC를 평가해야 한다. 이 관계는 짧게는 5년, 길게는 10년 정도 지속되기 때문이다. 2024~2025년 한국에서 시리즈 A 이상 투자를 받은 기업의 38%는 실제로 백채널을 통해 VC의 평판을 검증했다.

"이사회에서 1년 이상 함께 일한 포트폴리오 CEO 세 분 정도를 소개해 주실 수 있을까요? 사업이 순조로웠던 회사뿐 아니라, 어려움을 겪었던 회사의 창업자도 포함해 주시면 감사하겠습니다."

이 질문은 VC가 어려운 시기에 어떤 태도로 창업자와 관계를 유지했는지를 파악하기 위한 것이다. 만약 VC가 머뭇거리거나 성공 사례만 내세운다면, 그것은 주저할 이유가 된다.

백채널에서 던져야 할 질문들이 있다. 어려운 시기, 그들은 어떤 방식으로 도와주었나요. 약속한 지원을 실제로 이행했나요. 이사회에서의 조언은 실질적이었나요, 간섭에 가까웠나요. 파트너 개인의 성향은 어떤가요. 다시 창업한다면, 같은 VC에게 투자받겠습니까. 마지막 질문의 대답이 잠시 머뭇거린다면, 그 침묵이 바로 답이다.

○ 넉넉한 런웨이: 18~24개월 확보

"자금이 3개월 남았습니다. 빨리 투자받아야 합니다." 이것은 자살 행위다. 절박함은 협상력을 제로로 만든다.

계획한 목표 달성 기간보다 보수적으로 18개월에서 24개월 정도의 운영 자금을 확보하는 것이 좋다. 모든 것은 계획보다 오래 걸리기 때문이다. 제품 개발은 지연되고, 마케팅은 예상보다 비싸고, 채용은 예상보다 어렵다.

자금이 고갈될 때까지 기다렸다가 펀딩에 나서면 협상력이 매우 떨어진다. 여유가 있을 때 펀딩을 시작해야 "투자받지 못해도 괜찮다"는 여유로운 태도를 보일 수 있고, 그 태도가 역설적으로 투자를 끌어온다.

○ 밸류에이션의 함정: 욕심이 부메랑이 된다

"우리 회사의 밸류에이션은 200억 원입니다."
"근거가?"
"경쟁사 A가 150억에 투자받았으니까요."

이것은 근거가 아니다. 그리고 지나치게 높은 밸류에이션은 독이 된다.

지난 라운드의 밸류에이션이 지나치게 높으면 다음 펀딩에 어려움을 겪는다. 다음 라운드는 더 높은 밸류에이션이어야 하는데, 성과가 그것을 정당화하지 못하면 다운 라운드가 된다. 다운 라운드는 시장에 매우 나쁜 신호를 준다. "이 회사는 기대만큼 성장하지 못했다"는 메시지를 전달하기 때문이다.

적정한 밸류에이션은 예술이다. 너무 높지도, 너무 낮지도 않은 스위트 스팟을 찾아야 한다. 당장 높은 밸류에이션을 받는 것보다, 다음 라운드에서도 상향 조정될 수 있는 건강한 밸류에이션을 받는 것이 장기적으로 유리하다.

○ 1.5배 원칙: 여유분을 확보하라

"목표 금액 3억의 투자 약속받았습니다. 성공!" 아니다. 아직 성공이 아니다. 펀딩 목표 금액의 최소 1.5배에 해당하는 소프트 커밋먼트를 받을 때까지 새로운 VC를 만나는 노력을 멈추지 말아야 한다. 이것이 1.5배 원칙이다.

투자는 계약서에 사인하기 전까지는 확정이 아니기 때문이다. 막판에 투자가 무산되거나 금액이 줄어드는 상황은 생각보다 자주 일어난다.

"3억을 목표로 했는데 4.5억의 소프트 커밋먼트를 받았다"는 것은 여러 투자자 중에서 선택할 수 있는 위치에 있다는 뜻이다. 이때 진짜 협상력을 갖게 된다.

○ 현명한 창업자의 투자 철학

첫째, 투자 없이도 생존할 수 있는 비즈니스 모델을 먼저 구축하라. 가장 강력한 협상력은 '투자가 없어도 괜찮다'는 자세에서 나온다. 투자는 성장 가속화를 위한 선택지지, 생존을 위한 필수 조건이 아니어야 한다. 메일침프(Mailchimp)는 창업 후 17년 동안 투자받지 않고 성장했다. 그리고 2021년 120억 달러에 인수되었다.

둘째, 투자자를 파트너로 생각하되, 의존하지 말라. VC는 파트너다. 하지만 그들이 문제를 대신 풀어주지는 않는다. 그들은 조언하고, 소개하고, 문을 열어줄 수 있다. 하지만 실행은 창업자의 몫이다. 투자자의 조언을 존중하되, 맹신하지 마라. 그들도 틀린다. 최종 결정은 항상 창업자가 내려야 한다. 회사를 가장 잘 알고 있기 때문이다.

셋째, 투자 조건보다 투자자의 네트워크와 전문성을 고려하라. 5억을 받되 아무 도움도 못 받는 것과, 3억을 받되 엄청난 네트워크와 전문성을 얻는 것 중 무엇이 나은가. 상황에 따라 다르지만, 많은 경우 후자가 더 가치 있다. 특히 초기 단계에서는 스마트 머니(Smart money)가 중요하다. 돈만 주는 투자자보다, 조언과 연결을 제공하는 투자자를 선택하라.

넷째, 다음 라운드를 염두에 둔 장기적 관점으로 접근하라. 이번 라운드의 밸류에이션보다 다음 라운드의 가능성이 더 중요하다. 지나치게 높은 밸류에이션은 다음 라운드를 어렵게 만든다. 건강한 성장 스토리를 만들 수 있는 밸류에이션을 선택하라.

다섯째, 투자는 보상이 아니다. 투자 유치에 성공했다는 것은 시작점이지 목적지가 아니다. 투자는 노력에 대한 보상도, 지금까지의 성과에 대한 인정도 아니다. 투자는 미래에 대한 빚이다. 투자자들은 과거를 평가하고, 미래에 투자한다. 그들은 투자금의 수십 배, 수백 배의 수익을 기대한다. 투자받는 순간, 그 기대를 충족시켜야 할 책임을 지게 된다. 따라서 투자 유치를 축하할 수는 있지만, 안주해서는 안 된다. 진짜 게임은 투자받은 후부터 시작된다.

VC는 친구가 아니다. 하지만 적도 아니다. 그들은 비즈니스 파트너다. 서로의 이해관계가 일치할 때, 놀라운 시너지가 발생한다.

궁극적으로 VC는 '도와줘야 성공하는 팀'이 아니라, '혼자서도 성공할 수 있지만 VC의 도움으로 더 크게 성공할 팀'을 찾는다. 따라서 창업자는 자신의 능력과 비전을 명확히 보여주고, 회사 본연의 가치와 영리 추구라는 목표에 집중하며, 전략적인 펀딩과 투명한 소통으로 VC의 신뢰를 얻는 것이 중요하다.

정말로 위대한 회사를 만들고 있다면, 투자는 자연스럽게 따라온다. 투자를 쫓지 마라. 위대한 회사를 만들어라. 그러면 투자가 쫓아올 것이다. 이것이 게임의 진짜 룰이다.

VC의 본질을 이해했다. 투자는 파트너십이지 ATM기가 아니다. 그런데 이제 투자 조건을 2개 받았다. 하나는 밸류 200억, 하나는 밸류 150억이지만 더 좋은 투자자다. 어떻게 선택할까. 다음 장에서는 투자자를 선택하는 실전 Q&A를 다룬다. 돈만 보면 안 된다. 10년간 함께 갈 동반자를 선택해야 한다.

Chapter 22

투자자를 선택하는 실전 Q&A

투자 조건을 받으니 벌써 투자받은 것처럼 든든할 것이다. 하지만 게임은 이제 시작이다. 여러 VC가 투자하겠다고 할 때, 누구를 선택해야 하는가. 조건이 다르면 어떻게 판단하는가. 실전에서 마주치는 딜레마들을 하나씩 풀어보자.

같은 조건, 다른 투자자: 누구를 선택할 것인가?

"3개 VC가 똑같은 조건으로 투자하겠다고 합니다. 누구를 선택해야 하나요?" 행복한 고민이다. 하지만 이 선택이 향후 5년, 10년을 결정한다. 신중해야 한다.

1순위: 팔로우업 투자 능력

가장 먼저 볼 것은 이것이다. 다음 라운드에서도 이 VC가 투자할 수 있는가.

세 가지를 확인해야 한다. 첫째, 투자 단계다. 지금 시드를 받는다면, 이 VC는 시리즈 A도 하는가. 시드 전문 펀드라면, 다음 라운드에서는 빠질 가능성이 높다. 둘째, 팔로우업 정책이다. 이 VC는 포트폴리오 회사에 지속적으로 추가 투자하는 스타일인가. 아니면 처음 한 번만 투자하고 끝인가. 포트폴리오 회사들에 물어봐야 한다. 셋째, 펀드 규모다. 지금 10억을 투자한다면, 다음 라운드에서 50억을 투자할 여력이 있는가. 펀드 크기를 확인해야 한다.

왜 이것이 1순위인가. 기존 투자자가 팔로우업 하지 않으면 레드 플래그다. 새로운 투자자들은 이렇게 생각한다. "기존 투자자가 회사를 가장 잘 아는데, 그들이 추가 투자를 안 한다? 뭔가 문제가 있나?"

벤처업계에는 이런 말이 있다. "기존 투자자의 지갑이 닫히면, 다른 투자자의 지갑도 닫힌다."

반대로 기존 투자자가 적극적으로 팔로우업 하면 새로운 투자자들이 안심한다. "저 회사가 내부를 잘 아는데 더 투자한다는 건, 뭔가 확신이 있다는 거겠지."

2순위: 투자자의 평판과 스타일

돈은 똑같아 보이지만, 투자자는 다 다르다. 세 가지를 조사해야 한다.

첫째, 과거 포트폴리오 회사들의 평가다. 다른 창업자들은 이 VC를 어떻게 평가하는가. 링크드인으로 메시지를 보내라. "안녕하세요, X VC에서 투자 제안받았는데, 함께 일하는 게 어떤가요?" 대부분의 창업자는 솔직하게 답한다. 특히 이미 그 VC와 관계가 끝난 창업자들은 더 솔직하다.

둘째, 창업자 친화적인가다. 어려울 때 함께 고민해 주는 스타일인

가. 아니면 잘될 때만 챙기는 스타일인가. 한 창업자의 경험담이다. "우리가 피벗을 고민할 때, A VC는 '알아서 하세요'였고, B VC는 주말에 만나서 밤새 전략을 같이 짰습니다. 누가 진짜 파트너인가요?"

셋째, 의사결정 속도다. 빠른 의사결정이 가능한 구조인가. 어떤 VC는 내부 프로세스가 복잡해서 작은 결정도 한 달이 걸린다. 위기 상황에서 이것은 치명적이다.

🔅 3순위: 펀드의 성격과 만기

펀드에도 수명이 있다는 것을 잊지 말아야 한다.

첫째, 펀드 만기다. 언제 엑시트를 압박할 것인가. 이미 5년이 지난 펀드라면, 2~3년 안에 엑시트 압박을 받을 것이다. 반대로 갓 만들어진 펀드라면, 7~10년의 여유가 있다.

둘째, 펀드 성격이다. 전문 분야가 해당 업종과 맞는가. 헬스케어 전문 펀드가 핀테크 회사에 투자한다면 그들의 네트워크는 별로 도움이 안 될 것이다.

셋째, 포트폴리오 집중도다. 비슷한 회사를 너무 많이 투자했는가. 배달 플랫폼을 만드는데, 그 VC가 이미 다른 배달 플랫폼에 투자했다면 충돌 위험이 있다. 투자 금액도 분산되고, 관심도 분산된다.

🔅 4순위: 밸류애드와 네트워크

마지막으로 실질적인 도움을 볼 수 있는가다.

첫째, 업계 전문성이다. 해당 분야에 대한 이해도가 높은가. AI 회사인데 VC 파트너가 AI를 전혀 모른다면 피상적인 조언만 듣게 될 것이다. 둘째, 고객사 연결이다. 포트폴리오 회사나 LP를 통한 고객 소개 가능성이 있는가. B2B 회사라면 이것이 매우 중요하다. "우리 포트폴리오 회사 A가 당신의 제품을 써볼 수 있을 것 같은데?" 셋째, 인재 네트워크다. 필요한 인재 영입에 도움을 줄 수 있는가. "CTO를 찾고 있다고 했죠? 제가 아는 사람 중에…" 넷째, 글로벌 진출이다. 해외 진출 시 도움을 줄 수 있는 네트워크가 있는가. 미국 진출을 꿈꾸는데, 그 VC가 한국에만 네트워크가 있다면 한계가 있다.

어떻게 선택할 것인가

1순위부터 차례로 평가하라. 1순위에서 명확한 차이가 나면 결정하라. 비슷하면 2순위를 보라. 그래도 비슷하면 3순위를 보라. 하지만 마지막에는 직관도 중요하다. "이 사람과 10년을 함께할 수 있을까?" 이 질문에 확신이 서지 않으면, 조건이 좋아도 다시 생각해야 한다.

조건이 다를 때: 누구의 텀시트를 받아들일 것인가?

"A VC가 먼저 텀시트를 줬는데, B VC가 더 좋은 조건을 제시했습니다. 어떻게 해야 하나요?" 전형적인 딜레마다. 그리고 이 선택이 평판을 결정한다.

조건 차이가 작은 경우(밸류에이션 10~20% 이내)

VC간 조건이 크게 다르지 않다면 먼저 준 VC를 선택하라.

업계는 좁다. 오늘 뒤통수를 치면, 그 소문은 내일 모든 VC에게 퍼진다. "저 창업자는 신뢰할 수 없어. 조건 좋다고 약속을 깬 사람이야."

그렇게 되면 다음 라운드에서 고생할 것이다. VC들은 서로 다 안다. 그들은 단톡방에서 "이 회사 어때?"라고 물어본다. 누군가 "아, 그 대표? 저번에 우리 텀시트 받고 다른 데 갔어. 조심해"라고 말하면 끝이다. 10~20% 차이는 장기적으로 큰 의미가 없다. 오히려 신뢰를 잃는 것이 훨씬 큰 손해다.

나중에 더 좋은 조건을 준 VC에게는 이렇게 말하라. "정말 감사합니다. 하지만 이미 다른 투자자와 진행 중인 딜이 있습니다. 다음 라운드에서 꼭 함께하고 싶습니다."

이렇게 말하면 그 VC는 존중한다. "이 창업자는 약속을 지키는 사람이구나. 다음에 꼭 투자해야겠어."

조건 차이가 큰 경우(밸류에이션 30% 이상)

이때는 고민할 여지가 있다. 하지만 먼저 할 일이 있다. 먼저 텀시트를 준 VC에게 기회를 한 번 더 줘야 한다.

"대표님, 솔직하게 말씀드리겠습니다. 다른 투자자가 더 좋은 조건을 제시했습니다. 하지만 저는 대표님과 함께하고 싶습니다. 조건을 재검토할 수 있을까요?"

이렇게 말하면 세 가지 중 하나가 일어난다. 첫째, 그들이 조건을 개선한다. 문제 해결이다. 둘째, 그들이 거절한다. 그러면 당당히 다른 VC를 선택할 수 있다. 셋째, 그들이 "우리 조건이 공정하다"고 설득한다. 그러면 판단하면 된다.

중요한 것은 투명하게 소통하는 것이다. "다른 데서 더 좋은 조건 받았으니, 거기로 갈게요"라고 일방적으로 통보하는 것과, "함께하고 싶은데 조건 차이가 커서 고민입니다"라고 솔직하게 말하는 것은 완전히 다르다.

💡 절대 하지 말아야 할 것

첫째, 경매 유발이다. "A는 100억 밸류인데 B는 얼마 줄 거냐?"는 최악이다. VC들은 경매를 싫어한다. 그들은 서로 연락해서 "우리 둘 다 빠지자"고 할 수도 있다.

둘째, 거짓말이다. 없는 조건을 있다고 하거나 과장하는 것이다. "C VC가 150억 밸류를 제시했어요"(실제로는 100억). 이것은 치명적이다. VC들은 서로 확인한다. "C한테 물어봤는데 그런 적 없대?"

셋째, 무한 연기다. 더 좋은 조건을 찾겠다며 계속 딜레이하는 것이다. "죄송한데 한 달만 더 기다려 주세요. 다른 VC도 만나보고 싶어서요." 이것을 3번 반복하면 모든 VC가 떠난다. 딜 오픈 기간은 2~3주면 충분하다.

투자는 타이밍 게임이다. 너무 서두르면 손해고, 너무 늦으면 기회를 잃는다. 적절한 순간에 결정하는 것이 능력이다.

▍경쟁사에도 투자한 VC, 괜찮을까?

"이 VC가 우리 경쟁사에도 투자했다고 하는데, 괜찮을까요?"
위험하다. 매우 위험하다. 상황을 정확히 파악해야 한다.

직접적 경쟁사인 경우 절대 금지

같은 시장, 같은 고객층을 대상으로 하는 경우에는 절대로 받지 말아야 한다. 기밀 정보 유출 위험이 너무 크다. VC 파트너는 사람이다. 한쪽의 전략 회의에 참석하고, 숫자를 보고, 고민을 듣는다. 그리고 다음 날 경쟁사 이사회에 참석한다. 그는 정말로 입을 닫을 수 있을까.

"아, 그거? A 회사도 그 전략 고민하더라. 결국 안 했어. 이유는…"
이것이 의도적인 정보 유출인가. 아니다. 그냥 대화 중에 자연스럽게 나온다. 하지만 회사에는 치명적이다.

더 큰 문제는 그 다음에 온다. VC는 결국 두 회사 중 하나를 선택한다. 승자가 될 가능성이 더 높아 보이는 쪽에 리소스를 집중한다. 미팅, 인재 소개, 후속 투자까지. 선택받지 못한 회사는 자연스럽게 뒤로 밀린다.

한 창업자의 경험이다.
"우리 VC가 경쟁사에 우리보다 세 배 큰 금액을 투자했습니다. 그 순간 알았죠. 우리는 이미 졌다는 것을."
투자에서 밀렸다는 신호는 숫자로 드러난다. 그리고 그 숫자가 보이는 순간, 싸움은 더 이상 공정하지 않다.

같은 시장, 같은 투자자라면, 2등은 전략이 아니라 리스크가 된다.

🔅 간접적 경쟁사인 경우 신중하게 판단

시장이 다르거나 고객층이 다른 경우에는 조건부로 가능하다. 예를 들어, 우리는 B2B SaaS를 만들고 경쟁사는 B2C 모바일 앱을 만든다거나, 같은 문제를 푸는데 타겟이 다른 정도면 괜찮을 수 있다.

하지만 확인해야 할 것이 있다. VC의 정보 차단(Chinese Wall) 정책이다.

"두 회사의 정보를 어떻게 관리하시나요?" "이사회 미팅에 같은 파트너가 참석하나요?" "내부적으로 어떤 룰이 있나요?"

좋은 VC는 명확한 정책이 있다. "A 회사는 김 파트너가, B 회사는 이 파트너가 전담합니다. 절대 정보를 공유하지 않습니다." 나쁜 VC는 모호하게 대답한다. "음, 뭐, 우리끼리야 안 그러죠."

전자는 고려할 수 있다. 후자는 피해야 한다.

▌개인 투자자 vs 기관 투자자: 누가 더 나은가?

"엔젤 투자자가 투자하겠다고 하는데, VC랑 뭐가 다른가요?"

둘 다 장단점이 있다. 상황에 따라 선택해야 한다.

개인 투자자(Angel)의 장점

첫째, 빠른 의사결정이다. 복잡한 내부 절차가 없다. "좋아, 투자할게"라고 말하면 끝이다. VC는 투자위원회, 실사, 내부 승인 등으로 3개월이 걸린다. 엔젤은 3일이면 끝난다.

둘째, 개인적 관심이다. 창업자에게 더 집중적인 관심을 준다. VC 파트너는 20~30개 회사를 본다. 엔젤은 5~10개만 본다. 그에게 더 중요한 존재다.

셋째, 유연한 조선이다. 조긴 협상이 상대적으로 쉽다. "이 조항 좀 빼주실 수 있나요?" "그래, 괜찮아." VC는 내부 규정 때문에 어렵다.

개인 투자자(Angel)의 단점

첫째, 팔로우업 능력 부족이다. 다음 라운드에서 50억을 투자할 수 있는 엔젤은 거의 없다. 결국 새로운 투자자를 찾아야 한다.

둘째, 전문성 부족이다. 체계적인 밸류애드를 제공하기 어렵다. 좋은 엔젤도 있지만, 대부분은 조언의 질이 VC만 못하다.

셋째, 시그널링 효과 약함이다. "유명한 엔젤에게 투자받았어요"는 "유명한 VC에게 투자받았어요"만큼 강력하지 않다.

기관 투자자(VC)의 장점

첫째, 팔로우업 능력이다. 다음 라운드, 그다음 라운드까지 투자할 수 있다. 이것은 엄청난 안정성이다.

둘째, 전문성이다. 체계적인 밸류애드를 제공한다. 채용 지원, 고객 소개, 전략 자문 등이 포함된다.

셋째, 시그널링 효과다. 다른 투자자들에게 긍정적 신호를 준다. "A급 VC가 투자했다면 우리도 봐야겠어."

기관 투자자(VC)의 단점

첫째, 느린 의사결정이다. 투자심의위원회, 실사 등으로 시간이 오래 걸린다.

둘째, 덜 개인적인 관심이다. 포트폴리오가 많아서 쏟는 시간이 제한적이다.

셋째, 엄격한 조건이다. 표준화된 계약서를 사용하고, 협상 여지가 적다.

초기에는 엔젤의 빠른 결정과 유연성이 도움이 된다. 하지만 시리즈 A부터는 VC의 전문성과 팔로우업 능력이 필요하다.

실제 성공 사례를 보자. 우버는 초기에 여러 엔젤 투자자에게 투자받았다. 그중에는 구글 임원, 전 스타트업 창업자 등이 있었다. 하지만 시리즈 A부터는 VC가 리드했다. 이것이 전형적인 패턴이다.

리드 투자자(Lead Investor) 선정
: 누가 대장이 될 것인가?

"여러 투자자가 들어오는데, 리드는 누구로 해야 하나요?"

리드 투자자는 단순히 돈을 많이 내는 사람이 아니다. 그는 다음 몇 년간 회사의 공동 파트너가 된다.

🔆 리드 투자자가 해야 할 일

첫째, 실사(Due Diligence)의 주도다. 법무, 재무, 기술 검토를 리드한다. 다른 투자자들은 "리드가 실사 했으면 우리는 믿어"라고 한다. 리드의 실사 품질이 중요하다.

둘째, 텀시트 작성이다. 투자 조건을 설계한다. 다른 투자자들은 대부분 리드와 같은 조건으로 들어온다. 리드가 설정한 조건이 표준이 된다.

셋째, 다른 투자자 모집이다. 공동 투자자를 섭외한다. "우리가 리드하는데 같이 할래?" 리드의 네트워크가 중요하다.

넷째, 이사회 참여다. 주요 의사결정에 참여한다. 분기마다 전략을 논의하고, 어려울 때 조언한다.

🔆 리드 선정 기준

네 가지를 고려해야 한다.

첫째, 가장 큰 투자 금액을 제시한 VC다. 보통 리드는 라운드의 40~60%를 투자한다. 10억 라운드면 4~6억을 투자하는 VC가 리드다.

둘째, 해당 분야 전문성이 가장 높은 VC다. AI 회사라면 AI 전문 VC를 리드로 하는 것이 유리하다. 그들의 조언이 더 가치 있다.

셋째, 팔로우업 능력이 가장 확실한 VC다. 다음 라운드를 생각해야 한다. 리드가 시리즈 A, B, C까지 계속 투자할 수 있다면 그것이 가장 안정적이다.

넷째, 창업자와의 궁합이 가장 좋은 VC다. 이것은 직관적이다. "이 사람과 10년을 함께할 수 있을까?" 확신이 서는 사람을 리드로 해야 한다.

하지 말아야 할 것

리드를 두 명 두는 것은 최악이다. "A VC와 B VC가 공동 리드입니다."

책임이 분산된다. 문제가 생겼을 때 "그건 A가 담당이야" "아니, B가 담당이야"라고 서로 미룬다.

리더십은 하나여야 한다. 리드는 한 명이다. 나머지는 공동 투자자다.

예외는 있다. 글로벌 진출 시, 한국 VC와 미국 VC가 공동 리드를 하는 경우다. 이때는 역할이 명확하다. "한국은 A, 미국은 B." 이 정도면 괜찮다.

VC의 과도한 요구: 어디까지 받아들일 것인가?

"VC가 너무 많은 조건을 요구하는데, 다 들어줘야 하나요?"
절대 아니다. 협상이 필요하다. 하지만 단계마다 기준이 다르다.

프리시드/시드 단계

이 단계에서는 창업자의 자율성이 최우선이다.

수용 가능한 조건들이 있다. 정기 보고의 경우 분기 보고서는 합리적이다. 하지만 월간 보고는 부담스럽다. "분기로 할 수 있나요?"라고 협상해야 한다. 주요 의사결정 동의권의 경우 투자 금액의 50% 이상 지출, 인수합병 등 제한적 범위는 합리적이다. 우선매수권의 경우 창업자 지분 매각 시 우선권은 합리적이다.

경계해야 할 조건들도 있다. 이사회 참석권 요구의 경우 시드 단계에서는 일반적이지 않다. "옵저버 자격으로 참석하는 건 괜찮지만, 정식이사는 시리즈 A부터 고려하고 싶습니다"라고 말해야 한다. 일상 운영 개입의 경우 "마케팅 예산 쓰기 전에 우리 승인받으세요"는 너무 과하다. 거절해야 한다. 시드 단계에서 창업자 교체 권한을 요구하는 것은 매우 이례적이다. 이런 조건을 제시하는 VC라면 투자를 받는 것 자체를 재고해야 한다. 시드 투자의 본질은 "사람에 대한 베팅"이다. 처음부터 창업자를 교체할 권한을 요구한다면, 애초에 왜 투자하려는 것인지 의문을 가져야 한다.

🔅 시리즈 A 단계

회사가 커지면 거버넌스도 강화된다. 이것은 자연스럽다. 수용 가능한 조건들이 있다. 이사회 참석권의 경우 1석 정도는 합리적이다. 옵저버 자격으로 시작해서 정식 이사로 전환하는 것도 방법이다. 정기 보고의 경우 월간 보고서는 이제 필수다. 받아들여야 한다. 주요 의사결정 동의권의 경우 대규모 투자, 인수합병, 주요 임원 채용 등은 합리적이다. 우선매수권의 경우 창업자 및 주요 임직원 지분 매각 시 우선권은 당연하다.

경계해야 할 조건들도 있다. 과도한 이사회 장악의 경우 2석 이상 요구는 "전체 이사회가 5명인데 2석은 너무 많습니다. 1석으로 하죠"

라고 협상해야 한다. 창업자 교체 권한의 경우 "단순 성과 부진으로 CEO를 교체할 수 있다"는 여전히 위험하다. "중대한 배임이나 범죄 행위가 아니면 교체할 수 없다"는 조건을 추가해야 한다. 희석방지조항의 경우 가중평균 방식(Weighted Average)이 업계 표준이다. 풀 래칫(Full Ratchet)을 요구한다면 이는 매우 공격적인 조건이므로, "업계 표준인 가중평균 방식으로 진행하고 싶습니다"라고 명확히 말해야 한다.

시리즈 B+ 단계

이제 회사는 성숙 단계다. 더 강한 거버넌스가 필요하다.

수용 가능한 조건들이 있다. 이사회 참석권의 경우 1~2석(투자 규모에 따라)은 전체 펀딩의 30%를 투자했다면 2석도 합리적이다. 정기 보고의 경우 월간 보고서 + 분기 이사회는 이제 표준이다. 주요 의사결정 동의권의 경우 대규모 투자, 인수합병, C-level 채용, 주요 전략 변경 등은 회사가 크면 이런 체크가 필요하다. 우선매수권의 경우 모든 기존 주주 지분 매각 시 우선권은 당연하다.

경계해야 할 조건들도 있다. 과도한 이사회 장악의 경우 전체 이사회의 50% 이상 요구, 예를 들어 "이사회 7명 중 4명을 투자자가 임명한다"는 창업자의 경영권을 완전히 박탈하는 것이다. 절대 받아들이면 안 된다. 일상 운영 개입의 경우 "신규 직원 채용 시 우리 승인이 필요하다"와 같은 세부 운영 결정까지 개입하려는 것은 거부해야 한다. 과도한 희석방지조항(Anti-dilution)의 경우 "다운라운드가 되면 우리 지분을 무조건 보장한다"는 창업자와 다른 투자자들에게 모든 리스크를 떠넘기는 것이다.

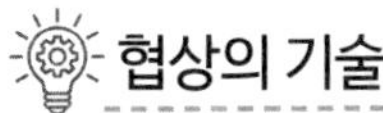

협상의 기술

모든 조건을 거절하면 투자가 무산된다. 모든 조건을 받아들이면 직원이 된다. 균형이 필요하다.

한 창업자의 전략이다. "저는 VC의 요구를 3개 카테고리로 나눕니다. 첫째, 합리적인 것(즉시 수용). 둘째, 협상 가능한 것(조건을 조정). 셋째, 절대 불가능한 것(단호히 거절)."

이렇게 하면 VC도 '이 창업자는 합리적이구나'라고 생각한다.

예를 들어보자. VC가 5개 조건을 요구한다. 분기 보고서(합리적 → 수용), 월간 보고서(협상 가능 → "분기로 하되, 중요한 이슈는 즉시 공유하겠습니다"), 이사회 1석(합리적 → 수용), 주요 의사결정 동의권(합리적 → 수용), 창업자 교체 권한(절대 불가 → "그것은 받아들일 수 없습니다"). 5개 중 3개를 받아들이고, 1개를 협상하고, 1개를 거부한다. 이것이 균형이다.

마지막 팁

초기 단계일수록 투자자의 개입보다는 자율성 확보가 중요하다. 아직 배우고 있는 단계다. 빠르게 실험하고, 실패하고, 피벗해야 한다. 매번 투자자 승인받아야 한다면 속도가 죽는다.

성장 단계로 갈수록 거버넌스 강화는 자연스러운 현상이다. 회사가 크면 리스크도 커진다. 점검 및 균형은 필요하다. 하지만 항상 창업자의 경영권 보호를 최우선으로 고려해야 한다.

"창업자가 경영권을 잃는 순간, 회사는 영혼을 잃는다."

투자받기 전 역실사(Due Diligence on VC)를 하라

"투자 계약서에 사인하기 직전입니다. 뭘 더 확인해야 하나요?"

VC는 창업자를 실사한다. 법무, 재무, 기술, 팀… 모든 것을 파헤친다. 그리고 창업자 또한 VC를 실사해야 한다.

포트폴리오 회사들에 레퍼런스 체크

가장 중요한 단계다. 실제로 이 VC와 일하는 창업자들에게 물어봐야 한다. 세 가지 질문을 해야 한다.

"이 VC와 일하는 게 어떤가요?"

대부분은 외교적으로 대답한다. "좋아요, 도움이 많이 됩니다." 이것은 별 의미가 없다. 구체적으로 파고들어야 한다. "구체적으로 어떤 도움을 받았나요?"

"어려울 때 도움이 됐나요?"

이것이 진짜 질문이다. 잘될 때는 누구나 챙긴다. 어려울 때 어떻게 하는지가 진짜 모습이다. "피벗을 고민할 때 어땠나요?" "매출이 떨어졌을 때 어땠나요?" "공동 창업자가 나갔을 때 어땠나요?" 좋은 VC는 구체적인 도움을 줬다는 이야기가 나온다. 나쁜 VC는 "연락이 뚝 끊겼어요"라는 이야기가 나온다.

"추가 투자를 잘해주나요?"

이것도 중요하다. 시드를 받았으면 시리즈 A도 받아야 한다. 이 VC가 팔로우업을 하는지 확인해야 한다. "다음 라운드에서도 투자받으셨나요?" "금액이 얼마나 됐나요?" "다른 투자자들 모집에 도움을 줬나요?"

어디서 레퍼런스를 찾는가. VC 홈페이지에 가면 포트폴리오가 나온다. 그중 2~3개 회사 창업자를 링크드인으로 찾아라. 메시지를 보내라. "안녕하세요, [VC 이름]에서 투자 제안을 받았습니다. 함께 일하는 게 어떤지 여쭤보고 싶습니다. 10분 정도 통화 가능할까요?" 80% 확률로 답장이 온다. 창업자들은 서로 돕는다. 그들도 과거에 이런 질문을 했었기 때문이다.

하나 더 덧붙이자면, 잘 안되고 있는 회사에 물어봐야 한다. 잘되고 있는 회사는 어떤 VC든 좋게 말한다. 고전하고 있는 회사에 물어봤을 때 진짜가 나온다.

VC의 펀드 상황 확인

두 번째로 확인할 것은 VC의 주머니 사정이다. 펀드 크기와 투자 여력을 확인해야 한다. "총 펀드 규모가 얼마인가요?" "지금까지 몇 개 회사에 투자했나요?" "한 회사당 평균 투자금액은?"

간단한 계산을 해보라. 펀드가 100억인데 이미 80억을 투자했다면 남은 돈이 20억이다. 다음 라운드에서 50억을 투자할 수 없다.

다른 투자사들과의 관계도 중요하다. "주로 어떤 VC들과 함께 투자하시나요?" 좋은 VC는 강력한 신디케이트 네트워크가 있다.

투자 의사 결정 과정 이해

"누가 최종 결정권자인가요?"

미팅하는 사람이 투자를 결정하는 사람인가. 아니면 그는 그냥 담당자이고, 최종 결정은 다른 사람이 하는가. 만약 후자라면 위험하다. 담당자가 "투자하고 싶어요"라고 해도, 투자위원회가 "안 돼"라고 하면 끝이다.

"투자위원회는 어떻게 구성되나요?"

몇 명이고, 어떤 배경을 가진 사람들인가. 의사결정 기준은 무엇인가. 좋은 VC는 투명하게 설명한다. 나쁜 VC는 애매하게 얼버무린다.

계약서 세부 사항 확인

마지막으로 계약서를 꼼꼼히 봐야 한다. 변호사를 고용하라. 몇백만 원 아끼려다 몇십억을 잃을 수 있다.

세 가지를 반드시 확인해야 한다.

첫째, 청산 우선권(Liquidation Preference)이다. 회사가 팔릴 때 누가 먼저 돈을 가져가는가. 1x가 표준이다. 2x, 3x는 창업자에게 매우 불리하다. 예를 들어보자. 회사를 100억에 팔았다. VC가 30억을 투자했고 2x 청산 우선권이 있다면 VC는 60억을 먼저 가져간다. 창업자는 40억을 남은 주주들과 나눈다. 지분이 50%였어도 20억밖에 못 받는다.

둘째, 희석 방지 조항(Anti-dilution)이다. 다운 라운드가 되면 어떻게 되는가. Weighted Average가 표준이다. Full Ratchet은 창업자에게 악몽이다.

셋째, 동반매각 관련 조항(Drag Along/Tag Along)이다. 이 조항은 "회사를 팔 때 누가, 어떤 조건으로 주도권을 갖느냐"를 결정한다. 창업자와 투자자 모두에게 보험과 같은 역할을 하지만, 세부 조건에 따라 독소 조항이 될 수도 있다.

동반매각청구권(Drag Along)은 "나 나갈 때 너도 같이 나가"라고 강제할 수 있는 권리다. 대주주나 특정 지분 이상을 가진 투자자가 제3자에게 회사를 매각할 때, 소수 주주(창업자 포함)의 지분까지 강제로 함께 팔도록 요구할 수 있나. 왜 필요한가. 인수자(Buyer)는 통상 경영권 확보를 위해 지분 100% 인수를 원한다. 이때 일부 소액 주주가 반대하여 딜(Deal)이 무산되는 것을 방지하기 위함이다. 하지만 주의해야 한다. 투자자가 이 권리를 행사하면 창업자는 원치 않는 시기에 회사를 팔고 경영권을 상실할 수 있다. 따라서 '일정한 수익률(예: IRR 15%) 이상일 때만 행사 가능'하거나 '이사회의 동의를 얻어야 함'과 같은 방어 조건을 협상해야 한다.

동반매각참여권(Tag Along)은 "너 나갈 때 나도 같이 끼워줘"라고 요구할 수 있는 권리다. 대주주나 경영진이 자신의 지분을 제3자에게 팔 때, 소수 주주가 "나도 같은 조건으로 내 주식을 팔겠다"라고 끼어들 수 있다. 왜 필요한가. 창업자가 지분을 팔고 회사를 떠나버리면 남겨진 투자자의 주식은 가치가 급락할 수 있다. 이를 방지하기 위해 투자자가 창업자와 동일한 프리미엄을 받고 함께 엑시트할 수 있도록 보호하는 장치다. 창업자 입장에서는 주의가 필요하다. 자신의 지분 일부만 현금화하고 싶어도, 투자자가 동반매각참여권을 행사하면 매수자가 사려는 전체 물량 중 투자자 몫을 내줘야 하므로 창업자가 가져가는 현금이 줄어들 수 있다.

투자 협상의 핵심: 이기려 하지 말고 함께 이겨라

"협상에서 가장 중요한 것이 뭔가요?" 이기는 것이 아니다. 함께 이기는 것이다. 이를 위한 핵심 원칙 3가지이다.

첫째, 장기적 관점으로 생각해야 한다. 지금 100억 밸류를 받는 것과 80억을 받는 것, 뭐가 더 나은가. 숫자만 보면 100억이다. 하지만 80억을 제시한 VC가 진짜 도움을 주고, 다음 라운드에서도 투자하고, 10년 후 유니콘으로 만들어 준다면 80억이 훨씬 낫다. 좋은 투자자는 회사 가치를 10배, 100배 키워줄 수 있다. 20% 더 높은 밸류에이션은 장기적으로 의미가 없다. 파트너의 질이 전부다.

둘째, 투명하고 정직하게 소통해야 한다. 많은 창업자가 실수한다. "투자받으려면 좋은 것만 보여줘야지." 그래서 문제를 숨긴다. 매출이 떨어졌는데 "순조롭습니다"라고 한다. 공동 창업자가 나갔는데 "팀이 단단합니다"라고 한다.

이것은 시한폭탄이다. 나중에 발각되면 신뢰가 무너진다. 투자가 무산되거나, 투자받았어도 관계가 나빠진다. 대신 이렇게 해야 한다. "솔직히 말씀드리면, 이번 분기 매출이 목표보다 20% 낮습니다. 이유는 A, B, C입니다. 저희는 이렇게 대응하고 있습니다."

VC의 반응은 이렇다. "이 창업자는 정직하구나. 문제 인식도 정확하고 대응책도 있어. 함께 일할 수 있겠어."

셋째, 상호 Win-Win을 추구해야 한다. 협상을 전쟁으로 보는 창업자들이 있다. "저들에게서 최대한 많이 뜯어내야 해." 이것은 잘못된 마인드다.

투자자와 창업자는 같은 배를 탄 사람들이다. 회사가 성공하면 둘 다 이긴다. 회사가 망하면 둘 다 진다. 과도하게 유리한 조건으로 투자자를 압박하면 당장은 이긴 것 같지만, 관계가 틀어진다. 투자자는 마지못해 투자하고, 최소한의 관심만 준다. 어려울 때 "계약서대로 하세요"라고 냉정하게 나온다.

반대로 투자자가 창업자를 과도하게 압박하면 창업자는 동기를 잃는다. "내가 왜 이렇게까지 하지?" 회사는 결국 망한다. 투자자도 손해다.

합리적인 균형점을 찾아야 한다. "당신도 만족하고 나도 만족하는 지점이 어디일까?" 이것을 찾는 것이 협상이다. 함께 이기는 게임을 해야 한다. "우리가 성공하면 당신도 성공합니다. 같이 잘 됩시다."

마무리: 투자자 선택의 철학

투자는 결혼과 같다. 조건보다는 사람이 더 중요하다. 좋은 투자자는 단순히 돈을 주는 사람이 아니라, 10년간 함께 어려움을 헤쳐 나갈 동반자다. 조건이 조금 좋다고 해서 신뢰할 수 없는 투자자를 선택하기보다는, 진정으로 회사의 성공을 바라고 도움을 줄 수 있는 투자자를 선택하는 것이 현명하다.

한 유니콘 창업자의 고백이다. "시드 라운드에서 A VC는 50억 밸류를 제시했고, B VC는 40억을 제시했습니다. 저는 B를 선택했습니다. B 파트너가 우리 업을 진짜 이해했고, 매주 연락하며 도와줬고, 다음 라운드에서도 리드했기 때문입니다. 지금 우리 회사는 1조 밸류입니다. A를 선택했다면 아마 중간에 망했을 겁니다."

기억해야 한다. 좋은 투자자와 함께라면 지금의 밸류에이션은 시작에 불과하다. 투자자를 잘 선택했다. 자금도 확보했다. 이제 진짜 게임이 시작된다.

그런데 면접장에서 핵심 개발자 후보가 묻는다. "연봉 4,000만 원에 스톡옵션 0.5%라고요? 네이버는 7,000만 원 주는데요."

이 한마디에 대답하지 못하면, 아무리 좋은 투자자를 만났어도 소용없다. 함께 싸울 팀을 만들 수 없기 때문이다.

다음 장에서는 스타트업만의 게임 규칙을 다룬다. 왜 제품 리더십 전략을 선택해야 하는지, 그리고 대기업과 경쟁할 수 없는 연봉 대신 무엇을 제안해야 하는지. 스톡옵션의 진짜 가치를 어떻게 설명해야 인재가 눈을 빛내는지 알아본다.

Chapter 23

스타트업의 전략과 보상

"연봉 4,000만 원에 스톡옵션 0.5% 드립니다."

"네이버는 7,000만 원 주는데요?"

"……"

이 침묵이 스타트업을 죽인다.

인재는 급여가 부족해서 오지 않는 게 아니다. 어떤 게임을 하고 있는지 모르기 때문에 오지 않는 것이다. 창업자조차 게임의 진면목을 모른다면 누가 목숨을 걸겠는가.

세 가지 게임의 룰:
당신은 어떤 게임을 선택할 것인가?

1990년대 후반, 마이클 트레이시와 프레드 위어시마는 '시장 리더의 전략'이라는 책에서 폭탄선언을 했다. "모든 것에서 최고가 되려고 하지 마라. 하나를 선택하고, 그것에서 압도적 1위가 돼라." 그들이 제시한 세 가지 게임은 다음과 같다.

🔅 게임 1: 제품 리더십(Product Leadership)

최고의 제품으로 승부한다. 가격은 중요하지 않다. 고객이 "와, 이거 미쳤다"라고 말하게 만드는 것이 목표다. 애플을 보라. 아이폰은 싸지 않다. 하지만 사람들은 줄을 서서 산다. 최고이기 때문이다. 테슬라도 마찬가지다. 비싸다. 하지만 그들은 전기차의 개념을 완전히 바꿨다.

이 게임의 핵심은 혁신이다. 끊임없이 새로운 것을 만들고, 시장을 놀라게 하고, 경쟁자들이 따라올 수 없는 속도로 진화한다.

🔅 게임 2: 운영 탁월성(Operational Excellence)

가장 싸고, 가장 빠르고, 가장 편리하게 제공한다. 품질은 준수하면 된다. 핵심은 효율이다. 월마트를 보라. 그들의 제품이 최고인가? 아니다. 하지만 가장 싸다. 아마존도 마찬가지다. 다음 날 배송, 무료 반품, 낮은 가격. 이것이 그들의 무기다.

이 게임의 핵심은 프로세스 최적화다. 비용을 1원이라도 더 줄이고, 배송을 1분이라도 더 빠르게 하고, 클릭을 1번이라도 더 줄인다.

🔅 게임 3: 고객 친밀성(Customer Intimacy)

고객을 완벽하게 이해하고, 그들이 원하는 것을 정확히 제공한다. 대중은 관심 없다. 우리 고객만 만족시킨다. 리츠칼튼 호텔을 보라. 작년에 머물렀을 때 어떤 베개를 썼는지 기억한다. 좋아하는 와인도 안다. 체크인하기 전에 이미 방은 고객 스타일로 세팅되어 있다.

이 게임의 핵심은 관계다. 고객을 데이터가 아니라 사람으로 대하고, 그들의 삶에 깊숙이 들어간다.

트레이시와 위어시마의 핵심 주장은 이것이다. "세 가지를 다 잘하려 하면 다 망한다." 자원은 제한적이기 때문이다. 최고의 제품을 만들면서 동시에 가장 싼 가격을 제공할 수 없다. 모든 고객에게 친밀한 서비스를 제공하면서 동시에 대규모 효율성을 추구할 수 없다.

하나를 선택하고, 그것에 모든 자원을 쏟아야 한다. 나머지 두 가지는 평균 이상이면 된다. 하지만 선택한 하나는 업계 최고여야 한다.

스타트업은 어떤 게임을 해야 하는가?

"우리는 초기 스타트업입니다. 어떤 전략을 선택해야 하나요?"

답은 거의 항상 같다. 제품 리더십이다. 스타트업이 제품 리더십을 선택해야 하는 이유는 다음과 같다.

※ 첫째, 기존 시장을 이길 방법이 없다.

새로운 커머스 플랫폼을 만든다고 치자. 쿠팡과 가격 경쟁을 하겠다는 것인가. 그들은 조 단위 자금이 있다. 스타트업은 고작 몇십억이다. 효율성 경쟁도 마찬가지다. 그들은 10년간 물류 시스템을 최적화했다. 스타트업은 이제 시작이다.

유일한 방법은 그들이 못 하는 것을 하는 것이다. 더 혁신적인 제품. 더 신선한 경험. 그들이 "어, 이건 우리도 못 만들었네"라고 말하게 만드는 것이다.

둘째, 혁신만이 투자자를 설득한다.

VC는 복권을 산다. 그들이 원하는 것은 1,000배 수익이다. 2배 수익에는 관심 없다.

"우리는 기존 서비스보다 10% 더 싸게 제공합니다." → VC의 반응: "그래서?"

"우리는 기존에 없던 완전히 새로운 방식으로 이 문제를 풉니다." → VC의 반응: "오, 흥미롭네. 더 들어봅시다."

셋째, 초기 고객은 얼리어답터다.

첫 100명 고객은 누구인가. 새로운 것을 좋아하는 사람들이다. 그들은 가격에 민감하지 않다. 그들은 불편함도 감수한다. 그들이 원하는 것은 단 하나. "이거 처음 봤어. 신기해."

가격으로 경쟁하면 그들은 관심 없다. 혁신으로 경쟁하면 그들은 열광한다. 하지만 영원히 제품 리더십만 하는 것은 아니다

스타트업도 성장 단계에 따라 전략이 바뀐다.

초기(PMF 찾기 전)에는 제품 리더십 100%다. MVP를 만들고, 시장 검증하고, 피벗하고, 다시 만들고. 이 단계에서 효율성은 신경 쓸 여유가 없다.

성장기(PMF 찾은 후)에는 제품 리더십 70% + 운영 탁월성 30%다. 제

품은 여전히 핵심이다. 하지만 이제 규모를 키워야 한다. 서버가 다운되면 안 된다. 고객 응대가 빨라야 한다. 배송이 제때 돼야 한다. 효율성이 중요해진다.

확장기(시장 리더가 된 후)에는 전략이 더 다양해진다. 어떤 회사는 여전히 제품 리더십(애플). 어떤 회사는 운영 탁월성으로 피벗(아마존). 어떤 회사는 고객 친밀성을 추가(넷플릭스의 추천 알고리즘). 하지만 이것은 나중 이야기다. 지금 초기 스타트업이라면 제품 리더십이다. 다른 것은 생각하지 말아야 한다.

초기 스타트업의 치명적 약점: 돈이 없다

토요일 오후 2시, 카페에서 개발자를 만난다.
"저희는 연봉 4,500만 원에 스톡옵션 1%를…"
그가 핸드폰을 본다. 카카오 면접 알림이 떠 있다.
"죄송한데요, 급한 전화가…"
그는 돌아오지 않을 것이다.

현실을 직시하자. 당신은 테크 공룡들과 인재 경쟁을 해야 한다. 네이버 신입 개발자 연봉은 7,000만 원이다. 스타트업의 제안은 4,000만 원이다. 카카오 사내 카페는 공짜 커피, 공짜 점심이다. 스타트업의 오피스는 인스턴트 커피, 각자 도시락이다. 카카오 스톡옵션은 상장 주식이고 행사하면 바로 매도할 수 있다. 스타트업의 스톡옵션은 90% 확률로 휴지 조각이다. 이 게임에서 어떻게 이기겠는가?

스타트업의 보상 전략: 미래를 판다

오늘 돈이 없다면, 미래를 팔아야 한다. 이것이 스타트업 보상의 핵심이다.

스타트업의 보상 방안은 현금 급여가 충분치 않은 현실에서 회사의 성장과 함께 임직원들이 큰 경제적 이익을 얻을 기회를 제공한다는 점에서 중요하다. 특히 회사가 잘 되면 팀원들도 높은 재력을 가질 수 있다는 기대감, 즉 회사의 성장에 따른 업사이드(Upside)를 바라는 팀원들의 환상을 충족시켜 주는 것이 핵심적인 보상책이 된다.

하지만 많은 스타트업 대표 및 공동 창업자들이 자신들이 가지고 있는 보상 방안을 제대로 파악하지 못하고 있으며, 팀원들 또한 스톡옵션 등 주식 보상 경험이 없다면 그 진정한 가치와 유용성을 알기 어려운 게 현실이다. 그래서 경영진이 신경 써서 주는 보상안을 구성원들이 제대로 가치를 인지하지 못해 가벼이 여기는 경우가 생기기도 한다.

주요 보상 방안의 종류: 스톡옵션과 RSU

스타트업에서 활용되는 주요 주식 기반 보상 방안은 스톡옵션(주식선택매수권, Stock Option)과 성과조건부 주식(RSU, Restricted Stock Unit)이 있다.

스톡옵션은 미래에 정해진 가격으로 주식을 살 수 있는 '권리'를 부여하는 것이고, RSU는 조건 충족 시 주식 자체를 무상으로 지급하는 방식이다.

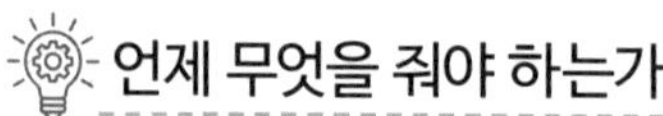

언제 무엇을 줘야 하는가

간단히 말하면 "회사가 돈이 없을 때는 스톡옵션, 돈이 생기면 RSU 고려해 보기"이다.

스타트업 초기에는 스톡옵션이 답이다. 회사에 돈이 없기 때문이다. 자기주식을 사려고 해도 살 돈이 없어서 RSU를 줄 수가 없다. 대신 스톡옵션은 "나중에 정해진 가격에 살 수 있는 권리"만 주는 거라 회사로서는 당장 현금이 나가지 않는다. 게다가 초기 스타트업은 주식 가격이 급성장할 가능성이 크니, 직원들도 높은 수익률을 기대할 수 있다.

회사가 좀 커지고 시리즈 B 정도 받으면 이제 회사에 여유 자금이 생긴다. 그러면 RSU로 전환하는 것은 좋은 선택지이다. 직원들 처지에서는 스톡옵션보다 RSU가 심리적으로 훨씬 매력적이기 때문이다.

스톡옵션의 경우 "내 주식으로 만들려면 권리 행사를 해야 하는데, 1억이 필요하네…"라는 부담이 있다. RSU의 경우 "조건만 충족하면 주식 자체를 받는 거야. 내 돈 현금이 안 들어가네"라는 장점이 있다.

스톡옵션과 RSU의 차이를 정리하면, 스톡옵션은 주식 매수 권리를 부여받은 임직원이 행사가를 지불해야 하며 신주 발행 방식으로 주식을 조달하고 주주총회 특별결의가 필수다. 주가 하락 시에는 행사를 포기할 수 있어 손실이 없다. RSU는 주식 자체를 부여하고 무상 지급이며 자기주식을 활용하고 이사회 결의만으로 가능하다. 주식 가치 하락 시에는 직접 영향을 받는다.

RSU도 부여받을 때 세금이 발생하고, 베스팅 조건을 충족해야 하지만, "내 돈으로 사야 한다"는 심리적 장벽이 없다는 점이 크다. 특히 행사가가 높아진 후기 단계에서는 이 차이가 결정적이다.

상장 준비할 때는 당연히 RSU다. 상장하면 바로 매각할 수 있으니, 직원들이 현금화 경로를 명확하게 볼 수 있다. 스톡옵션은 "행사 → 보유 → 매각"이라는 3단계를 거쳐야 하지만, RSU는 "부여 → 매각" 2단계로 끝난다.

정리하면 스타트업이 성장하면서 스톡옵션 → RSU로 자연스럽게 넘어가는 게 일반적인 패턴이다(한국에서는 이제 고려 시작). 회사의 재무 상태와 직원들의 심리적 수용도를 고려한 전략적 선택이다.

💡 스톡옵션: 가장 강력한 무기

스톡옵션은 마법이다. 당장은 종이쪽지이지만, 회사가 성공하면 로또가 된다. 스톡옵션을 좀 더 쉽게 설명하면, 미래에 회사 주식을 현재의 가격으로 살 수 있는 '예약권'이다.

예를 들어보자. 지금 회사 주식 한 주가 1만 원인 경우, "3년 후에도 1만 원에 주식을 살 수 있는 권리"를 받는 것이다. 만약 3년 후 회사가 크게 성장해서 주식이 10만 원이 되었다면 여전히 1만 원에 살 수 있으니 한 주당 9만 원의 이익을 얻게 된다.

핵심 포인트가 있다. 스톡옵션을 부여받은 상태인 현재는 주주가 아니다. 아직 주식을 실제로 소유한 게 아니라 '살 수 있는 권리'만 가진 상태다. 회사가 잘되면 나도 덩달아 좋아진다. 주식 가치가 오를수록 이익도 커진다. 손해 볼 일은 없다. 주식 가격이 떨어졌다면 그냥 권리를 포기하면 된다. 억지로 살 필요 없다.

현실적인 숫자로 보자. 초기 스타트업 핵심 개발자에게 주는 일반적인 스톡옵션은 0.5~2%다. 회사가 1조 원 밸류에 엑시트하면 0.5%면 50억, 2%면 200억이다(지분 희석은 고려치 않고 단순 계산). 이 개발자가 대기업에서 10년 일하면 연봉 1억씩 받아도 총 10억이다(세금 제외하면 더 적음).

스타트업에서 5년 일하고 50억이면 훨씬 낫다(여기에 스타트업의 급여는 제외한 것이다). 물론 확률이 문제다. 1조 엑시트 확률은 1%도 안 된다. 하지만 1%라도 도전할 가치를 느끼는 능력자들이 있다. 그들이 타겟이다.

[실무 가이드] 스톡옵션의 4단계 프로세스

스톡옵션을 실제로 행사하고 이익을 얻기까지는 네 단계를 거친다.

1단계: 부여(Grant)

스톡옵션은 회사 이사회 결의를 거쳐 주주총회 특별결의 승인을 통해 임직원에게 공식적으로 부여된다. 부여 일은 주주총회 결의 일이 되며, 베스팅 기간 계산은 입사일 기준으로 소급하여 적용할 수 있다.

스톡옵션을 부여받았다고 해서 바로 전부 내 것이 되는 건 아니다. 회사에 일정 기간 머물러야 비로소 '진짜 내 것'이 된다. 이렇게 시간이 지남에 따라 스톡옵션이 조금씩 내 권리로 확정되어 가는 과정을 베스팅이라고 한다.

예를 들어 1,000주를 4년 베스팅 조건으로 받았다면, 1년 차에 250주, 2년 차에 250주, 이런 식으로 매년 일정량씩 '내 것'으로 확정된다. 4년을 다 채워야 1,000주 전부가 내 것이 된다.

클리프(Cliff)는 베스팅이 시작되기 전, 최소한으로 근무해야 하는 의무 기간이다. 이 기간 내에 퇴사하면 부여된 스톡옵션을 한 주도 행사할 수 없다. 한국 상법상 스톡옵션은 최소 2년 이상 재직해야 행사할 수 있으며, 실리콘밸리에서는 보통 1년으로 설정된다.

베스팅 스케줄은 클리프 기간 이후에는 스톡옵션이 월별 또는 연도별로, 점진적으로 베스팅된다(예: 4년 베스팅에 2년 클리프 후 매월 균등 베스팅). 베스팅 기간이 끝난 스톡옵션은 직원이 온전히 행사할 권리를 가지게 되며, 퇴사 후에도 일정 기간 유지할 수 있다(계약에 따라 달라질 수 있음).

김개발 씨의 이야기를 보자. 그는 2024년 1월 1일에 입사하면서 스톡옵션 1,000주를 받았다. 행사가는 주당 5,000원. 베스팅 기간은 4년, 클리프는 2년에 매년 균등 베스팅이다.

2025년 12월, 그는 연봉을 2배 주겠다는 좋은 제안을 받았다. 하지만 그는 계산기를 꺼냈다. "지금 나가면? 스톡옵션 0주." "2개월만 더 버티면? 500주. 시가 기준 5,000만 원."

그는 2개월을 더 버티고 2026년 3월에 이직했다. 그리고 500주를 행사했다. 2028년, 회사가 상장하고 그의 500주는 5억이 되었다.

베스팅 스케줄 상세

시점	근무기간	베스팅 되는 주식 수	누적 베스팅 주식	비고
2024.01.01	입사	0주	0주	부여일
2025.12.31	2년	0주	0주	클리프 기간 중
2026.01.01	2년	500주(50%)	500주	클리프 완료!
2027.01.01	3년	250주(25%)	750주	
2028.01.01	4년	250주(25%)	1,000주	베스팅 완료

베스팅 스케줄 상세를 정리하면, 클리프는 처음으로 받을 수 있는 최소 대기 기간(한국 2년, 미국 1년)이고, 베스팅은 전체 스톡옵션을 받는 총 기간이며 클리프 이후에는 보통 월 단위로 베스팅이 진행된다.

3단계: 행사(Exercise)

베스팅된 스톡옵션은 해당 주식의 행사가를 회사에 지불하고 주식으로 전환할 수 있다. 스톡옵션만으로는 주주가 아니며, 행사를 해야만 주주가 된다.

주식으로 전환된 스톡옵션은 다음의 경우에 현금화할 수 있다. 회사 상장(IPO) 시 회사가 증권 시장에 상장된 후 매각할 수 있다. 회사 매각(M&A) 시 회사가 다른 회사에 매각될 때 보유한 주식도 함께 매각되어 현금화된다. 구주 매각(Secondary Round)을 통해 회사가 기존 주주들을 대상으로 구주 매각 라운드를 진행하거나, 개인 간 비상장 주식 거래를 통해 매각할 수 있다. 개인 간 거래는 매수자를 찾기 어렵고, 가격 협상이 존재하며, 회사의 명의개서 협조가 필요하므로, 회사가 주선하는 구주 매각 라운드를 활용하는 것이 훨씬 안전하고 효율적이다.

베스팅: 쉽게 주지 않는다

스톡옵션은 즉시 주지 않는다. 베스팅(Vesting) 조건을 붙인다. 일반적인 구조는 4년 베스팅, 2년 클리프(한국 상법 기준)다.

2년 안에 퇴사하면 스톡옵션은 0이다. 2년 근무 후 50%가 확정된다. 그 후 매년 25%씩 추가 확정된다. 4년 근무 완료 시 100%가 확정된다.

왜 이렇게 하는가. 첫째, 장기근속 유도다. 6개월 일하고 나갈 사람에게 스톡옵션을 줄 수 없다. 둘째, 기여도 연동이다. 4년간 회사 성장에 기여하면 공정하게 보상받는다. 셋째, 지분 희석 방지다. 초기 멤버가 2년 만에 나가면서 지분을 가져가면 나중에 들어온 핵심 인재에게 줄 지분이 없다.

유용성을 보면, 인재 유치 및 유지 측면에서 급여만으로 대기업과 경쟁하기 어려운 스타트업이 좋은 인재를 영입하고 장기적으로 회사에 기여하도록 동기를 부여하는 데 효과적이다. 성장 공유 측면에서 회사가 성장하면 직원들도 함께 이익을 나눌 수 있어, 소속감과 동기 부여를 강화하고 우수한 인재를 유출 없이 유지하는 데 도움이 된다.

주의할 점도 있다. 무효화 가능성 측면에서 스톡옵션은 법적으로 엄격한 조건과 절차(정관 근거 조항 명시, 주주총회 특별 결의 등)를 지켜야 유효하며, 이를 지키지 않으면 무효가 될 수 있다. 가치 하락 위험 측면에서 성장하는 스타트업에는 해당하지 않지만, 회사가 성장하지 못하거나 가치가 하락하여 시가가 행사가 이하로 떨어지면 스톡옵션은 사실상 가치가 0이 된다. 이 경우 행사를 하지 않는다.

세금 문제 측면에서 스톡옵션 행사를 통해 얻는 이익에는 세금이 발생한다. 다만 벤처기업의 스톡옵션은 조세특례제한법상 세제 혜택을 받을 수 있다. 벤처기업 임직원의 스톡옵션 행사 이익은 연간 5,000만 원까지 비과세(2024년 기준)이고, 5,000만 원 초과분에 대해서는 근로소득세가 부과된다(최고 45%). 단, 벤처기업 인증을 받지 않았거나 요건을 충족하지 못하면 일반 과세된다. 세금 이슈는 복잡하므로 반드시 세무 전문가와 상담하는 것이 중요하다.

비유동성 측면에서 상장 전 스타트업의 주식은 유동성이 낮아, 베스팅되고 행사하여 주식전환을 했더라도 원하는 시점에 쉽게 현금화하기 어려울 수 있다. 행사하는 것은 일정 비용이 발생하기 때문에 주식을 장기적으로 보유할 생각이 아니라면 회사와 상의하여 매각처를 미리 셋팅하는 것을 추천한다. 만기일 측면에서 스톡옵션은 만기일이 지나면 그 권리가 소멸하므로, 이 점을 고려하여 행사 시점을 전략적으로 결정해야 한다. 일반적으로 스톡옵션 부여 일로부터 5년 또는 10년의 만기일이 정해진다. 만기일이 다가올수록 행사 여부를 신중하게 판단해야 한다.

또한, 퇴사 후에는 스톡옵션 행사 기간은 통상 3개월로 크게 단축되므로 특히 주의해야 한다. 직장을 옮기거나 퇴직을 고려하는 경우, 베스팅된 스톡옵션의 행사 가능 여부와 기간을 반드시 확인해야 한다. 이를 놓치면 어렵게 얻은 스톡옵션 권리가 소멸될 수도 있다. 회사의 성장 추이, 개인의 재정 상황, 그리고 만기일 및 퇴사 시점을 종합적으로 고려하여 스톡옵션 행사 계획을 수립하는 것이 중요하다.

RSU: 성장 단계의 선택

RSU(Restricted Stock Unit, 성과조건부 주식)는 근속, 성과 등의 조건에 연동하여 회사가 자기 주식을 임직원에게 무상으로 지급하는 주식 연계형 보상 제도다. 스톡옵션처럼 주식을 살 수 있는 권리를 주는 것이 아니라, 조건 충족 시 주식 자체를 부여하는 방식이다.

스톡옵션과의 주요 차이점이 있다. 주식 자체 부여 측면에서 스톡옵션이 주식 매수 '권리'인 반면, RSU는 조건 달성 시 '주식 자체'를 부여한다. 이 때문에 임직원으로서는 행사가를 지급할 필요가 없어 선호된다. 주식 조달 방식 측면에서 RSU는 주로 회사가 보유한 자기 주식을 재원으로 사용하며, 스톡옵션은 주로 신주 발행 방식이다. 절차의 간소함 측면에서 자기 주식을 주는 방식이므로 신주 발행과 관련된 복잡한 절차(기존 주주 지분 희석 등)에서 상대적으로 자유로울 수 있다. 이사회 결의만으로도 진행할 수 있어 행정적으로 편리한 측면이 있다.

스타트업의 자기 주식 확보 방법으로 창업자/기존 주주로부터 매입이 있다. 비상장 기업의 경우 기존 주주들로부터 협의를 통해 매입한다. 예를 들어 공동창업자가 지분을 정리하고자 할 때 회사가 매수하여 확보한다.

한국 법제화 변화가 있었다. 기존에는 한국 상법상 회사가 자기 주식을 취득하려면 '배당가능이익'이 있어야만 가능하여, 이익이 없는 스타트업에 RSU 부여가 사실상 불가능했다. 그러나 2024년 7월 10일부터 개정된 벤처기업법에 따라 비상장 벤처기업은 자본 잠식 상태가 아니라면 배당가능이익이 없어도 자기 주식을 취득하여 RSU를 부여할 수 있게 되었다.

주의할 점이 있다. 대상 및 한도 측면에서 개정된 벤처기업법상 RSU는 임직원에 한해서만 부여할 수 있으며, 부여 한도에 제한은 없으나 실무상 스톡옵션과 유사하게 투자 계약서상 10% 내외로 제한될 가능성이 있다. 절차 측면에서 스톡옵션과 유사하게 정관에 근거 조항을 두고, 주주총회 특별결의를 거쳐 계약을 체결하고 중소벤처기업부에 신고해야 한다. 조건 불충족 시 회수 측면에서 RSU는 특정 조건을 달아 주식을 주는 것이므로, 조건을 달성하지 못하거나 기간 내 퇴사하면 주식을 회수당할 수 있다. 세금 측면에서 RSU 부여 시에도 증여세 등 세금 이슈가 발생할 수 있다.

💡 보상 믹스 전략: 낮은 연봉 + 높은 잠재 수익

초기 스타트업의 전형적인 제안은 이것이다. "연봉은 시장가 대비 70~80% 수준입니다. 대신 스톡옵션을 1% 드립니다."

이것은 정직한 제안이다. 거짓말하지 않는다. "지금 당장은 적게 드립니다. 하지만 우리가 성공하면 당신은 부자가 됩니다."

어떤 사람이 이것을 받아들이는가. 위험을 감수할 수 있는 사람이다. 젊고 독신이라 생활비가 적게 드는 사람, 배우자가 안정적인 직장에 다니는 사람, 이미 돈을 좀 모아둔 사람, 부모의 지원을 받을 수 있는 사람이 해당된다.

아울러 성장 욕구가 강한 사람이다. 대기업에서 톱니바퀴로 일하는 게 답답한 사람, 5년 후 자신의 시장 가치를 극대화하고 싶은 사람, 새로운 것을 배우고 싶어 하는 사람이 해당된다.

또한 회사의 비전에 공감하는 사람이다. "이 서비스가 세상을 바꿀 수 있다"라고 믿는 사람, 창업자의 미션에 진심으로 동의하는 사람, 돈보다 의미를 중요하게 생각하는 사람이 해당된다.

이런 사람들이 함께할 미래의 팀원이다. 모든 사람을 설득할 필요는 없다. 이런 사람 10명만 있으면 된다.

💡 비금전적 보상: 돈으로 살 수 없는 것들

스타트업은 돈은 없지만, 대기업이 줄 수 없는 것을 줄 수 있다.

자율성이 있다. "이 기능 어떻게 만들까요?" → 대기업: "기획서대로 만들어" / 스타트업: "네가 판단해".

"이 기술 써보고 싶은데요" → 대기업: "검증된 기술만 써" / 스타트업: "해봐. 실패하면 다시 하면 돼".

"이 방향이 맞나요?" → 대기업: "위에서 결정해 줄 거야" / 스타트업: "네가 결정해".

초기 스타트업에서 주니어 개발자도 아키텍처 결정에 참여한다. 이것은 대기업에서 10년 차가 해도 못 하는 일이다.

빠른 성장이 있다. 대기업에서 5년 일하면 한 가지를 정말 잘하게 되지만, 스타트업에서는 2년만 일해도 열 가지를 대충 할 수 있게 된다. 무엇이 더 나은가는 상황에 따라 다르다. 하지만 커리어 초반에는 후자가 유리할 때가 많다. 실제 사례로 한 개발자가 스타트업 3년간 프론트엔드, 백엔드, 인프라, PM 업무를 모두 경험했다. 이직할 때 연봉이 2배로 뛰었다. 풀스택 경험이 귀하기 때문이다.

창업자와의 직접 소통이 있다. 대기업에서 CEO를 만나려면 몇 년 걸린다. 스타트업에서는 매일 본다. 점심도 같이 먹는다. 전략 회의에도 참석한다. 이것은 MBA보다 귀한 경험이다. 회사가 어떻게 돌아가는지, 의사결정이 어떻게 이뤄지는지, 비즈니스가 무엇인지 배운다.

유연한 근무 환경이 있다. 재택근무 측면에서 스타트업은 '성과만 내면 매일 재택 가능'이다. 출퇴근 시간 측면에서 대기업은 '9시 출근 칼같이', 스타트업은 '밤샘 작업했으면 낮에 쉬어'다. 복장 측면에서 대기업은 '비즈니스 캐주얼', 스타트업은 '편한 옷 입어'다. 이것은 작은 것 같지만, 삶의 질에 큰 영향을 준다.

의미와 임팩트가 있다. 대기업에서는 거대한 시스템의 작은 부품이다. 만든 기능이 실제로 쓰이는지도 모른다. 스타트업에서 만든 기능은 바로 다음 주에 론칭된다. 고객 반응을 바로 본다. 그것이 회사 매출에 직접 영향을 준다. "내가 만든 이 기능으로 이번 달 매출이 20% 올랐다." 이것을 경험하면 중독된다.

직군별 보상 전략: 모두에게 같은 방식은 통하지 않는다

2019년, 한 스타트업의 3번째 직원이 있었다. 그는 스톡옵션 5%를 받았다. "이거 뭐예요? 그냥 종이 쪼가리잖아요?" 그는 계약서에 사인했다. 연봉 3,500만 원. 네이버 동기들은 6,000만 원을 받았다. 2024년, 그 종이는 300억이 되었다.

핵심 개발자에게는 0.5~2%가 아니라, 때로는 5% 이상도 준다. 모든 직군에 똑같은 보상을 줄 수는 없다. 역할이 다르면 보상도 달라야 한다.

핵심 개발자

제품 리더십의 심장이다. 이들 없이는 혁신이 없다.

보상 전략은 다음과 같다. 높은 지분, 즉 0.5~2% 정도(일반 직원의 5~10배)를 제공하며, 때로는 5%까지도 고려한다. 최고의 자율성을 부여하여 '뭘 만들지 네가 결정해'라는 수준의 권한을 주고, 최고의 개발 환경으로 맥북 프로, 듀얼 모니터, 고급 의자 등을 지원한다. 또한 원하는 기술 콘퍼런스에 적극적으로 보내주는 등의 지원을 아끼지 않는다. 이들의 이탈은 회사의 죽음이기 때문이다.

어떤 스타트업은 창업자 다음으로 핵심 개발자에게 가장 많은 지분을 줬다. 5%였다. 그 개발자는 3년간 혼자서 핵심 시스템을 만들었고, 회사는 성공했다. 그 개발자는 20대에 수백억을 벌었다. 그 회사는 지금도 업계에서 "개발자를 가장 잘 대우하는 회사"로 유명하다.

영업/마케팅

초기에는 역할이 애매하다. 제품이 불안정하고, 시장이 불확실하고, 매출도 없다.

보상 전략은 중간 수준의 지분, 즉 0.1~0.5% 정도를 제공하며 여기에 매출이나 고객 확보와 같은 성과 인센티브로 보너스를 지급한다. 다만 초기 단계에서는 성과를 측정할 수 있는 지표 자체가 불명확하므로, 스톡옵션 비중이 여전히 높게 유지된다. 이는 제품이 PMF를 찾기 전까지 영업과 마케팅도 역시 실험의 성격을 띠기 때문이다.

운영/지원

필요하지만, 초기에는 우선순위가 낮다.

보상 전략은 낮은 지분, 즉 0.05~0.2% 정도를 제공하고 시장가에 가까운 연봉을 지급한다. 또한 "우리는 작지만, 안정적으로 운영되고 있다"라는 식으로 안정성을 강조한다.

실무에서 알아야 할 것들

한국 vs 미국: 제도의 차이점

"왜 실리콘밸리 개발자들은 스톡옵션에 환장하는가?" 여러 이유가 있지만 무엇보다도 행사가가 가장 최근 투자 라운드의 투자단가의 약 10%이기 때문이다. 이에 반해, 한국은 70~100%다. 같은 스톡옵션이 아니다. 완전히 다른 게임이다. 스톡옵션 제도는 미국 실리콘밸리에서 활발히 사용되는 만큼, 한국과 제도 및 실무 관행에 차이가 있다.

○ 스톡옵션 부여 승인 절차

"미국은 '스톡옵션 풀'을 한 번 설정하면 이사회 재량으로 개별 부여가 가능하지만, 한국은 개별 부여마다 주주총회 특별결의를 거쳐야 한다."

미국의 경우 사전에 전체 주주 동의를 통해 스톡옵션 풀(Stock Option Pool)을 설정하고(총발행 주식의 10~15% 수준), 그 범위 내에서 개별 임직원에게 스톡옵션을 부여하는 것은 이사회 승인만으로 가능하다. 매번 주주 동의를 받을 필요가 없어 절차가 간편하다.

한국의 경우 스톡옵션 풀 설정 외에도, 개별 스톡옵션 부여 건건이 주주총회 특별결의를 통해 주주들의 동의를 받아야 한다. 이 때문에 주주들과의 지속적인 소통과 합의가 중요하다.

○ 스톡옵션 행사가격 결정

여기서 가장 큰 차이가 난다.

미국의 경우 회계법인을 통한 제3자 가치평가(409A valuation)를 거쳐 보통주 가치를 산정한다. 초기 스타트업의 경우, 투자자가 투자한 우선주 가격보다 훨씬 낮은 가격(투자 단가의 10~50% 이하)으로 행사가가 책정되는 경우가 많다. 이는 보통주가 우선주보다 리스크가 크다는 점을 반영한다.

한국의 경우 명확한 법적 기준은 없으나, 다수의 한국 VC는 스톡옵션 행사가를 가장 최근 투자 유치 시의 우선주 투자 단가와 동일하게 하거나, 그보다 소폭 낮은 수준(예: 70~80%)으로 설정하는 것을 선호하는 경향이 있다. 이는 두 가지 우려 때문이다. 첫째, 투자자와 임직원 간의 형평성 문제다. 투자자는 1만 원에 주식을 샀는데, 임직원이 3천 원에 취득하는 것은 불공정하다고 느낀다. 둘째, 조기 이탈 리스크다. 행사가가 낮으면 임직원이 구주 시장에서 주식을 매각해 차익을 실현하고 회사를 떠날 유인이 커진다.

실제 사례로 보면, 시리즈 A 투자 단가가 주당 10,000원인 회사가 있다. 미국식으로 직원 스톡옵션 행사가 1,000원(10%)인 경우, 주당 단가가 10만 원이 되면 직원은 99배 수익을 얻는다. 한국식으로 직원 스톡옵션 행사가 10,000원(100%)인 경우, 주당 단가가 10만 원이 되면 직원은 10배 수익을 얻는다. 10배 차이다. 이것이 한국 스타트업이 인재 채용에서 실리콘밸리와 경쟁할 수 없는 구조적 이유 중 하나다.

○ 베스팅 클리프 기간

미국의 경우 통상적인 클리프는 1년이다. 한국의 경우 상법상 최소 2년 이상 재직해야 스톡옵션 행사가 가능하며, 스타트업에서는 보통 2~3년으로 설정하는 경우가 많다.

○ RSU 도입 및 자기주식 취득

미국의 경우 RSU가 널리 활용된다. 한국의 경우 2024년 7월 10일 전까지는 자기주식 취득 요건(배당가능이익)이 까다로워 대부분의 스타트업은 RSU 부여가 어려웠으나, 개정 벤처기업법 시행으로 비상장 벤처기업은 자본 잠식만 아니면 RSU를 위한 자기주식 취득이 가능해졌다.

○외부 전문가 대상 스톡옵션 부여

미국의 경우 특정 직업군 제한 없이 스톡옵션을 부여할 수 있다. 한국의 경우 과거에는 변호사, 의사, 교수 등 특정 전문직에 한해 외부 전문가에게 스톡옵션 부여가 가능했다. 최근 개정된 '벤처기업육성에 관한 특별조치법'에 따라 외부 전문가의 범위가 확장되었지만, 이들에게 부여할 수 있는 한노는 총 발행 주식의 10%로 제한된다(참고: 벤처기업의 전체 스톡옵션 부여 한도는 발행주식총수의 50% 이내이고, 외부 전문가 대상은 10% 이내다). 또한, 액면가로 스톡옵션을 부여하는 특례는 적용되지 않는다.

초기 직원 vs 후기 합류 팀원

회사의 성장 단계에 따라 임직원에게 부여되는 보상 규모와 형태는 달라진다.

초기 합류 팀원(창업자 및 초기 핵심 인력)의 경우 회사의 가치가 낮고 리스크가 가장 높은 시점에 합류하므로, 더 많은 주식 수를 낮은 행사가로 부여받는 경향이 있다. 이는 회사의 성공 시 잠재적인 수익률이 가장 높다는 의미이며, 실제로 100배 이상의 수익을 올리는 경우가 종종 있다. 초기 멤버에게 스톡옵션을 너무 많이 부여하여 스톡옵션 풀(Pool)이 소진되지 않도록 주의해야 한다. 나중에 필요한 핵심 인재 영입에 어려움을 겪을 수 있기 때문이다.

후기 합류 팀원의 경우 회사의 가치가 성장하여 리스크가 상대적으로 낮아진 시점에 합류하므로, 초기 팀원보다 적은 주식 수를 더 높은 행사가로 부여받게 된다. 일반적으로 지분 보상보다는 연봉 비중이 높아지는 경향이 있다. 동일 직급이라도 회사의 성장 단계(시드, 시리즈 A, 시리즈 B 등)가 높아질수록 부여되는 스톡옵션 주식 수는 적어진다. 이유는 회사의 가치가 높아졌기 때문이다.

▌현실적인 조언: 거짓말하지 말라

2022년, 한 스타트업 대표가 채용 면접에서 말했다.
"우리는 1년 후 IPO 준비합니다!"
2023년, 그 회사는 시리즈 B도 못 받았다. 핵심 개발자 3명이 동시에 사표를 냈다.

"대표님이 거짓말쟁이더라고요. 다른 곳 추천해 주세요."

그 회사는 6개월 후 문을 닫았다.

많은 스타트업이 인재 채용에서 실수한다. 과장하고, 포장하고, 거짓말한다.

"우리는 곧 유니콘이 될 거예요!"(근거 없음), "1년 후 상장 준비합니다!"(투자도 안 받았는데), "스톡옵션은 로또 당첨과 같습니다!"(90% 확률로 휴지 조각인데)

이것은 단기적으로는 효과가 있을 수 있다. 하지만 장기적으로는 재앙이다. 차라리 정직하게 나와야 한다.

"솔직히 우리는 작은 스타트업입니다. 망할 확률이 성공할 확률보다 높습니다. 연봉도 시장가보다 낮습니다. 하지만 우리가 성공하면 당신은 경제적 자유를 얻을 것이고, 실패해도 이 경험은 당신의 커리어를 10년 앞당길 것입니다."

이렇게 말하면 어떻게 되는가.

첫째, 진짜로 믿는 사람만 온다. 이들이 원하는 사람들이다. 둘째, 나중에 어려울 때 서로 원망하지 않는다. "처음부터 말했잖아. 힘들 거라고." 셋째, 신뢰가 쌓인다. "이 대표는 거짓말을 안 하는 사람이구나."

어떤 스타트업 대표는 면접 마지막에 항상 이렇게 말한다.

"저는 당신에게 세 가지를 약속합니다. 첫째, 높은 연봉은 못 드립니다. 둘째, 망할 확률이 높습니다. 셋째, 하지만 이곳에서의 2년은 대기업 5년보다 당신을 성장시킬 것입니다."

10명 중 9명은 거절한다. 하지만 남은 1명은 회사와 함께 5년을 버텼다. 회사는 시리즈 C를 받았다. 그의 스톡옵션은 30억이 되었다. 그리고 그는 지금도 그 회사에 있다.

▌결론: 보상은 파트너십이다

초기 스타트업의 보상은 단순한 '임금'이 아니다. 그것은 '파트너십'이다.

"나는 당신에게 지금 당장 많은 돈을 줄 수 없습니다. 하지만 나는 당신을 공동 창업자처럼 대할 것입니다. 당신의 의견을 존중할 것이고, 당신에게 자율성을 줄 것이고, 회사가 성공하면 그 과실을 나눌 것입니다."

이것을 받아들이는 사람들이 온다. 그들과 함께 제품 리더십 전략을 실행한다. 시장을 놀라게 할 혁신적인 제품을 만든다.
그리고 5년 후 창업자도, 그들도, 함께 성공한다.
이것이 스타트업의 게임이다.

창업천재의 회사 설립
: 팀 빌딩부터 주주계약서까지

언제 회사를 세워야 할까?

많은 예비 창업자들이 이 질문 앞에서 망설인다. "지금 당장 법인을 세워야 할까, 아니면 좀 더 기다려야 할까?"

이론적으로는 여러 순서가 가능하다. 팀을 먼저 꾸리고 아이디어를 다듬은 뒤 법인을 설립할 수도 있고, 법인을 먼저 세운 뒤 팀을 빌딩하고 본격적인 비즈니스 모델을 찾아갈 수도 있다. 각각의 방식에는 나름의 장단점이 있다.

그런데 솔직히 말하자면, 나는 이 중 어느 쪽도 추천하지 않는다.

내가 가장 강력하게 권하는 방법은 따로 있다. 바로 시장에서 B2C 영역이라면, 제품시장적합성(Product–Market Fit, PMF)을 먼저 확인하고, 투자 유치와 함께 법인을 설립하는 것이다.

"그게 가능하기나 한가요?"라고 물을 수 있다. 가능하다. 아니, 가능할 뿐만 아니라 이것이야말로 가장 현명한 순서다.

이유는 크게 세 가지다.

첫째, 제품시장적합성(PMF)이 없으면 투자를 받을 수 없다. 투자자들이 가장 먼저 보는 것은 "이 제품이 시장에서 통하는가?"이다. 아무리 팀이 훌륭하고 아이디어가 참신해도, 실제 고객이 돈을 내고 쓰는지, 시장이 반응하는지 증명하지 못하면 투자 유치는 사실상 불가능하다. 반대로 PMF를 확인했다면 "우리 제품은 이미 시장에서 검증되었습니다"라고 말할 수 있다. 투자자들이 원하는 가장 확실한 증거를 제시하는 셈이다.

둘째, 투자와 함께 법인을 설립하면 모든 것이 한 번에 정리된다. 투자자들이 돈을 넣으려면 기본적으로 법인이 필요하다. 개인에게는 투자할 수 없기 때문이다. 투자자들은 단순히 "법인만 있으면 된다"고 생각하지 않는다. 그들이 진짜 신경 쓰는 건 법인의 투명하고 안정적인 구조다. 정관은 제대로 작성되었는지, 주주 간 권리관계는 명확한지, 향후 추가 투자 시 문제가 생길 소지는 없는지. 이런 것들이 엉망이면 아무리 좋은 아이디어라도 투자받기 어렵다. 투자금이 들어오는 시점에 법인을 설립하면 처음부터 투자자가 연결해 주는 법무법인이나 회계법인의 전문가들이 정관과 주주계약서를 최적화해 준다. 투자 집행에 필요한 운영 자금도 확보되고, 나중에 법인 구조를 고치느라 시간과 돈을 쓸 필요도 없다.

셋째, PMF 검증 전에 법인을 세우면 돈만 낭비한다. 법인을 세우는 순간부터 급여 지급, 4대 보험, 세무 신고 같은 고정 비용과 행정 업무가 매달 발생한다. "일단 회사부터 만들고 보자"는 식으로 접근했다가, 아이디어가 시장에서 먹히지 않으면 어떻게 될까. 검증되지 않은 사업에 매달 수십만~수백만 원씩 고정 비용이 나가는 상황이다. 반대로 PMF를 먼저 확인하면 "이 비즈니스 모델은 통한다"는 확신을 갖고 법인을 설립하니, 모든 지출이 의미 있는 투자가 된다.

정리하면, PMF를 먼저 확인하고, 투자 유치 과정에서 법인을 설립하는 것이 베스트이다. 투자 계약과 법인 설립을 동시에 진행하면, 투자금을 통해 충분한 자본금을 확보하고 처음부터 깔끔한 지배구조를 만들 수 있다. 이것이 재정적 효율성, 사업 안정성, 미래 성장 기반을 한 번에 잡는 가장 스마트한 방법이다.

법인 설립은 왜 중요한가

법인 설립을 단순한 서류 작업으로 생각하면 큰 오산이다. 법인을 세운다는 것은 개인 자산과 사업 자금을 분리하고, 외부 투자를 받을 수 있는 그릇을 만들고, 정부 지원 사업에 정식으로 신청할 수 있는 스타트업으로서의 첫발을 내딛는 것이다.

특히 주식회사 형태는 주식 발행을 통한 자본 조달이 용이해, 빠른 성장을 목표로 하는 스타트업에게는 필수다. 투자자 입장에서도 주식회사가 아니면 투자 자체가 불가능하거나 매우 복잡해진다.

결국 법인 설립은 '언제 할 것인가'가 아니라 '어떻게 제대로 할 것인가'의 문제다.

▌아이디어를 가진 1인 vs 팀, 무엇이 매력적일까?

내 조언은 명확하다. 아이디어를 가진 1인에게 공동 창업을 함께 할 동료를 1~3명 더 찾으라고 권한다. 스타트업을 하고자 한다면 아이디어보다 먼저 문제를 해결할 수 있는 강력한 팀 셋업을 우선시해야 한다.

이유는 간단하다. 회사 설립 이후, 누가 뭐래도 가장 열심히 일하는 사람은 창업자들이다. 이는 회사에 대한 강력한 오너십 때문인데, 처음부터 함께 창업하여 회사의 주인이 되었다는 소속감과 책임감이 중요하게 작용한다.

여러 연구와 실제 사례들이 이를 뒷받침한다. 공동 창업자가 있는 스타트업은 단독 창업자가 이끄는 스타트업보다 성공할 가능성이 3배 더 높다. 처음 창업하는 사람의 성공 확률은 18%다. 실패를 경험한 창업자들은 20%로 약간 더 나은 성적을 거둔다. 성공적인 EXIT을 경험한 기업가의 성공률은 30%에 달한다.

통계적으로 2명의 창업자가 있을 때 30% 더 많은 투자를 유치하고, 3배 더 빠른 고객 성장률을 보인다는 데이터도 있다. 이는 혼자보다 둘이 더 많은 역량을 결합하고 시너지를 낼 수 있음을 보여준다.

벤처캐피털리스트의 56%가 팀 역동성을 최고 성공 요인으로 꼽을 만큼, 팀의 구성과 역량, 그리고 팀워크를 매우 중요하게 평가한다. 투자자들은 대표의 인재 세일즈 능력도 본다.

가능하면 오너십을 갖는 창업자들이 많을수록 좋지만, 적정 인원은 2~4명을 추천한다. 너무 많으면 의사결정이 복잡해지고, 너무 적으면 역량의 한계에 부딪힐 수 있다.

루닛, 6명이 함께 만든 유니콘

AI 기반 암 진단 기업 루닛은 2013년, KAIST 출신 6명이 공동으로 창업한 사례다. 이들은 모두 전자공학, 생명과학 등 다양한 전공의 카이스트 동기였으며, 창업 초기부터 긴밀하게 협력하며 회사를 만들었다. 처음에는 이미지 시뮬레이션 기반 의류 사업으로 출발했다. 하지만 인공지능 기술의 파급력에 주목해 사업 방향을 의료 인공지능, 특히 암 진단 분야로 전환하며 오늘날의 루닛으로 성장하게 되었다.

6명의 공동창업자는 초기 지분을 균등하게 나누고, 대표에게만 추가 지분이 부여되는 형태로 구성했다. "지분을 N분의 1로 나누고 대표만 N분의 2를 가지는 방식"이었다. 다수의 인원이 동등한 책임과 오너십을 갖고 시작함으로써 팀워크와 장기적 동기 부여를 도모한 구조였다.

공동창업자가 많은 경우의 장점

먼저 전문성과 역량의 다양성이다. 창업 멤버들이 각기 다른 전공과 기술을 가져와 복합적이고 난이도 높은 의료 AI 사업에 필요한 기술을 폭넓게 확보했다. 실제 루닛의 공동창업자들은 향후 각자 다른 대학원으로 진학하거나 직무를 분담하며 기술 및 네트워크를 넓히는 전략을 구사했다.

여러 명이 각자 강점을 살려 문제를 논의하고 해결하는 과정에서 폭넓은 아이디어와 신속한 실행력이 확보될 수 있었다. 의류 사업 등 초기 사업이 실패를 겪었을 때도 다양한 배경의 창업자들이 함께 대응하며 방향 전환이 가능했다. 이 과정에서 서로 전문성이 보완되어 새로운 기회를 만들었다.

무엇보다 공동 창업자 전원이 실질적 오너십을 갖고 있어 사업 성장에 대한 책임감과 추진력이 강하게 작동했다. 의사결정 과정도 합리적이고 투명하게 운영되었다.

루닛은 다수의 공동창업자가 실질적인 오너십을 가지고 출발했을 때 복합적 과제를 해내는 데 필요한 역량과 시너지를 보여주는 대표적 사례로 평가받고 있다. 2025년 3월, 약 2,400억 원 자금조달에 성공하였다.

결론적으로, 초기 스타트업에서 좋은 아이디어가 역량 있고 헌신적인 팀을 모은다고 보장할 수는 없다. 하지만 역량 있고 헌신적인 팀이라면 좋은 아이디어는 언제든지 발굴할 수 있다.

█ 한국과 미국, 공동창업자를 보는 시선이 다르다

한국에서는 회사에 '오너(주인)'가 있어야 책임을 진다는 정서가 강하다. 이로 인해 기업이 증시에 상장할 때 대표이사 지분이 10% 미만으로 낮으면 우려하는 시각이 있다. 일부 창업자들은 VC가 대표이사 지분이 높은 것을 선호한다고 생각하여 처음부터 대표 지분을 80% 이상으로 가져야 한다고 오해하기도 한다.

미국식 관점에서 보면 '오너가 있어야 한다'는 사고방식은 선진화된 금융 시장으로 나아가기 위해 극복해야 할 사고방식이다. VC들은 초기 펀딩 시점에 대표이사 지분이 50%밖에 안 된다고 해서 책임 경영을 하지 않을 것이라고 생각하는 경우는 거의 없다.

창업자 주식 베스팅(vesting)의 차이

실리콘밸리에서는 창업자들의 주식을 스톡옵션처럼 4년에 걸쳐 베스팅(권리가 확정)시키는 방식이 보편적이다. 이는 미국 VC들이 투자하기 위한 기본적인 조건이기도 하다. 창업자가 4년을 채우지 못하고 떠나면 베스팅된 지분만 가지고 나머지는 회사에 귀속된다.

한국에서도 이 방식이 서서히 도입되고 있으나 아직 보편화되어 있지 않다. 스파크랩 같은 액셀러레이터들은 실리콘밸리식 4~5년 베스팅을 권장하고 있으며, 일부 스타트업에서는 베스팅 제도를 도입하고 있지만 여전히 많은 창업팀이 설립과 동시에 지분을 완전히 배분하는 경우가 많다.

문제는 공동 창업자가 2년 내에 회사를 떠나는 등 초기 이탈 시 주식 처리가 애매해 분쟁이 발생한다는 것이다. 특히 베스팅 조항 없이 지분을 배분한 경우, 떠나는 창업자가 자신의 지분을 모두 가지고 나가게 되면서 심각한 문제가 발생한다.

회사의 성장과 성공을 위한 모든 책임과 노력은 남아있는 창업자들이 떠안게 되지만, 실제 성과가 나타났을 때의 혜택을 이미 떠난 사람도 온전히 누리는 불공정한 상황이 벌어지는 것이다. 예를 들어 30% 지분을 가진 공동창업자가 6개월 만에 회사를 떠났는데 3년 후 회사가 성공적으로 투자유치나 엑싯을 하게 되면, 실제로는 기여하지 않은 사람이 큰 수익을 가져가게 되어 형평성 문제가 발생한다.

공동 창업자의 지분 비율 인식 차이

유명 액셀러레이터인 와이콤비네이터는 인터뷰 시 지분을 10% 이상 가진 공동 창업자만 참석하도록 요구한다. 이는 명목상 공동 창업자라 할지라도 실질적인 지분이 없으면 공동 창업자로 인정하지 않는 사고방식을 보여준다.

한국에서는 공동창업자에 대한 명확한 기준이 없어 대표가 90%를 가지고 나머지 공동창업자가 5%씩 가지는 등의 극단적인 지분 구조도 종종 나타난다. 한국에서는 이러한 구조도 공동창업자라고 명명하지만 실질적으로는 오너십과 책임감이 부족한 '직원'에 가까운 역할을 하게 만들 수 있다. 투자자들은 이러한 낮은 지분 구조가 대표의 독점력이나 이기심을 반영한다고 보며, 수평적인 의사결정이나 뛰어난 인재 영입에 불리하다고 판단한다.

▎계약할 때 싸우고, 웃으면서 헤어져라

스타트업에서 공동창업자 간의 문제는 단순히 개인적인 불화를 넘어 회사의 생존과 성장에 치명적인 결과를 가져온다. 하버드 비즈니스 스쿨 연구에 따르면 잠재력이 높은 스타트업의 65%가 공동창업자 의견 차이로 인해 무너진다. 국내에서도 상황은 유사하다. 다수의 로펌 및 대한상사중재원 통계에 따르면, 공동창업자 간 분쟁이 스타트업 분쟁 유형 중 1순위로 약 35~40%를 차지하며 가장 빈번하게 발생하는 것으로 나타났다.

이러한 분쟁을 예방하기 위한 가장 효과적인 방법이 바로 '주주간 계약서' 작성이다. 주주 간 계약서는 동업 관계에서 발생할 수 있는 갈등을 사전에 예방하고, 문제 발생 시 명확한 해결 기준을 제시하며, 투자 유치 과정에서도 회사의 신뢰도를 높인다. 법인 설립 초기부터 작성하는 것이 가장 이상적이다.

"계약할 때 싸우고, 웃으면서 헤어져라."
이는 공동창업자 간 주주계약서 작성의 핵심 철학이다.

초기 '연애 기간'에는 서로에 대한 호감과 신뢰가 높아 어렵고 곤란한 조건들도 웃으면서 합의할 수 있다. 하지만 이때 철저하게 디테일한 조건들을 싸우듯 치열하게 논의하고 계약서에 담아야 한다. 미래의 모든 불안 요소와 갈등 상황을 가정하고 해결 방안을 미리 정해두는 것이다.

반대로 계약 단계에서 "우리 사이에 그런 일은 없을 거야"라며 애매하게 넘어가면 어떻게 될까. 실제 갈등이 발생했을 때는 감정이 상한 상태에서 합리적 해결이 어려워진다. 초기에 철저히 약속해 두면 나중에 문제가 생겨도 서로 원망하지 않고 계약서에 따라 깔끔하게 정리할 수 있다.

주주 간 계약서, 왜 필요한가

공동창업자들은 사업 초기에는 뜻을 같이하지만, 회사가 성장하거나 위기를 겪는 과정에서 다양한 의견 충돌과 분쟁에 직면한다. 주주 간 계약서를 작성하지 않는 것은 '모든 갈등을 시작하는 것'이라고 언급될 정도로 분쟁의 씨앗이 된다. 주주 간 계약서는 상법이나 정관만으로는 모든 주주 간 관계를 명확히 정의할 수 없는 한계를 보완해 준다.

계약서를 통해 서로 간의 권리 의무 관계를 명확히 하면 대부분의 분쟁을 예방할 수 있으며, 실제 문제가 발생했을 때도 분쟁 해결에 용이하다. 공동 창업자가 갑자기 이탈하거나 지분을 경쟁사에 매각하는 등 예상치 못한 상황에 대처할 수 있다.

각 공동창업자의 역할과 책임을 명시하여 특정인의 '무임승차'를 방지하고 업무 집중도를 높일 수 있다. 쿨하게 헤어질 수 있는 방법을 미리 정해두면 서로 사업에 집중할 수 있다.

주주 간 계약서에 반드시 들어가야 할 내용

훌륭한 주주 간 계약서에는 다음의 내용들이 반드시 포함되어야 한다.

지분 구조 및 비율: 안정적인 경영권 확보

회사를 이끄는 대표이사는 안정적인 지분을 확보하는 것이 중요하다. 보통 시작 시 최소 50% 이상의 지분을 확보하는 것이 투자 유치에도 유리하다. 필수는 아니지만 한국 정서상 많은 투자자들이 선호한다. 이는 대표의 리더십과 의사결정권을 강화하여 회사의 방향성을 명확히 할 수 있기 때문이다.

여러 공동창업자가 지분을 1/N으로 균등하게 나누는 것은 이상적이지만 피하기를 추천한다. 이 방식은 의사결정권 분산으로 인해 회사 운영을 어렵게 만들 수 있다. 특히 2인 공동창업자의 경우 주식 지분율을 5:5로 하는 것은 강력히 피할 것을 추천한다. 이는 사실상 결정권자가 없어 중요한 사안 결정 시 교착 상태에 빠질 수 있고, 투자자들이 가장 싫어하는 부분 중 하나다.

공동대표도 마찬가지 개념이다. 지분율 5:5와 마찬가지로 공동대표 체제도 비슷한 문제를 야기할 수 있다. 권한과 책임이 분산되어 빠른 의사결정이 어렵고, 갈등 발생 시 해결이 요원해질 수 있다. 따라서 1인 대표 체제가 의사결정과 책임 있는 경영을 위해 더 바람직하다.

지분율에 따른 권한의 의미는 파악하되 지분율에 연연하지는 말아야 한다. 투자 유치 과정에서 지분이 희석되어 무의미해진다. 지분율별 권한을 살펴보면, 95% 이상이면 나머지 소수 주주들의 주식을 강제로 매수할 수 있는 권리를 행사할 수 있다. 66.7%(약 67%) 이상이면 주주총회 특별결의 사항을 단독으로 결정할 수 있다.

대표 입장에서는 가능하다면 이 지분율 이상을 가지는 것이 좋다. 50% + 1주(과반수)는 경영권의 마지노선으로 일반적인 결의사항을 단독으로 결정할 수 있는 지분율이다. 33.4%(약 33%) 이상은 주주총회 특별결의를 저지할 수 있는 지분율이다. 소수 주주 입장에서는 이 지분율을 확보하는 것이 좋다. 3% 이상이면 회계장부 열람을 요청할 수 있는 권한이 있다.

의사 결정 구조

주주총회, 이사회, 대표이사의 역할 빛 구싱 방식을 명확히 하고, 각 사안별로 어떤 의사결정 기관의 결의가 필요한지 미리 정해두어야 한다. 대표이사가 단독으로 결정할 수 있는 사항을 구체적으로 규정하여 나중에 분쟁을 줄일 수 있다.

역할과 책임 규정

각 공동창업자의 역할(예: CEO, CTO)을 구체적으로 명시하고, 업무 내용 공유 및 업무 미충족 시 패널티 등 위반에 따른 책임을 묻는 규정을 세세하게 정해야 한다. 이는 '무임승차' 유형을 방지하는 데 필수적이다.

이익 분배

향후 회사 매각 시 매각 대금을 어떻게 분배할지 미리 정해야 한다. 기본적으로는 지분율에 따라 분배하지만, 기여도에 따라 달리 분배하거나 1/N로 분배하는 등의 별도 약정도 가능하다. 이는 향후 투자자들이 주주 간 계약서를 검토할 때 중요하게 고려하는 사항이다.

헤어짐의 방법

동업자의 주식 처분으로 인한 문제(경쟁사 취직, 동종업종 창업, 알박기 등)를 방지하기 위해 미리 방법을 정해야 한다.

주식 양도 제한 규정은 주주가 다른 주주의 사전 동의 없이 주식을 처분할 수 없도록 제한하는 조항이다. 이 조항만으로는 위반 시 주식 양도 자체를 막을 수 없으므로, 정관에 주식 양도 제한 규정을 명시하고 등기사항으로 올려야 주식 양도 자체의 효력을 막을 수 있다. 위반 시 위약금 규정을 함께 두어 위반을 억제한다.

우선매수권은 주주가 제3자에게 주식을 팔고자 할 때 나머지 주주들이 해당 주식을 우선으로 매수할 수 있는 권리다. 원치 않는 사람이 주주가 되는 것을 막는다.

공동매수권/동반매도권(Tag-along Right)은 특정 주주(주로 대주주)가 주식을 제3자에게 매각할 때 다른 주주(주로 소수 주주)도 자신의 주식을 함께 팔아 달라고 요구할 수 있는 권리다. 소수 주주가 소외되지 않고 투자금을 회수할 수 있도록 보호한다.

공동매도청구권(Drag-along Right)은 대주주가 자신의 주식을 팔 때 다른 주주의 주식도 강제로 함께 팔도록 할 수 있는 권리다. 특히 M&A 시 회사 지분 100% 인수가 요구될 때 유용하다.

풋옵션은 특정 주주가 자신이 보유한 주식을 미리 정한 조건(가격)에 따라 회사나 다른 주주에게 일방적으로 팔고 나갈 수 있는 권리다.

콜옵션은 회사나 다른 주주가 특정 주주의 주식을 미리 정한 조건에 따라 일방적으로 사들여 해당 주주를 내보낼 수 있는 권리다.

경업 금지 및 비밀 유지 의무

공동창업자가 퇴사하더라도 동종업계에 취업하거나 유사한 사업을 시작하는 것을 금지하고, 회사의 영업비밀을 외부에 누설하지 않도록 하는 조항이다. 핵심 정보 유출로 인한 회사 피해를 막기 위해 필수적이다. 위반 시 손해배상 청구가 어려울 수 있으므로 위약벌 조항을 함께 두는 것이 효과적이다.

지식재산권 귀속

공동창업자가 재직 중에 개발한 모든 지식재산권이 회사에 귀속되도록 명확히 규정해야 한다. 이는 창업자가 퇴사 시 개발 결과물을 무단으로 들고 나가는 것을 방지한다.

임원 지명권 및 임기 보장

특히 소수 지분 주주나 특정 역할을 맡은 창업자의 임원 지위를 보장하는 조항이다. 대주주가 마음대로 이사를 해임하지 못하도록, 위반 시 개인적으로 위약벌을 지급하도록 규정할 수 있다. 또한 이사회 옵저버 참여 권한과 같이 경영 참여의 기회를 줄 수 있다.

공동창업자 이탈, 어떻게 처리할 것인가

누군가 떠나기로 결심했다. 그의 지분은 어떻게 할 것인가. 자발적 퇴사의 경우, 근속 기간에 따라 회수율을 다르게 적용하는 '베스팅(Vesting)' 조항을 필수적으로 넣어야 한다. 예를 들어 4년 베스팅에 2년 클리프(Cliff) 조항을 넣어 2년 미만 근무 시에는 지분 회수율 100%, 이후 2년간 매월 일정 비율로 회수율이 낮아지도록 하는 방식이다.

역할 미수행이나 약정 위반의 경우는 어떨까. 공동창업자로서의 의무 불이행, 회사에 대한 해악 행위 등을 구체적으로 정의하고, 이에 해당할 경우 액면가 등 매우 낮은 가격으로 지분을 강제 회수할 수 있는 조항(콜옵션)을 명시해야 한다. 이는 무임승차 유형을 방지하는 강력한 수단이다.

질병이나 사망 등 불가피한 사유로 이탈하는 경우는 다르게 대우해야 한다. 시장가 또는 일정 프리미엄이 붙은 가격으로 지분을 인수하는 조항을 두어 이탈자에게도 최소한의 보호를 제공하는 것이 좋다.

지분 가치 산정 방식

콜옵션이나 풋옵션 행사 시 지분 가격을 어떻게 산정할지 명확히 해야 한다. 초기에는 액면가로 정할 수 있지만, 회사가 성장하면 '제3자 감정평가', '최근 투자 유치 시 기업가치 기준', '특정 배수 적용' 등 객관적인 기준을 마련할 수 있다.

내 생각에는 공동창업자 간의 초기 신뢰와 상호 호의 아래 작성되는 것이기 때문에 이탈자 지분을 액면가 단일가로 인수하는 조항이 심플하고 명확해 보인다.

인수 주체 및 순서 명확화

이탈하는 공동창업자의 지분을 누가 인수할 것인지 명확히 정해야 한다. 일반적으로 회사와 잔류 공동창업자들이 함께 인수하는 것을 기본 원칙으로 한다.

실무에서는 대부분 잔류 공동창업자들이 직접 인수한다. 초기 스타트업은 현금이 부족하고, 잔류 창업자들이 지분율을 높여 경영권을 안정화하려는 욕구가 강하기 때문이다. 하지만 원칙적으로는 다음과 같은 순서로 우선권을 정해둔다.

1순위는 회사(법인)다. 회사의 자금 상황이 허락하는 한 최우선적으로 지분을 인수할 수 있도록 한다. 회사가 인수한 지분은 자기주식이 되며, 이후 소각하여 전체 주주의 지분율을 높이거나, 재발행하여 핵심 인재에게 부여하는 등 회사의 전략에 따라 활용할 수 있다. 다만 실제로는 초기 스타트업이 지분을 인수할 만한 현금 여력이 없는 경우가 대부분이다.

2순위는 잔류 공동창업자들이다. 회사가 인수하지 않거나 일부만 인수할 경우, 잔류 창업자들이 각자의 현재 지분율에 비례하여 인수할 수 있도록 우선권을 부여한다. 현재 지분 비율대로 인수하는 것이 더 합리적이다. 이는 기존의 지분 구조를 존중하고, 각자의 기여도에 비례하여 책임과 권리를 분담하는 방식이기 때문이다.

3순위는 제3자 매각 가능성이다. 회사나 잔류 창업자들이 인수를 원치 않을 경우에만 제3자에게 매각을 허용하되, 동반매각청구권이나 동반매도참여권 등 잔류 주주를 보호하는 조항을 함께 고려해야 한다. 실무에서는 주주 간 계약서의 양도 제한 조항 때문에 제3자 매각이 일어나는 경우는 거의 없다.

페널티 부과 방식 및 권리 행사 조항

보유 주식을 액면가나 낮은 가격으로 가져오거나, 손해배상액의 예정 또는 위약벌 조항을 적용하여 불이익을 줄 수 있다. 콜옵션을 활용하여 회사나 잔류 공동창업자들이 특정 주주의 주식을 강제로 매수하여 내보낼 수 있다. 반대로 풋옵션을 명시하여 이탈하는 공동창업자가 자신의 지분을 미리 정해진 조건으로 회사나 잔류 주주에게 팔고 나갈 수 있도록 할 수도 있다.

계약 위반 시 위약벌 조항을 두어 벌칙을 부과하고, 손해배상액을 미리 정해두는 손해배상액의 예정 조항을 통해 실제 손해액 입증 없이도 배상을 청구할 수 있도록 한다. 위약벌은 손해배상과 별개로 부과되는 벌칙의 성격을 가진다. 이러한 규제 조항은 계약의 실효성을 높이는 데 필수적이다.

분쟁 해결 조항

지분 관련 분쟁 발생 시 '대한상사중재원(KCAB) 중재', '법원 소송', '독립적인 제3자 전문가 의견 수용' 등 분쟁 해결 절차를 미리 정해두는 것이 좋다.

주주 간 계약서는 모든 주주들이 동의하고 인감증명서 등을 첨부하여 보관해야 하며, 나중에 문제가 생겼을 때 분쟁을 대비하는 중요한 문서임을 명심해야 한다. 복잡하고 전문적인 내용이 많으므로 법률 전문가의 자문을 받아 구체적이고 명확하게 작성하는 것이 가장 중요하다.

핵심은 투명성, 공정성, 그리고 예측 가능성이다. 공동창업자 간의 합의를 통해 미리 명확한 기준을 세워두면, 만일의 사태 발생 시 불필요한 감정 소모와 법적 분쟁을 최소화하고 회사의 지속적인 성장에 집중할 수 있다.

주주 간 계약서의 독소 조항을 조심하라

주주 간 계약서에 포함될 수 있는 '독소 조항'은 특정 당사자에게 과도한 부담을 주거나 예측 불가능한 위험을 초래할 수 있는 조항을 의미한다. 이러한 조항들은 계약 검토 시 면밀히 살펴보아야 한다.

과도하거나 모호한 경업금지 조항을 조심해야 한다. '합리적인 범위'와 같이 모호한 표현은 추후 분쟁의 원인이 될 수 있으며, 근무 기간이나 동종업계 범위를 너무 넓게 설정하면 법원에서 무효로 판단할 수 있다.

강제적인 기업 공개(IPO)나 매출 목표 조항도 위험하다. 몇 년 이내에 IPO를 달성하거나 특정 매출을 올려야 한다는 조항은 현실적으로 예측하기 어렵고, 기업에게 큰 부담을 줄 수 있는 대표적인 독소 조항이다.

주요 경영사항에 대한 과도한 동의권도 문제다. 특정 주주가 지분은 적지만 모든 중요 경영사항에 대해 동의권을 가지도록 하는 것은 의사결정을 지연시키거나 마비시킬 수 있다. 동의권의 대상을 명확히 하고, 가능하다면 협의권이나 단순 통지 형태로 완화하는 것이 좋다.

과도한 경영 정보 제공 의무, 콜옵션이나 풋옵션의 불명확한 조건 및 가격 산정 방식, 과도한 위약벌 금액 등도 주의해야 한다. 위약벌 금액이 너무 크면 법원에서 무효로 판단할 가능성이 있다.

회사의 헌법, 정관을 만들다

주주 간 계약서가 창업자들 간의 약속이라면, 정관은 회사 자체의 근본 규칙을 담은 '법인의 헌법'과 같은 존재다. 스타트업의 특수성, 특히 빠른 성장과 외부 투자 유치라는 목표에 충분히 부합하는 정관을 만들어야 한다.

스타트업 정관은 무엇이 다른가

스타트업의 정관은 표준 정관에서 나아가 미래의 투자 유치, 주주 간 관계, 경영 안정성을 고려한 항목들을 포함하는 것이 중요하다. 단순히 법적인 형식만 갖추는 것을 넘어 스타트업의 특수성을 반영해야 한다.

발행할 주식의 총수 및 종류 주식 관련 조항

발행예정 주식 총수는 발행 주식수보다 훨씬 많게(예: 발행 주식수의 10배 이상) 설정하여 향후 투자 유치 시 유상증자를 통해 신주 발행이 용이하도록 한다.

상환전환우선주(RCPS) 발행 근거도 중요하다. 투자 유치 시 VC기 선호하는 종류 주식을 발행할 수 있다는 근거 조항을 명시해야 한다. 이는 VC 투자 유치를 위한 필수 조항이다.

의결권 제한 등 다양한 종류 주식 발행 근거도 마련해 둔다. 향후 투자 유치 시 다양한 조건의 종류 주식을 발행할 수 있도록 미리 포괄적인 근거를 마련해 둔다.

주식매수선택권(스톡옵션) 부여 조항

스톡옵션 부여를 위한 근거 조항을 정관에 명시한다. 부여 대상, 부여 한도, 행사 가격, 행사 기간 등을 포괄적으로 규정할 수 있도록 한다. 이는 인재 유치와 동기 부여에 필수적이다.

주식 양도 제한 조항

주식은 원칙적으로 자유로운 양도가 가능하지만, 스타트업의 경우 공동창업자 지분 유출이나 외부 세력의 불필요한 개입을 막기 위해 '이사회의 승인'을 받도록 하는 주식 양도 제한 조항을 두는 경우가 많다. 이는 공동창업자 지분 문제를 방지하는 중요한 수단이다. 정관에 주식 양도 제한 규정을 명시하고 등기사항으로 올려야 주식 양도 자체의 효력을 막을 수 있다.

동반매도참여권 및 공동매도청구권 조항

주로 VC 투자 계약서에 포함되지만, 창업 초기부터 중요한 주주 간 합의 사항으로 정관이나 주주 간 계약서에 미리 반영해 둘 수 있다.

이사의 수 및 임기

상법상 3인 이상의 이사가 필요하지만, 자본금 10억 원 미만인 회사는 1명 또는 2명의 이사로도 가능하다. 초기에는 이사의 수를 최소화하여 의사결정 효율성을 높이는 경우가 많다. 임기도 일반적으로는 3년이지만 짧게(예: 1년) 설정하여 유연성을 확보할 수도 있다.

주주총회 및 이사회 관련 조항

주주총회 소집 절차, 의결 정족수, 의사록 보관 등에 대한 내용을 명확히 한다. 서면 결의 등 비대면 의결 방식을 포함하여 효율성을 높일 수 있다.

스톡옵션은 얼마나 확보해야 하나

스타트업이 부여하는 스톡옵션의 총 지분율은 보통 발행 주식 총수의 10~20% 정도를 확보하는 것이 일반적이다. 초기 단계(Seed/Pre-A)에서는 일반적으로 10%가 기준이다. 이후 시리즈 A, B 등 투자 라운드를 거치면서 추가로 확보하거나 기존 풀을 소진하며 충원한다. 기관 투자 유치 이후 벤처기업 인증을 획득하고 50%까지 풀을 늘리는 정관 변경이 가능하다. 하지만 현실에서는 20% 이내로 충분하다.

VC들은 투자 유치 시 투자 후 지분율(Post-Money Ownership) 기준으로 스톡옵션 풀이 최소 10% 이상 확보되어 있기를 요구하는 경우가 많다. 이는 투자 후 회사의 성장을 견인할 인재 유치를 위한 필수적인 요소로 보기 때문이다.

스톡옵션은 발행 주식 총수에 포함되므로 이를 너무 많이 설정하면 기존 주주들의 지분 희석이 커질 수 있다. 반대로 너무 적게 설정하면 우수 인재 영입에 어려움이 있을 수 있다. 회사의 성장 전략과 인력 계획을 고려하여 적절한 비율을 정하는 것이 중요하다.

주권의 종류를 알아야 한다

일반적으로 주식은 보통주(Common Stock)와 종류주(우선주 Preferred Stock)로 나뉜다. 스타트업에서는 주로 다음과 같은 종류 주식을 활용한다.

보통주는 가장 일반적인 주식 형태로 1주당 1의 의결권을 가진다. 회사의 이익 분배 및 잔여 재산 분배 시 보통주의 권리를 가진다. 창업자들은 보통 보통주를 보유한다.

종류주 중에서 상환전환우선주(RCPS)는 스타트업 투자에서 가장 흔히 사용되는 종류 주식이다. RCPS는 Redeemable Convertible Preferred Stock의 약자다.

상환권(Redeemable)은 발행 후 일정 기간이 지나면 회사나 주주가 주식을 발행가에 이자(배당률)를 더해 상환(회수)을 요구할 수 있는 권리다.

전환권(Convertible)은 특정 조건(예: IPO, 다음 투자 라운드)에서 보통주로 전환할 수 있는 권리다. 투자자는 회사가 잘 되면 보통주로 전환하여 시세차익을 노리고, 잘 안되면 상환권을 행사하여 원금과 이자를 회수할 수 있는 장치가 된다.

그 외 다양한 종류주로는 의결권 없는 주식, 의결권이 있는 우선주,

이익 배당 우선주, 잔여 재산 분배 우선주 등 회사의 필요와 투자자의 요구에 따라 다양한 형태로 설계될 수 있다.

다만 RCPS를 발행할 때 유의할 점이 있다. RCPS는 상환권을 행사할 수 있기 때문에 비상장 단계에서는 자본으로 분류되지만, 상장하면 K-IFRS(한국채택국제회계기준)에 따라 부채로 재분류된다. 그래서 많은 기업들이 상장 직전 RCPS를 보통주로 전환해달라고 투자자들에게 요청한다.

최근에는 이런 부담 때문에 투자 시장의 흐름이 바뀌고 있다. 상환권이 없어 상장 후에도 자본으로 인정되는 CPS(전환우선주) 투자를 선호하는 추세다. 특히 유동성이 풍부하고 금리가 낮은 환경에서는 투자자들도 상환권 없이 전환권만으로 충분한 수익을 기대할 수 있어, RCPS보다 발행사(스타트업)에 유리한 CPS로 발행하는 추세이다.

정관은 언제든 바꿀 수 있나

정관은 설립 이후에도 언제든지 변경 가능하다. 하지만 변경 절차는 상법에 따라 엄격하게 정해져 있다.

먼저 이사회 결의가 필요하다. 이사회에서 정관 변경 안건을 상정하고 결의한다. 이사가 3인 미만인 경우 발기인 또는 주주총회 소집권자가 결정한다.

다음은 주주총회 특별결의다. 정관 변경은 회사의 근본적인 규칙을 바꾸는 것이므로 주주총회의 특별결의가 필요하다. 발행주식총수의 3

분의 1 이상에 해당하는 주식의 수와 출석한 주주의 의결권 3분의 2 이상의 수로써 결의해야 한다. 일반 결의보다 훨씬 까다롭다.

마지막으로 등기다. 주주총회 결의 후 변경된 정관 내용은 등기 사항이므로 관할 등기소에 변경 등기를 신청해야 효력이 발생한다. 특히 VC 투자를 유치할 때는 VC가 자신들의 권리 보호를 위해 정관 변경을 요구하는 경우가 많다. 이 경우 투자 계약서(Term Sheet)에 정관 변경에 대한 동의 의무가 명시되기도 한다.

참고자료

[웹 아티클]

- Keith Schacht, "Web and Mobile Products: Understanding Your Customers", Medium, 2017, https://keithschacht.medium.com/web-and-mobile-products-understanding-your-customers-d8ee1e56b5a3
- Gavrilo Bozovic, "One Equation to Rule All Startups", gavrilobozovic.com, 2020, https://www.gavrilobozovic.com/thoughts/one-equation-to-rule-all-startups
- 허현, "Carrying Capacity 심화편", Product Analytics Playground(PAP), 2022, https://playinpap.github.io/advanced-carrying-capacity/

[영상]

- Y Combinator, "Startup School" 시리즈, https://www.youtube.com/watch?v=tcrr2QiXt9M&list=PL1DJtS1Hv1Piv_MQIHgA_CdNsXyDM9UDM&index=1
- 가인즈TV, "대기업 임원 단계별 검증 시스템", https://youtu.be/raH5oKnc7uU

[웹사이트]

- 릴리스AI(Lilys AI), https://lilys.ai

GOAL
PLAN
TEAMWORK

창업 천재의 스타트업 운영 매뉴얼

90%가 망하는 스타트업, 10%는 무엇이 달랐나
: 5M 프레임워크

초판 1쇄   2026년 3월 30일

지은이   구자룡, 김동섭
발행인   김재홍
교정/교열   김혜린
디자인   박효은
마케팅   이연실

발행처   도서출판지식공감
등록번호   제2019-000164호
주소   서울특별시 영등포구 경인로82길 3-4 센터플러스 1117호(문래동1가)
전화   02-3141-2700
팩스   02-322-3089
홈페이지   www.bookdaum.com
이메일   jisikwon@naver.com

가격   32,000원
ISBN   979-11-5622-986-5 13320